복 있는 사람

오직 여호와의 율법을 즐거워하여 그 율법을 주야로 묵상하는 자로다.
저는 시냇가에 심은 나무가 시절을 좇아 과실을 맺으며 그 잎사귀가 마르지 아니함 같으니
그 행사가 다 형통하리로다. (시편 1:2-3)

대림절기로부터 시작되어 연중 시기로 이어지는 교회력은 그리스도인의 시간 경험의 원형이다. 순환하는 동시에 유일회적으로 주어진 그 시간을 영원의 빛 안에서 살아 내는 것이 그리스도인의 삶의 과제이다. 상투어로 변한 신앙의 언어들, 곧 무기력한 말들의 동어반복은 새로운 사건을 일으키지 못한다. 유진 피터슨은 전통적인 신앙의 언어들 속에 깃들어 있는 비상한 메시지를 찾아내는 일에 탁월하다. 그는 "사람의 인생사 전체가 하나님의 어휘"라는 말로 그의 신학함의 핵심을 넌지시 드러낸다. 일상의 모든 시간 속에 깃든 하늘의 빛을 알아차릴 때 삶은 신비가 된다. 이 책은 그러한 신비에로의 초대이다.

김기석 청파교회 담임목사

절기 설교는 설교자들에게 가장 어려운 과제이다. 전해야 할 본문과 주제가 뻔해 보이며, 매년 반복해 다루어야 하기 때문이다. 하지만 교회력에서 정한 주요 절기는 기독교 신앙의 중심 주제들을 다시 생각하게 하고 더 깊은 이해와 믿음에 이르게 하는 기회가 된다. 매년 반복하게 만든 이유는 그만큼 중요하기 때문이다. 따라서 설교자는 교회력의 주요 주제들에 대한 신학적 연구와 영적 묵상을 지속해야 한다. 그렇게 할 때 회중은 견고한 기둥들이 떠받치고 있는 믿음의 집을 세울 수 있다. 유진 피터슨은 뻔해 보이는 주제를 뻔하지 않게 해석하고 고개를 끄덕이며 수긍하도록 설교한다. 그것은 그의 깊은 연구와 묵상의 결과이며 회중을 건강한 믿음으로 인도하기 위한 세심한 배려에서 온 것이다. 이 책을 통해 설교자는 설교자의 가장 어려운 과제를 대하는 용기와 지혜를 얻을 것이고, 일반 신자는 기독교 신앙의 주요 교리에 대해 새롭게 이해하고 더 깊이 품어 안을 수 있을 것이다.

김영봉 와싱톤사귐의교회 담임목사

유진 피터슨의 언어는 늘 새롭다. '목사'의 언어이기 때문이다. '설교자'의 언어이기 때문이다. 하나님의 말씀에 붙들리면 사람의 말은 새로워질 수밖에 없기 때문이다. 시간도 그렇다. 쳇바퀴처럼 돌던 시간이 영원을 만나면 원무(圓舞)처럼 율동하는 시간이 된다. 교회력은 우리로 그리스도 안에서 구속받은 시간(redemption of time)을 살게 해주는 시간 리추얼이다. 시간을 춤추게 하고 언어를 거듭나게 하는 영이라야 하나님의 영, 성령이다. 여기, 시간을 새롭게 하시는 성령의 역사를 증언하는 새로운 언어가 있다. 평범한 일상을 비범한 의미로 범람케 하는 말씀이 있다.

이종태 서울여자대학교 교목실장

유진 피터슨은 작가가 되기 훨씬 전부터 목사이자 설교자였다. 우리가 읽은 그의 수많은 책들은 메릴랜드주 벨 에어에 있는 그리스도 우리 왕 장로교회에서 설교하고 제자를 양성하는 토양에서 발효되었다. 이 책은 이러한 그의 설교들을 교회력에 따라 정리한 것이다. 이 설교집에는 성경적 충만함, 시적 통찰, 하나님 앞에 선 진실한 삶에서 우러나오는 권위 등 우리가 그동안 유진에게서 누렸던 것들이 고스란히 담겨 있다. 각 설교에 담긴 문장들은 진리에 관해 새로운 방식으로 울림을 주며 내 마음 깊은 곳에 남아 있다.

러셀 무어 서던 뱁티스트 신학대학원 석좌교수

길 위의 빛,
예수 그리스도

Eugene H. Peterson

LIGHTS A LOVELY MILE

Collected Sermons of the Church Year

길 위의 빛
예수 그리스도

유진 피터슨의 절기 설교

유진 피터슨

홍종락 옮김

복 있는 사람

길 위의 빛, 예수 그리스도

2024년 2월 7일 초판 1쇄 인쇄
2024년 2월 21일 초판 1쇄 발행

지은이 유진 피터슨
옮긴이 홍종락
펴낸이 박종현

㈜복 있는 사람
주소 서울특별시 마포구 연남동 246-21(성미산로23길 26-6)
전화 02-723-7183(편집), 7734(영업·마케팅) 팩스 02-723-7184
이메일 hismessage@naver.com
등록 1998년 1월 19일 제1-2280호

ISBN 979-11-7083-111-2 03230

Lights a Lovely Mile
by Eugene H. Peterson

편집자 서문

좋은 작가라면 누구나 그렇듯, 좋은 설교자도 단어로 그림을 그리는 예술가입니다. 작가는 정지된 '공간'(비워 둔 종이)의 표면에 그림을 그리는 반면, 설교자는 흐르는 '시간'의 표면에 그림을 그립니다.

흔히 15분에서 60분 정도 지속되는 '설교' 시간 또한 비워 둔 공간입니다. 교회가 따로 떼어 놓은 이 시간에 예술가인 설교자가 겸손하게 나와서 자신이 영감을 받아 준비한 내용이 사람들에게 잘 다가갈 거라고 믿고 기도하면서 말하기 시작합니다. 특정 장소의 특정한 사람들 집단을 대변하는 그는 격려하고 호소하고 영감을 주고 기억합니다. 몇 시간, 몇 날, 몇 년에 걸쳐 영원한 말씀에 관한 노래들과 이야기들을 새롭게 그려 냅니다. 설교자의 소명은 숙련가가 아니라 순례자가 되는 것입니다. 똑똑함을 갖추고 유창하게 말하게 되는 것이 먼저가 아니라, 사랑 안에서 진실한 태도와 지혜로움이 우선입니다.

이 책에는 유진 피터슨의 이런 예술품을 모아 놓았습니다. 그가 메릴랜드주 벨 에어의 그리스도 우리 왕 장로교회에서 담임목사로 지낸 기간에 전한 명설교 중 일부를 실었습니다.

이 책을 편집한 우리는 유진 피터슨의 설교에 담긴 내용에 따라, 즉 기독교의 전통적인 교회력을 따라 이 설교들을 배치하기로 했습니다. 이런 역사적 절기를 따르는 것이 여러분이 속한 신앙 전통의 일부일 수도 있고 아닐 수도 있겠습니다. 어느 쪽이든, 우리는 독자가 유진 피터슨이 설교한 절기에 그의 설교를 만남으로써 그가 드러내고자 했던 [진리의] '적합성'을 경험하게 되기를 바랍니다. 그리스도의 진리가 여러분의 일상생활에서 그 진리를 위해 만들어진 어떤 자리에 정확히 맞물릴 때 그 '적합성'을 깨닫게 되니까요. 거의 모든 설교를 원래 설교한 교회 절기에 맞춰 배치했지만(예외라면 연중 시기* 부분이 되겠는데, 여기에는 한 해의 다른 시기에 전했던 설교 중에 주제상 그 범주에 잘 어울리는 몇 편의 설교가 들어 있습니다), 모두 '같은' 해에 설교한 것도 아니고 원래의 순서대로 배열되어 있지도 않습니다.

이 설교집에는 41편의 설교가 실려 있습니다. 일부 절기(대림절, 성탄절)에 실린 설교가 더 적은 것은 절기가 짧기 때문입니다. 성령강림절이나 연중 시기 같은 절기의 설교가 더 많은 것은 절기가 길기 때문입니다. 각 설교는 독립적인 특성을 지니고 있지만, 각 절기에 해당하는 설교들 사이에 일관된 흐름 같은 것을 만들어 내려고 노력했습니다. 유진 피터슨이 "의도적으로 무계획적"이라고 말한 흐름이 만들어졌으면 했습니다.

유진 피터슨은 시간을 뜻하는 고대 그리스어의 두 단어의 차이점을 잘 알고 있었습니다. '크로노스'는 달력이나 해시계, 시계, 자명종이

* 교회력에서 대림절, 성탄절, 사순절, 부활절 시기를 제외한 나머지 시기.

가리키는 시간을 의미했습니다. '카이로스'는 유기적 시간을 표시했습니다. 파종과 수확, 축제와 장례식, 출생과 사랑, 죽음의 시간, 그리고 인간 정신 안에서 하나님이 일하시는 시간이 여기에 속합니다.

교회력의 리듬에서는 이 두 가지 시간이 겹칩니다. 달력의 움직임은 섬세하고 예측할 수 없는 우리 내면의 주기성과 맞물리고, 몇 주가 지나면서 우리는 매일매일이 초대로 변하고 있음을 깨닫게 됩니다.

유진 피터슨의 가족과 함께 우리 워터브룩 출판사는 유진이 이 책에서 건네는 초대를 독자 여러분이 받아들이기를 기도합니다. 지나간 순례자이자 예술가인 그는 공간과 시간 모두에서 본인이 가지고 있는 말보다 더 큰 말들로 그림을 그려 냈습니다.

폴 J. 패스터
편집자

차례

일러두기

1. 이 책에 인용된 성경구절은 『개역개정』을 사용했으며, 다른 번역본일 경우 별도로 표기했다.
2. 숫자로 표시된 주는 원서의 주이고, *로 표시된 주는 옮긴이가 붙인 것이다.

대림절

ADVENT

Lights a Lovely Mile

현실에 눈을 떠야 할 때

> 여러분은 지금이 어느 때인지 압니다. 잠에서 깨어나야 할 때가 벌써 되었습니다. 지금은 우리의 구원이 우리가 처음 믿을 때보다 더 가까워졌습니다. 밤이 깊고, 낮이 가까이 왔습니다. 그러므로 우리는 어둠의 행실을 벗어버리고, 빛의 갑옷을 입읍시다. 낮에 행동하듯이, 단정하게 행합시다. 호사한 연회와 술취함, 음행과 방탕, 싸움과 시기에 빠지지 맙시다. 주 예수 그리스도로 옷을 입으십시오. 정욕을 채우려고 육신의 일을 꾀하지 마십시오. 로마서 13:11-14, 새번역

*

몇 년 전 미시간 대학교 학생들 사이에서 그리스도께서 곧 다시 오신다는 믿음을 따르는 기이한 운동이 일어났습니다. 표면적으로 그들은 기독교 단체였고, 모임을 주도한 사람은 학생들에게 큰 영향력을 행사하는 한 교수였습니다. 그들은 시사 보도를, 성경의 모호한 부분에 나오는 예언들이 성취된 것으로 해석하면서 그런 보도를 모아 세상의 종말이 임박했음을 증명하고자 했습니다. 그들은 그리스도의 재림으로 종말이 시작될 것이며, 그분이 곧 멸망할 세상에서 자신의

모든 백성을 데려가실 것으로 여겼습니다. 그런데 놀랍게도, 그들 중 많은 이들이 디트로이트로 가서 가장 비싼 캐딜락을 구입했습니다. 자신들은 얼마 후면 이 세상에 없을 테고 차량 구입비를 지불할 필요도 없으리라고 생각했기 때문입니다.

오늘날 이런 사건들이 잦아지고 있습니다. 종말이라는 미래에 대한 사람들의 관심이 엄청납니다. 현재의 역사에 '종말의 징조들'이 가득하다고 주장하는 책들이 출간되고 있고, 대부분은 그리스도인들이 구매하고 있지요. 라디오와 텔레비전 방송에서 활동하는 대중설교자들은 이런 관심을 이용해 종말을 설교 소재로 삼고 있습니다. 여러분도 이런 내용을 접해 봤을 테고 매력 또는 거부감을 느끼겠지요.

오늘은 대림절 기간의 첫 번째 주일입니다. 하나님이 우리에게 오신다는 것의 의미를 이야기하는 교회력의 절기가 이번 주일부터 시작됩니다. 그리스도의 재림에 대한 관심이 뜨거운 이 시기에 저는 성경이 말하는 내용, 특히 로마서의 이 고전적인 대림절 구절에서 바울이 말하는 내용을 찬찬히 이해해 보고 싶습니다. 그리스도의 다시 오심은 매우 중요한 교리입니다. 저는 여러분이 이 교리를 이해하고 믿기를 바랍니다.

가장 단순한 형태로 분명히 말하고 시작하겠습니다. 그리스도께서는 다시 오십니다. 그분은 1세기라는 시간 속에, 팔레스타인이라는 장소에, 예수라는 사람으로서, 역사상 한 번 오셨습니다. 그리고 그분은 다시 오실 것입니다.

이 믿음으로 초대교회가 형성되었고 신약성경이 기록되었습니다. 이 믿음은 생생하고 강렬했습니다. 예수님은 그분의 재림을 기대할 수 있는 수많은 증거를 제공하셨습니다. 신약성경의 단 한 쪽만 읽어 보아도 그 기대감을 단박에 느낄 수 있습니다.

교회가 탄생할 때부터 이 믿음이 있었음을 보여주고자 성경의 몇 구절을 인용해 보겠습니다.

> 이와 같이 그리스도께서도 많은 사람의 죄를 짊어지시려고, 단 한 번 자기 몸을 제물로 바치셨고, 두 번째로는 죄와는 상관없이, 자기를 기다리고 있는 사람들에게 나타나셔서 구원하실 것입니다 히 9:28, 새번역.

> …우리 주 예수는…너희도…사랑이 더욱 많아 넘치게 하사 너희 마음을 굳건하게 하시고 우리 주 예수께서 그의 모든 성도와 함께 강림하실 때에 하나님 우리 아버지 앞에서 거룩함에 흠이 없게 하시기를 원하노라 살전 3:11-13.

> 너희도 길이 참고 마음을 굳건하게 하라. 주의 강림이 가까우니라 약 5:8.

> 여러분이 무엇보다 먼저 알아야 할 것은 이것입니다. 마지막 때에 조롱하는 자들이 나타나서, 자기들의 욕망대로 살면서, 여러분을 조롱하여 이렇게 말할 것입니다. "그리스도가 다시 오신다는 약속은 어디 갔느냐? 조상들이 잠든 이래로, 만물은 창조 때부터 그러하였듯이 그냥 그대로다" 벧후 3:3-4, 새번역.

그리고 오늘의 본문이 있습니다. "바로 현실에 눈을 떠야 할 때이기 때문입니다. 우리가 믿음의 첫걸음을 내디딘 날부터 지금까지 하나님의 구원이 날마다 더 가까워지고 있습니다. 밤은 거의 지나가고 아침이 밝아 오고 있습니다"롬 13:11, 필립스성경.

초대교회는 이 모든 내용을 믿었습니다. 그리고 기독교회는 이것을 계속해서 믿고 있습니다. 그리스도께서는 다시 오실 것입니다. 역사는 옛날부터 늘 있던 일들의 끝없는 반복이 아닙니다. 우리 주님은 역사 속에서 그분의 일을 끝내시고, 이 창조세계에서 승리를 거두시고, 구속의 사역을 마무리하실 것입니다.

저 역시 이 믿음을 가지고 있습니다. 제 믿음은 다소 순진하고 정교하지 않습니다. 재림에 따르는 사건에 대해 말할 수 있는 내용이 별로 없습니다. 제가 믿는 것은 그저 재림이 일어난다는 것뿐입니다. 예수님은 다시 오시겠다고 말씀하셨습니다. 바울은 그 말씀을 믿었고, 초대교회도 그 말씀을 믿었으며, 그 이후부터 오늘날에 이르기까지 대다수의 그리스도인들이 그 말씀을 믿고 있습니다. 저도 믿습니다.

재림의 교리를 분명하게 짚어 보았으니, 이제 재림 교리의 용도를 말씀드리겠습니다. 재림에 대해 가장 많이 이야기하는 사람들은 그 용도를 거의 언급하지 않습니다만, 재림 교리와 관련해서 성경이 가장 강조하는 부분은 재림 교리의 용도입니다.

바울은 로마의 그리스도인들에게 편지를 쓰면서 그리스도인으로서 어떻게 살아야 하는지 말했습니다. 12장부터 일련의 명령을 속사포처럼 쏘아 댑니다. 손님을 대접하고 섬기고 가르치고 구제하고 굶주린 사람들을 먹이고 법을 지키라고 말합니다. 그런 다음 이런 말로 마무리합니다. "서로 사랑하는 것 외에는, 아무에게도 빚을 지지 마십시오.…사랑은 이웃에게 해를 입히지 않습니다. 그러므로 사랑은 율법의 완성입니다"롬 13:8, 10, 새번역.

우리는 바울이 의자에 깊숙이 앉아 이런 생각을 하는 모습을 상상할 수 있습니다. '어떻게 하면 이웃에 대한 이런 적극적인 사랑을 이 사람들에게 실천하게 할 수 있을까? 이들은 사랑하라는 말을 아주 많이 들었고 그런 말에 너무 익숙해져 있어. 내가 어떻게 말해야 이들이 움직일까?' 그러고 나서 그는 재림에 대해 말합니다. "바로 현실에 눈을 떠야 할 때입니다. 우리가 믿음의 첫걸음을 내디딘 날부터 지금까지 하나님의 구원이 날마다 더 가까워지고 있습니다. 밤은 거의 지나가고 아침이 밝아 오고 있습니다."

더 이상 미적대지 마십시오. 지금 사랑하십시오. 주님이 명하신 가장 중요한 행위를 마냥 미루지 마십시오. 미래를 위한 계획을 세우지 마십시오. 이웃에게 사랑을 베푸십시오. 지금 이웃을 사랑하십시오.

바울은 재림의 소식을 잽처럼 날려 사랑의 실천이 필요한 주변 세상에 대해 신자들의 정신이 번쩍 들게 만듭니다. 재림의 소식을 사용하여 "윤리적 진지함을 이끌어 낼 위기상황"[1]에 대한 인식을 일깨웁니다.

하나님의 명령에 순종할 수 있는 시간이 한정되어 있다는 사실에 신자들의 눈을 뜨이게 하는 이 단락을 끝마치자마자, 바울은 일상생활의 평범한 지침으로 바로 돌아가 이렇게 말합니다. "여러분은 믿음이 약한 이를 받아들이십시오"롬 14:1, 새번역. 바울은 일상적인 삶의 문제에 대한 기독교적 해결책을 찾는 데 몰두하고 있습니다. 그는 재림이 일상에 특별한 긴박감을 부여하는 교리라고 믿습니다.

맬컴 카울리*는 저서 『망명자의 귀국』*Exile's Return*에서 자신이 프랑스에서 활동하던 시절을 이야기했습니다. 당시 그를 포함한 여러 해외 거주 미국인 작가들은 스페인 내전이라는 혁명 운동에 참여하고 있었습니다. 그는 "프랑스에 있을 때, 다음 날, 어쩌면 다음 주에 죽을 수도 있다는 생각 때문에 감각이 말할 수 없이 날카로워지던 순간들이 있었다"[2]라고 말했습니다. 재림은 그리스도인에게 바로 이런 역할을 합니다. 도덕적·윤리적 감각을 벼려 날카롭게 만드는 겁니다. 그

* Malcolm Cowley, 1898-1989. 미국의 시인, 평론가.

로 인해 그리스도인은 질척한 무기력 상태에서 벗어나게 되고, 강렬하게 느끼고 행동해야 한다는 부담을 갖습니다.… 그는 주님이 "다음 날, 어쩌면 다음 주에" 오실 수도 있다는 것을 알기 때문입니다.

저는 여러분에게 이 문제에 대해 경고하는 것이 긴요하다고 생각합니다. 사실 재림과 관련해서 제가 듣는 내용의 많은 부분이 성경과 크게 동떨어져 있습니다. 그 안에는 선정적인 헤드라인들이 가득합니다. 극심한 공포심을 조장하기 위해 만들어진 것들입니다. 그 주장의 근거를 들여다보면 에스겔, 다니엘, 요한계시록의 모호한 구절에 대한 비뚤어진 해석이 자리 잡고 있습니다. 사람들은 성경의 이런 책들에 익숙하지 않기 때문에, 구변 좋은 이들이 유창하게 늘어놓는 말들을 덮어 놓고 받아들입니다. 그러나 그 모든 가르침에는 역사에 대한 엄청난 무지와 성경을 무책임하게 취급하는 행태가 들어 있습니다.

그런 가르침은 사람들을 무책임하게 만드는 결과를 만들어 냅니다. 모든 것이 곧 끝나고 말 거라면, 굳이 인내심을 가지고 이웃을 사랑하는 수고를 할 필요가 없겠지요. 1-2년 안에 엄청난 파괴를 초래할 전쟁이 일어난다고 하면, 정의로운 세상을 만들기 위해 국가나 지역사회에 깊이 관여할 필요가 없을 것입니다. 복음대로 살아가는 일이 구호를 외치는 일로 쪼그라들게 됩니다.

이런 부류의 거짓 선지자들은 복음에 충실하게 사는 일상에서 우리의 시선을 멀어지게 합니다. 그러나 우리 주님과 사도 바울은 이런 일상의 맥락에서 하나님의 임재를 경험할 수 있다고 아주 끈질기게 말씀하셨습니다. 거짓 선지자들은 가장 중요한 것을 보지 못하게 만듭니다. 그들은 하나님의 사랑, 이웃의 필요, 성경의 분명한 명령이라는 현실이 있어야 할 자리에 환상, 두려움, 희망사항을 갖다 놓습니다.

미래에 대한 사람의 생각은 매우 중요합니다. 그것은 현재 그의 모습에 광범위하게 영향을 미칩니다. 오늘날처럼 불확실성이 큰 시대에는 많은 사람이 미래라는 문제에 관심을 둡니다. 역사적 전환기에는 허다한 사람들이 미래에 집착하고, 그러다가 현재의 삶을 망칩니다.

기독교의 복음이 재림에 대해 말하는 이유는 하나님의 백성에게 현재를 즐겁고 성숙하게 다룰 방법을 제시하기 위해서입니다. 그 방법을 따르면, 우리와 관점이 같은 소수의 사람들로 삶의 범위가 좁아지지 않고, 세상의 종말에 대한 끔찍한 공포에 시달리지 않으며, 당장의 현실과 동떨어진 조증 상태의 행복감에 사로잡히지 않습니다.

재림 교리가 미래에 대해 말하는 가장 중요한 사실은, 하나님이 그분의 구속 목적을 성취하시리라는 것입니다. 친히 행하겠다고 말씀하신 일을 하나님은 이루실 것입니다.

사람들은 미래에 대해 여러 가지 다른 이야기들을 합니다. 어떤 이들은 '세상의 종말'이라는 관점에서 미래를 묘사합니다. 또 어떤 이들은 사회의 해체와 붕괴를 이야기합니다. 그들은 생태적 재앙과 인구 폭발을 끔찍한 방식으로 묘사합니다. 핵으로 인한 대학살이 어떤 모습일지 이야기하는 소설가들도 있습니다. 종말론자들은 이 모든 가능성을 미래의 화면에 투영합니다. 재림에 대한 이야기를 전문으로 하는 몇몇 사람들은 재림을 일종의 초자연적 탈출 작전으로 묘사하는데, 이 작전이 성공적으로 수행되면 소수의 그리스도인들이 사회의 골치 아픈 문제들에서 벗어나 영원한 지복을 누리게 된다고 합니다.

이런 엄청난 말들이 떠도는 상황에서 사람들은 두 가지 방식으로 반응하는데, 둘 다 별로 좋지 않습니다. 하나는 미래를 위한 계획을 세움으로써 오히려 미래에 대응하기를 회피하는 것입니다. 사람들은 미래를 아주 멀리 떨어뜨려 놓고 보험 설계, 은퇴 계획, 교육 계획을 정교하게 세웁니다. 달력에 미래의 계획들을 표시하여 자신과 미래 사이에 상당한 거리를 늘 확보합니다. 일종의 '준비 콤플렉스'를 안고 살아가는 것이지요. 그 결과, 현재에 있는 것들에 주의를 기울이지 않습니다. 현재는 먼 목표에 종속됩니다. 이웃을 사랑하는 것을 비롯한 현재의 일들이 계속 뒷전으로 밀려납니다.

미래에 대응하기를 회피하는 또 다른 반응은 그냥 미래를 부정하고 현재에서 뒹구는 것입니다. 그때그때 기분 내키는 대로 움직이는 것이지요. 이런 사람들은 자신의 즐거움과 일시적인 기분을 가장 중요하게 여깁니다. 미래는 너무나 불길하고 예측할 수 없으니 아예 생각하지 않기로 하고 현재의 상태에 몰입합니다. 이것은 오늘날 사람들의 아주 전형적인 반응입니다.

미래를 부정하는 이 두 가지 반응에 대한 복음의 대안은 재림을 인정하는 것입니다. 미래를 그릴 때 압도적으로 중요한 사실은 하나님이 오신다는 것입니다. 우리가 예수 그리스도 안에서 아는 바로 그 하나님이 오십니다.

이 사실을 알기 때문에 우리는 평온과 평화, 기쁨과 확신을 가지고 현재의 일들을 감당할 수 있습니다. 미래에 우리를 기다리는 것이 복음 안에서 이미 누리고 있는 경험과 동떨어진 어떤 것이 아니라, 복음의 완성임을 우리는 압니다. 그러므로 이웃을 사랑하고, 굶주린 사람을 돕고, 교회의 사명에 넉넉히 참여하는 것은 합당한 일입니다. 미래는 현재의 순간에 강렬한 은혜를 전해 줍니다. 사랑, 신뢰, 소망, 믿음이 의미 있게 다가옵니다.

지금까지의 내용을 염두에 두고 바울의 글을 다시 읽어 봅시다.

이렇듯 행동이 중요한 이유는 무엇일까요? 여러분도 느꼈겠지만 지금이 가장 중요한 시기, 바로 현실에 눈을 떠야 할 때이기 때문입니다. 우리가 믿음의 첫걸음을 내디딘 날부터 지금까지 하나님의 구원이 날마다 더 가까워지고 있습니다. 밤은 거의 지나가고 아침이 밝아 오고 있습니다. 그러므로 어둠 속에서 하는 일 따위는 내버리고 무기를 갖추어 싸울 준비를 합시다! 한낮에 다닐 때처럼 단정하게 살아갑시다. 술에 취하지도 말고 성에 탐닉하지도 말고 다투지도 말고 시기하지도 맙시다. 머리끝부터 발끝까지 그리스도의 사람이 되고 육체에 놀아나지 맙시다 롬 13:11-14, 필립스성경.

아멘.

깨어 있읍시다!

그러나 형제자매 여러분, 여러분은 어둠 속에 있지 아니하므로, 그 날이 여러분에게 도둑과 같이 덮치지는 않을 것입니다. 여러분은 모두 빛의 자녀요, 낮의 자녀입니다. 우리는 밤이나 어둠에 속한 사람이 아닙니다. 그러므로 우리는 다른 사람들처럼 잠자지 말고, 깨어 있으며, 정신을 차립시다. 데살로니가전서 5:4-6, 새번역

*

하나님은 오십니다. 그분은 우주의 중심에 있는 물체가 아닙니다. 천문학자가 만든 천체지도의 한 고정점이 아닙니다. 그분은 활동하시고 움직이십니다. 그리고 그 움직임에는 방향이 있습니다. 그분은 우리에게 오십니다. 하나님은 정처 없이 다니며 은하들을 윈도쇼핑하거나, 목성의 위성들을 가지고 저글링을 하거나, 토성의 고리들을 무심하게 감상하지 않으십니다. 그분의 목적지는 우리입니다.

그분은 그냥 한 번 오셨다가 돌아가신 다음, 나이든 여행자처럼 천사들에게 우리를 방문했던 이야기를 영원토록 들려주고 방문기념 슬라이드를 보이며 그들을 지루하게 만들지 않으십니다. 그분은 오

셨습니다. 오고 계십니다. 다시 오실 것입니다. 우리는 그분이 오시고 다시 오실 때 무엇을 기대해야 하는지 압니다. 그분이 처음 오셨을 때 어떤 일이 일어났는지 정확히 알기 때문입니다.

예수님 안에서 하나님이 우리에게 오셨습니다. 그리고 예수님은 승천하시면서 다시 오겠노라고 약속하셨습니다. 그리스도인의 삶은 그분이 오셨고 다시 오실 거라는 이 두 오심 사이에서 이루어집니다. 오시는 하나님을 믿고 섬기는 일, 하나님이 오시는 세상에서 사는 일은 어떤 의미가 있을까요? 대림절의 과제는 바로 이 질문에 분명하게 대답하고, 그 내용을 기념하고, 우리에게 오시는 하나님께 반응하여 소망을 갖고 충실히 살아가는 것입니다.

창조세계와 역사 속에서 똑같은 일들이 영원히 단조롭게 되풀이될 거라고 함부로 단정하고 안일한 정신과 흐트러진 마음으로 나태하게 사시겠습니까? 아니면 하나님이 멈추지 않고 우리에게 오고 계신다는 것과 예수님 안에서 다시 오실 것임을 확신하면서 방심 않고 열렬하게 살아가시겠습니까? 그분의 오심을 환영하며 도착하시는 그분을 환대하는 태도를 가질 때, 인생을 최대한 선용하게 될 것임을 믿으시겠습니까?

바울이 데살로니가 교인들에게 보낸 편지의 한 대목은 지난 2천 년 동안 그리스도인들에게 중요한 역할을 해왔습니다. 하나님의 오심이라는 위대한 사실과 그분의 다시 오심에 대한 확실한 기대 사이에서 전심으로 살아가는 법을 보여주었지요. '깨어 있으라'는 바울의 권고를 한마디로 요약해 주는 말씀입니다.

우리는 깨어 있습니다(살전 5:1-4)

예수님 안에서 하나님이 오셨을 때 우리는 하나님이 일상으로 들어오신다는 잊을 수 없는 교훈을 배웠습니다. 그분은 '큰 문제'의 하나님일 뿐 아니라 일상의 하나님입니다. 마을의 마구간, 평범한 나환자들, 세리들과의 점심 식사, 오랜 친구들과 즐기는 낚시 가운데 계시는 하나님입니다. 그래서 우리는 뭔가 중요한 것을 놓치지 않으려고 깨어 있습니다.

아이들과 여행할 때, "도착하면 깨워 줘" 하고 아이들이 잠들면 속상합니다. 가는 길이 여행의 일부라는 것을 모르는 걸까요? 그래서 아이들은 많은 것을 놓치고 맙니다. 영양과 매, 석양….

우리는 적극적으로 움직입니다(살전 5:5-8)

예수님 안에서 하나님이 오심을 통해 우리가 확신하게 된 또 다른 현실은 하나님이 적극적으로 나서서 사람들을 온전하고 평안하게 하시고 치유하고 복 주신다는 것입니다. 믿음으로 사는 것은 도피적 행동이 아닙니다. 너무나 버거운 이 세상에서 우리가 숨을 곳을 하나님이 알려 주시는 과정이 아닙니다. 믿음으로 사는 것은 완전하고 위대하고 최종적이고 승리를 안겨 주는 일을 하기 위한 전략입니다.

우리는 거칠고 험난한 인생을 살아갈 수 있도록 갑옷을 받았습니다. 우리는 거대한 발에 짓밟혀 으스러질 위험에 처한 무방비 상태의 꽃이 아닙니다. 갑옷을 입었습니다. 우리는 능동적으로 행동에 나설 수 있습니다.

우리는 기대합니다(살전 5:9-11)

예수님 안에서 하나님이 우리에게 오심을 통해 우리는 그 오심이 모든 사람에게 선한 일이며 구원이 그분의 목적임을 확인하고 확신하게 되었습니다. 그래서 우리는 희망과 기대로 잔뜩 부풀어 있습니다. 자신이 '진노를 받을 운명'이라고 느끼고 두려워하는 사람은 하나님이 하시는 말씀을 귀 기울여 듣지 않았거나 그리스도의 오심을 정확하게 관찰하지 않은 사람입니다. 여러분이 지금 절망의 수렁에 빠져 있다면, 하나님이 우리를 위한 구원 계획을 갖고 계신다는 인생의 위대한 현실을 놓치고 있는 것입니다.

> 기대는 횃불처럼 우리 신앙의 진전을 이끄는 역할을 계속해 왔다. 이스라엘 백성은 끊임없이 기대에 차 있었고, 초기 그리스도인들도 마찬가지였다. 크리스마스를 우리가 과거를 돌아보게 하는 날로 여길 수도 있지만, 사실 이날은 우리의 시선을 미래로 더 깊숙이 고정하게 한다. 우리 가운데 잠시 나타나셨던 메시아는 사람들이 잠시 그분을 보고 만질 수 있게 하셨다가 그 어느 때보다 더 찬란하고 형언할 수 없는 모습으로 미래의 심연 속으로 다시 사라지셨다. 그분은 오셨다. 그리고 이제 우리는 다시 한번 그분을 기대해야 한다. 우리 중 소수의 선택된 사람들만이 아니라 모든 사람이 그 어느 때보다 간절히 그분을 기대해야 한다.[3]

대림절 촛불은 우리의 어둠 속에서 빛이 축적되는 것을 상징합니다. 한 주 한 주 빛이 늘어나다가 마침내 크리스마스이브가 되면 우리가 하나님을 찬양하는 뜻에서 들게 될 촛불의 빛으로 이 예배당이 불타는 듯할 것입니다. 대림절을 지키며 사는 일은 복잡하지 않습니다. 잠에서 깨어나는 일만큼이나 간단합니다. 잠들어 있으면 여러분에게 빛이 무슨 소용이 있겠습니까? 하나님께 깨어 있읍시다!

아멘.

창조세계 안의 그리스도

그 아들은 보이지 않는 하나님의 형상이시요, 모든 피조물보다 먼저 나신 분이십니다. 만물이 그분 안에서 창조되었습니다. 하늘에 있는 것들과 땅에 있는 것들, 보이는 것들과 보이지 않는 것들, 왕권이나 주권이나 권력이나 권세나 할 것 없이, 모든 것이 그분으로 말미암아 창조되었고, 그분을 위하여 창조되었습니다. 골로새서 1:15-16, 새번역

*

바울은 역사상 가장 영향력 있는 편지 작성자입니다. 그의 편지들은 지금까지 나온 그 어떤 편지보다 더 많은 사람에게 읽히고 큰 영향을 미쳤으며, 인격적으로 다가가고 강력한 메시지를 전달했습니다. 이런 성공을 거둔 바울이라면 천재적인 문필가가 틀림없고 평생 서신을 주고받는 일에 전념하면서 많은 편지를 아주 유려하게 썼을 것이라고 생각할 수 있습니다.

하지만 사실은 그렇지 않았습니다. 그는 편지를 많이 쓰지 않았고 꼭 필요할 경우에만 썼습니다. 게다가 그가 쓴 편지에는 서두른

흔적이 역력하고 문체가 무뚝뚝한 데다 문학적 세련미와 형식 따위는 아랑곳하지 않는 흠이 보입니다.

바울은 감옥에 갇히면서 편지를 쓸 수밖에 없는 상황이 되었습니다. 그는 고대 세계의 여러 도시에 있는 그리스도인들을 감독하고 훈련하는 일에 큰 관심을 두고 있었습니다. 보통 그는 각 도시를 순회하며 한 곳에 몇 달씩 머물렀습니다. 그러다가 리더십이 더없이 강력하던 인생의 전성기에 감옥에 갇혔습니다. 편지쓰기는 그가 교회들과 연락을 유지할 수 있는 유일한 방법이 되었습니다. 신약성경에는 바울이 쓴 열두 통의 편지가 있습니다.

편지 자체만 보면 특별히 좋은 글이라고 할 수 없습니다. 편지쓰기 항목이 있는 영어작문 교과서에서 바울의 편지를 모범 사례로 소개할 일은 없을 듯합니다. 형식이나 문체 면에서 학생이 본받기를 바랄 만한 요소가 별로 없기 때문입니다. 그러나 문학적 허세나 포부가 전혀 없었던 한 남자가 쓴 이 몇 통의 편지는 지금도 역사상 가장 큰 영향력을 행사합니다. 분명 이 편지들에는 어휘, 문법, 구문, 문체 외의 다른 요소가 들어가 있습니다. 그 다른 측면을 고려해야만 이 편지들이 가진 힘과 영향력을 설명할 수 있습니다. 문학적으로만 보자면 그의 편지들은 평범하고 그저 그렇습니다. 하지만 사람들의 마음에 미치는 영향력으로는 타의 추종을 불허합니다.

이 편지들을 현대 영어로 번역하여 『어린 교회들에 보내는 편지들』이라는 제목으로 출간한 J. B. 필립스는 이렇게 말합니다.

> 몇 년 동안 이 편지들을 면밀히 연구해 온 본서의 번역자는…자신이 번역하는 자료가 살아 있다는 느낌에 계속 놀라고 있다. 이런 반응이 '성경'에 대한 미신적 경외감에 불과하다고 생각하는 이들도 있겠지만, 본 번역

자는 '전원을 끌 수 없는' 상태에서 고택의 배선을 바꿔야 하는 전기기술자가 된 듯한 기분이 거듭거듭 들었다. 본 번역자는 이 사실을 기록할 가치가 있다고 생각한다.[4]

이런 증언과 이 편지들이 역사에 미친 엄청난 영향력을 염두에 두고, 여러분이 저와 함께 바울의 편지 중 하나를 펼쳐서 읽으며 그 내용에 귀를 기울이고 그에 대해 생각하고 이야기를 나눴으면 합니다. 다시 말해, 바울의 편지가 수많은 사람들에게 영향을 미쳤던 것처럼 우리에게도 영향을 미치게 해보자는 것입니다. 바울이 소아시아 내륙 속주의 '주요 도로'가 지나는 도시, 골로새의 작은 교회에 보낸 짧은 편지를 살펴보겠습니다.

이 편지에서 두드러지는 두 단어가 있습니다. 하나는 명사이고 하나는 전치사입니다. 그 명사는 '그리스도'라는 고유명사인데, 아주 인상적인 이름입니다. 바울에게 '그리스도'는 2천 년의 역사를 완성하고 수 세기 동안 이어졌던 갈망을 채워 주고 인간의 파편화된 삶을 최종적으로 온전하게 만들어 주는 이름이었습니다. 전치사는 그리스어와 영어 모두에서 볼 수 있는 짧은 전치사 'in'안에, 속에입니다. 이 전치사는 작지만 사소하지 않으며 '그리스도'라는 고유명사와 함께, 때에 따라 그 앞이나 뒤에 등장합니다.

골로새서의 주제는 그리스도입니다. 그러나 이 그리스도는 추상적인 연구대상이 아니라 '~안의 그리스도' 또는 '그리스도 안에' 같은, 관계 속의 그리스도입니다. 전치사의 기능은 한 대상과 다른 대상을 이어 주는 것으로, in만큼 밀접하거나 빈틈없는 관계를 만들어 주는 전치사는 없습니다. 'on'위에, 'around'주위에, 'beside'옆에는 동일한 유형의 전치사위치 전치사이지만 in과는 다르다는 점을 주목합시다. 이 전치사들은 모두 두 대상이 가까이 있음을 나타내지만[the book is on the table, the flowers are around the tree, the car is beside the curb(책이 탁자 위에 있고, 꽃들이 나무 주위에 있고, 자동차가 연석 옆에 있습니다)], in은 두 대상을 하나로 결합시킵니다[the nail is in the board, the heart is in the body, the seed is in the ground(못이 판자 안에 박혀 있고, 심장은 몸속에 있고, 씨앗은 땅속에 있습니다)].

그렇다면 이 편지에서 우리는 비길 데 없는 대상(그리스도)과 여러 다른 명사들, 이를테면 창조, 그리스도인, 교회, 우리의 행동이 서로 가장 깊숙이 침투하는 관계(in의 관계)를 맺을 거라고 예상할 수 있습니다. 이 관계들을 살펴보면 바울의 설교로 들어가는 문이 열릴 것이고, 기독교 사상의 흐름을 만들어 낸 사도의 마음속으로 발을 들여놓게 될 것입니다. 한 번에 하나씩 살피는 것으로 충분할 테니, 오늘은 창조세계 안의 그리스도를 생각해 봅시다.

바울 서신을 여는 전형적인 방식인 서두의 인사말과 기도가 끝나면, 골로새서 전체에서 가장 주목할 만한 구절이 나옵니다. 한 학자는 이 대목이 "그리스도의 지위에 대한 바울의 확신에 찬 모든 표현 중에서도 가장 인상적인 구절"[5]이라고 말합니다. 다음은 해당 구절입니다.

> 그 아들은 보이지 않는 하나님의 형상이시요, 모든 피조물보다 먼저 나신 분이십니다. 만물이 그분 안에서 창조되었습니다. 하늘에 있는 것들과 땅에 있는 것들, 보이는 것들과 보이지 않는 것들, 왕권이나 주권이나 권력이나 권세나 할 것 없이, 모든 것이 그분으로 말미암아 창조되었고, 그분을 위하여 창조되었습니다 골 1:15-16, 새번역.

물론 이 구절은 그리스도를 묘사하고 있습니다. 그런데 '그리스도'라는 용어는 사실 어느 한 사람의 이름이 아니라 칭호입니다. 여기서 기억해야 할 것은 이 칭호가 특정인에게 부여되기를 기다리며 오랫동안 떠돌아다녔다는 사실입니다. 수백 년 동안 그 인물이 누구일지 추측이 난무했고, 이 칭호가 특정인에게 부여될 때에 관한 많은 기대와 희망 섞인 예상이 줄을 이었습니다. 신약성경의 복음서들은 이 칭호의 주인공이 팔레스타인 북부의 작은 마을 나사렛 출신의 예수라는 인물로 최종 확정되는 과정을 서술합니다.

이 칭호의 주인공이 예수로 최종 확정된 이유는 그의 말을 듣고 그의 행동을 관찰한 사람들이 그 사람 안에서 하나님이 그들에게 직접 말씀하신다는 확신을 갖게 되었기 때문입니다. 하나님이 사람의 모양으로 나타나셔서 사람들과 함께 사셨고, 사람들은 하나님이 전하시는 사랑과 은혜의 영원한 말씀을 들었습니다. 하나님은 사람들 사이에 계시면서 그들과 친교를 나누고 교제하셨습니다. 우주를 창조하신 하나님이 그들 가운데 머무시며 그들을 온전하게 만들고 계셨습니다. 이 모든 것을 깨달았을 때 제자들은 예수님을 '그리스도'라고 불렀습니다.

그런데 예수님이 떠나시고 고작 30년 정도 지난 시점에서 바울은 예수님에 대해 이렇게 말할 수 있었습니다. "모든 것이 그분으로 말미암아 창조되었고, 그분을 위하여 창조되었습니다." 다시 말해, 바울은 나사렛 예수를 통해 30년이라는 짧은 생애에 압축적으로 표현된 하나님의 궁극의 사랑을 보는 것에 만족하지 않습니다. 그는 예수의 생애 안에서 로마제국 중기(中期)에 국한된 것이 아닌 은혜, 하나님의 천지창조 작업에서 결정적인 역할을 했던 하나님의 영원한 은혜를 발견합니다.

앞에서 그리스도라는 칭호가 몇 세기 동안 특정인에게 부여되지 않고 떠돌다가 마침내 예수님의 칭호로 확정되었다고 말씀드렸습니다. 역사적으로는 확실히 그렇게 보입니다. 하지만 바울은 그렇지 않다고 말합니다. 그리스도는 맨 처음부터 활동하고 계셨습니다. 나중에 나타나신 것이 아니고 현대적 해결책도 아닙니다. 그리스도는 지금까지 창조된 모든 것의 중심에 계셨고 지금도 그렇습니다.

또 다른 신약성경 저자도 같은 내용을 독립적으로 증언합니다. "[하나님이] 이 모든 날 마지막에는 아들을 통하여 우리에게 말씀하셨으니[예수님의 생애 기간에 말입니다] 이 아들을 만유의 상속자로 세우시고[그리하여 이분은 시간과 역사의 절정에 이르십니다] 또 그로 말미암아 모든 세계를 지으셨느니라[바울의 요지는 이분이 맨 처음부터 활동하셨다는 것입니다]"히 1:2.

이 모든 내용 안에는 우리에게 개인적으로 다가와야 할 말, 과거에서 어떻게든 벗어나 우리 삶에서 실제적인 표현을 찾기 위해 고군분투하는 말이 있습니다. 우리 삶의 방향을 바꿀 수 있고, 우리 삶의 공허한 부분에 의미를 불어넣을 수 있는 말이 있습니다.

바울의 말을 다시 들어 보십시오. "만물이 그분 안에서 창조되었습니다.…모든 것이 그분으로 말미암아 창조되었고, 그분을 위하여 창조되었습니다." 이것은 우리에게 무엇을 말하고 있을까요?

이 말은 우리를 하나님의 사랑에 참여하게 한다는 하나님의 계획이 창조의 본질에 들어 있다는 것을 의미합니다. 우리는 이 계획이 예수 그리스도 안에서 확실히 드러나는 것을 봅니다. 그리스도는 하나님의 형상이십니다. 그분은 하나님이 사랑이시라는 것과 우리가 그 사랑의 교제 안에서 살며 그 교제를 누릴 수 있게 하는 일에 그분이 적극 관여하신다는 것을 보여주십니다. 이 그리스도께서 창조세계의 중심에 계시고 창조의 맨 처음에 계십니다. 그리스도, 즉 사랑으로 우리를 얻고자 행동하시고, 우리를 자신에게로 이끄시고, 우리를 치유하시고 용서하시는 하나님은 "모든 피조물보다 먼저 나신 분"이십니다. 모든 "보이는 것들과 보이지 않는 것들"이 창조된 이유가 여기에 있습니다. 우리가 그분의 사랑에 참여하고 그분의 은혜를 알 수 있게 하기 위해서였지요.

바울이 창조에 관해 가장 중요하게 여긴 부분은 그 일이 어떻게 일어났는지에 대한 이론이 아니었습니다. 수십억 광년 전에 한 무리의 태양이 응축과 분리의 과정을 거쳐 우리 우주가 다른 은하계에서 생겨났다는 이론이든, 똑같이 그럴듯한 다른 이론이든(바울 당시에는 여러 가지 이론이 존재했습니다) 모두 그의 주된 관심사가 아니었습니다. 바울에게 중요했던 것은 창조의 중심에 의미가 있다는 발견이고, 그 중심에 그리스도가 계시기에 그 의미는 좋은 의미, 좋은 소식이라는 계시였습니다.

우주가 그리스도로 말미암아 그리스도를 위해 창조되었다는 말은 하나님이 창조하신 유일한 이유가 사랑하시기 위해서였다는 것을 의미합니다. 창조세계는 하나님이 피조물과 사랑의 관계를 맺으시는 무대입니다. 창조세계는 사랑과 은혜의 내적 움직임을 위한 외적 구조물입니다. 창조세계와 그리스도의 관계는 양동이와 물의 관계와 같습니다. 물을 담을 양동이가 있기 전에 물은 이미 있었습니다. 양동이는 물을 나르고 전달하고 나누는 데 쓸 수 있는 도구입니다. 이와 똑같이 창조세계가 있기 전에 그리스도께서 계셨습니다. 창조세계는 그리스도(찾아가시는 하나님의 사랑)를 나르고 전달하고 공유하는 데 쓸 수 있는 도구입니다.

그렇다면 그리스도는 나중에 덧붙은 존재가 아니라는 결론이 따라옵니다. 그분은 처음의 계획이 잘못되고 나서 상황을 수습하기 위해 고안한 일종의 응급조치가 아닙니다. 그분은 세상이라는 집이 불타는 것을 막기 위해 허둥지둥 불러들인 우주의 소방관 같은 존재가 아닙니다. 그분은 맨 처음부터 세상에 계십니다. 기독교의 복음은 비상 대책이 아니라 최초의 계획입니다.

이 말은 우리에게 그리스도가 필요한 것은 우리가 죄인이라서가 아니라 피조물이기 때문이라는 뜻입니다. 우리는 죄인이므로 그리스도가 더욱더 필요합니다. 그러나 우리가 죄인이기 전부터 그리스도는 계셨고, "보이지 않는 하나님의 형상"이신 그분은 하나님의 첫 말씀이 온 창조세계를 그분과의 교제로 이끄는 사랑과 은혜의 말씀이었다는 증거입니다. 흔히 우리는 편안할 때보다 곤경에 처했을 때 그리스도를 더 많이 생각합니다. 건강할 때보다 아플 때 기도할 가능성이 더 큽니다. 대개 상황을 잘 파악하고 있을 때보다 혼란스러울 때 교회 생각이 더 많이 나지요. 그러나 이런 식이 전부라면 우리는 그리스도에 대해 적어도 절반을 놓치고 있습니다. 그런데 어쩌면 그 절반이 더 귀한 부분일지도 모릅니다.

그리스도를 다른 모든 것이 효과가 없을 때 꺼내 드는 도구, 최후의 수단으로 여겨서는 안 됩니다. 물론 그리스도는 다른 모든 것이 잘못된 상황에서도 우리를 도우실 것이며 최후의 보루이십니다. 그러나 그분을 그렇게만 생각하는 것은 그분의 사역의 격을 떨어뜨리고 그분의 능력을 과소평가하는 처사입니다.

유아세례는 이 진리를 상징하는 예식입니다. 아이가 혼자 힘으로 그 어떤 일도 하기 전, 아이가 자기 생각을 갖고 제 발로 걷고 스스로 어떤 결정도 내리기 전에, 우리는 유아세례를 진행하며 하나님의 은총이 아이에게 임함을 증언합니다. 우리는 아이가 그리스도 안에서 그리스도로 말미암아 그리스도를 위해 창조되었고, 하나님의 사랑과 은혜가 아이의 삶을 이끄는 근원적이고 주된 요소이며, 세례를 받는 순간부터 아이 인생의 의미를 은혜의 관점, 즉 그리스도의 관점에서 이해해야 한다고 증언합니다.

오늘 본문에 나오는 바울의 말은 이 내용을 창조세계 전체로 확장한 것입니다. 우리는 존재하는 모든 것을 하나님의 사랑과 은혜의 관점에서 해석하고 이해해야 합니다. 우리가 모든 차원에서 경험하는 삶의 의미, 마주치는 갖가지 상황의 의미, 일터와 사회와 여가시간에 참여하는 일들의 의미, 이 모든 의미는 그리스도로 말미암아 그리스도를 위해 존재합니다. 그러므로 이 모든 의미를 알고 여기에 깃든 사랑과 은혜를 알려면 그리스도를 알아야 할 것입니다.

바울이 편지를 보낸 골로새의 작은 교회는 미국의 많은 교회들과 크게 다르지 않았습니다. 당시 바울이 그리스도를 창조세계 안에 계신 분, 맨 처음부터 계신 분, 탁월하고 주권적인 분으로 끈질기게 제시한 이유는, 예수님을 환자가 먹는 약 정도로 격하시키는 종교 교사들이 주변에 있었기 때문입니다. 그들이 그리스도를 부정한 것은 아니었습니다. 예수님을 한자리에 고정시키고자 했을 뿐입니다. 죄를 지어 용서가 필요하다면 그때는 그리스도를 불러도 괜찮다고 봤습니다. 자신이 한 말에 죄책감을 느끼고 양심의 가책 때문에 불편하다면 그런 상태를 바로잡고 깨끗하게 하는 데 그리스도가 매우 유용하다고 봤습니다. 그러나 통상적인 삶의 문제, 중요한 생각, 인간관계나 상거래 같은 거칠고 험한 문제는 그리스도의 능력 밖에 있다고 생각했고 그런 문제를 처리해 줄 다른 신들을 찾았습니다.

2천 년이 지난 지금 바울의 끈질긴 말을 다시 들어야 하는 이유는 우리도 그리스도에 대한 비슷한 태도에 쉽게 빠져들기 때문입니다. 위의 종교 교사들이 골로새에서 노골적으로 가르치던 내용은 오늘날에도 암묵적으로 전달되고 있습니다. 우리는 개인적 위기에 처할 때 그리스도를 찾으며 도움을 요청하지만, 위기가 지나가면 더 이상 그분을 의지하지 않습니다. 개인적으로 실망스러운 일이 생기면 그리스도를 바라보지만, 시간이 흐르고 불행이 잦아들기 시작하면 그 이름은 희미한 기억이 됩니다. 주일 아침 예배에서는 그분에 대한 헌신을 고백하지만, 이후 엿새 동안에는 그분의 부재가 크게 다가올 때가 많습니다. 그 결과, 우리 삶의 많은 부분과 어쩌면 우리 존재의 상당 부분은 아무런 의미를 갖지 못하며 사랑과 은혜도 담겨 있지 않습니다.

바울의 말은 우리를 위한 하나님의 말씀입니다. 그는 우리에게 창조세계를 둘러보라고 말합니다. 보이는 것과 보이지 않는 것 전부, 우리의 삶, 우리 주변의 삶, 사람과 동물과 집과 음식처럼 눈에 보이는 세계와, 생각과 감정과 사상과 느낌처럼 눈에 보이지 않는 세계를 말입니다. 우리는 보이는 것과 보이지 않는 것을 아우르는 모든 창조세계를 바라보며 그 중심에 그리스도가 계심을 깨달아야 합니다. 모든 것은 그리스도 안에서, 그분으로 말미암아, 그분을 위해 창조되었습니다. 모든 것의 중심에 계신 그분을 보지 못하면 온 세상이 공허하고 비어 있고 무의미하게 보입니다.

창조세계 안에서, 즉 모든 것에서 그리스도를 본 우리는 그분을 아는 일에 힘써야 합니다. 그러면 창조세계의 즐거운 의미에 참여하게 될 것입니다. 왜냐하면 그분이 모든 창조세계 안에서, 거기 깃든 말씀인 사랑과 은혜로 행하시기 때문입니다.

아멘.

성탄절

CHRISTMAS

Lights a Lovely Mile

마지막 말씀, 예수 그리스도

> 하나님께서 옛날에는 예언자들을 통하여, 여러 번에 걸쳐 여러 가지 방법으로 우리 조상들에게 말씀하셨으나, 이 마지막 날에는 아들을 통하여 우리에게 말씀하셨습니다. 하나님께서는 이 아들을 만물의 상속자로 세우셨습니다. 그를 통하여 온 세상을 지으신 것입니다.
>
> 히브리서 1:1-2, 새번역

*

크리스마스는 결말을 축하하는 날입니다. 아직 말을 못 하는 한 아기가 하나님이 인간에게 주신 신성한 말씀입니다. 어느 어두운 밤, 가난한 마을의 구유에 뉘어 있던 아기가 2천 년에 걸친 거룩한 역사를 완성합니다. 마리아의 맏아들은 하나님의 마지막 말씀입니다. "하나님께서 옛날에는 예언자들을 시켜서, 여러 번에 걸쳐 여러 가지 방법으로 우리 조상들에게 말씀하셨습니다. 그런데 이 마지막 날에는 아들을 시켜서 우리에게 말씀하셨습니다"히 1:1-2, 역자 사역.

하나님은 극히 짧은 문장으로 인간에게 말씀하기 시작하셨습니다. "빛이 있으라"창 1:3. 이 말은 성경에 기록된 하나님의 첫 번째 말씀입니다. 우리가 하나님에 대해 처음으로 듣는 내용은 그분이 인간에게, 눈에 잘 보이는 장소를 제공하신다는 것입니다. 인간은 어둠 속에서 더듬거리도록 방치되지 않습니다. 하나님은 인간이 어디로 가는지 스스로 볼 수 있게 하십니다. 하나님의 첫 번째 말씀의 주제는 인간의 존재를 구성하는 가장 단순하고 기본적인 조건입니다. 욕구 충족을 제외하면 빛은 아기가 처음으로 인식하는 현실입니다. 아기는 누군가의 얼굴을 보기 전, 아버지와 어머니를 구별하기도 전에 빛을 보고 반응합니다. 하나님이 인간에게 주신 첫 번째 말씀의 내용은 아주 기본적인 것입니다. 예정, 화해, 성화와 같은 복잡한 개념은 없습니다. "빛이 있으라"라는 짧은 말씀뿐입니다.

창세기의 첫 몇 장은 하나님에 대한 입문서입니다. 하나님은 누구나 이해할 수 있는 단어로 인간에게 말씀하십니다. 낮과 밤, 땅, 나무, 물, 태양, 별, 새, 물고기, 짐승, 사람과 같은 단어들로 말입니다. 첫 장을 다 읽기도 전에 우리는 하나님이 어린아이도 이해할 수 있는 단어들로 우리에게 기본적이고 결정적인 말씀을 하신다는 사실을 알아차립니다. 책장을 넘기면 죄와 살인, 전쟁과 심판, 음악과 공예, 건축과 역사가 흘러나옵니다. 우리는 하나님의 뜻과 그분의 방식을 알려주시는 심오한 하나님의 말씀을 듣습니다.

아브라함, 이삭, 야곱, 요셉 같은 위대한 이름이 나옵니다. 하나님은 계속 말씀하시고 메시지는 확장됩니다. 사람의 인생사 전체가 하나님의 어휘가 됩니다. 그 내용은 여전히 다른 것으로 착각할 수 없는 하나님의 말씀이지만, 이야기가 더 커지고 인간의 삶의 정황을 이루는 세부내용이 추가됩니다. 하나님은 아브라함을 부르시고 이삭과 동행하시고 야곱을 변화시키시고 요셉을 구원하십니다. 그분의 메시지는 여전히 장엄하면서도 단순하지만, 인간 삶의 복잡다단함에 맞게 문맥이 더 복잡해지고 난해해집니다.

모세 이야기에 이르면 말씀이 크게 확장됩니다. 수천 명이 모여 새로운 민족을 이룹니다. 그들의 삶은 관계 속에 놓이고 죄, 믿음, 거절, 반항, 예배, 사랑이라는 무수한 가능성이 만들어집니다. 그리고 새로운 사건이 벌어질 때마다 새 말씀이 주어집니다. 모세는 하나님의 백성(이스라엘)에게 계명, 규례, 권면의 형식으로 하나님의 말씀을 전달합니다. 많은 사람이 가까이 모여 살게 되면서 정교한 사법적 판단이 필요해집니다. 약속이 성취되지 않은 채 오랜 시간이 지나고, 설득력 있는 설교가 필요한 상황이 됩니다. 하나님의 말씀은 새로운 상황에서 새롭게 적용됩니다. 창세기 1장 입문서는 이제 고급 수준의 교과서로 발전했습니다.

수 세기가 흐르고 많은 사람이 모세를 본받아 하나님의 말씀을 전하려고 노력합니다. 그들은 사람들에게 소리쳐 충고하고 조언하고 책망하고 가야 할 길을 알려 줍니다. 그 말들 중에는 진정성 있는 내용도 있지만 명백히 거짓된 것도 있습니다. 그 결과는 혼란입니다. 너무나 많은 하나님의 '말씀들'이 들려오는 상황에서 누가 하나님의 진짜 '말씀'을 가려낼 수 있을까요? 하나님은 이스라엘에 사울, 다윗, 솔로몬 같은 왕을 세우심으로써 그분의 말씀에 권위와 정당성을 부여하십니다. 더 이상 누구도 이스라엘 민족에게 말하는 자리에 스스로 오를 수 없습니다. 하나님은 기름 부음 받은 자를 통해 통치하시고 말씀하십니다. 하나님의 대변인에게는 자격조건이 필요해졌고, 하나님의 말씀에 구조와 일관성이 다시 나타납니다.

그러나 자주 그렇듯이 구조는 전문화로 이어졌습니다. 하나님의 말씀은 포고령이 되고, 왕정은 주님의 말씀을 대변하지 못하게 되었습니다. 왕들은 기도보다 정치에 더 관심을 갖고, 하나님보다 통치에 더 몰두했습니다. 그래서 하나님의 말씀을 전하는 새로운 방식이 등장했습니다. 선지자들입니다. 이사야는 천둥처럼 소리쳤고 예레미야는 울었고 아모스는 규탄했으며 호세아는 호소했습니다. 그러자 무관심이 민감한 반응으로 바뀌었습니다. 막혔던 귀가 뚫리고 경각심이 찾아왔습니다. 선지자들은 설득력과 통찰력의 은사를 받았습니다. 하나님의 말씀을 힘차고 명료하게 전했습니다. 신나는 말씀, 기쁜 말씀이었습니다. 인간의 어떤 말도 그 말씀에 비길 수 없었습니다.

이사야서의 말씀은 우리 시대까지 울려 퍼집니다.

> 좋은 소식을 전하며 평화를 공포하며
>
> 복된 좋은 소식을 가져오며 구원을 공포하며
>
> 시온을 향하여 이르기를
>
> 네 하나님이 통치하신다 하는 자의 산을 넘는 발이 어찌 그리 아름다운가.
>
> 네 파수꾼들의 소리로다.
>
> 그들이 소리를 높여 일제히 노래하니
>
> 이는 여호와께서 시온으로 돌아오실 때에 그들의 눈이 마주 보리로다.
>
> 너 예루살렘의 황폐한 곳들아,
>
> 기쁜 소리를 내어 함께 노래할지어다.
>
> 이는 여호와께서 그의 백성을 위로하셨고
>
> 예루살렘을 구속하셨음이라.
>
> 여호와께서 열방의 목전에서 그의 거룩한 팔을 나타내셨으므로
>
> 땅 끝까지도 모두 우리 하나님의 구원을 보았도다 사 52:7-10.

후대 사람들은 이 모든 내용을 기록하고 숙고했는데 그 과정에서 당혹감과 혼란이 생겼습니다. 그들에게는 해석이 필요했습니다.

백성들이 말씀의 숲을 헤쳐 가도록 안내하는 새로운 전문직이 생겨났습니다. 서기관과 랍비들입니다. 그들은 하나님의 말씀을 듣는 일에서 백성들의 조력자가 되었습니다. 그러나 그들이 기록된 말씀에 대해 쓴 주석과 해석이 논평의 바다를 이루면서 곧 하나님의 말씀을 삼켜 버리는 지경에 이르게 됩니다.

이스라엘 사람들에게 필요한 것은 또 다른 주석이 아니라 결말이었습니다. 또 다른 책이 아니라 그들이 가진 책의 마지막 장이 필요했습니다. 주석을 다는 일은 끝없이 이어질 수 있는 과정이었으므로 멈추는 지점이 있어야 했습니다. 완전한 진리를 찾는 것은 논리적으로 끝이 없는 일이었습니다. 계시가 있어야 했습니다.

그래서 하나님은 마지막 말씀을 하셨습니다. '예수님'이 하나님의 마지막 말씀입니다. 이 말씀은 그 이전에 주어진 말씀과 놀라운 차이점이 있습니다. 예수님은 단순히 하나님의 연설자가 아니라 하나님 자신입니다. 그분의 현존, 행동, 말씀을 비롯한 그분의 전 존재가 하나님의 말씀입니다. 어떤 사람들에 대해 우리는 그들의 행동이 지나치게 소란스러워 무슨 말을 하는지 알아들을 수 없다고 불평합니다. 하지만 예수님에 대해서는 그런 불평을 할 수 없습니다. 그분은 행동과 말이 동일하기 때문입니다. 예수님은 하나의 사건이고 거룩한 역사 속의 정거장입니다. 예수님의 탄생은 길고 힘든 등반 끝에 마침내 산 정상에 도착한 일과 같습니다. 이제 우리는 몸을 돌려 뒤를 바라보고 전체 여정을 긴 안목으로 바라볼 수 있습니다. 모든 것을 진정한 관계라는 맥락에서 볼 수 있습니다. 그리고 더 이상 올라갈 필요가 없습니다.

지금까지 저는 여기 있는 모든 사람이 몇 년 동안 구약성경과 씨름하면서 의미와 결말을 찾고자 한 것처럼 이야기했습니다. 하지만 여러분은 몇 년 동안 구약성경을 통독하지 않았거나 어쩌면 읽어 본 적도 없을 가능성이 큽니다. 구약성경의 첫 대목을 깊이 생각해 본 적이 없고, 구약성경의 단편성에 대해 고민해 본 적이 없는 여러분에게 오늘의 본문은 무슨 말을 하고 있을까요? 첫 말을 읽지 않은 사람에게 마지막 말이 무슨 의미가 있을까요? 질문을 한 적이 없는 사람에게 답변이 의미 있게 다가올까요?

구약성경에는 성취되지 않은 예언이 많이 있습니다. 구약성경이 미래에 대해 말한 내용 중 상당수는 구약시대에 이루어지지 않았습니다. 구약성경이 표명한 소망 중 많은 것이 현실로 나타나지 않았습니다. 그러다 예수님이 베들레헴에서 태어나셨습니다. 초대교회는 성취되지 않고 있던 다량의 예언이 예수 그리스도 안에서 한꺼번에 성취되는 것을 보면서 큰 감격을 맛보았습니다. 구약성경에 갑자기 예수님이라는 초점이 생겼습니다.

신약성경의 모든 편지에는, 여기에 자극을 받아 저자들이 하게 된 생각이 드러나 있습니다. '이것은 이사야로… 모세로… 예레미야로… 하신 말씀을 이루려 하심이라'마 2:17, 4:14; 눅 24:44 참조. 미진했던 부분들이 모두 깔끔하게 정리되었습니다. 구약성경의 모든 내용을 일관성 있게 종합하기 위해 억지로 짜내야 했던 온갖 무리한 해석들을 이제 버릴 수 있게 되었습니다. 그리스도께서 그 모든 내용을 일관되게 묶어 내는 결말을 제시하셨기 때문입니다. 불일치와 간극을 설명하기 위해 동원되던 무리한 시도들은 모두 사라졌습니다. 예수님 덕분에 모든 말씀이 온전하고 흠 없는 것으로 드러났으니까요.

바로 이것이 구약성경을 간직해야 하고 읽어야 한다고 교회가 지속적으로 주장해 온 이유입니다. 교회 역사의 첫 몇 세기 동안 구약성경을 폐기하려는 강력한 흐름이 있었습니다. 그리스도 안에 모든 것이 있는데 왜 이스라엘의 불완전하고 단편적인 면모들에 신경을 쓰느냐는 논리였습니다. 모든 이름 위에 뛰어난 이름인 예수님만 알면 되지, 왜 그 모든 족보(이를 테면 역대상 3장 10절을 보십시오. '르호보암이 아비야를 낳고, 아비야는 아사를 낳고, 아사는 여호사밧을 낳고…')를 힘들여 읽는단 말입니까? 그러나 교회는 그런 논리를 받아들이지 않았습니다. 구약의 모든 내용은 다양한 조건과 시대의 인간에게 하나님이 들려주신 말씀입니다. 그 말씀은 모두 참됩니다. 오래되었지만 여전히 유효합니다. 옛날에 주어진 말씀이지만 낡아지지 않았습니다. 구약성경을 읽지 않으면 예수님의 기초를 결코 이해할 수 없습니다. 구약성경 읽기를 건너뛰는 것은 40장으로 구성된 책의 39장을 건너뛰는 일과 같습니다. 『1967 신앙고백』*은 교회의 이런 입장을 요약하고 있습니다. "구약성경은 신약성경을 이해하는 데 필수 불가결하며, 신약 없이는 구약을 온전히 이해할 수 없다."[6] 이러한 이유로 대림절 기간에는 구약성경을 강해하는 것이 일반적인 관행입니다. 크리스마스의 복음을 그 참된 배경 아래에서 보게 하려는 이유이지요.

그런데 구약성경 읽기의 중요성은 아무리 강조해도 지나치지 않지만, 모든 것이 거기에 달려 있다고는 말할 수 없습니다. 많은 사람들처럼 여러분이 구약성경을 아예 읽지 않거나 충분히 읽지 않았다 해도 여전히 오늘 본문에서 의미를 발견할 수 있습니다. 하나님은 그분의 말씀을 성경에 기록된 내용으로 제한하지 않으셨기 때문입니다. 성경에는 하나님의 권위 있는 말씀이 기록되어 있지만, 하나님은 다른 많은 시간과 다른 많은 장소에서도 말씀하셨습니다. 우리는 각자 있던 곳에서 그분의 말씀을 들었던 경험이 있습니다.

우리 각 사람이 지금까지의 자기 인생을 더없이 정직하고 꼼

* The Confession of 1967, 미국 장로교(PCUSA)의 신앙고백.

꼼하게 기록한다면, 그 내용은 우리가 구약성경이라고 부르는 글과 여러 면에서 비슷할 것입니다. 그 자서전은 출생, 생명, 빛, 음식, 부모, 불순종, 반항 같은 아주 단순한 사실들로 시작할 것입니다. 시간이 지나면서 단어는 점점 어려워지고 구성도 복잡해지겠지요. 유아기의 단순하고 기본적인 현실에서 청소년기와 성인기의 복잡한 정서적·육체적·정신적 현실로 나아가게 될 것입니다. 그 과정에서 우리가 기록하는 삶의 어떤 요소도 거짓이 아니겠지만, 그중 많은 부분이 이해가 되지 않았다고 고백하게 될 것입니다. 많은 생각, 사건, 감정, 경험들이 서로 모순되고 어긋나는 것처럼 보일 것입니다. 몸은 여러 가지를 약속하지만 그것은 지켜지지 않습니다. 여러 감정이 채워지기를 요구하지만 채워지지 않습니다. 정신이 여러 질문을 던지지만 답은 주어지지 않습니다. 돌이켜 보면, 우리의 삶이 이어져 왔다는 사실은 부인할 수 없습니다. 하지만 과연 우리는 어디를 향해 나아가고 있는 걸까요? 우리 삶에는 어떤 중심적인 의미와 결말이 있을까요?

우리의 사적인 의심, 실망, 좌절, 그리고 이상하게 불완전한 기쁨들이 각자의 이야기의 세부사항을 채울 것입니다. 구체적인 내용이 무엇이든, 그것은 하나님이 "예언자들을 시켜서… 여러 번에 걸쳐 여러 가지 방법으로" 말씀하셨던 사람들이 경험한 바를 놀라울 만큼 고스란히 되풀이할 것입니다. 우리는 이런 경험들을 통해 예수님 안에서 주어진 하나님의 마지막 말씀을 받을 수 있습니다. 예수님 안에서 결정적으로 주어진 하나님의 말씀은 모든 사람의 삶에 가치와 의미를 부여합니다. 이 복음은 W. B. 예이츠의 다음 추측이 옳았음을 확인해 줍니다.

세상의 백만 입술이 찾고 있는 것은
어딘가에 분명 실재하리라.[7]

많은 사람이 크리스마스를 우울하게 보냅니다. 어쩌면 우리가 생각하는 것보다 더 많은 사람이 그럴지도 모릅니다. 즐거운 크리스마스를 보내기 위한 고되고 정신없는 노력들을 보노라면 그날의 들뜬 기분이 '실재하는' 기쁨에 뿌리를 두고 있지 않다는 의구심이 듭니다. 사회와 친구들이 모두에게 강요라도 하듯 행복과 행운을 빌어대니 마음에 절망과 불행이 가득한 사람들의 우울감은 더욱 깊어집니다. 그리고 자기 영혼을 들여다볼 때 우리 모두는 커다란 공허함을 발견하게 됩니다. 비교적 행복하고 낙관적인 사람들마저 그렇습니다. 우리는 표면적인 것만 추구하며 삽니다. 경박함이 우리의 특징입니다. 이런 우물에서 기쁨이 솟아날 수 있을까요? 이런 토대 위에 즐거움이 세워질 수 있을까요?

우리 자신의 불충분하고 단편적인 과거에서 나온 말들 이외의 다른 말씀에 귀를 기울인다면 그럴 수 있습니다.

초기 교회 안에서 예수님의 탄생에 관한 이야기들이 형태를 갖추었을 때, 그 이야기들은 예수님이 밤에 태어나셨다는 사실을 강조했다. 목자들은 밤에 양 떼를 지키고 있었고, 동방박사들은 밤새도록 별을 따라갔으며, 헤롯이 한밤에 주재한 음울한 궁중회의의 결과로 베들레헴의 모든 어린아이가 살해당했다. 예수님의 오심은 모든 면에서 세상을 뒤덮은 이 어둠을 뚫고 환히 빛났다.
지금, 사람들이 이런 어두운 시대에(베트남전, 세계의 빈곤, 세속주의, 상업주의, 핵 테러로 암울한 때에) 무슨 크리스마스를 지키느냐고 말하는 것은 크리스마스 이야기에 담겨 있는 이 기본적인 사실을 잊고서 하는 소리이다. 지금은 참으로 어두운 시대이다. 안락한 시절에는 밤 따위는 생각하지 않고 크리스마스 시즌을 축제와 유쾌함이 있는 마음 편한 휴일로 즐겼지만, 이제 우리는 크리스마스가 시작된 바로 그 자리로 돌아와 있다. 별이 한밤중에 떠오르듯, 구세주는 칠흑 같은 어둠을 뚫고 찾아오셨다.[8]

하나님께서 옛날에는 예언자들을 통하여, 여러 번에 걸쳐 여러 가지 방법으로 우리 조상들에게 말씀하셨으나, 이 마지막 날에는 아들을 통하여 우리에게 말씀하셨습니다. 하나님께서는 이 아들을 만물의 상속자로 세우셨습니다. 그를 통하여 온 세상을 지으신 것입니다. 그는 하나님의 영광의 광채시요, 하나님의 본체대로의 모습이십니다. 그는 자기의 능력 있는 말씀으로 만물을 보존하시는 분이십니다. 그는 죄를 깨끗하게 하시고서 높은 곳에 계신 존엄하신 분의 오른쪽에 앉으셨습니다. 그는 천사들보다 훨씬 더 높게 되셨으니, 천사들보다 더 빼어난 이름을 물려받으신 것입니다 히 1:1-4, 새번역.

한 아기가 우리에게 났고 한 아들을 우리에게 주신 바 되었습니다사 9:6.

아멘.

주현절*

EPIPHANY

Lights a Lovely Mile

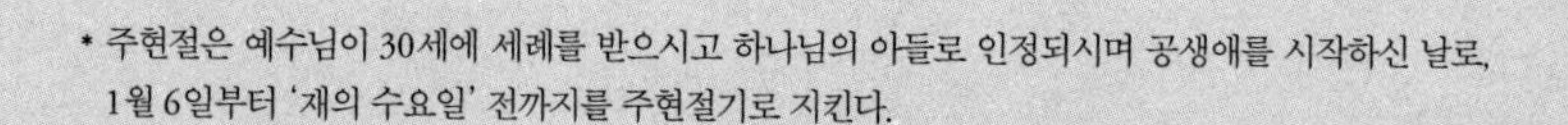

* 주현절은 예수님이 30세에 세례를 받으시고 하나님의 아들로 인정되시며 공생애를 시작하신 날로, 1월 6일부터 '재의 수요일' 전까지를 주현절기로 지킨다.

주님과 같은 모습으로 변화하여

우리가 다 수건을 벗은 얼굴로 거울을 보는 것같이 주의 영광을 보매
그와 같은 형상으로 변화하여 영광에서 영광에 이르니. 고린도후서 3:18

*

만나면 꼭 이렇게 말하는 사람이 있지 않나요? "세상에, 정말 많이 변했네. 아기였을 때 부엌 바닥에 음식을 던지고 슈퍼마켓에서 떼를 쓰던 모습이 기억나는데 말이야." 그들은 만날 때마다 두어 가지 이야기를 줄기차게 들려줍니다. 우리만 빼고 모두가 크게 즐거워합니다. 우리는 30-40년 전의 지저분하고 더러운 꼬맹이와 얽히는 것이 몹시 창피할 뿐이지요.

하지만 그 이야기가 창피하기는 해도 그와 상반되는 상황이 되는 것보다는 낫습니다. 오랜 지인과 저녁 식사를 하다가 여러분이 실수로 물잔을 넘어뜨려 물이 식탁을 가로질러서 안주인의 무릎에 쏟아진다고 해봅시다. 그때 그가 이렇게 말하는 겁니다. "와, 너 하나도 안 변했구나. 네가 여섯 살 때 오데가드 씨 댁에서 저녁 식사를 하는데, 초콜릿 우유를 엎질러서 오데가드 부인이 아끼는 린넨 식탁보와

드레스를 망쳤었지. 그 일 기억나? 뭐든 툭하면 놓치곤 했는데 여전히 그대로야. 하하!"

사도 바울은 변화에 관한 흥미로운 이야기를 들려줍니다. 그의 말에 창피하다는 생각이 들지는 않을 겁니다. 오히려 정반대일 겁니다. 그는 우리에게 망신을 주려고 오래된 이야기를 끄집어내는 것이 아니니까요. 오히려 그의 말에는 우리에게 희망을 주는 통찰력이 담겨 있습니다. 만약 여러분이 아무것도 변할 수 없다고, 설령 변화가 일어난다 해도 그건 분명 나쁜 쪽으로의 변화일 거라고 확신한다면, 그의 말이 특히 흥미롭게 다가올 것입니다.

오늘 본문은 바울이 그리스 도시 고린도에 있는 그리스도인들에게 보낸 긴 권면의 편지에서 발췌한 문장입니다. "우리가 다 수건을 벗은 얼굴로 거울을 보는 것같이 주의 영광을 보매 그와 같은 형상으로 변화하여 영광에서 영광에 이르니 곧 주의 영으로 말미암음이니라"고후 3:18.

이 본문에서 제일 먼저 눈에 띄는 것은 변화가 가능하다는 자신만만하고 자유로운 기운입니다. 누구도 현재의 모습에 머물 필요가 없다는 겁니다. 하지만 현실에서는 우리 중 많은 사람이 옴짝달싹 할 수 없다고 느낍니다. 성장이나 변화는 불가능하다는 생각이 듭니다. 옴짝달싹 못한다, 노예 신세다, 꼼짝없이 갇혔다는 느낌은 여러 가지 형태로 나타나지만, 형태만 다를 뿐 서로 놀라울 만큼 비슷합니다.

한 친구가 최근에 수감자를 면회하기 위해 볼티모어 교도소를 찾아가 면회실에서 그를 만났습니다. 교도소장이 나가면서 면회실 문을 잠갔습니다. 면회는 한 시간 동안 진행되었고 제 친구는 이제 돌아가고자 했습니다. 그런데 교도소장이 오지 않았습니다. 유리벽 너머로 교도소장이 보였고, 친구는 그에게 손짓을 하고 손을 흔들면서 나가고 싶다는 의사표시를 했습니다. 하지만 교도소장은 누군가와 이야기하는 데 정신이 팔려 제 친구를 보지 못했습니다. 친구는 교도소장의 시선을 끌 수 없었습니다. 이런 상황이 한동안 이어지고 나서 죄수가 말했습니다. "나갈 수 없으니 기분이 다르죠, 안 그렇습니까?"

저는 여러분이 어떤 상황에 놓여 갇혔다는 느낌을 받고 있는지 모릅니다. 직장에서 벗어날 수가 없다고 느끼는지, 가족 안에 갇혀 있다고 느끼는지, 감정과 기분에 휘둘려 살고 있는지, 몸이라는 덫에 걸려 병약함과 통증에 시달리고 있는지 저는 모릅니다. 하지만 이런 상황에 놓여 있다면 여러분은 살아 있는 것처럼 느껴지지 않을 것입니다. 존재가 정체되어 있습니다. 여러분의 내면은 죽었고 아무것도 움직이지 않습니다. 어쩌면 돌벽 앞에 선 것 같을지도 모릅니다. 앞길이 막혀 나아갈 수 없다고 느끼는 거지요.

바울은 이런 사람들에게 편지를 씁니다. "여러분의 지금 모습에 갇혀 있을 필요가 없습니다. 여러분은 변할 수 있습니다. 현재의 모습이 마음에 들지 않는다면 그것은 낙담할 일이 아니라 소망의 이유가 됩니다. 여러분이 하고자 하는 대로 사랑하지 못한다면 그것은 실패가 아닌 미성숙의 증거일 뿐 성장은 가능합니다. 한결같이 신실한 태도로 소망을 품지 못한다면 그것은 변덕스러움이 아니라 미완성의 증거일 뿐 완성은 가능합니다. 여러분이 온갖 반대에 부딪히면서 담대하게 믿지 못하고 흔들린다면, 그것은 합당치 못한 제자라는 증거가 아니라 궁극적인 성숙이 남아 있다는 표지판일 뿐이며 그리스도께서 여러분의 동반자로 성숙의 여정에 함께하실 것입니다."

변화는 복음의 일부입니다. 그리스도인의 삶은 완성된 상태로 주어지는 것이 아닙니다. 그것은 씨앗으로 시작하고, 그 씨앗은 말씀입니다. 예수님이 비유에서 묘사하신 것처럼 씨앗은 자랍니다. "처음에는 싹을 내고, 그다음에는 이삭을 내고, 또 그다음에는 이삭에 알찬 낟알을 낸다"막 4:28, 새번역. 복음은 빵 반죽 속의 누룩처럼 우리 삶 속에 들어와 팽창하고 부푸는, 느리지만 피할 수 없는 과정을 시작합니다.

그리스도를 믿는 사람, 그분이 주시는 구원과 그분의 주 되심을 받아들인 사람의 내면에서는 이미 변화의 힘이 작동하고 있습니다. 우리가 늘 지금 그대로일 것만 같고 지금의 상태가 죽 계속될 거라는 생각이 들고 꼼짝 못 하게 갇힌 것 같은 느낌이 들 수 있습니다. 하지만 우리는 우리의 느낌과 생각이 아니라 하나님의 말씀을 믿어야 합니다. 사도 바울이 말한 대로, "주는 영이시니 주의 영이 계신 곳에는 자유가 있기"고후 3:17 때문입니다. 이 말은 우리에게는 주님이 원하시는 대로 될 자유, "그와 같은 형상으로 변화"할 자유가 있다는 뜻입니다.

우리 중 누구도 아직은 그리스도 안에서 온전하지 않습니다. 우리 모두는 되어 가는 과정에 있습니다. 우리는 완성품이 아닙니다. 우리라는 나무에는 그리스도께서 가지를 치시고 수형(樹形)을 만들어 가셔야 하는 부분들이 있습니다. 그분은 친히 시작한 일을 계속하겠다고 약속하셨습니다.

오늘 본문에서 두 번째로 눈에 띄는 것은 그리스도의 영이 우리에게 가져다주는 변화는 마술 같은 변화가 아닌 성장을 통한 변화라는 사실입니다. 우리는 "그와 같은 형상으로 변화하여 [한 단계의] 영광에서 [다음 단계의] 영광에 이르는" 중입니다. 이것은 전화 부스에서 클라크 켄트가 슈퍼맨으로 바뀌는 것과 같은 빠른 변화가 아닙니다. 유아가 성인으로 바뀌는 느리고 점진적인 변화, "[한 단계의] 영광에서 [다른 단계의] 영광으로" 넘어가는 변화입니다. 이런 종류의 변화는 서두른다고 얻을 수 있는 것이 아닙니다. 우리는 영원까지 이어지는 어떤 과정에 관여하고 있습니다. 변화가 일어나는 것이 당장에는 눈에 보이지 않고, 변화가 일어난다는 사실만 알 수 있을 뿐입니다. 사람이 성장하는 모습이 매 순간 눈에 보이지는 않지만, 그가 분명히 자란다는 것을 알 수 있는 사실과 같습니다.

많은 사람이 참을성이 없어서 교회를 떠납니다. 예배를 중단하고, 그리스도인들과의 교제를 끊고, 제자의 길에서 떠납니다. 그들이 교회에 왔던 것은 자신이 가진 것과는 뭔가 다른 것을 원해서, 하나님을 한번 알아봐야겠다고 생각해서였습니다. 다른 것들도 다 알아본 상태였으므로 종교라고 해서 피할 이유는 없었습니다. 그들은 교회에 들어와 교회생활에 열정적으로 참여했습니다. 그러나 6개월이 지난 시점에서도 달라진 것이 보이지 않았습니다. 월요일 아침에 잠에서 깨면 여전히 우울했습니다. 배우자와 다투는 일도 여전했습니다. 아이들도 매주 주일학교에 참석했지만 여전히 말을 듣지 않았습니다. 최선을 다해 열심히 살아도 하나님은 승진을 구하는 기도에 여전히 응답하지 않으셨습니다. 그래서 그들은 그만두었습니다. 그들은 새 삶이 마술사의 모자에서 기적처럼 나타나는 토끼처럼 빠르게, 갑자기 찾아오리라고 생각했던 것입니다. 그러나 성경에는 마술 같은 변화의 사례가 거의 없습니다. 성경에 나오는 변화는 대체로 식물 및 사람의 성장과 유사합니다. 느리고 미묘하고 복잡하고 확실합니다.

여러분이 조급하게 구느라 하나님이 일하시는 과정, 즉 은혜가 내면에서 자라나게 하시고 그리스도의 영 안에서 우리의 영이 성숙하게 하시는 과정에 푹 잠기기를 거부한다면, 여러분은 한 단계의 영광에서 다음 단계의 영광으로 나아간다는 것이 무엇을 의미하는지 결코 깨닫지 못할 것입니다.

오늘 본문에서 세 번째로 중요한 것은 이러한 변화의 원인이 예수 그리스도와의 관계라는 것입니다. "우리가 다 수건을 벗은 얼굴로 거울을 보는 것같이 주의 영광을 보매 그와 같은 형상으로 변화하여 영광에서 영광에 이르니."

우리 주님과 같은 형상으로 바뀌는 변화는 자동적으로 일어나지 않습니다. 그것은 우리 안에 내재하고 있던 현상이 아니라, 주님의 영광을 보는 일이 만들어 낸 결과입니다.

변화는 예수 그리스도와의 관계에 뿌리를 두고 있습니다. 하나님은 예수님 안에서 자신을 여시고 우리에게 인격적으로 다가오시고 우리가 다가갈 수 있는 분이 되십니다. 한때는 인간이 수 세기 동안 하나님에 대해 추측하고 그분을 더듬어 찾아야 했지만, 이제는 더 이상 그렇게 하지 않아도 됩니다. 사도 요한은 "말씀이 육신이 되어 우리 가운데 거하시매 우리가 그의 영광을 보니 은혜와 진리가 충만하더라"요 1:14라고 썼습니다. 우리는 그리스도 안에서 하나님의 영광을 볼 수 있습니다. 그 영광은 눈에 보이고 만질 수 있는 것입니다. 예수님 안에서 우리는 오감을 사용해 역사 속에서 시험해 볼 수 있는 증거를 갖게 되었습니다.

오늘 본문에서 바울이 사용한 '보다'behold라는 단어는 거울을 가리키는 단어에서 파생한 것입니다. 인간 예수라는 '거울'[9]로 하나님을 볼 수 있다는 뜻이지요. 그리스도와 함께 있을 때 우리는 하나님에 대해 파악할 수 있는 모든 것을 접하게 됩니다. 이런 환경에서는 보는 행위로 변화가 일어납니다. 그분과 같은 형상으로 변화합니다. 태양에 우리를 노출시키면 피부가 짙은 색으로 변하듯, 그리스도께 우리를 노출시키면 우리 삶이 변화됩니다. 그 변화는 예수 그리스도와 우리의 관계에 따라오는 결과물입니다. 그분께 자신을 개방함으로써 우리는 그분의 영향력 아래 놓이고 성숙하게 빚어지고 그분과 같은 형상으로 변화됩니다. 한 단계의 영광에서 다음 단계의 영광으로, 한 단계의 성숙에서 다음 단계의 성숙으로, 한 단계의 발달에서 다른 단계의 발달로 넘어갑니다.

이런 관계 안에서 우리의 현재 상태는 비난이나 정죄의 대상이 될 수 없습니다. 우리는 '불명예의 단계에서 영광의 단계로' 가는 것이 아니라 "영광에서 영광으로" 갑니다. 계단의 첫 단은 꼭대기 단보다 더 낮지도 않고 못하지도 않습니다. 그 자체로 훌륭하며 위로 올라가는 수단일 뿐입니다. 오늘 아침 우리의 모습은 절망하고 낙담할 이유도 근거도 아닙니다. 바로 그 자리에서 하나님은 여러분을 그분을 닮은 형상으로 한 걸음씩, 한 단계씩 변화시키실 것입니다. 사도 바울은 이것을 다른 곳에서 이렇게 표현했습니다. "그러므로 이제 그리스도 예수 안에 있는 자에게는 결코 정죄함이 없나니 이는 그리스도 예수 안에 있는 생명의 성령의 법이 죄와 사망의 법에서 너를 해방하였음이라"롬 8:1-2.

안타깝게도, 몇몇 사람들은 자신이 죄를 짓고 살았다고 생각하고 거절당할까 봐 그리스도를 피합니다. 자신이 이기적으로 살아왔다고 느끼고 자신에게 소중한 것을 그리스도에게 빼앗겨 빈곤해질까 봐 그리스도를 피하는 이들도 있습니다. 이 두 가지 두려움 모두 근거가 없습니다. 죄와 이기심은 우리를 가두는 감옥입니다. 죄와 이기심을 붙들고 있는 한 우리는 옴짝달싹 못할 것입니다. 그러나 그리스도와 연합하면 우리 안에서 성장의 과정이 시작될 것입니다. 그로 인해 지금 있는 자리의 자신을 받아들이게 되고, 자신의 그 상태를 영광의 첫 번째 단계로 규정하게 되며, 내면의 넓이와 높이, 온전함과 성숙을 기르게 될 것입니다. "우리가 다 수건을 벗은 얼굴로 거울을 보는 것같이 주의 영광을 보매 그와 같은 형상으로 변화하여 영광에서 영광에 이르니."

제게 55세가량 된 친구가 있는데, 얼마 전 의사를 찾아가 정기 검진을 받았습니다. 여러 검사를 진행하면서 몸무게와 키도 측정했습니다. 그런데 의사가 그의 키를 178센티미터로 적어 놓은 것이 눈에 들어왔습니다. 친구가 말했습니다. "제 키를 잘못 적으셨어요. 제 키는 183센티미터입니다." 의사는 미소를 지으며 "여기 다시 서 보세요"라고 했습니다. 키 재는 기계에 178이라는 숫자가 떴습니다. 제 친구는 자신의 키가 5센티미터 줄었다는 부인할 수 없는 증거에 직면했습니다.

우리 모두는 올라가거나 내려가는 길에 있습니다. 우리는 그리스도에게까지 자라거나 죽음을 향해 쪼그라들고 있습니다. 우리의 몸은 성장과 쇠퇴의 법칙을 따르고 있으며, 그리스도와 함께 있다고 해서 나이 듦에 따라 키가 작아지는 것까지 피할 수는 없을 것입니다. 그러나 그리스도와 연합한 우리의 인격은 영원까지 이어지는 성장의 길에 있습니다.

그리스도인의 삶의 한 가지 목표는 예수 그리스도를 믿음으로 똑바로 바라보지 못하게 막는 방해요소와 장애물들을 제거하고, 부적절한 삶에 더 이상 갇혀 있을 필요가 없다는 확신을 가지며, 주님과 영구적으로 연합하여 성장의 과정에 들어가 마침내 주님의 원래 창조 목적대로 성숙하는 데까지 이르도록창 1:28 자신을 설득하는 것입니다.

찰스 웨슬리는 바울이 고린도후서 3장 18절에서 다룬 이 주제를 가지고 찬송가 가사를 썼습니다. 이 찬송의 마지막 절보다 더 좋은 기도는 없을 것 같습니다.

우리들이 거듭나서

흠이 없게 하시고

주의 크신 구원받아

온전하게 하소서

영광에서 영광으로

천국까지 이르러

크신 사랑 감격하여

경배하게 하소서[10]

아멘.

예배는 어떻게 삶을 형성하는가

너희 몸을 하나님이 기뻐하시는 거룩한 산 제물로 드리라. 이는 너희가 드릴 영적 예배니라. 너희는 이 세대를 본받지 말고 오직 마음을 새롭게 함으로 변화를 받아 하나님의 선하시고 기뻐하시고 온전하신 뜻이 무엇인지 분별하도록 하라. 로마서 12:1-2

*

예배는 편하게 앉아서 즐기는 종교적 공연이 아니라 우리가 참여하는 활동입니다. 참여할 때 변화가 일어납니다. 무기력함에 사로잡혀 단순한 관객이 되어 버릴 위험이 언제나 있기 때문에 우리가 예배에서 맡는 적극적인 역할을 강조할 필요가 있습니다. 마음을 담아 열정적으로 찬송을 부르고, 예배 인도자가 기도할 때 조용히 함께 기도하고, 기도가 끝나면 동의의 뜻으로 소리 내어 '아멘'으로 화답하고, 희생과 헌신의 행위로서 헌금을 드리고, 우리에게 전해지는 하나님의 말씀을 듣기 위해 성경과 설교를 경청합니다. (키르케고르가 말한 대로 "행동하기 위한 경청"[11]입니다.) 예배가 살아 있으려면 이런 활동에 개인적으로 헌신해야 합니다. "예배에 참여하지 않고는 결코 예배를 이해할 수 없다. 예배의 움직임을 따라가고 예배가 제안하는 바를 받아들여야 한다."[12]

우리는 이 말을 수없이 반복하고 나태함에서 벗어나기 위해 계속 떠올릴 필요가 있지만, 절대 잊어서는 안 되는 한 가지 사실이 있습니다. 예배 중에 하나님은 언제나 우리보다 더 적극적으로 활동하시며, 항상 반응에 불과한 우리의 행위와 달리 그분의 행동은 창조적이고 형성적이라는 사실입니다. "예배의 주도권은 하나님께 있습니다."[13] "기독교는 인간이 영생을 누리기 위해서는 하나님이 그분만 하실 수 있는 일을 인간에게 하셔야 한다는 것을 인정합니다."[14] 우리가 예배할 때 하나님은 우리 가운데서 행동하시고 우리의 삶을 형성하십니다.

사도 바울은 로마의 교회에 보낸 편지에 이렇게 썼습니다. "여러분의 몸을 하나님이 기쁘게 받아 주실 거룩한 산 제물로 드리십시오. 이것은 여러분이 드릴 영적 예배입니다. 여러분은 이 세상을 본받지 말고 마음을 새롭게 하여 변화를 받으십시오."롬 12:1-2, 역자 사역. 사도 바울의 요구는 우리의 공예배에 초점을 맞추고 있습니다. 예배는 우리의 몸, 즉 우리라는 "구체적이고 관찰할 수 있는 역사적 존재"[15]를 하나님께 제물로 드려 그분이 우리에게 영향을 줄 수 있게 하는 일입니다. 우리는 세상에 의해 형성되거나 하나님에 의해 형성됩니다. 세상을 본받든지 하나님에 의해 변화되든지 둘 중 하나입니다. 죄로 부패한 이 세상의 방식에 순응하는 것은 끝없는 폭정 아래 사는 길입니다. 하나님은 우리를 창조하시고 보존하시는 분이며 그분이 주시는 변화는 자유와 기쁨입니다. "이것이 그리스도인의 자유가 실현되는 방식입니다. 그리스도인은 사회의 관습적 판단의 노예가 아닙니다."[16] 예배는 하나님의 본을 따라 우리 삶을 형성합니다. 예배는 하나님의 창조적인 사랑과 거룩하게 하시는 은혜의 영을 우리 안에 풀어 줍니다. 그 사랑과 거룩함이 우리 모두가 영혼 깊은 곳에서 원하는 변화를 이루어 냅니다. "잘 예배하는 것이 잘 사는 것입니다."[17]

예배는 "인간으로 존재하는 삶의 리듬을 그 시작부터 외관상의 종말과 그 너머까지"[18] 좇아갑니다. 정기적인 예배는 우리 삶에 끊임없는 감화와 변화의 영향을 미치고, 작고 일상적인 여러 방식으로 하나님의 뜻에 따라 우리를 빚어 갑니다. 그런데 각 사람의 인생에서 거룩한 변화를 아주 명확하게 볼 수 있는 특별한 네 경우가 있습니다. 출생, 결혼, 질병, 죽음의 순간입니다. 예배하는 그리스도인은 이 각각의 순간에 세상이 보는 것과는 전혀 다른 것, 즉 영원에 이르는 삶을 빚어내시는 하나님의 활동을 봅니다.

이 네 가지 순간의 공통 요소는 제물입니다. 기본적으로 이 순간들은 하나님을 예배하는 사람들이 그분께 뭔가를 드리는 시간입니다. 우리가 드리는 것으로 하나님이 일하실 수 있도록 말입니다. 사도 바울은 "너희 몸을 드리라"고 말합니다. 그래서 우리는 세례 때 아기를 드리고, 결혼식 때 사랑에 빠진 남녀를 드립니다. 기도 시간에 병자를 드리고, 사랑하는 사람이 죽을 때 그의 몸을 드립니다. 우리는 이 네 가지 경우에 예배를 통해 우리 몸을 드립니다. 이때 우리가 느끼는 감정은 벅찬 기쁨부터 깊고 깊은 슬픔까지 다양합니다. 하지만 감정보다 더 중요한 것은 우리가 몸을 드려 예배함으로써 이 네 가지 존재의 전환점에서 하나님이 우리 몸을 그분의 영원한 형상으로 변화시키신다는 것입니다.

구약성경에는 히브리인들이 하나님께 번제물을 바치는 대목이 나옵니다. 그들은 번제물을 제단 위에 놓고 불로 태웠습니다. 그러나 "번제의 핵심은 파괴가 아니라 변화였습니다. 하나님은 그분의 거룩한 불로 제물을 받아 주시고 변화시켜 그것이 그분의 생명에 참여하게 하셨습니다."[19]

우리는 혼인예식과 장례식이 예배라고 잘 생각하지 못합니다. 세례와 병자를 위한 기도에서는 예배의 요소를 최소화합니다. 그러나 이 시간들이야말로 예배가 변화를 일으키는 때입니다. 우리는 육체적 생명, 인간적 사랑, 무의미한 고통, 고독한 죽음을 하나님께 가져갑니다. 하나님은 우리의 제물을 받으시고 "변화시키셔서 그것이 그분의 생명에 참여하게" 하십니다.

세례는 하나님 안에서의 생명이 시작됨을 알리는 예배 의식입니다. 세례는 유아와 성인이 다 받을 수 있고, 두 경우 모두 의미는 동일합니다. 물이 세례 받는 사람에게 닿는 순간 목사는 "아버지와 아들과 성령의 이름으로 세례를 주노라" 하고 말합니다. 우리를 깨끗하게 하시는 하나님의 은혜가 온 회중 앞에 가시적으로 드러납니다. 이 예식은 한 인생의 뿌리가 하나님께 있음을 보여줍니다. 하나님이 한 사람에게 주시는 첫 번째 말씀, 즉 세례의 말씀은 요구가 아니라 약속입니다. 하나님은 한 사람을 처음 만나실 때 그를 깨끗하게 하시고 회복시키시고 양육하시는데, 이 모두를 상징하는 것이 물입니다. 세례는 교회가 한 사람에 대해 첫 번째로 내놓는 말이고, 그 내용은 그가 창조하시고 돌보시는 하나님의 소유라는 것입니다.

세례는 한 사람의 삶에서 하나님의 은혜와 사랑이 무엇보다 우선하는 것임을 보여줄 뿐 아니라, 그 은혜와 사랑을 받은 결과로 그 삶이 어떤 모습이 되는지도 보여줍니다. 예수님은 요단강에서 세례를 받으셨고, 세례의 의미를 알려 주셔서 우리가 그에 따라 세례를 이해하게 되었습니다. 사도 바울은 로마서 6장에서 이렇게 말했습니다.

세례를 받아 그리스도 예수와 하나가 된 우리는 모두 세례를 받을 때에 그와 함께 죽었다는 것을 여러분은 알지 못합니까? 그러므로 우리는 세례를 통하여 그의 죽으심과 연합함으로써 그와 함께 묻혔던 것입니다. 그것은, 그리스도께서 아버지의 영광으로 말미암아 죽은 사람들 가운데서 살아나신 것과 같이, 우리도 또한 새 생명 안에서 살아가기 위함입니다. 우리가 그의 죽으심과 같은 죽음을 죽어서 그와 연합하는 사람이 되었으면, 우리는 부활에 있어서도 또한 그와 연합하는 사람이 될 것입니다 롬 6:3-5, 새번역.

그렇다면 세례 받는 순간부터 우리가 살아야 할 삶은 예수 그리스도께서 주시는 부활의 삶입니다. 그것은 은혜로 말미암아 계속 허락되는 초자연적 삶이고, 죄가 이질적으로 느껴지는 삶입니다. 따라서 세례 때 드리는 우리의 몸은 두 단어, 사랑과 은혜로 정의할 수 있습니다. 우리는 하나님의 사랑으로 태어나 하나님의 은혜로 살아갑니다.

예배 가운데 삶이 형성되는 인생의 두 번째 결정적 순간은 혼인예식입니다. 그리스도인에게 혼인예식은, 교회가 치안판사의 거실보다 근사한 예식장이라는 이유로 교회에서 남녀의 법적 결합을 이루는 의식 정도가 아닙니다. 예배지침서는 이렇게 말합니다. "그리스도인의 혼인예식은 하나님 앞에서 드리는 예배이며, 일반적으로 하나님의 집에서 거행된다."[20]

교회가 결혼식을 예배로 진행하는 이유는 두 삶이 사랑으로 하나가 되는 일 안에서 하나님의 일하시는 손길을 보기 때문입니다. 혼인예식 기도문에는 이런 대목이 있습니다. "주님의 섭리로 이들을 하나로 모으셨으니, 주님의 영으로 이들을 거룩하게 하소서."[21] 사랑이 결혼으로 결실을 맺는 것은 하나님의 부르심의 결과입니다. 하나님의 섭리로 결혼이 가능해지고, 복잡성과 성장을 이루면서 계속 유지되도록 하나님의 영이 붙들어 주십니다. 한 남자와 한 여자가 평생을 함께하는 사랑의 동반자로 결합하는 결혼 제도는 "인류의 복지와 행복"[22]을 위해 하나님이 제정하신 것입니다.

결혼에 이런 신적인 차원이 있기 때문에 교회는 결혼을 앞둔 커플이 목회자와의 상담을 통해 성경의 가르침을 이해하고 교회의 축적된 경험으로부터 유익을 얻을 수 있기를 기대합니다.

예배는 우리가 사랑으로 함께 사는 것이 하나님의 뜻임을 선포함으로써 우리의 삶을 형성시킵니다. 인간의 삶은 다른 사람과 친밀하게 함께할 때 가장 온전해집니다. 결혼은 인간관계의 표준이며, 결혼생활에서 배운 사랑과 거기서 경험한 신실함은 인간관계에서 나타나는 사랑과 신실함을 해석할 주된 수단이 됩니다.

또한 혼인예식은 하나님 없이는 사랑이 불가능하다고 선언함으로써 우리의 삶을 형성합니다. 한 남자와 한 여자의 사랑만으로는 "인류의 복지와 행복"을 이루는 데 충분하지 않습니다. 풀턴 신 주교가 결혼을 다룬 책 제목은 『결혼은 셋이 하는 것』*Three To Get Married*입니다. 하나님의 인도, 성화, 보존은 결혼생활에 꼭 필요한 부분들입니다. 혼인예식 기도문은 이렇게 펼쳐집니다. "전능하시고 항상 복되신 하나님, 주의 임재는 어떤 조건에서든 누릴 수 있는 행복이며, 주의 은총은 모든 관계를 거룩하게 합니다."[23] 우리 시대의 결혼생활을 괴롭히는 좌절, 불행, 혼란을 보면 과연 그런가 싶을 수 있습니다. 혼인예배로 맺어지는 부부는 결혼생활 한가운데에 하나님의 사랑과 영이 있기를, 하나님이 자신들의 사랑에 복 주시기를 구합니다. 인간의 사랑은 그리스도의 사랑 안에서 완성됩니다.

질병은 인생에서 아프고 괴로운 순간입니다. 질병이 없는 삶은 거의 없습니다. 우리는 질병을 예배드릴 기회로 잘 생각하지 않습니다. 하지만 예배지침서는 한 장을 할애하여 질병을 다루고 있습니다. 질병도 예배에 포함시켜야 예배가 어떻게 삶을 형성하는지 전 영역에서 두루 볼 수 있습니다.

예배지침서에는 이렇게 나와 있습니다.

> 기독교의 복음은 인간의 모든 상황에 유효하기 때문에, 부르심에 충실한 교회는 교인들 삶의 모든 순간에 대한 책임이 있다. 복음은 질병이나 죽음에 직면한 사람들에게 특별히 호소력 있게 다가간다.… 병자를 위한 중보기도는 공적 예배의 정규 순서가 되어야 한다.[24]

우리는 아픈 사람들을 예배의 자리로 불러들여서 그들이 자기 백성을 치유하시는 하나님의 능력을 확신하게 돕고, 하나님은 고통 가운데서도 함께하신다고 단호히 말해 줍니다. 환자에게 병문안을 가거나 그들을 교회로 데려오거나 정기적으로 그들을 위해 중보기도를 함으로써 그렇게 할 수 있습니다. 병자를 위한 중보기도는 우리의 고통을 그리스도의 고통으로 해석하고 부활과 함께 병자에게 주어질 건강과 온전함을 함께 고대함으로써 삶을 형성합니다.

많은 교회에서는 이러한 관심을 병자를 위해 특별 예배를 드리는 형태로 확장해 왔습니다. 우리 주님의 가장 중요한 관심사 중 하나가 병자의 치유였다는 사실을 깨달은 교회는 그 부분을 소홀히 했음을 인식하고 뭔가 시정조치를 취하려고 노력하고 있습니다. 이것은 어떤 식으로든 전문 의료인들의 일을 폄하하거나 과소평가하는 행위가 아닙니다. 그들은 하나님이 베푸시는 치유의 일차적 도구입니다. 그러나 교회는 주님의 발자취를 따르는 책임을 감당하고 있습니다. 교회는 육체적 측면만 있는 질병은 없으며, 모든 질병에는 영적인 결과가 따르고, 일부 질병은 원인이 영적인 데 있다는 것을 깨달았습니다. 우리는 개인적 노력을 통해서만이 아니라 예배하는 회중으로서 병자들을 섬겨야 합니다.

그리스도인의 인생은 세례로 시작하여 장례식으로 끝납니다. 예배지침서는 이렇게 말합니다. "죽음 앞에서 [그리스도인들은] 하나님이 예수 그리스도 안에서 죽음을 정복하셨고 그분의 자녀들을 죽음에서 영생으로 옮기신다는 믿음을 증언한다.… 그리스도인들은 장례식을 엄숙한 기쁨 가운데 복음의 소망을 재확인하는 시간으로 삼아야 한다."[25]

안타깝게도, 우리 시대에는 장례식을 교회에서 목사가 집례하는 것이 아니라 장례식장에서 장의사가 진행하는 경우가 많습니다. 장의사가 장례식을 주관해서는 안 됩니다. 그들은 감상적으로 어설프게 예식을 진행합니다. 장례식은 교회의 예배이고 그리스도 안에 있는 영생에 대한 소망을 직접 증언합니다. 장례예배 가운데 우리는 죽음을 현실적이고 공개적으로 직면합니다. 장례예배에서 유족은 그들을 붙들어 주시겠다는 하나님의 약속과 그들을 둘러싸고 있는 하나님의 백성의 관심에 위로를 받으며 슬퍼하고 애도할 수 있습니다.

그러니 장례예배는 교회에서 드려야 합니다. 관이 있다면 관은 닫혀 있어야 합니다. 우리는 시신 방부처리사의 기술에 감탄하러 모인 것이 아니라 죽은 자를 영원한 생명의 나라로 옮기시는 하나님을 경배하러 모였으니까요. 관은 천으로 덮어 둡니다. 관이나 꽃을 구입할 때 과시욕을 없애고 불필요한 비용 지출을 막기 위해서입니다. 이날에는 그리스도인의 소망을 선포하는 성경구절을 낭독하는 데 중점을 둡니다. 성도의 교제에 대한 교회의 믿음을 선언하는 찬송을 부르는 것이 적절합니다. 하나님이 우리에게 주셨다가 다시 거두신 생명에 대해 하나님께 감사하는 기도를 드립니다.

장례예배는 삶의 마지막 순간에 연약한 우리를 하나님의 영원으로 에워쌈으로써 우리의 삶을 형성합니다. 장례예배에서는 인간의 시간을 성경의 관점에서 바라봅니다. 인간의 시간을 덧없음이라는 그 고유의 패턴 안에서 바라볼 뿐 아니라, 하나님의 시간 속에서 바라봅니다. 우리 존재의 깨어진 리듬은 하나님의 영원이라는 더 강력한 리듬 안에 담깁니다.

주여 주는 대대에 우리의 거처가 되셨나이다.
산이 생기기 전,
땅과 세계도 주께서 조성하시기 전
곧 영원부터 영원까지 주는 하나님이시니이다시 90:1-2.

출생, 결혼, 질병, 죽음의 순간에 우리는 피난처이자 요새, 반석이자 힘이신 하나님을 바라봅니다. 우리 믿음의 창시자요 완성자이신 예수 그리스도를 바라봅니다. 우리에게 힘을 주시고 위로하시겠다고 약속하신 성령님을 바라봅니다.

태어났지만 세례를 받지 않을 수 있습니다. 교회에 들어가거나 목사를 만나지 않고도 결혼할 수 있습니다. 병든 상태에서도 하나님에 대해 아무 생각이나 관심이 없을 수 있습니다. 그리고 성경이나 기도 없이, 하나님이 주시는 말씀도 없고 그분께 아무 말도 하지 못한 채 죽을 수도 있습니다. 많은 사람이 이렇게 살아갑니다. 그들에게 출생은 생물학적인 것이고, 결혼은 성적인 것이며, 질병은 불행한 일이고, 죽음은 끝입니다.

하지만 예배는 삶을 다른 형태로 빚어냅니다. 하나님은 예배 안에서 우리에게 역사하시고 극단으로 치닫는 우리 삶을 그분의 사랑과 은혜로 정의하십니다. 예배 안에서 우리의 출생, 사랑, 고통, 죽음은 하나님의 은혜로 둘러싸여 의미 있게, 구속적으로 변화됩니다.

> 여러분의 몸을 하나님이 기쁘게 받아 주실 거룩한 산 제물로 드리십시오. 이것은 여러분이 드릴 영적 예배입니다. 여러분은 이 세상을 본받지 말고 마음을 새롭게 하여 변화를 받으십시오. 그리하여 하나님의 선하시고 받으실 만하며 완전하신 뜻이 무엇인지 분별하도록 하십시오 롬 12:1-2, 역자 사역.

기도합시다. "하나님, 주님은 토기장이시고 우리는 진흙입니다. 우리의 과거, 현재, 미래, 우리의 출생과 삶과 죽음은 그것을 영원한 전체로 빚어낼 주님의 손길이 필요합니다. 우리 몸을 주님께 드리오니 우리를 새롭게 하시고 재창조하시고 당신의 형상으로 만드소서. 우리가 구하거나 생각하는 모든 것에 더 넘치도록 능히 하실 수 있는 우리 주 예수 그리스도를 통하여 그렇게 하소서. 아멘."

사랑의 전략

> 사랑은 모든 것을 덮어 주며, 모든 것을 믿으며, 모든 것을 바라며, 모든 것을 견딥니다. 고린도전서 13:7, 새번역

*

여러분이 잘 아시다시피, 사도 바울은 그리스어로 편지를 썼습니다. 그리스어에는 영어에서는 한 단어로 표현하는 개념을 가리키는 데 쓰이는 네 단어가 있습니다. 우리는 'love'라는 단어를 써서 넓은 범위에 걸쳐 있는 한 가지 경험을 나타내는데, 그리스인들은 이 경험을 네 부분으로 나누었습니다. 우리에게도 이렇게 네 개의 단어가 따로 있다면, 사랑이라는 주제를 둘러싼 혼란이 어느 정도 사라질 것입니다. 그래서 네 개의 그리스어 단어를 살펴보고 각 단어가 분석하고 분류한 내용을 통해 우리는 유익을 얻을 수 있습니다.

'애정'스토르게은 사랑에 해당하는 네 단어 중 첫 번째입니다. 애정과 가장 유사할 듯한 사랑은 동물세계에 있습니다. 개나 고양이의 애정 어린 사랑이 한 가지 사례입니다. 사람이 기르는 개에게 품는 애정도 여기에 속합니다. 이것은 유대와 공감이 주는 따뜻하고 만족스러운

상태로서 지성과 의지에 어떤 부담도 주지 않습니다. 갓 태어난 아이를 향한 어머니의 애정이 이런 종류의 사랑입니다. 이 사랑에는 열등하거나 부족한 부분이 전혀 없고 단순한 관계를 수반합니다. 이 관계는 우리에게 주어지는 것이고 내면에 별다른 부담이 되지 않습니다.

사랑의 네 어휘 중 두 번째는 '우정'필리아입니다. 이것은 서로에게 애정을 느끼고 서로를 존중하고 공통의 관심사나 목표를 추구하는 두 사람의 사귐에서 나옵니다. 우정은 고대인들이 가장 귀하게 여기던 사랑이지만, 오늘날에는 이런 형태의 사랑을 잘 볼 수 없습니다. 이 사랑은 청소년기에 가장 강하게 작용하며, 성인이 된 이후에도 깊은 우정을 누리는 운 좋은 사람들이 있습니다.

'로맨틱한 사랑'에로스은 사랑을 표현하는 세 번째 단어입니다. 영어 'love'의 흔한 용례가 이 영역에 모여 있습니다. 이것은 여자를 향한 남자의 사랑이고, 대상을 소유하려 드는 사랑입니다. 인간의 가장 순수하고 고결한 열정 중 하나이지요. 이 사랑은 최고의 예술, 고귀한 실천, 영웅적 행동, 문명의 성취를 이끌어 내는 창조적 원천입니다. 이 사랑이 왜곡되고 망가지면 인간의 가장 추악한 행동들을 낳기도 합니다.

'자비를 표현하는 사랑'아가페이 네 번째 사랑입니다. 이 사랑은 인간의 상황을 초월합니다. 우리가 그리스도의 생애에서 보는 하나님의 사랑입니다. 인간이 경험하되 알지 못했던 새로운 종류의 사랑입니다. 신약성경 저자들은 이 사랑에 대한 묘사와 사례를 제시하여 이 부분에 관한 인류의 언어가 발전하는 데 크게 기여했습니다. 이 사랑은 하나님과 인간의 관계, 인간이 언젠가 이웃과 누리게 될 관계를 설명합니다. 새로운 삶을 위한 하나님의 전략이지요.

처음의 세 가지 사랑, 즉 애정, 우정, 로맨스는 인간의 사랑이고,

네 번째는 하나님의 사랑입니다. 그렇다고 해서 처음 세 가지 사랑이 덜 중요하다는 말은 아닙니다. 하나님이 주신 그 사랑들이 표현될 때 사람과 주변 상황, 그리고 그들을 둘러싼 사람들 사이에 건강하고 행복한 관계가 수립됩니다. 그러나 사랑에 대한 이해와 경험이 이 세 가지에서 벗어나지 못한다면, 주님이 우리 삶에서 벌이시는 특별한 역사를 이해하지 못하고 거기에 참여하지도 못할 것입니다. 애정, 우정, 로맨스에서 하나님의 속성과 비슷하고 닮은 부분을 살피고, 그 사랑들을 펼치도록 하나님이 우리 삶에 정해 주신 자리를 시간을 들여 살피는 일은 적절할 것입니다. 하지만 오늘은 하나님의 마음에서 시작되어 우리의 모든 사랑을 구속(救贖)할 수 있는 전략이 된 네 번째 사랑에 대해 생각해 보고자 합니다.

사도 바울이 고린도 교회에 보낸 첫 번째 편지에 이 새로운 사랑, 이 독특한 기독교적 사랑에 대한 유명한 묘사가 나옵니다. 사도 바울은 사람이 어떻게 살아야 하는지를 설명하면서 이 새로운 사랑을 핵심으로 삼았는데, 이 부분에서 그의 현실 감각을 과소평가하지 않으려면 고린도와 그곳에 살던 사람들에 대해 어느 정도 알아야 합니다.

가끔 보면, 사람들은 기독교가 사방에 백합이 피어 있는 조용한 호숫가에서 잉태되었고, 매우 아름답고 훌륭하여 삶의 가혹한 현실과는 동떨어져 있다고 생각하는 것 같습니다. 우리가 사는 세상에서 기독교적 사랑에 대해 말하는 것은, 점잖은 집에서 자라고 고전 전통에 따라 교육을 받은 사람이 부둣가 술집에서 벌어진 요란한 싸움판 한가운데로 들어가 아주 달콤하고 소심한 목소리로 이렇게 말하는 것과 비슷하다고 보는 것입니다. "여러분, 제발 조심하세요. 서로 사랑해야 합니다." 그런 곳에서 경건한 사랑을 설교한다는 것은 웃음거리가 될 만한 일입니다.

사도 바울이 편지를 보낸 고린도 교회는 부둣가의 술집과 다르지 않았습니다. 고린도는 항구 도시였습니다. 이주민을 비롯해 잠시 머무는 사람들이 많았고 전통이나 사회 안정은 찾아보기 힘들었습니다. 모험심 강한 로마인들, 고향을 떠나온 그리스인들, 장사꾼 아시아인들, 터전에서 쫓겨난 유대인들이 용광로 같은 고린도로 몰려들었고, 여기에 퇴폐적인 이교의 영향력이 더해지면서 고대 세계에서 방탕과 악덕으로 유명해진 도시가 만들어졌습니다. "고린도 사람처럼 살다", "고린도처럼 되다"는 방탕한 생활을 가리키는 유명한 표현이었습니다.

이런 고린도에는 시city 자체보다 그리 나아 보이지 않는 교회가 있었습니다. 사도 바울이 고린도 교회에 보낸 편지를 읽다 보면 그가 충격적인 상황을 다루고 있음을 발견하게 됩니다. 교인들 사이에서 성적으로 변태적이고 문란한 행위들이 공공연하게 벌어지고 있었습니다. 교회는 각기 다른 권위자에게 호소하는 집단들로 나뉘어 서로 싸웠습니다. 예배자들은 성찬을 위해 주님의 식탁에 나와서는 포도주에 취해 예식을 술판으로 바꾸어 버렸습니다. 교회의 지도자들은 정서적으로 불안정했고 공예배가 혼란과 무질서로 얼룩졌습니다. 고린도 교회는 교회가 잘못될 수 있는 거의 모든 부분에서 뒤틀려 있었습니다.

사도 바울은 이 조잡하고 거칠고 무질서한 상황 속으로 걸어 들어가 사랑에 대해 자신 있고 단호하게 말했습니다. 그런데 아무도 웃지 않았습니다. 그 이유는 그가 새로운 단어를 사용했기 때문입니다. 사랑을 뜻하는 네 번째 단어 말입니다. 만약 바울이 난폭한 고린도 사람들에게 애정이나 우정, 로맨스를 조금이라도 언급했다면 그들은 바울을 쫓아냈을 것입니다. 그러나 바울이 말한 것은 그런 인간적인 사랑이 아니라 새로운 사랑이었습니다. 예수 그리스도의 생애가 보여준 사랑이었습니다. 대충 만든 마구간에서 가난한 농부로 태어난 그분의 생애는 버림받은 언덕에서의 피투성이 십자가 처형으로 끝났습니다. 인간들 사이에 내려온 하나님의 새로운 사랑이 모든 사악한 행위, 모든 나약한 패배, 모든 힘든 고통, 모든 깨어진 소망, 모든 좌절된 믿음, 모든 반역, 모든 증오, 모든 방종을 마주하고 정복했습니다. 이것은 향기로운 편지지에 적어 내려간 신사 시인의 사랑이 아니었습니다. 고난받는 사랑, 모든 역경에 맞서는 사랑, 긍휼이 가득한 사랑, 영원의 힘을 간직한 사랑이었습니다.

사도 바울이 기독교적 사랑의 교리를 전했던 고린도 교회의 상황과 우리의 현대적 상황은 많은 면에서 비슷해 보입니다. 지금 우리에게는 사회적 혐오, 집단적 악, 문화적 부도덕, 퇴폐성을 극복하고 변화시킬 강력한 힘과 윤리가 필요합니다. 우리가 속한 사회는 믿을 수 없을 만큼 엄청난 인종적 불의를 만들어 냈습니다. 우리가 사는 세상은 원자력의 오용이라는 위협을 끊임없이 받고 있고 불안에 시달리고 영적으로 빈곤해졌습니다. 이 세상의 빈곤, 불평등, 불의, 악은 고린도의 상황과 정도만 다를 뿐, 한 도시에 머물지 않고 문명 전체로 퍼져 나갔습니다.

사랑의 선택지가 애정, 우정, 로맨스, 이렇게 세 가지 인간적 사랑밖에 없다면, 그런 세상에서 사랑에 대해 이야기하는 것은 감상적인 일이 될 것입니다. 하지만 다행히도 우리에게는 선포하고 실천할 수 있는 사랑, 모든 사랑의 어머니 같은 사랑이 있습니다. 그것은 기독교적 사랑, 하나님의 사랑, 가장 가혹한 현실을 직시하고 정복할 수 있는 사랑입니다.

사도 바울은 고린도전서 13장에서 이 새로운 기독교적 사랑을 설명합니다. 이 사랑이 작용하는 열다섯 가지 방식을 구체적으로 말합니다. 그리고 7절에서 이 사랑을 네 가지 내용으로 요약합니다.

첫째, '사랑은 모든 것을 덮어 줍니다.' '덮어 준다'는 단어는 대상에 지붕을 씌운다는 뜻입니다.[26] 우리는 비와 눈을 막고 추위를 물리치고 불편함이나 위험으로부터 거주자를 보호하기 위해 집 위에 지붕을 씌웁니다. 이 생각은, 사랑은 모든 것을 감내하고 고분고분하고 묵묵하게 받아들인다는 뜻이 아니라, 적극적으로 세상 속으로 들어가 사랑하는 대상이 다치지 않게 보호한다는 의미입니다.

타인과 세상에는 우리를 불쾌하게 하는 것들, 때로는 혐오감을 주는 것들이 많습니다. 우리는 종종 이런 것들을 핑계 삼아 거리를 두고 접촉을 피합니다. 문화적으로 조악하거나 경제적으로 어려운 사람을 상대할 때 종종 이런 일이 생깁니다. 우리는 그 사람과 어울리고 싶지 않습니다. 애정, 친근감, 로맨스의 가능성이 없다는 것을 아니까요. 이때 우리는 네 번째 종류의 사랑이 있음을 잊어버린 것입니다. 거슬리는 면, 결점, 무지, 부도덕, 죄는 세 가지 인간적 사랑을 막는 데 결정적인 역할을 하지만, 새로운 사랑을 막지는 못합니다. 새로운 사랑은 이것들 위에 지붕을 씌우고, 상황이나 사람의 안 좋은 측면들을 결정적인 요소로 여기지 않습니다. 이것들은 분명히 존재하고 실재하지만, 이것들이 기독교적 사랑의 활동을 둔하게 만들거나 가로막도록 허용해서는 안 됩니다.

둘째, '사랑은 모든 것을 믿습니다.' 사랑은 잘 속아 넘어가거나 순진하지 않습니다. 기독교적 사랑을 실천하기로 선택한다고 해서 비판도 분별도 없이 들리는 말을 다 받아들여야 하는 것은 아닙니다. 사랑이 '모든 것을 믿는' 이유는 우리가 보든 못 보든 모든 사람 안에 잠재력이 있기 때문입니다. 모든 사람에게 선이 있기 때문입니다. 이것은 모든 창조세계 안에는 하나님의 배려와 관심에서 벗어난 존재가 없다는 믿음입니다.

우리는 기독교적 사랑의 작용에 수학자의 사고방식을 적용할 수 없습니다. 사랑해야 할 이유를 일일이 더해 본 다음에 사랑할 수 없습니다. 침투하고 구원하는 기독교적 사랑의 영향력이 필요한 많은 것들에는 그 사랑을 조금이라도 받을 자격이 있다는 외적인 증거가 보이지 않습니다. 그러나 이 새로운 사랑은 그에 대한 보상이나 성공의 가능성이 없는 곳에서도 활동합니다. 이것은 오로지 이웃을 자기 자신과 같이 사랑하라는 하나님의 명령 때문이지요.

셋째, '사랑은 모든 것을 바랍니다.' "상대가 사랑받을 만한 자격이 있다는 증거가 없을 때 사랑은 최선을 믿지만, 상대가 사랑받을 자격이 없다는 증거가 있을 때는 최선을 바랍니다."[27] 소망은 미래로 나아가는 사랑의 활동입니다. 사랑은 그 활동 가운데서 미래에 있을 구원의 싹을 봅니다. 사람들이 이성을 거부하고, 애정을 배척하고, 절제와 정의에 폭력적이고 무분별하게 반응해도 이 새로운 사랑은 굴하지 않습니다. 새로운 사랑은 이런 반대를 넘어 하나님의 계획이 최종적으로 승리할 날을 바라보고, 우리가 하나님의 아들딸로 창조된 운명에 더 충실해지게 하는 정의로운 행동에 책임감 있게 참여해야 함을 기억합니다. 사랑은 모든 것을 바랍니다.

넷째, '사랑은 모든 것을 견딥니다.' "사랑은 눈에 보이는 성공이 없어도 모든 일을 다 하고 친구의 배은망덕이든 적의 박해든 모두 버티고 견뎌 냅니다. 바울 서신 전체에는 그리스도인들이 박해를 받을 수 있다는 생각이 깔려 있습니다."[28] '견디다'는 종종 군사적 맥락에서 "달아나지 않고 자리를 지킨다"라는 의미로 쓰입니다. 이 사랑은 용기, 야망, 애정, 우정, 낭만 등의 감정보다 더 오래갈 수 있습니다.

이 모든 것이 썩어 없어진 후에도 사랑은 여전히 구속의 영향력을 행사하고, 여전히 사랑의 주님을 증거하고, 전능하신 하나님께서 명하신 전략적 사역을 헌신적으로 수행합니다.

노벨 평화상을 수상한 마틴 루터 킹 목사는, 제가 지금껏 들어본 최고의 연설에서 이렇게 말했습니다.

> 당신들이 우리를 감옥에 가두어도 우리는 당신들을 사랑할 것입니다. 고통을 가하는 당신들의 능력에 우리는 고통을 견디는 능력으로 맞설 것입니다. 우리는 당신들의 물리적 힘에 영혼의 힘으로 대응할 것입니다. 당신들이 하고 싶은 대로 우리에게 해도, 우리는 여전히 당신들을 사랑할 것입니다.… 당신들이 우리를 감옥에 가두어 아무리 힘들게 해도 우리는 여전히 당신들을 사랑할 것입니다. 우리 집에 폭탄을 던지고 우리 아이들을 위협하고 그 때문에 아무리 힘들어도 우리는 여전히 당신들을 사랑할 것입니다. 한밤중에 우리 공동체에 두건 쓴 악당들을 보내어 폭력을 행사하고 우리를 길가로 끌어내고 두들겨 패서 거반 죽은 채로 방치한다 해도 우리는 여전히 당신들을 사랑할 것입니다. 그러나 분명히 아십시오. 고통을 견디는 힘으로 우리는 당신들을 지쳐 나가떨어지게 만들 것입니다.[29]

이것이 모든 것을 견디는 사랑입니다.

기독교적 사랑의 이 네 가지 내용에서 보다시피, 이 사랑의 효과나 가능성은 우리가 인간적 사랑들을 생각할 때 떠올리는 특성이나 전제에 의존하지 않습니다. 이 사랑은 피조물 사이의 자연적 유대감인 애정에 의지하지 않고, 공통의 관심사와 목표에서 나오는 상호 친밀감인 우정에 기대지 않으며, 개인적으로 상대를 소유하고 상대에게 소유되고자 하는 육체적·영적 욕망인 로맨스의 도움도 받지 않습니다. 기독교적 사랑은 자신의 호불호, 성공 가능성, 알량한 가치, 개인적 만족감을 자기 힘이 닿는 한 최대한 무시하고 자기 일에 매진합니다. 예수 그리스도를 본으로 삼아 하나님의 명령에 순종하면서 자기 일을 감당합니다.

사실, 기독교적 사랑에 대한 지금까지의 묘사에서 그렇게 놀라운 점은 없습니다. 이 사랑은 마음속을 들여다보는 정신과 의사만 알아낼 수 있는 복잡하고 신비한 비밀이 아닙니다. 아서 펜린 스탠리*는 "성도들은 비범한 일을 하는 게 아니라 평범한 일을 비범한 방식으로 한다"[30]라고 말했습니다. 새로운 사랑의 특성들은 모두 평범하지만, 인간의 이기심과 욕망에 맞서는 비범한 방식으로 수행됩니다.

사랑의 낮은 단계에서 사는 우리는 자신의 애정이나 우정이나 로맨스의 대상이 되는 사람들을 위해 모든 것을 덮어 주고, 모든 것을 믿고, 모든 것을 바라며, 모든 것을 견뎌 왔습니다. 하지만 사도 바울이 우리에게 제시하는 더 탁월한 길은 우리가 이웃을 위해 그렇게 하는 것입니다. 어쩌다 보니 우리 앞에 있게 된 사람을, 우리가 세상에서 책임감 있는 활동을 수행할 대상, 즉 새로운 사랑이라는 전략을 펼칠 대상으로 삼는 것입니다. "그러므로 믿음, 소망, 사랑, 이 세 가지는 항상 있을 것인데, 그 가운데서 으뜸은 사랑입니다"고전 13:13, 새번역.

아멘.

* Arthur Penrhyn Stanley, 1815-1881. 웨스터민스터 신학교 학장 역임.

시간이 아주 짧습니다

형제들아, 내가 이 말을 하노니 그 때가 단축하여진 고로 이후부터 아내 있는 자들은 없는 자같이 하라. 고린도전서 7:29

*

바울. 저는 바울이 왜 이리 좋을까요? 거만하다고 느껴질 만큼 자기주장이 강하고 성질이 급하고 분노를 터뜨리는 사람인데 말입니다. 그는 하나님, 나의 영원한 구원, 내 삶의 의미, 그리스도를 생각하는 법 등 제가 더없이 중요하게 여기는 주제들을 가지고 글을 씁니다. 제가 아주 분명하고 명확하게 알고 싶은 주제들이지요. 그의 글을 10여 문장만 읽어도 제가 대가 앞에 있다는 사실을 깨닫게 됩니다. 그는 이러한 진리들을 살아 낸 사람, 제가 살고 있는 삶을 설명할 수 있는 사람입니다. 그는 잔뜩 흥분하여 한 문장에 돌입했다가 그 문장을 끝내는 것을 잊어버립니다. 그러면 저는 혼란과 당혹감을 느끼며 문장이 마무리되기를 기다리는 처지가 됩니다. 베드로는 바울의 편지에 "알기 어려운 것이 더러 있다"벧후 3:16라고 한 적이 있는데, 이 말은 희대의 절제된 표현이라고 할 수 있습니다.

하지만 그런 것은 중요하지 않습니다. 오히려 저는 그래서 바울이 더욱 좋습니다. 그에게는 신앙적 삶에 대한 열정이 있었습니다. 그가 그리스도의 길을 추구하고 그분에 대해 쓰는 데에 관습적이거나 지루하거나 틀에 박힌 내용은 전혀 없습니다. 제가 만나는 사람들 중에는 하나님을 논쟁거리로 축소시키거나, 신앙인이 된다는 것이 토론을 하는 것이라고 생각하는 사람들이 꼭 있습니다. 바울에게 신앙은 전 생애를 걸고 참여하는 사랑의 행위였습니다. 제 주위에는 그리스도인이 된다는 것이 호감 주는 사람이 되는 것을 의미한다고 생각하고, 자신의 삶에서 보기 싫은 부분을 모두 숨기고는 미소와 점잖은 태도와 어디서든 잘 적응한 모습만 보여주려는 사람들이 늘 있습니다. 하지만 바울은 그리스도인이 된다는 것을 악에 맞선 거대한 싸움과 거룩함을 향한 위대한 모험에 감정과 생각을 집중하고 뛰어드는 행위라고 여겼습니다. 신약성경에서 바울이 쓴 대목을 아무 데나 펼쳐도 저는 몇 분 만에 그의 믿음이 내뿜는 거친 생명력에 이끌려 저의 평범함에서 빠져나오게 됩니다. 그리고 그의 생각 위에서 파도타기를 합니다.

그리고 고린도. 저는 고린도를 왜 그렇게 좋아할까요? 목회자에게는 악몽과도 같은 곳인데 말입니다. 그리스의 항구도시인 고린도에는 여러분 중 상당수가 20분도 참지 못할 그리스도인들로 이루어진 교회가 있었습니다. 그 교회에는 서로 자기가 더 낫다고 주장하며 격렬히 대립하는 무리가 있었습니다. 쉽게 흥분하는 사람들이 하나님이 직접 계시하셨다는 내용을 떠들어대며 예배를 방해했습니다. 성만찬을 거행할 때는 성찬의 포도주를 마시고 취한 사람들도 있었습니다. 교인들이 민사 분쟁으로 서로를 고소했습니다. 도시의 지저분한 성도덕이 교회 안까지 들어왔는데, 아무도 그것이 큰 문제라고 생각하지 않았습니다.

그런데 저는 그 사람들이 좋습니다. 그리스도 안의 새 생명이 그들 안에서 빛나고 있었기 때문입니다. 그들은 문제투성이였지만, 그 문제들은 그들 안에서 빛나는 그리스도의 신비에 비하면 아무것도 아니었습니다. 그들은 하나님이 원대하고 영원한 어떤 목적을 위해 자신들의 삶을 빚고 계신다는 것을 알았습니다. 교회는 엉망이었지만 하나님이 그 상태를 정리하고 계셨고, 그들은 기꺼이 하나님께 그 일을 맡기고자 했습니다. 그들은 도덕성이 많이 부족했고 감정도 미숙하고 절제되지 않았습니다. 생각 또한 유치했습니다. 그러나 그들은 몸과 마음을 다해 하나님을 추구했습니다. 고린도 교회는 스테인드글라스로 장식된 예쁘고 작은 예배당이 아니라 농가의 앞마당 같은 곳이었습니다. 그들은 세상에서의 자기 모습, 즉 식욕, 미신, 성욕, 망가진 인간관계를 전부 교회로 가져왔습니다. 성령께서는 그것들을 원료로 하여 경이롭고 놀라운 것을 창조하십니다. 제가 이 가망 없어 보이고 사랑스럽지 않은 그리스도인들을 매우 좋아하는 이유는 그들이 하나님 앞에 자신을 내어 드리기 때문입니다. 하나님이 그들을 가지고 모두가 불가능하다고 생각했던 것, 곧 교회, 하나님의 백성, 신앙 공동체를 만드시도록 말입니다.

바울과 고린도 교회의 조합은 격렬한 반응을 일으켰습니다. 둘이 합치자 불꽃이 튑니다. 바울은 고린도 교회에 다른 어느 교회보다 많은 세 통의 편지를 썼고, 그중 두 통이 남아 있습니다. 고린도 교회도 바울에게 적어도 두 통의 편지를 보냈는데 한 통도 남아 있지 않습니다. 우리는 성경의 다른 어떤 책보다 고린도전후서에서 바울의 기본적이고 본능적인 모습을 더 많이 알게 됩니다. 그리고 성령께서 그리스도인들을 어떻게 교회로 만드시고 빚으시고 성장시키시는지도 더 많이 배웁니다.

여러분은 2천 년의 세월과 8,000킬로미터의 거리가 무색할 만큼 그리스도 우리 왕 교회가 고린도 교회와 그리 다르지 않다는 사실을 알게 될 것입니다. 마치 바울이 우리 상황을 이해하고 우리에게 말하는 듯한 느낌을 받게 될 것이며, 그의 말을 듣고 믿고 순종할 때 우리 자신도 성령의 변화의 역사 가운데 함께 빚어져 가는 것을 발견하게 될 것입니다. 우리 삶을 원료 삼아 교회를 만들어 가는 것이 성령이 일으키시는 변화의 역사입니다.

주일 아침에 차를 세워 놓고 주차장을 가로질러 예배당 문으로 들어와 자리를 잡을 때, 우리는 자신의 문제를 바깥에 두고 오지 않습니다. 가끔 저는 공항의 보안요원과 비슷한 역할을 하는 사람이 예배당 문 앞에 있는 모습을 상상합니다. 우리에게 더러운 감정이나 악한 생각이 있는지 검사하는 것이지요. 하나님께 바치는 찬양을 방해하고, 유치한 신앙을 자극해 예배에 집중하지 못하게 하고, 우리 가운데 계신 하나님의 영의 거룩함을 더럽히는 요소를 차단하려는 것입니다. 보안검색대를 통과할 때 작은 부저가 울리면 우리는 되돌아가서 예배를 방해할 만한 모든 것을 주머니에서 비우고 마음이나 생각에서 비워야 합니다. 모두가 검색대를 통과하는 데 얼마나 걸릴지 궁금합니다. 국제선 여객기를 이용할 때처럼 모두 두 시간 일찍 도착하시라고 안내해야 할 것 같습니다.

그러나 고린도 교회에서도 그리스도 우리 왕 교회에서도 보안검색을 하지 않습니다. 예배로 모인 사람들은 아침 식탁에서 서로 짜증을 내던 이들, 목요일에 망친 일을 어떻게든 만회해 보려고 애쓰던 이들, 죄책감이나 슬픔, 후회 속에서 뒤척이며 토요일 밤을 지새운 이들, 바로 몇 분 전에 예배 순서를 훑어보고는 목사가 선곡한 찬송가들에 신음을 내던 이들입니다.

이 자리에 나오면 여러분의 삶이 나아질 거라고 생각하십니까? 아침 식탁의 분위기든, 직장에서 맡은 일이든, 제가 여러분의 상황을 개선시켜 줄 만한 지혜로운 말을 할 거라고 생각하십니까? 여러분이 더 푹 잘 수 있게, 노래를 더 잘 부를 수 있게 도움이 될 만한 말이 제게 있을까요? 대부분의 사람들은 교회에 나오면서 이런 것을 기대합니다. 고린도 교인들도 그랬습니다. 그들에게는 바울의 도움을 받아 해결하고 싶은 문제 목록이 많았습니다. 그들의 목록에 있는 대부분의 문제는 우리의 목록에도 있습니다. 저는 고린도 교회의 목록과 그리스도 우리 왕 교회의 목록에 모두 있는 한 가지 항목을 들여다보고, 바울이 그것에 대해 뭐라고 하는지 살펴보고 싶습니다. 바로 결혼 항목입니다.

결혼은 우리 삶을 좋은 쪽으로든 나쁜 쪽으로든 결정할 힘을 가진, 인간의 근본적인 조건 중 하나인 것 같습니다. 많은 사람, 어쩌면 대부분의 사람이 결혼을 자신이 대처해야 할 가장 중요한 문제로 여기고 있습니다. 우리가 결혼을 얼마나 다양한 방식으로 경험하는지 생각해 보십시오.

행복한 결혼생활을 하는 사람들이 있습니다. 다른 사람들은 그들을 보고 이렇게 생각합니다. '나도 저렇게 행복하게 지낼 수 있다면 아무 문제가 없을 텐데.' 불행한 결혼생활을 하는 사람들은 이렇게 생각합니다. '이 결혼을 무를 수만 있다면 모든 것이 잘 풀릴 텐데.' 미혼인 사람들 중에는 누군가의 남편이나 아내가 되기 전까지는 인생이 완전해질 수 없다고 믿고 배우자감을 찾아 주위를 둘러보는 이들이 있습니다. 결혼하지 않기로 결심하고 나서 그 결정에 후회하고 괴로워하는 사람들도 있습니다. 결혼에 큰 관심이 없는 독신자들도 있지요. 결혼했다가 혼자가 되어 독신생활에 적응하기 힘들어 하는 이들, 둘이 함께라면 더 행복할 거라고 확신하면서 현재 상황을 아쉬워하는 사람들도 있습니다.

고린도전서 7장을 보면 이 모든 기혼자와 미혼자들이 바울에게 조언을 구하고 있습니다. "결혼을 해야 하나요?" "이혼해야 할까요?" "결혼생활을 유지해야 할까요?" 왜 그들은 바울에게 묻는 걸까요? 그는 심리학의 임상 훈련을 받은 적이 없습니다. 프로이트나 융의 글을 읽은 적도 없습니다. 부부일치운동* 주말 모임에 참석한 적도 없지요.

그들이 바울에게 물은 이유는 하나님이 삶을 더 낫게 만드시는 분이라고 생각했고, 바울이 그때까지 그들을 하나님께 이끌어 준 길잡이였기 때문입니다. 그들의 결혼 상태나 미혼 상태가 문제라면, 더 나은 삶을 살 수 있도록 하나님이 문제를 해결해 주실 터였습니다. "어쩌지요, 바울 선생님? 어떻게 해야 할까요? 우리에게 결혼에 대한 답을 주세요."

결혼생활은 인간의 조건에서 가장 힘든 과제에 속합니다. 미혼생활도 그렇습니다. 결혼생활에서 우리는 친밀함에 따라오는 온갖 요구와 복잡한 문제에 직면합니다. 미혼으로 살면 고독과 우정 때문에 온갖 요구와 복잡한 문제를 마주하게 되지요. 바울이 아주 긴 이 편지에서 결혼생활과 미혼생활에서 비롯되는 여러 질문을 다루는 것은 놀라운 일이 아닙니다. 대부분의 목회자들이 동일한 질문들을 다루는 데 많은 시간을 할애하고 있습니다.

고린도전서 7장에서는 세 가지 주목할 만한 사항이 있습니다.

* marriage encounter, 부부간 대화를 통해 사랑을 확인하고 결혼생활을 풍요롭게 하는 가톨릭 프로그램.

첫째, 바울은 교인들의 삶의 실제 상황을 진지하게 받아들이고 자신이 생각해 낼 수 있는 최선의 조언을 제시합니다. 그 조언이 오늘날 우리 상황에는 맞지 않을 수 있지만, 당시의 고린도에서는 지혜로운 조언이었습니다. 바울은 그들을 돕고자 열심히 노력합니다. 복음은 우리의 삶, 일, 결혼, 감정, 독신생활에서 일어나는 일에 결코 무관심하지 않습니다. 바울은 고린도 교인들의 기혼이나 미혼 관련 문제들을 돕기 위해 최선을 다합니다.

둘째, 바울은 자신이 고린도 교회 교인들의 질문에 답하게 된 것을 기쁘게 생각하지만, 자신의 조언에는 신적 권위가 없다고 말합니다. 바울은 지금 자신의 경험과 이성적 판단에 근거하여 글을 쓰고 있다고 7장에서 네 번이나 강조합니다. 하나님은 이 문제에 대해 직접적으로 답하지 않으셨습니다고전 7:6, 12, 25, 40절 참조. 바울은 교인들에게 도움이 되기를 바라고 답변을 적고 있지만, 그들은 바울의 답변이 복음이 아니며 영원한 하나님의 말씀도 아님을 이해해야 합니다.

셋째, 바울은 고린도 교인들이 결혼과 관련된 각자의 상황을 지혜롭게 정리하도록 이끌기 위해 신중하고 참을성 있게 상황을 분별하다가 갑자기 말하던 내용에서 벗어나 너무나 놀랍고 숨이 턱 막히는 여담을 늘어놓습니다. 그때까지 독자는 하나의 질문에서 다음 질문으로 넘어가다가 느닷없이 아주 생기 넘치는 내용과 맞닥뜨립니다. 좋은 조언이 아니라 좋은 소식, 복음의 기운이 우리를 에워쌉니다. 여담은 짤막하게 세 절로 끝나고 바울은 바로 당면 주제로 되돌아갑니다. 여기 그 세 절을 소개합니다.

그 때가 단축하여진 고로 이후부터 아내 있는 자들은 없는 자같이 하며 우는 자들은 울지 않는 자같이 하며 기쁜 자들은 기쁘지 않은 자같이 하며 매매하는 자들은 없는 자같이 하며 세상 물건을 쓰는 자들은 다 쓰지 못하는 자같이 하라. 이 세상의 외형은 지나감이니라 고전 7:29-31.

바울은 문제를 해결하고 조언을 하고 사람들을 돕는 활동을 멈추고, 이런 질문과 답변들을 주고받는 일보다 훨씬 더 중요한 것이 있다고 말합니다. 우리 삶에는 하나님이 계시고, 보이지 않는 이 하나님이 눈에 보이는 문제들보다 훨씬 실재적이라는 것이 그 내용입니다. 우리는 기혼이냐 미혼이냐, 결혼을 잘했느냐 못했느냐로 삶을 규정하지만, 그런 식으로는 세상의 모습을 설명할 수 없습니다. 우리가 자신을 이해하고 의미를 찾고 자존감을 얻는 전형적인 방식은 완전히 부적절합니다.

세 절로 이루어진 바울의 여담을 다시 한번 다른 말로 바꾸어 보겠습니다.

결혼을 했는지 안 했는지가 여러분의 삶을 결정하는 현실이라고 생각하십니까? 그렇지 않습니다. 그보다 훨씬 더 중요하고, 더 결정적이며, 더 현실적인 요인이 있습니다.

깊은 애도에 잠기게 만드는 상실이나 비애나 슬픔이 여러분의 삶을 형성하는 현실이라고 생각하십니까? 그렇지 않습니다. 그런 것들은 잠시 옆으로 치워 두십시오. 훨씬 더 중요하고, 더 결정적이며, 더 현실적인 것이 있습니다.

여러분이 지금 당장 활기찬 행복을 누리고 기뻐한다는 사실이 여러분의 삶을 좌우하는 현실이라고 생각하십니까? 그 생각은 틀렸습니다. 그보다 훨씬 더 중요하고 더 결정적이며 더 현실적인 것이 있습니다.

여러분이 원하는 것을 얼추 다 갖추는 높은 생활수준이 여러분의 삶을 형성하는 현실이라고 생각하십니까? 그렇지 않습니다. 그보다 훨씬 더 중요하고 더 결정적이며 더 현실적인 것이 있습니다.

주변 사람들이 당연하게 여기는 많은 것들을 갖지 못하고, 한 푼이라도 아끼고 헤아려 가면서 살아야 하는 넉넉지 않은 생활수준이 여러분의 삶을 좌우하는 현실이라고 생각하십니까? 그 생각은 틀렸습니다. 그보다 훨씬 더 중요하고 더 결정적이며 더 현실적인 것이 있습니다.

유능한 방식으로 세상에 대처하고 결정을 내리고 성공하고 어느 정도 계획한 대로 살 수 있는 능력이 여러분의 삶을 형성하는 현실이라고 생각하십니까? 그렇지 않습니다. 그보다 훨씬 더 중요하고 더 결정적이며 더 현실적인 것이 있습니다.

여러분이 만족스러운 방식으로 세상에 대처하는 데 실패하고, 한 번도 일을 제대로 해낸 적이 없다는 사실이 여러분의 인생을 좌우하는 현실이라고 생각하십니까? 그렇지 않습니다. 훨씬 더 중요하고, 더 결정적이며, 더 현실적인 것이 있습니다.

우리는 결혼 여부, 감정 상태, 경제적 상태, 성공 여부가 우리가 누구인지를 결정하는 본질적 요소라는 생각을 습관처럼 품고 있습니다. (그런 생각은 사회의 영향을 받아 수백 가지 방식으로 강화됩니다.) 하지만 그 생각은 틀렸습니다. 그런 요소들은 중요하지만 우리의 정체성을 결정하지는 않으며, 그런 요소들이 부여하는 정체성은 가짜입니다. 그 요소들 중에서 중요하지 않은 것은 없지만 그것들이 핵심은 아닙니다. 하나님은 그것들을 원료 삼아 우리 안에서 그분의 생명을 빚어 가십니다. 그분은 우리가 결혼을 했든 안 했든 우리의 상태 그대로 받으십니다. 우리가 울든 웃든 우리의 감정 그대로 받으십니다. 은행계좌에 목돈이 있든 부도수표를 두어 장 들고 있든 그 상태 그대로 받으십니다. 직장에서 칭찬받고 승진하고 임금인상을 받아 자기 확신이 넘치든 비판과 고함에 눌려 자신을 의심하든 그 상태 그대로 받으십니다. 하나님은 이 모든 것을 가지고 창조주로서, 우리 안에서 구원을 빚으시는 분으로서 일하십니다. 우리는 이 모든 것들이 자신의 모습을 규정하고 다른 이들이 우리를 평가하는 잣대가 된다고 생각하지만 그렇지 않습니다. 우리를 규정하는 것은 이런 것들이 아니라 하나님입니다.

우리 생각과 달리, 이 모든 것이 가장 중요하지는 않습니다. 바울은 "이 세상의 외형은 지나감이니라"라고 말합니다. 외형은 눈에 보이는 것입니다. 우리는 외형이 내용물이라고 잘못 이해하지만, 내용물은 하나님이 사랑으로 베푸시는 구원, 우리를 빚으시는 그분의 은혜, 그리고 창조하시는 그분의 정신입니다. 이 세상의 외형은 사라지고 있습니다. 보이는 것은 사라지고 있고 보이지 않는 것은 나타나고 있습니다. 사실, 그것은 지금 아주 가까이에 있고 믿음으로 얼마든지 받아들일 수 있으며, 지금 이 순간 누구든지 누릴 수 있습니다.

그것이 무엇일까요? 두 단어로 말하면 '예수 그리스도'입니다. 한 구절로 표현하면 '우리의 현 상태에 들어온 하나님의 구원'입니다. 한 단락으로는 이렇게 말할 수 있습니다. "보이지 않는 하나님은 우리가 보게 될 그 어떤 것보다 더 실재하십니다. 우리의 결혼 상태나 재정 상태, 감정 상태, 성공 여부보다 하나님이 우리의 삶과 더 직결되어 있습니다. 하나님이 우리를 사랑하십니다. 하나님은 예수 그리스도 안에서 이 세상에 오셔서 우리의 구원을 이루셨고, 그 순간부터 우리 삶의 모든 것, 즉 결혼/미혼, 슬픔/기쁨, 부유함/빈곤, 유능/무능, 지출 방식, 직장에서 우리가 받는 대우까지 모든 것을 사용하여 우리를 그리스도인이라는 새로운 피조물로 창조하십니다."

구원은 영혼의 은밀한 곳에서 일어나는 뭔가 취약하고 보이지 않는 사건이 아닙니다. 구원은 우리 삶의 모든 부분을 포함하는, 엄청나고 가시적인 일입니다. 하나님은 창조주이십니다. 구원자이십니다. 그리고 그분이 바로 우리를 창조하시고 구원하십니다.

바울은 '그 때가 단축하였다'는 말로 여담을 시작했습니다. 이 말을 주의 깊게 살펴보고 싶습니다. '정해진 시간.' 이것은 우리 믿음 생활이 작동하는 방식을 이해하는 데 아주 중요하고 특별한 단어입니다. 그리스인들에게는 시간을 가리키는 두 단어, '크로노스'와 '카이로스'가 있었습니다. 크로노스는 달력과 시계로 측정하는 시간입니다.[31] 하루와 한 주를 살아가는 데 중요한 시간입니다. 다른 시간은 카이로스입니다. 적절한 시간, 무르익은 시간, 상황이 서로 들어맞는 시간입니다.[32] 한 남자가 여자에게 말합니다. "우리 결혼할 때가 됐어요." 여자가 대답합니다. "네, 맞아요. 때가 됐어요." 이 말을 주고받을 때 두 사람은 달력도 시계도 보고 있지 않았습니다. 감정, 욕망, 목적, 성숙, 헌신 등 훨씬 더 인격적이고 복잡한 요소들이 모두 모여 딱 맞는 때, 정해진 시간을 감지합니다.

'카이로스'는 바울이 말하는 복음의 시간입니다. 우리의 생명과 하나님의 생명이 신앙생활 안에서 수렴되는 때입니다. 결혼이나 감정이나 재정 상태로 삶을 정의하려는 시도를 중단하고, 그 모든 상태를 하나님께 드려 그분의 복을 받는 적절한 시간입니다. 자기 삶의 문제들을 해결하려는 모든 집착에서 벗어나 예수 그리스도 안에 있는 은혜와 사랑의 신비 속으로 들어가기 알맞은 시간입니다.

바울은 이 시간이 아주 '단축되었다'고 합니다. 이것은 아쉬운 번역입니다. 이렇게 번역하면 여기 나오는 시간이 시계의 시간처럼 들리고, 서두르지 않으면 늦을 것처럼 느껴지기 때문입니다. 바울이 의도한 바는 이것과 전혀 다릅니다. 이 단어는 성경에서 단 두 번만 사용되었는데, 다른 용례를 살펴보면 여기서 바울이 의미한 바를 파악하는 데 도움이 될 것입니다. 사도행전 5장에는 아나니아가 사도들에게 거짓말을 하다가 그 자리에서 쓰러져 죽는 이야기가 나옵니다. 누가는 이 이야기를 전하면서 아나니아가 죽은 후 청년들이 "시신을 싸서 메고 나가 장사" 지냈다고 기록합니다행 5:6. 여기 나오는 "싸서"라는 단어가 '단축되었다'로 번역된 바로 그 단어입니다. 바울은 이 단어를 써서 우리가 살고 있는 이 시간의 본질, 즉 현재의 상태가 어떠하든 관계없이 그 상태 한복판에서 하나님이 우리 안에 새로운 존재를 창조하심을 보여주고자 했습니다. 이 시간, 이 알맞은 시간은 '싸여' 있고, 포장을 마친 상태입니다. 더 이상 기다려야 할 것이 없습니다. 일은 모두 끝났고 준비를 마쳤습니다.

뭔가가 싸여진 채로 오면 여러분은 어떻게 합니까? 아나니아의 경우처럼 시신이 싸여서 오면 바로 매장합니다. 음식이 포장되어 오면 먹을 준비를 합니다. 옷이라면 입습니다. 도구라면 사용합니다. 게임이라면 해봅니다. 그리스도께서 그렇게 오시면 그분을 따라가면 됩니다. 우리 안에서 새 생명을 빚어낼 하나님의 시간이 모두 싸여 있으니, 이제 그 포장을 풀고 새 삶으로 들어가십시오.

화요일 아침에 저는 6시 조금 전에 일어나 거실에 나가서 커튼을 한 뼘 정도 열었습니다. 바깥세상은 아주 춥고 깜깜했습니다. 저는 전등을 켜고 주위의 상황에 대처하면서 하루를 제대로 살아갈 준비를 했습니다. 전등을 켠 이유는 넘어지거나 가구에 부딪치지 않기 위해서였습니다. 개를 밖으로 내보내고 커피를 마시고 슬리퍼를 찾아 신고 신문을 훑어보았습니다. 그러고 나서 아래층 서재로 내려갔다가 한 시간 정도 후에 다시 올라왔습니다. 우리 집 거실은 동향입니다. 제가 서재에 있는 사이에 해가 떴습니다. 벌어진 커튼 틈으로 태양이 쌓인 눈을 가로지르며 이글대는 것이 보였습니다. 빛의 스펙트럼을 이루는 모든 색깔이 조금 전까지 어두웠던 집 안으로 쏟아졌고, 세상을 따뜻하게 데우고 있었습니다. 태양빛은 그때까지 켜져 있던 전등을 곧장 비추었습니다. 불과 한 시간 전만 해도 아주 중요했던 전등의 빛이 한심하고 인위적으로 보였습니다. 저는 전등을 껐습니다. 내다 버리지는 않았습니다. 동트기 전 어두운 시간에는 다시 필요해질 테니까요. 그 순간 저에게는 전등보다 훨씬 더 영광스러운 것이 있었습니다. 바로 태양입니다.

고린도전서 7장은 말하자면 전등입니다. 여기서 바울은 지혜를 짜내어 자신과 우리의 길을 최선을 다해 비춥니다. 29-31절은 태양입니다. 하나님의 말씀과 임재를 우리 삶에 들이붓고 그분이 일하시는 드넓고 놀라운 세상을 우리에게 보여주고 구원의 모든 색상으로 우리 삶을 비추는 태양입니다. 우리는 어떻게 해야 할까요? 커튼을 닫고 전등 아래 앉아 우리 삶의 조건들에 어떻게 대처할지 궁리해야 할까요? 아니면, 커튼을 활짝 걷고 당장 전등을 꺼야 할까요? 바울은 전등빛을 경멸한 것이 아니라 햇빛과 복음을 사랑했습니다. 그것은 하나님이 우리 삶에 부어 주시는 빛과 에너지입니다. 그 빛 아래서 결혼과 돈과 감정과 직업이 사라지거나 덜 중요해지지는 않습니다만, 중심성은 떨어지고 전혀 결정적이지 않은 문제가 됩니다. 저는 그것들에 대해 필요할 때 필요한 만큼의 관심을 기울이겠지만, 지금은 하나님께 관심을 기울여야 할 때입니다. 지금은 하나님을 영접하고 찬양하고 따르기에 알맞은 시간입니다.

아멘.

이와 같이 달리십시오

경기장에서 달리기하는 사람들이 모두 달리지만, 상을 받는 사람은 하나뿐이라는 것을 여러분은 알지 못합니까? 이와 같이 여러분도 상을 받을 수 있도록 달리십시오. 고린도전서 9:24, 새번역

*

우리 정도면 충분할 듯싶습니다. 이 자리에 있는 모든 사람은 일요일마다 만나 하나님의 말씀을 듣습니다. 우리는 하나님의 인도하심을 받고자 자유롭게 모이고, 세상에 작은 선이라도 행할 수 있기를 바랍니다. 이만하면 괜찮지 않습니까? 우리는 하나님의 말씀이 존중받는 장소에 한데 모인, 의욕 넘치는 사람들입니다. 이상적인 상황으로 보입니다. 이런 상황에서 우리 같은 사람들에게 크게 잘못될 것이 뭐가 있겠습니까?

놀랍게도, 많습니다. 알고 보면 교회 건물을 세우고, 예배 시간을 알리는 표지판을 도로에 설치하고, 성가대와 오르간 연주자를 모으고, 매주 토요일 밤에 잊지 않고 난방장치를 틀고, 기도 인도와 설교, 성찬 집례를 담당할 사람을 확보하는 것만으로는 충분하지 않습니다.

잘 알려지지 않았지만, 교회에는 쩨쩨한 모습이 많고 엄청난 양의 편견이 있습니다. 이곳이 예배 장소임을 알리는 표지판에는 사람들이 교회에서 깊고 심각한 상처를 입는 경우가 드물지 않다는 경고가 붙어 있지 않습니다. 여행 중에 일부러 교회를 피하는 사람들을 저는 꽤 많이 알고 있습니다. 그들이 뭘 모르거나 남의 말만 듣고 그러는 것이 아니라, 교회에서 돌이키기 힘든 상처 또는 오해를 받거나 거부당한 경험이 있었기 때문입니다. 그들은 교회에서 일어난 일 때문에 절뚝거리거나 아파하거나 상실감을 느낍니다. 성경을 낭독하고 하나님을 찬양하며 우리 주 예수 그리스도의 구원을 받으라는 초청이 이루어지는 교회에서 말입니다.

우리가 고린도전후서를 함께 읽는 한 가지 이유는 이런 문제들에서 어수룩하고 순진무구한 사람들이 되지 않기 위해서입니다. 우리는 교회가 얼마나 다양한 방식으로 잘못될 수 있는지 알아야 하고, 우리 교회의 모습에 결코 우쭐하거나 안주해서는 안 됩니다. 그러나 고린도전후서에는 경고 이상의 것이 있습니다. 상황이 잘못되고 있는 한복판에서도 바울의 건강과 기쁨과 분별력은 여전하고, 시끄러운 다툼과 이기적인 충돌에서 평화와 사랑을 이끌어 내는 그리스도의 종으로서의 기술이 돋보입니다.

고린도전서 7장에서 우리는 교회를 문제 해결 기관으로 축소할 수 없다는 것을 알게 됩니다. 우리는 교회가 우리의 문제를 심각하게 받아들이고 그 문제에 대처하는 데 방향을 제시해 주기를 기대할 수 있지만, 문제가 우리 존재를 규정하지는 않습니다. 교회가 존재하는 주된 이유는 문제 해결을 위해서가 아니라, 믿음의 삶을 가꾸고 우리 안에 깊고 영원하고 활기찬 어떤 것을 빚어내는 사랑에 복종하기 위해서입니다.

8장에서는 교회가 기준을 정하고 강요하는 기관이 아님을 알게 됩니다. 교회는 올바른 믿음을 제시한다면서 모든 사람에게 하나님에 대한 모든 질문의 정답을 알아야 한다고 강요하는 곳이 아닙니다. 일상생활에서 그리스도인이 해야 할 적절한 행동은 무엇인지, 어떤 옷을 입으면 안 되고 어떤 언어를 쓰면 안 되고 누구와는 어울리면 안 되는지 정확히 알 수 있도록 도덕적 문제들을 정의해 주는 곳이 아닙니다. 교회는 약하고 쓸모없는 사람들을 명단에서 솎아 내는 분류작업을 진행하여 강팀을 구성하고 세상에 혁명적인 영향을 미치는 곳도 아닙니다. 교회가 교회인 이유는 정답이나 규칙이나 전략 때문이 아니라, 하나님이 우리 안에 새 생명을 형성하시고 그분의 뜻을 우리 안에서 이루시기 때문입니다. 우리 중 어떤 이들에게는 이 일이 다른 사람보다 더 느리게 이루어지기 때문에 은혜와 긍휼의 창조적 작업이 이루어지고 있는 서로의 자유로운 공간을 지켜 줘야 합니다. 하나님이 여러분과 제 안에서 하시는 일은 우리가 하나님이나 서로를 위해 하는 그 어떤 일보다 더 중요합니다.

이제 9장에서 우리는 또 다른 부정적 사실에 직면합니다. 교회는 우리가 이해와 지지를 받는 곳이 아니라는 사실입니다. 교회는 하나님이 구원의 큰일을 하시면서 온전하고 서로 사랑하며 용기 있게 소망을 품는 사람들로 빚으시는 무대이지만, 교회 안에 있는 누구도 아직 완성품이라고 할 수 없습니다. 오히려 교인들은 하나님이 하시는 일과 전혀 다른 일을 하고 있을 때가 많지요. 하나님은 우리를 위해 선한 구원을 이루어 가시지만, 우리는 서로의 삶을 어렵게 만들고 있습니다.

저는 우리 교회가 완벽했으면 좋겠습니다. 정말입니다. 이곳에 와서 우리 교인들을 만난 이들이 "세상에, 그리스도 우리 왕 교회의 그리스도인들은 서로를 정말 사랑하는군요!"라며 감탄하면 좋겠습니다. 이곳에 들어오는 모든 사람이 용납받는다고 느끼면 좋겠습니다. 여러분이 성경과 설교와 성례를 통해 하나님의 말씀을 받으면서 믿음의 길에서 여러분을 인정하시는 하나님을 알게 될 뿐 아니라, 여기 있는 모든 사람의 감탄 어린 격려도 경험하게 되시기를 바랍니다. 저는 여러분이 이곳의 정신과 분위기를 통해, 우리 모두가 그리스도를 진지하게 따르는 일을 하고 있음을 느낄 수 있기를 바랍니다. 우리가 세상의 무관심에 대응하여 모종의 위안을 얻기 위해 일주일에 한 번씩 모여 손을 잡는 엉성한 감상주의자들의 무리 정도로 느껴지지 않았으면 좋겠습니다. 저는 이 교회가 에너지 넘치고 목적이 뚜렷한 곳, 누구도 비판이나 오해를 받지 않고 배제된다고 느끼지 않는 곳이 되기를 바랍니다.

저는 우리가 완벽한 교회라는 목표에 거의 도달했다고 확신하게 되는 때가 있습니다! 이곳을 떠나 다른 교회에서 말씀을 전하고 다른 목사님들과 대화를 나누면서 얼마나 많은 교회가 불화와 다툼에 시달리는지 알게 될 때 특히 그렇습니다. 이곳으로 돌아와 신선한 공기를 호흡하면 여러분이 자랑스럽고 제가 여러분의 목사라는 사실이 기쁩니다. 그래도 저는 한 가지 사실을 여러분께 상기시키고 그것으로 저 자신에게 경고하고 싶습니다. 오늘 아침 우리가 일찍 일어나 이 자리까지 오는 수고를 감수했고 우리가 예수 그리스도의 교회라는 것을 안다고 해서 최악의 일이 일어나지 않을 것이라는 보장은 없다는 사실을 말입니다. 달갑지 않은 일, 어쩌면 악한 일까지도 일어날 수 있습니다. 불친절한 말, 오해, 비판, 악의적인 행동이 오늘 아침에라도 나타날 수 있습니다! 그러면 어떻게 하시겠습니까? 다른 교회를 찾아 여기저기 다니시겠습니까? 교회 출석을 아예 그만두시겠습니까? 텔레비전 화면 앞에서 예배를 드리시겠습니까? 모든 음악이 완벽하고 설교자의 머리숱이 풍성하고 주위에 우는 아기도 없고 예배를 방해하는 사람도 없는 곳, 여러분이 그 자리의 유일한 위선자인 곳에서 말입니다.

아니면 바울과 그의 고린도 교인들, 그리고 이후 수백만 명의 그리스도인들이 했던 것처럼 죄인들의 무리 한복판의 거룩한 곳에서 살아남는 법을 배우시겠습니까? 고린도전서 9장은 바로 이것을 보여 줍니다.

여러분은 우리가 성경에 몰두하고, 그리스도 안에서 하나님을 발견하고, 은혜로 구원받는다는 진리를 깨닫고, 긍휼을 누리며 살아가면, 모두가 사려 깊고 예의 바르고 이해심 많고 친절하고 활기차고 감사하고 의욕이 넘칠 것이라고 생각할 수 있습니다. 하지만 그 생각은 틀렸습니다. 초대교회는 그렇지 않았고 고린도 교회도 그렇지 않았으며 그리스도 우리 왕 교회도 그렇지 않습니다.

하지만 어찌된 일인지 우리는 교회의 이런 모습에 결코 익숙해지지 않습니다. 바깥세상에서 우리는 나쁜 대우를 어느 정도 예상합니다. 그래서 방어 태세를 갖춥니다. 사람들이 거짓말을 하고 욕을 하고 우리를 속이리라는 것을 압니다. 그래서 대비하려고 노력합니다. 하지만 그리스도인들이 모이는 교회에서는 사람들에게서 최선을 기대하면서 경계를 늦춥니다. 종종 기대하는 바를 얻기도 합니다만, 늘 그런 것은 아닙니다. 때때로 우리는 그리스도인들의 장소에서 명백히 비기독교적인 방식으로 대우받습니다. 그럴 때 어떻게 해야 할까요?

우리 모두는 언젠가 이런 상황에 처하게 될 것입니다. 그런 일이 우리에게 닥칠 때, 고린도전서 9장의 내용을 숙지해 두면 외로움을 덜 느끼고 당혹감도 덜 수 있을 것입니다.

고린도의 그리스도인들 중 일부는 바울을 비판했습니다. 비판의 근거는 두 가지였습니다. 첫째는 무능하다는 것, 둘째는 일관성이 없다는 것이었습니다. 이런 비판은 바울에게 상처가 되었을 것입니다. 어설픈 무능력자 소리를 듣고 싶어 할 사람은 없고, 변덕스러운 기회주의자라는 평판이 달가울 사람도 없습니다.

첫 번째 비판의 내용은 이런 식이었습니다. "다른 모든 사도는 그리스도 예수와 함께 지냈고 그분에게 훈련을 받았고 그 사실을 증명할 학위도 갖고 있어요. 그분들이 우리를 방문할 때면 모두 정장을 빼입고 부부 동반으로 와요. 다들 급여도 잘 받지요. 풍채도 좋고 보고 있으면 뿌듯하다니까요. 그런데 바울 선생, 선생은 예수님을 실물로 본 적이 없고 선생의 권위를 뒷받침할 자격증명을 내놓지도 못하지요. 대책 없이 독신으로 무책임하게 여기저기 돌아다니는데, 왜 그러는 겁니까? 왜 선생은 결혼할 여자를 못 찾는 겁니까? 책임을 지는 것이 두려워 안 찾는 겁니까? 그리고 사람들이 선생이 말씀을 전할 때 강연료를 지불할 만큼 선생의 사역을 가치 있게 여기지 않지요. 그래서 선생은 공짜로 말씀을 전하는 거죠? 선생이 대단한 사람이라는 증거가 없잖아요. 아내도 없고 일정한 계약도 못 맺고 사도 학위도 없고. 왜 우리가 선생의 말에 귀를 기울이고 진지하게 받아들여야 하죠?"

두 번째 비판의 내용은 이런 식이었습니다. "바울 선생, 선생같이 일관성 없는 사람은 처음 봐요. 선생은 정말 사람을 짜증나게 만드는군요. 우리는 선생이 다음에 무슨 일을 할지 알 수가 없어요. 회당에서 유대인들과 성경을 놓고 논쟁을 벌이더니 그다음엔 아테네 거리에서 이교 철학을 이야기하더군요. 어느 주에는 기도하는 독실한 사람들과 친하게 지내는가 싶다가, 선생이 노예와 매춘부들과 어울리면서 그들을 오랫동안 보지 못한 친척들처럼 대한다는 소식이 바로 전해지더군요. 그리고 이제 로마제국의 도덕적 문제들에 대해 분명한 비판 성명을 발표할 때가 되지 않았나요? 또 있어요. 선생은 왜 사람들에게 자신의 약한 면, 실패, 결점을 계속 보여주는 건가요? 지도자에게 그런 일은 필요하지 않아요. 우리는 우러러보고 존경할 수 있는 사람을 원합니다. 선생은 어느 날에는 사람들에게 율법을 지키라고 가르치고 다음 날에는 율법을 지킬 필요가 없다고 해요. 우리는 일관성 있는 역할모델, 그리스도인으로 어떻게 살아가야 하는지 보여주는 신뢰할 수 있는 사람이 필요합니다. 그리고 지난 크리스마스에 우리가 선물한 헤어드라이어는 도대체 왜 안 쓰는 겁니까?"

크게 이런 두 가지 비판이 있었습니다. 이런 비판에 과연 근거가 있었을까요? 사실, 근거가 있었습니다. 고린도 교인들은 사실을 제대로 파악하고 있었습니다.

첫 번째 비판과 관련된 사실들을 봅시다. 바울은 예수님을 실물로 본 적이 없었고 아내가 없었으며 사역의 대가로 봉급을 받거나 사례비를 받지 않았습니다. 고린도 교인들은 이런 사실들을 근거로 바울이 사도로서 불충분하고 여성에게 매력이 없으며 봉급을 많이 못 받을 정도로 무능하다고 비판했습니다.

두 번째 비판과 관련된 사실들을 봅시다. 바울의 사역 방식은 유대인들을 대할 때와 이교도들을 대할 때가 서로 달랐고, 쓰러지고 밀려난 약자들과 자신을 동일시하려고 특별히 노력했습니다. 고린도 교인들은 이런 사실들을 근거로 바울이 변덕스럽고 일관성이 없으며 기개도 줏대도 없는 기회주의자라고 비판했습니다. 한마디로 형편없는 지도자라는 말이었습니다.

그러나 두 비판과 관련된 사실들은 모두 바울이 가진 최고의 모습을 보여줍니다. 그는 사도들의 그늘에 가려도 개의치 않고 기꺼이 일했고, 위험한 선교여행을 자유롭게 수행하기 위해 결혼 생각을 접었고, 거저 주시는 복음의 장애물로 작용하는 일이 없게 하려고 설교와 가르침에 대한 사례를 받지 않았습니다. 두 번째 비판과 관련된 사실들은 바울이 하나님의 말씀을 전하며 섬기는 사람들과 자신을 창의적이고 사심 없이 동일시하고, 그들의 상황 속으로 들어가는 모습을 보여줍니다. 그는 사람들에게 자신의 방식에 맞추라고 오만하게 요구하지 않았습니다.

고린도 교인들은 문제가 된 사실들 자체는 잘 알았지만 바울을 전혀 이해하지 못했습니다. 그들은 그 사실들을 맥락이 되는 복음 안에서 보지 못했습니다. 여러분이 옳은 일을 하고 있는데, 즉 주님을 사랑하고 그분의 백성을 섬기려고 최선을 다하고 있는데, 사람들이 여러분이 하는 일을 이해하지 못하고 성급하게 비판적 판단을 내리면서 어설프고 무능하다고 손가락질하거나 약삭빠른 기회주의자라고 부르면 여러분은 어떻게 하십니까? 오해를 받거나 부당한 비판을 받을 때 어떻게 하십니까?

바울은 거침없이 힘차게 자신을 변호했습니다. 사람들이 제멋대로 자신을 비방하도록 내버려두지 않았습니다. 그는 사람들의 비판을 사소한 일로 여기거나 무시하는 거만한 자세를 취하지 않았고, 자신의 관점에서 답변하기를 거부하며 잘난 체하지 않았습니다. 바울은 사람들이 관찰한 사실들을 그리스도의 복음에 대한 헌신이라는 관점에서 설명했습니다. 자신을 향한 비난에 반박했고 사역자로서 자신의 삶을 그들에게 분명하게 말했습니다. 그는 사람들의 오해를 진지하게 받아들였고, 오해를 풀기 위해 열린 태도로 정직하게 노력했습니다. 그러나 사람들이 받아들이기 쉽게 하려고 삶의 방식을 바꾸거나 그들의 기대에 맞출 요량으로 사역의 방식을 바꾸지는 않았습니다. 그는 사람들의 인정을 원했지만, 주님께 변함없이 충실하면서 그들의 인정을 받을 방법은 없었습니다. 바울은 자신이 옳은 일을 하고 있다고 확신했기에 사람들의 비판에 굴복하지 않았습니다.

여기에 지혜가 있습니다. 오해는 풀어야 합니다. 오해는 생기기 마련이지요. 믿음의 사람들이라고 해서 분별력이 예민하거나 완벽한 것은 아닙니다. 비판하는 것도 괜찮고 변호하는 것도 괜찮습니다. 이렇게 생각을 주거니 받거니 하는 것은 공동체 생활의 일부입니다. 고린도 교회의 비판과 바울의 변호가 격렬히 오가는 것을 보면서 우리는 바울에 대한 몇 가지를 배우게 됩니다. 그리고 그 몇 가지는 그를 더욱 존경하고 흠모할 만한 이유가 됩니다.

그다음, 바울의 글에서 자주 볼 수 있는 일이 여기서도 나타납니다. 갑자기 에너지가 폭발하듯이 터져 나오고 뜻밖의 전환이 이루어지면서 우리를 새로운 영역, 즉 복음의 영역으로 데려가는 겁니다. 우리는 비판하고 변호하고, 오해하고 오해를 풀고, 동기와 목표를 설명해야 하는 환경에서 벗어나 기독교 신앙에 더 깊고 활기차게 참여하도록 이끄는 말씀의 거대한 폭포수 한가운데에 서게 됩니다.

경기장에서 달리기하는 사람들이 모두 달리지만,
상을 받는 사람은 하나뿐[입니다].
이와 같이 여러분도
상을 받을 수 있도록 달리십시오.
경기에 나서는 사람은 모든 일에 절제를 합니다.
그런데 그들은 썩어 없어질 월계관을 얻으려고 절제를 하는 것이지만,
우리는 썩지 않을 월계관을 얻으려고 하는 것입니다.

그러므로 나는 목표 없이 달리듯이 달리기를 하는 것이 아닙니다.

나는 허공을 치듯이 권투를 하는 것이 아닙니다.

나는 내 몸을 쳐서 굴복시킵니다.

그것은 내가, 남에게 복음을 전하고 나서 도리어

나 스스로는 버림을 받는,

가련한 신세가 되지 않으려는 것입니다 고전 9:24-27, 새번역.

보이십니까? 바울과 그의 비판자들이 바울의 동기와 목표와 의미를 놓고 갑론을박하던 장면이 갑자기 눈앞에서 사라졌습니다. 우리는 경주에서 달리고 있습니다. 앞에서 하던 이야기를 계속할 시간이 더 이상 없습니다. 우리는 함께 어딘가로 가고 있으며, 그곳까지 달려가려면 잔뜩 주의를 집중하고 절제하면서 온 힘을 기울여야 합니다. 우리는 다른 사람들이 하는 일을 지켜보다가 댓글을 다는 훈수꾼이 아닙니다. 우리는 경주자입니다. 그리고 경주에서 달리고 있다면 다른 주자들에 대해 이야기할 숨이 남아돌지 않습니다.

지금 바울이 하는 말을 제 식으로 바꿔 표현해 보겠습니다. "더 이상 저의 동기와 목표와 의미에 관한 얘기로 시간을 보내고 싶지 않습니다. 이 문제는 그렇게 중요하지 않습니다. 저는 여러분의 이해와 수용과 인정을 받고 싶지만, 경주에서 탈락하는 대가를 무릅쓸 만큼 그것을 원하지는 않습니다. 저에게나 여러분에게나 가장 중요한 일은 믿음의 경주를 하는 것입니다. 여유롭게 앉아 신앙에 대해 이야기하는 것이 아니라, 신앙의 대로를 한가로이 거닐며 윈도우 쇼핑을 하는 것이 아니라, 신앙의 삶을 달려가는 것입니다." 달리기는 좋은 은유입니다. 달리기는 훈련과 집중을 요구하고, 목표가 있고, 관중을 배제하고, 참가자들이 서로의 차이를 넘어 동지애로 뭉치게 해줍니다.

다른 주자들을 이해하거나 좋아하거나 옳다고 인정하지 않아도 같이 달릴 수 있습니다. 경주를 규정하는 것은 목표이고, 주자를 규정하는 것은 달리는 행위입니다.

바울은 우리가 경주자라고 말합니다. 서로를 더 나은 주자로 만들겠다고 우리가 달리기를 중단한다면 얼마나 비극적인 일이겠습니까? 은퇴한 주자들의 클럽에 들고 싶으십니까? 교회는 중도에서 포기한 주자들의 클럽이 아닙니다. 달리기 지망생들을 위한 클럽도 아닙니다. 교회는 서로를 이해하려고 노력하는 사람들의 클럽이 아니고, 서로를 이해하거나 잘 지내게 해주는 규칙에 의존하는 클럽도 아닙니다. 교회는 클럽이 아닙니다. 경주입니다. 그리고 경주에 참가한 사람이라면, 달리는 것만도 벅찬데 지금처럼 한가한 토론에 낄 만한 힘이 남지 않습니다. 경주를 계속합시다. 그것은 최선을 다할 가치가 있습니다.

하나님의 큰 은혜로
죽 뻗은 경기장을 달려가라.
눈을 들어 그분의 얼굴을 구하라.
생명과 생명의 길, 우리 앞에 놓여 있네.
그 길은 그리스도, 생명의 상prize도 그리스도.[33]

아멘.

사순절

LENT

Lights a Lovely Mile

갓난아기처럼

갓난아기들같이 순전하고 신령한 젖을 사모하라. 이는 그로 말미암아 너희로 구원에 이르도록 자라게 하려 함이라. 너희가 주의 인자하심을 맛보았으면 그리하라. 베드로전서 2:2-3

*

G. K. 체스터턴은 『하찮지만 대단한 것들』*Tremendous Trifles*에 실린 에세이 한 편에서 인간을 척추동물과 갑각류, 이렇게 두 부류로 나눕니다. 체스터턴은 우리 시대를 지배하는 이들이 갑각류 유형이라고 불평합니다. 겉으로는 단단하고 딱딱하고 그럴싸해 보이지만 보호막 안쪽은 겁이 많고 나약한 사람들이라는 겁니다. 그는 우리에게 새로운 척추동물 종족이 필요하다고 썼습니다. 겉모습이 부드럽고 친절하고 품위 있으면서도 그런 우아함을 지탱해 주는 확신과 진실함의 뼈대를 갖춘 사람들 말입니다.[34]

사도 베드로는 그의 서신에서 이와 비슷한 문제를 다룹니다. 그의 편지를 받을 그리스도인들은 엉뚱한 곳, 즉 표면에 뼈가 자라고 있었습니다. 그들의 삶은 표면이 뼈처럼 단단하고 딱딱했습니다. 그들은 갑각류가 되어 가고 있었습니다.

그런데 그들에게 보호가 필요했던 것은 사실입니다. 그들은 믿음과 소망과 사랑의 미덕이 경멸을 받고 때로는 처벌의 대상까지 되는 적대적인 세상에서 살고 있었습니다. 순교자도 드물지 않았습니다. 그런 세상에서 하루하루를 살아가는 사람이라면 모종의 보호장치를 개발하는 것이 현명한 일입니다. 하지만 그들은 잘못된 방어체계를 구축하고 있었습니다.

베드로가 언급한 다섯 가지 부적절한 '갑각류'의 특징은 악의, 기만, 위선, 시기, 비방입니다. 이 모든 것의 공통점은 반사회적이라는 것입니다. 이것들은 불신과 적대감을 표출하는 인간 사회에 대한 반응입니다.

그리스도인 공동체에서 이런 경향이 생겨난 것은 전혀 놀라운 일이 아닙니다. 사실 돌이켜보면 오히려 예측 가능한 일이었습니다. 임상심리학자는 이런 모습을 '방어기제'라고 설명할 것입니다. 당시의 사회는 그리스도인들을 엄청나게 비방하고 핍박하고 차별대우했습니다. 그들은 살아남기 위해 스스로를 지켜야 했고, 그들이 선택한 길은 받은 대로 대응하는 것이었습니다. 하지만 공개적으로 대응할 힘은 없었기 때문에 그들은 좀 더 은밀하지만 효과는 못지않은 보복계책인 교활함과 불성실함에 의지했습니다.

이것은 생존이 달린 문제입니다. 적의 공격에서 살아남으면서도 적의 특성을 닮지 않을 방법이 있을까요? 단단한 껍질로 둘러싸인 문명 안에 존재하면서도 단단한 껍질로 둘러싸인 사람이 되지 않을 방법이 있을까요?

사도 베드로가 생물학을 어느 정도나 알았는지는 모르겠지만, 그가 이 질문에 답하기 위해 선택한 비유는 생물학적으로 완벽합니다. 그는 우리에게 척추동물로 자라라고 말합니다. 우리에게 필요한 것은 몸속에 튼튼한 골격 구조를 발달시키는 것입니다. 다들 알다시피 척추동물은 갑각류보다 훨씬 고등한 형태의 생명체입니다. 게가 해변에서 수영하는 사람을 가끔 다치게 하듯이 갑각류는 사람의 살에 상처를 입힐 수 있지만, 척추동물은 여러 가지 능력과 지능을 발휘하여 하등한 갑각류보다 훨씬 더 오래 살아남을 것입니다. 거대한 갑각류는 보기만 해도 겁이 납니다. 수영하다가 알래스카 킹크랩이나 대형 랍스터를 만나면 누가 몸서리치지 않겠습니까? 하지만 인류가 녀석들에게 패배할 위험은 없습니다.

사실은 베드로가 정확히 그런 식으로 말한 것은 아닙니다. '젖을 먹으라'Drink milk고 했지요. 하지만 아빠로서 아이들에게 "우유를 마셔야 뼈가 튼튼하게 자란다"는 말을 수없이 해온 저는 베드로의 말을 그런 식으로 이해할 수밖에 없었습니다. 우유는 뼈를 튼튼하게 만드는 좋은 식품입니다. 젖은 척추동물의 첫 번째 음식입니다. 갓난아기 때 우리 모두 젖을 먹었고, 그로 인해 아기의 무른 뼈가 단단해지고 몸속 골격 구조가 강해졌습니다.

이 젖은 무엇을 상징할까요? 그것은 이스라엘이 약속의 땅에서 얻기를 소망한 '젖과 꿀'이었습니다. 나중에 교회는 이 '젖'을 성경과 설교와 성례를 통해 주어지는 하나님의 말씀으로 여겼습니다. 하나님은 이 세 가지를 통해 그분의 내적 생명을 우리에게 나누어 주셨습니다. 우리는 여기서 하나님의 은혜를 흡수할 수 있는 수단을 얻습니다. 세례를 받을 때의 순종의 반응, 성경에 기록되고 설교로 선포되는 말씀을 믿음으로 신실하게 경청함, 성만찬 때 감사하며 자신을 제물로 드림, 그리고 그리스도를 영접함, 이 모두가 '젖'입니다.

이런 전통에 비추어 일부 성경에서는 사도 베드로의 문구를 '말씀의 젖'으로 번역했습니다. 베드로는 그냥 '젖'이라고 썼습니다만, 하나님의 말씀의 의미를 성경, 설교, 성례라는 이 삼중의 방식으로 이해한다면 베드로가 말하는 의미와 가깝다고 할 수 있습니다. 그는 이어지는 문장에서 이 '젖'이 무엇인지 알려 줍니다. "너희는 주께서 은혜로우심을 [이미] 맛보았도다"벧전 2:3, 역자 사역. 그들은 하나님의 은혜를 이미 맛보았고, 그렇기 때문에 이 젖을 더욱더 사모해야 합니다. 하나님의 은혜는 우리가 받고 소화하여 몸에 흡수해야 할 젖입니다. 우리는 이 젖을 성경, 설교, 성례라는 말씀을 통해 받습니다. 그리고 그로 인해 "구원에 이르도록" 자랍니다. 앞에서 전개했던 비유로 말하자면, 뼈가 튼튼한 척추동물로 자라는 것입니다.

이어서 베드로는 완전히 다른 또 하나의 비유를 사용합니다. "너희도 산 돌같이 신령한 집으로 세워지고 예수 그리스도로 말미암아 하나님이 기쁘게 받으실 신령한 제사를 드릴 거룩한 제사장이 될지니라"벧후 2:5. 교인들을 젖을 찾는 갓난아기에 빗대었던 첫 번째 비유에서는 튼튼한 발달과 성장에 강조점이 있었습니다. 교인들을 집 짓는 데 쓰이는 돌에 빗대는 두 번째 비유는 힘을 얻은 그들이 감당할 기능을 강조하고 있습니다. 두 이미지는 연관성이 없지만 둘의 의미는 이어져 있습니다. 성장과 발달에는 목표와 지향점이 있어야 한다는 것이지요.

구약성경(시편과 이사야서)은 여러 구절에서 메시아를 돌, 반석, 모퉁이돌로 언급합니다. 이 오래된 전통과 기대는 그리스도께서 구원의 반석과 존재의 모퉁이돌이 되심으로써 성취되었습니다. 베드로는 이 구절들을 언급하며 우리 삶의 본질이 주님의 삶으로부터 우리 삶의 정수를 도출하는 데 있음을 보여줍니다. 그리스도께서는 하나님의 집의 모퉁이돌이시며, 우리도 하나님의 집의 구조를 세우는 데 쓰이는 돌이 되어야 한다는 것이지요.

그러나 베드로가 여기서 말하려는 내용은 훨씬 더 구체적인 것입니다. 그는 돌이라는 그리스도인의 이미지를 제사장이 되어 제사를 드리는 일과 연결합니다. 이스라엘 사람들에게 제단은 제사장이 직무를 수행하는 곳이자 제사를 드리는 곳이었습니다. 그리고 제단은 돌로 만들어졌습니다. 초대교회에서 제단은 주의 만찬을 거행하는 식탁으로 바뀌었습니다. 이 식탁에서 그리스도인 공동체는 희생적 헌신으로 자신들의 삶을 하나님께 올려 드렸고, 이 식탁에서 주의 죽으심을 기념하는 만찬을 먹었습니다. 이 성만찬으로 그들 모두가 제사장이 되었고, 그들 안에 그리스도께서 살아 계십니다. 그들은 이 식탁도 가능한 한 돌로 만들었습니다.

베드로는 우리 삶이 이 식탁의 돌처럼 견고하고 영원해야 한다고 말하고 있습니다. 우리의 삶이 자신을 제물로 드려 하나님께 영광을 돌리는 자리가 되고, 그곳에 모이는 모든 이들에게 은혜와 사랑과 생명과 힘이 영광스러운 잔치 가운데 나눠지는 자리가 되어야 한다고 말하는 것입니다.

사도 베드로의 말이 그의 개인적 경험에서 우러난 것임이 보이십니까? 이것은 사실상 완전한 자서전입니다. 그가 이 진리를 이토록 쉽게 쓰는 것은 본인이 직접 겪은 내용이기 때문입니다.

베드로만큼 갑각류 유형에 가까운 사람은 없었습니다. 그는 강인한 인물이었지만 그 강인함은 모두 표면적인 것이었습니다. 바람과 바다의 변덕에 기대어 평생을 살아온 어부 베드로의 내면은 그가 적응해야 했던 자연의 힘들 만큼이나 변덕스럽고 불안정하고 불확실하며 감정기복이 심했습니다. 유대인이기도 했던 그는 로마의 통치에 순응하는 법을 익혀 적응은 물론이고 상황에 따라 굽실대기까지

했습니다. 겉으로는 행동하는 불요불굴의 사람처럼 보였지만, 내면은 나약하고 불확실했으며 두려움으로 가득 차 있었습니다.

이것을 잘 보여주는 두 가지 사례를 들어 보겠습니다. 예수님이 잡히시던 날 밤, 베드로는 다른 제자들과 더불어 주님 곁에 있었습니다. 대제사장이 보낸 무리가 예수님을 잡으러 왔을 때, 베드로는 대담하게 칼을 뽑아 마구 휘둘러 무리 중 한 사람의 귀를 잘랐습니다. 그런 다음 최대한 빨리 달아났습니다. 그의 용기는 그것이 전부였습니다. 극적으로 대담함을 드러낸 짧은 순간이 지난 후, 그는 예수님을 그 무리의 손에 두고 달아났습니다막 14:50; 요 18:10.

바로 그날 밤, 예수님이 대제사장의 집 안뜰에서 안나스에게 심문을 받으실 때, 베드로는 안전하다 싶을 만큼의 거리를 두고 바깥뜰에 서 있었습니다. 그 순간, 문을 지키던 한 하녀가 그에게 예수의 제자가 아니냐고 물었습니다. 용기를 낼 기회가 주어진 것이지요. 삶의 의미를 바꿔 준 분을 위해 떨치고 일어설 수 있는 기회였습니다. 예수님을 따르는 이들의 대변인이자 그분이 이 땅에서 함께하기 위해 선택하신 제자들 중 으뜸이었던 베드로에게 다시 한번 발언의 기회가 주어졌습니다. 장소는 후미진 구석, 상대는 이름 모를 누군가였지만 그가 해야 할 말은 중요했습니다. 하지만 그 말은 나오지 않았습니다. 그는 여전히 강한 사람 행세를 하며 욕을 퍼붓고 고함을 질렀습니다. 나약함과 비겁함에서 나온 말이었습니다. 베드로는 예수님을 전혀 모른다고 부인했습니다.

그러나 이것이 이야기의 끝이었다면 우리가 지금처럼 베드로에 대해 듣거나, 그가 1세기 교회들에 보낸 편지를 읽는 일은 없었을 것입니다. 그에게 놀라운 일이 일어났습니다. 갑각류였던 그가 척추동물이 된 것입니다. 겉은 딱딱하고 속은 물렀던 사람이 긍휼로 유명한 힘 있는 사도로 변했습니다.

베드로는 초대교회의 목자가 되었습니다. 내면의 힘이 아주 강하면서도 놀라운 부드러움과 긍휼함을 겸비한 사람이 되었습니다. 그는 '내 양을 먹이라'는 주님의 말씀을 듣고 순종했습니다요 21:15-17. 예수님은 그가 사도적 반석이라고 선언하셨고 그 위에 교회가 세워질 거라고 하셨는데, 확신에 차고 안정감 있는 그의 믿음과 증언은 실제로 초대교회의 반석이 되었습니다. 그의 리더십을 중심으로 초대교회는 희생적인 삶과 신실한 증언을 이어 갈 수 있었습니다.

베드로는 그의 서신에서 이 변화의 과정을 다음과 같이 설명했습니다. "갓난아기들같이 순전하고 신령한 젖을 사모하라." 세례를 통해 주어지는 하나님의 은혜와 날마다 우리에게 새 생명을 가져다주는 하나님의 말씀을 사모하라는 뜻입니다. "산 돌같이 신령한 집으로 세워지라." 신령한 집은 희생제사를 드리고 생명을 나누는 곳입니다. 주님의 식탁과 같은 그곳에서 자신을 바쳐 그리스도께 순종하고, 희생적으로 그리스도를 섬기고, 하나님의 영원한 사랑에 뿌리를 둔 삶을 위한 자양분을 얻으라는 말입니다.

베드로가 자신의 삶의 경험에 근거하여 말씀을 전했다면, 우리는 그의 말에 아주 개인적인 방식으로 귀를 기울여야 합니다. 그의 서신을 통해 전해지는 하나님의 말씀은 우리 각자에게 직접적으로 들려주시는 말씀입니다. 우리에게 이보다 더 의미 있고 개인적으로 응답해야 할 필요성이 있는 말씀은 없다고 생각합니다.

많은 교인들이 때때로 담임목사인 저에게 속마음을 털어놓으며 각자 어떤 압박을 받으며 사는지 들려줍니다. 그래서 사업가로서, 전문직 종사자로서, 주부로서, 학생으로서, 그리스도의 생명을 살아내는 것이 얼마나 어려운 일인지 저는 꾸준히 인식하게 됩니다. 백여

년 전에 찰스 스펄전은 "세상은 은혜의 친구가 아니다"[35]라고 썼습니다. 그리고 그가 이 말을 한 뒤로도 시대는 변하지 않았습니다. 베드로가 편지를 썼던 그리스도인들만 적대행위와 위협에 시달리면서 생존 방안을 강구해야 했던 것이 아닙니다. 여러분과 저도 생존의 문제 앞에 서 있습니다. 적대행위의 형태는 달라졌지만, 이른바 '현대 생활에서 오는 압박'도 같은 무게로 다가옵니다. 세속화된 우리 사회에서 은혜, 사랑, 소망, 믿음, 희생, 기도는 깨지기 쉬운 물건처럼 느껴집니다. 저는 하나님의 말씀을 순종하는 데 따르는 어려움, 위태로움, 수고를 한순간도 경시하지 않습니다.

그러나 베드로가 당대 사회의 압박에 맞선 그리스도인들의 부적절한 방어수단들을 목격했듯이, 저 또한 우리 가운데서 부적절한 방어수단들을 보게 됩니다. 이러한 방어수단들은 거의 언제나 그리스도의 이름을 외부적 방패로 사용합니다. 각 사람마다 사용하는 수단이 다르지만, 이것은 우리 모두가 하는 일입니다. 모두가 기독교적 덕목을 겉모습으로 내세우는 것입니다. 세상을 향해 의분을 토해 내는 껍데기를 덮어쓰기도 하고, 세상보다 경건하고 우월한 모습의 가면을 만들어 내기도 하고, 붙임성 있는 좋은 이웃의 모습을 실천하기도 합니다. 그러나 우리에게는 이런 겉모습을 계속 유지할 내면의 생명력이 없기 때문에 점차 버거워지고, 시간이 지나면 그 모두가 내면의 공허함을 감추는 단단하고 딱딱하고 무의미한 껍데기로 변합니다.

그러나 우리에게는 더 좋은 방법이 있습니다. 하나님의 은혜라는 순전하고 신령한 젖을 사모하는 것입니다. 주의 깊게 경청하고 신실하게 순종하여 하나님의 말씀을 받으십시오. 그러면 견고한 뼈대가 형성될 것이고 그 뼈대는 우리가 하나님이 창조하시고 구원하신 목적에 충실한 존재가 되게 해줄 것입니다. 우리의 방어수단은 내면에 있을 것입니다. 우리는 갑각류를 능가하는 척추동물이라는 확신과 자신감으로 세상을 직시하고 세상에 대고 말하고 세상을 섬길 수 있을 것입니다.

하나님의 은혜로 우리는 사도 베드로처럼 살아 있는 돌이 되어 우리 삶을 통해 견고함과 힘의 궁극적 상징이신 반석 같은 그리스도를 나타내게 될 것입니다. 그런 일이 베드로에게 일어날 수 있었다면 우리에게도 일어날 수 있습니다. 여러분과 저에게 말입니다.

> 갓난아기들같이 순전하고 신령한 젖을 사모하라. 이는 그로 말미암아 너희로 구원에 이르도록 자라게 하려 함이라. 너희가 주의 인자하심을 맛보았으면 그리하라벧전 2:2-3.

> 너희도 산 돌같이 신령한 집으로 세워지고 예수 그리스도로 말미암아 하나님이 기쁘게 받으실 신령한 제사를 드릴 거룩한 제사장이 될지니라벧전 2:5.

아멘.

그리스도인 안에 계신 그리스도

그[그리스도] 안에는 신성의 모든 충만이 육체로 거하시고 너희도 그 안에서 충만하여졌으니. 골로새서 2:9-10

*

창조세계 안에서 그리스도를 알아보는 안목을 가지고 바울이 골로새 교인들에게 보낸 편지를 읽어 보면, 하나님이 그리스도 안에서 우리를 위해 세우신 장기적인 목적을 어느 정도 파악할 수 있습니다. 우리는 창조세계가 하나님의 구원하시는 사랑과 은혜의 내적 운동을 담아내도록 특별하게 설계된 외적 구조물임을 알아볼 수 있습니다. 창조세계를 통해 하나님이 "창세전에"엡 1:4 준비하여 놓으신 그분의 사랑과 우리를 위한 그분의 목적을 알아볼 수 있습니다.

그런데 우리는 창조세계에 계신 그리스도를 보며 거시적으로 파악했던 내용을, 그리스도인 안에 계신 그리스도를 보면서 미시적으로도 알아볼 수 있습니다. 하나님의 그 모든 계획과 목적의 중심에는 인간이 있습니다. 이것은 팔로마산천문대의 거대한 망원경으로 보다가 생물물리학자의 실험실에 있는 전자현미경으로 옮겨 가는 것과 다소 비슷할 것입니다. 오늘 설교의 목적은 '그리스도'라는 용어 뒤에 있는 하나님의 모든 구원 활동을, 이른바 그리스도인이라는 사람, 즉 하나님의 사랑과 은혜에 자신의 삶을 개방한 그분의 피조물과 긴밀히 연관시키는 것이 의미하는 바를 일부나마 살펴보는 데 있습니다. 오늘의 본문은 골로새서 2장 9절에서 10절 상반절입니다. "그[그리스도] 안에는 신성의 모든 충만이 육체로 거하시고 너희도 그 안에서 충만하여졌으니."

본문에는 '그리스도인'이라는 용어가 나오지 않습니다. 골로새서 전체에서도 마찬가지입니다. 사실 이 단어는 신약성경 전체에서 단 세 번행 11:26, 26:28; 벧전 4:16만 등장하고, 바울 서신에는 한 번도 나오지 않습니다. 그렇다면 우리가 그리스도인이라고 부르는 사람, 바울이 하나님의 충만한 사랑과 연결시키는 이 사람은 누구일까요?

골로새서의 서두에는 이 사람을 개략적으로 소개하는 두 구절이 나옵니다. "그리스도 안에"와 "골로새에 있는"입니다. 두 구절이 가리키는 대상은 모두 동일합니다. 이 편지의 수신자는 우리가 흔히 '그리스도인'이라고 부르는 사람입니다. 여기서 주목할 점이 있습니다. 바울이 다른 내용을 말하기 전에 자신의 편지를 받게 될 사람들에 대해 두 가지를 말한다는 점입니다. 그들은 "그리스도 안에" 있고 "골로새에" 있습니다. 주어는 하나이지만 이중의 서술어가 그리스도인을 묘사합니다. 우리는 이 두 개의 꼬리표를 보고 우리가 찾는 사람을 알아봅니다.

"그리스도 안에"라는 말은 그리스도인이 하나님의 사랑과 은혜의 부름을 듣고 그에 응답함으로써 하나님과 연합하여 교제하게 된 사람임을 의미합니다. 그는 더 이상 하나님 앞에서 객관적인 구경꾼이 아닙니다. 더 이상 하나님과 멀찍이 거리를 두고 그분에 대해 이야기할 수 없습니다. 그는 부르심을 들었고 그에 적극 응답함으로써 영적인 관계에 참여하게 되었습니다. 하나님의 역사하는 사랑과 구속하는 은혜, 해방의 능력이 펼쳐지는 무대에 들어왔습니다. 그는 그리스도 안에 있습니다.

그러나 그는 또한 "골로새에" 있습니다. 이 작은 도시의 시민이 분명합니다. 골로새는 고대 세계의 좀 더 수수한 기준으로 보더라도 소박한 도시입니다. 초고층 빌딩도 없고 유명 정치인도 없고 큰 사원도 없습니다. 우편물은 일주일에 한 번만 옵니다. 말하자면 좀 뒤떨어졌다고 할 만한 곳입니다. 하지만 이 사람은 여기에 삽니다. 이곳에 있는 집에 거주하고, 시장에서 식품을 사고, 염색한 모직물을 가지고 상점에서 옥신각신하고, 아이들을 학교에 보내고, 자신의 업계에서 일합니다. 좋든 싫든 그는 골로새에서 펼쳐지는 삶에 깊이 관여하고 있습니다.

그러므로 그리스도인은 "그리스도 안에" 있는 동시에 "골로새에" 있습니다. 그리스도 안에 있으면서 자신의 삶을 향한 하나님의 계획에 참여하며 은혜를 향해 위로 열려 있는 동시에, 골로새에 발을 딛은 채 하나님이 창조하신 세상에서 피조물로 살아가며 거기서 벗어나려고 하지 않습니다. 그가 "그리스도 안에" 있다고 해서 세상과 단절된 채 천국만 생각하는 신비적인 은둔자가 되는 것은 아닙니다. 하지만 그와 동시에, "골로새에" 살고 있다는 사실만으로 그의 존재 방식이 어떻든 적절하다고 해석할 수도 없습니다. 그는 골로새에 살고 있기 때문에 그리스도 안에 있어야 합니다. 그리스도인의 삶은 양방향으로 열려 있습니다. 골로새서는 "그리스도 안에" 있으면서 "골로새에" 있는 사람들에게 쓴 편지입니다.

그리스도께서 그리스도인 안에 계신다는 것은 무슨 의미일까요? 첫 번째 의미는 하나님의 충만한 신성이 '육체로 거하시는' 그리스도께서 그리스도인의 영역에 침입하셨다는 것입니다. 이 영역은 그리스도인의 존재에서 '골로새에 있는' 부분을 말합니다. '육체로 거한다'는 말은 하나님이 우리가 볼 수 있도록 몸 안에, 그리스도 안에 들어가셨다는 뜻으로, 그리스도 안에서 드러나는 하나님의 충만이 우리의 역사 속으로 들어왔다는 의미입니다. 이것은 하나님이 (그리스도 안에서 친히 정하신 물리적 한계 안에서 자신을) "충만하고 완전하게 표현"골 2:9, 필립스성경하셨고, 그 표현이 우리가 이해할 수 있는 언어로 이루어졌다는 뜻입니다.

이것은 2천 년 전에 영원하신 하나님이 역사 속의 한 사람으로 태어나시고 죽임을 당하시고 다시 살아나시는, 믿기 어려운 엄청난 일이 일어났다는 것만 의미하지 않습니다. 하나님이 어떤 분인지와 우리를 향한 그분의 뜻에 대한 역사적 기록이 우리에게 있다는 것만 의미하지 않습니다. 물론 이것은 역사가 침범을 당했다는 것을 의미합니다. 하지만 좀 더 구체적인 것을 담고 있습니다. 이것은 '우리의' 역사가 침범을 당했다는 것을 의미합니다. 우리의 생각, 행동, 감정, 시작과 끝, 야망과 좌절, 사랑과 미움, 희망과 두려움 등 전기 작가나 의사, 정신분석가가 우리에 대해 알아낼 수 있는 모든 것이 하나님의 충만하심에 의해, 그리스도에 의해 침범을 당했습니다. 칼 바르트의 생생한 표현을 빌리면, 이것은 인간이 "제아무리 몸부림쳐도 하나님에게 잡혀 꿰뚫린 존재"[36]라는 뜻입니다.

이것은 골로새에서의 삶이 하나님으로 잠기고 침수된다는 것을 의미합니다. 하나님의 충만하심과 완전하심이 우리 영역에 들어왔고 우리는 더 이상 그분에게서 벗어날 수 없습니다.

최근에 엄청난 폭우가 쏟아졌습니다. 우리 대부분은 비가 오는 것을 반가워했지만, 폭풍우 한복판에 있으니 저는 비가 적당히 나눠서 내리면 좋겠다는 생각이 절로 들었습니다. 쇼핑, 방문, 차량 승하차 등 일상적인 일들을 하다 보면 비에 흠뻑 젖지는 않더라도 거북할 만큼 축축해지는 것은 피할 수 없었습니다. 비를 피할 도리가 없었습니다. 비는 정의로운 사람과 불의한 사람에게 똑같이 내렸습니다. 비 때문에 지하실이 침수되고, 하수구가 막히고, 신발이 엉망이 되고, 정장의 주름이 사라지고, 모자가 구겨졌습니다. 이론적으로 비는 아주 좋은 것이지만, 대비가 안 된 상태에서 가차 없이 내리는 비는 실제 상황에서 짜증을 안기고 어떤 경우에는 심각한 불편을 초래하기도 합니다. 비가 와서 좋고 꼭 필요했다는 데 모두가 동의했습니다만, 양동이로 쏟아붓는 듯한 비가 예측할 수 없을 정도로 오랫동안, 그것도 하루 중 가장 바쁜 시간에 내리는 것은 반갑지 않았고 그럴 필요까지는 없었습니다!

그 폭우의 한복판에서 여러분과 저는 욕이 나오는 것을 꾹 참고 있었지요. 그런데 인근 아파트의 어린 소녀 둘은 플라스틱 수영장이 있는 우리 집 뒷마당에 와서 즐거운 시간을 보냈습니다. 수영복을 갖춰 입었고 머리모양 따위는 신경 쓰지 않았으며 위에서 퍼붓는 물줄기를 불평하는 대신 정원 호스로 수영장에 물을 채워 축축함을 한껏 더했습니다. 그 아이들은 비와 물, 그리고 젖는 것을 좋아했습니다. 물론 그들은 물놀이 복장을 하고 있었고 폭우 때문에 틀어진 계획이나 일정도 없었지만, 비를 맞으며 즐거워하고 흥분하는 그들의 모습이 가져다주는 감탄(과 부러움)이 그런 조건 때문에 줄어들지는 않았습니다. 비는 우리 모두가 좋고 필요하다고 동의할 만한 것이었으니까요.

하나님의 완전함, 충만함이 그리스도 안에 육체로 거하셨다는 바울의 말은 우리가 이제 하나님으로 흠뻑 젖은 세상에서 산다는 의미입니다. 이제 하나님을 멀찍이 하늘에 모셔 두거나 수도꼭지를 틀어 물을 쓰듯 필요할 때만 그분의 임재를 이용할 가능성은 없습니다. 우리의 영역은 하나님으로 푹 잠겼습니다. 하나님의 완전함, 신성의 충만함이 여기에 있습니다.

하나님이 선하시고 꼭 필요한 분이라는 데는 다들 쉽게 동의하지만, 하나님이 과하게 느껴질 때가 있다는 것을 부인할 사람이 있을까요? 하나님의 임재는 우리의 메마른 영혼에 절실히 필요하지만 그 임재는 우리를 불편하게도 만듭니다. 하나님의 충만하심이 우리의 영역을 침범하고 하나님의 완전하심이 우리의 역사에 침투했기 때문에, 우리 스스로 꾸려 가는 삶의 방식이 너무 불만족스럽게 다가오고, 무언가를 성취하면서도 긴장을 풀지 못하고, 성공 한복판에서도 마음이 불편합니다. 외적 측정기준으로만 따지면 우리 삶은 어떻게 봐도 좋은 삶, 행복한 삶으로 분류해야 하지만, 그 중심에 자리 잡은 불안과 혼란이 삶 전체를 위협하는 듯합니다. 그래서 우리는 다른 것에 관심을 가져봅니다. 재난에 대비하여 삶을 튼튼히 정비하려고 노력하지요. 장화, 비옷, 우산을 구입합니다. 하지만 어쩐 일인지 그것들은 보송함을 유지시키지 못합니다. 하나님의 임재가 어떻게든 새어 들어와 우리의 이기적이고 사적이고 '하나님을 그분의 자리에 고이 모셔 두는' 삶을 망칠 조짐을 보입니다. 다시 말해, 마치 골로새가 세상 전부인 듯 '골로새에 있는' 기간을 만족스럽게 사는 것은 가능하지 않습니다.

물론 비를 즐기는 사람들도 있습니다. 그들은 수영복을 갖춰 입었고, 삶이 여러 계획으로 잔뜩 들어차 있지 않기에 하나님의 존재와 행동이 그들의 모든 것을 망칠 일도 없습니다. 그들은 "골로새에" 그리고 "그리스도 안에" 동시에 사는 사람들입니다. 우리가 살고 있는 세상의 본질과 우리 삶의 본질을 깨달은 사람들입니다. 그 본질이란 우리가 하나님의 완전하심과 매 순간 대면하고 있으며 하나님의 충만하심에 의해 침범당해 왔다는 것, 즉 하나님으로 흠뻑 젖어 있다는 것입니다. 그들은 이것을 깨닫고 이 안에서 거리낌 없이 즐겁게 살아갑니다. 이것이 그리스도인의 삶에서 "그리스도 안에" 있는 부분입니다.

이것은 오늘 본문을 가지고 이야기할 두 번째 논지를 예상하게 합니다. 우리는 하나님의 충만하심과 피할 수 없는 방식으로 접촉하여 '제아무리 몸부림쳐도 하나님께 잡혀 꿰뚫린 존재'일 뿐만 아니라, '그분 안에서 충만'해질 수 있는 존재라는 것입니다. 그리고 사실 이것이 그리스도인의 본모습입니다. 그는 하나님의 사랑과 은혜가 매일 비처럼 내리는 골로새에 살고 있을 뿐 아니라 그리스도 안에도 살고 있으며, 그리스도의 충만함이 부어져서 그를 완전하게 만들고 있습니다. 그리스도인은 하나님의 충만함이 침입한 세상에서 사는 것에 더하여 하나님으로 가득 채워진 충만함을 삶으로 경험합니다. 그리고 이것은 하나님의 충만함이 육체로 거하시는 그리스도께서 우리가 하나님의 충만함으로 가득 채워지는 일에 특별한 관심을 갖고 계심을 의미합니다. 다시 말해, 그리스도는 우리 편이시고, 우리를 채우기 위해 일하시며, 우리 삶에서 그분의 사랑과 은혜가 들어올 틈을 확보하는 일에 관여하시고, 우리가 항상 현존하시는 하나님을 기뻐하고 당연한 것들을 즐거워하는 '어린아이들'처럼 되게 하려고 하십니다.

이 사실은 그리스도께서 세상에 강림하신 초기에 나온 "오늘 다윗의 동네에 너희[인간들]를 위하여 구주[즉, 구원자]가 나셨으니"눅 2:11라는 분명한 선언에 담겨 있습니다. 우리에게 충만함과 완전함을 가져다주는 것이 그분의 전적인 목적입니다. 다른 것에는 관심도 흥미도 없으십니다. 그분은 오로지 우리를 완전하게 만들기 위해 이 세상에 오셨습니다.

그래서 신약성경은 "그리스도의 사생활을 묘사하거나 암시하는 데 지면을 전혀 할애하지 않습니다. 신약성경은 그분에게 사생활이 있다는 것을 부정하지 않습니다." 우리는 그분이 태어났고 배고팠고 목말랐고 가족 관계가 있었고 유혹과 고난을 겪었다는 사실을 충분히 알고 있습니다. 그러나 신약성경은 "동료 인간들을 위한 그분의 사역과 관련된 사항이 있는 경우에만 그분의 사생활을 공개합니다." 인간을 위한 그분의 사역은 성자 하나님이신 그분이 "구체적으로 감당하시는 기능"입니다. 그래서 예수님의 사생활은 결코 신약성경의 주제가 될 수 없고 우리에게 유익한 관심사가 될 수 없습니다. 물론 우리는 그에 대해 호기심을 갖지만, 그 호기심은 전혀 적절하지 않습니다. 신약성경 저자들의 끈질긴 목표는 "예수 그리스도가 타자들을 위하는 분임을 보여주는 것입니다. 그분은 가까이 있는 사람이나 멀리 있는 사람, 제자들, 이스라엘, 세계를 위하시는 분입니다." 그분은 자신이 그들을 위하신다는 것, 즉 하나님의 충만함으로 그들의 삶에 침입하여 그들이 완성될 수 있게 하신다는 것을 보여주기 원하십니다.[37] 그리고 그분은 여러분을 위하시는 분이기도 합니다.

그리스도는 철저하게 공인이십니다. 그래서 신약에는 다음과 같은 구절들이 있습니다.

> 그는 근본 하나님의 본체시나 하나님과 동등됨을 취할 것으로 여기지 아니하시고 오히려 자기를 비워 종의 형체를 가지사 사람들과 같이 되셨고 빌 2:6-7.

> 부요하신 이로서 너희를 위하여 가난하게 되심은 그의 가난함으로 말미

암아 너희를 부요하게 하려 하심이라고후 8:9.

자녀들은 혈과 육에 속하였으매 그도 또한 같은 모양으로 혈과 육을 함께 지니심은 죽음을 통하여 죽음의 세력을 잡은 자 곧 마귀를 멸하시며 또 죽기를 무서워하므로 한평생 매여 종 노릇 하는 모든 자들을 놓아 주려 하심이니히 2:14-15.

이 모든 내용은 니케아 신경의 그리스도를 말하는 대목에 요약되어 있습니다. "우리 인간들과 우리의 구원을 위하여 하늘에서 내려오셨다." 그리스도께서 골로새에 계시는 것은 골로새 사람들이 모두 그리스도 안에 있을 수 있게 하시려는 것입니다. 그리스도께서 화이트플레인스에 계신 것은 화이트플레인스 사람들이 모두 그리스도 안에 있을 수 있게 하시려는 것입니다. 그리스도께서 오신 것은 하나님이 임재하시고 우리를 사랑하신다는 것을 보여주기 위해서만이 아니었습니다. 그것은 신성의 장엄한 과시, 하늘에서 펼쳐지는 불꽃놀이 정도가 아니었습니다. 하나님의 충만함이 이 세상에 내려온 것은 우리를 침범하고 우리에게 침투하고 우리를 충만하게 만드시기 위함입니다. 바울은 신약 전체에서도 손에 꼽을 만큼 간결하고 함축적인 다음 구절에 이 모든 진리를 담아냈습니다. "너희 안에 계신 그리스도시니 곧 영광의 소망이니라"골 1:27.

이 편지에서 바울은 골로새의 그리스도인들에게 (R. 녹스의 번역에 따르면) 그들을 "속여" 그리스도 안에 있는 충만함에서 벗어나게 하려는 사람들에 대해 두 번이나 경고합니다골 2:5, 18.[38] 이 사람들은 거짓 주장들에 근거한 열등한 상품들을 내놓으며 속입니다. 사람을 하나님의 충만함으로 인도하는 대신 사막으로 이끄는 종교적 방법을 제시합니다. 천사 숭배, 금욕적 형태의 자기 훈련, 신지학적 유형의 종교적 가르침 같은 것들이 매력적으로 보이게 합니다. 그들은 신성에 대한 전문적이고 비밀스러운 내부적 지식을 잔뜩 과시했고, 사람을 영원한 세계로 들어가게 하는 특별 은사를 받은 교사로 행세했습니다.

바울은 그들이 거짓말쟁이와 사기꾼이라고 대놓고 말합니다. 신비와 비밀의 허울 뒤로 숨는 사람과 운동은 대개 가짜입니다. 신비의 안개 속에 숨어 있는 것은 불의입니다. 의는 숨을 필요가 없지요. 그리스도는 하나님의 신비이지만 공개적으로 드러나 계십니다. 그분은 하나님의 비밀이지만 다 알려진 비밀입니다.

바울은 우리 생각만큼 오래전의 사람이 아니고 골로새도 지도가 말해 주는 것처럼 멀리 떨어진 곳이 아닙니다. 오늘날 우리 지역 사회에도 심령술사, 수정구슬 점쟁이, 손금쟁이, 찻잎 점쟁이 등 점쟁이들이 있습니다.

우리도 주변 사람들을 잘못된 길로 이끄는 현대판 심령술사들을 염려해야 합니다. 그러나 바울은 더욱더 비극적인 손실, 생명의 손실을 걱정했습니다. 사막으로 내몰리는 삶, 완전함과 분리된 삶, 충만함에서 멀어진 삶, 하나님과 분리된 채 살아가려는 삶은 얼마나 큰 것을 잃고 있는지요.

우리는 그리스도를 대체하겠다고 나서는 수많은 대안을 날마다 마주합니다. 그 모두가 창의적인 주장과 솔깃한 약속들로 느껴지고 매력적으로 다가옵니다. 그러나 우리가 바울의 말을 하나님의 말씀으로 받을 수 있다면(우리는 그럴 수 있습니다), 그 모두는 우리를 잘못된 길로 이끌어 갈 사기꾼들, 거짓말쟁이들의 말임을 알 수 있습니다. 그 주장들은 결국 공허하고 무의미한 것으로 드러날 것입니다.

예수님은 이렇게 말씀하셨습니다. "도둑이 오는 것은 도둑질하고 죽이고 멸망시키려는 것뿐이요 내가 온 것은 양으로 생명을 얻게 하고 더 풍성히 얻게 하려는 것이라"요 10:10.

바울은 경고와 약속을 반복합니다. 그리고 최고의 권위에 의거하여 이렇게 선언합니다. "그[그리스도] 안에는 신성의 모든 충만이 육체로 거하시고 너희도 그 안에서 충만하여졌으니."

골로새에 사는 우리 모두도 그리스도 안에서 살아갑시다. 온전히 충만한 삶을 삽시다.

아멘.

우리의 행실 안에 계신 그리스도

여러분이 그리스도와 함께 살려 주심을 받았으면, 위에 있는 것들을 추구하십시오. 거기에는, 그리스도께서 하나님의 오른쪽에 앉아 계십니다.…땅에 속한 지체의 일들…을 죽이십시오.…하나님의 택하심을 입은 사랑받는 거룩한 사람답게, 동정심과 친절함과 겸손함과 온유함과 오래 참음을 옷 입듯이 입으십시오.

골로새서 3:1, 5, 12, 새번역

*

창조세계 안과 그 너머에서 우리를 향한 하나님의 목적이 무엇인지 희미하게나마 엿보는 것은 영혼에 흥분과 짜릿함을 안겨 줍니다. 우리를 둘러싸고 있고 우리를 채우고자 하는 하나님의 임재를 인식하게 되는 일은 우리 삶에서 환영할 만한 진전입니다. 기독교 교리를 정확하게 파악하면 진정한 짜릿함을 느낄 수 있고, 성경의 진리를 개인적으로 깨달으면 적합함과 온전함이 주는 쾌감이 찾아옵니다. 그러나 교리를 토론하고 성경을 읽다 보면 경쾌하게 달리는 경주마 같던 시의 리듬이 터벅터벅 걷는 노역마의 산문으로 쪼그라들고, 밝고 번쩍이던 상상력의 세계가 행동과 의지의 발휘라는 무거운 회색빛 세계 속으로 가라앉는 시점이 옵니다.

기독교 사상은 경이롭고 아름답고(신학은 한때 "학문의 여왕"으로 불렸습니다) 기독교 복음은 극적이지만(도로시 세이어즈는 복음이 "인간의 상상력을 휘청거리게 만든 가장 흥미진진한 드라마"라고 불렀습니다[39]), 행실의 영역에 이르면 매력은 희미해지고 극적인 재미도 약해집니다. 어떤 사람은 기독교인으로 사는 것의 문제점은 "그것이 너무나 일상적인 일"이라는 데 있다고 말했습니다. 그러나 기독교가 일말의 의미라도 있다면, 우리가 깨어나서 잠들기 전까지 하는 온갖 활동의 세계로 결국 들어와야 합니다. 일과와 평범한 말, 습관적 대응, 격의 없는 반응의 영역으로 말입니다. 먼 바다로 모험을 떠난 듯이 고조된 감정은 오래갈 수 없고, 하루 종일 '큰 생각'을 할 수는 없습니다. 우리는 음모와 살인에 둘러싸여 하루에도 서너 번씩 심오한 독백에 빠져드는 햄릿이 아닙니다. 우리의 전형적인 모습은 T. S. 엘리엇의 프루프록에 훨씬 가깝습니다.

> 아니다, 나는 햄릿 왕자가 아니고 그렇게 될 수도 없다.
> 나는 시종관. 행차의 머릿수나 채우고
> 한두 장면 얼굴이나 비치고,
> 왕자에게 진언하면 족하다. 분명, 쓰기 좋은 도구지.
> 공손하고, 쓸모가 있다는 걸 기뻐하고,
> 빈틈없고, 조심성 많고, 꼼꼼하지.[40]

그러니까 우리는 결국 평범한 '프루프록'의 삶 속에서 그리스도를 이야기해야 하고, 우리의 행실 안에서 그리스도를 생각해야 합니다. 그분이 우리의 행실 속에 들어오시지 않는다면, 주변에서 지켜보는 사람들은 그분이 존재하시는지 여부에 대해서마저 심각한 의심을 제기하기 시작할 것이기 때문입니다. 그리고 솔직히 말해, 우리 자신도 삶의 평범함 속에 스며들지 않는 교리를 말하고 상상하는 데 오래 만족하지는 못할 것입니다.

여러분도 아시게 되겠지만, 바울은 편지에서 행실에 대해 먼저 이야기하지는 않았습니다. 하지만 편지의 절반이 지나기 전에 행실이라는 주제에 도달합니다. 우리도 그렇게 해야 합니다.

오늘 본문은 골로새서 3장에 있는 세 구절입니다. "그리스도와 함께 다시 살리심을 받았습니까? 그렇다면 위의 영역을 추구하십시오. 거기는 그리스도께서 하나님 오른쪽에 앉아 계십니다.… 여러분 안에서 땅에 속한 부분들을 죽이십시오.… 하나님이 선택하신 사람들에 어울리는 옷들을 입으십시오"골 3:1, 5, 12, 역자 사역.

바울은 우리에게 수사의문문 하나를 제시합니다. 이 질문은 그 전까지의 모든 내용과 이후에 나오는 세 개의 명령을 잇는 연결고리 역할을 합니다. 우리가 이 구절들을 진지하게 받아들이고 기도하면서 숙고한다면, 그리스도인의 행실이라는 길에서 큰 진전을 이룰 수 있습니다. 그러나 세 가지 명령에 순종하기에 앞서, 질문에 먼저 귀를 기울이는 것이 꼭 필요합니다.

"그리스도와 함께 다시 살리심을 받았습니까?"라는 질문은 "예"라는 대답을 전제하고 있기에 이 질문으로 우리는 이전까지의 내용과 긍정적인 관계에 놓입니다. 우리는 그리스도의 창조를 떠올리고, 그리스도인 안에 계신 그리스도를 떠올리고, 하나님의 사랑과 은혜의 무수한 사례 및 구원의 세계 전체를 아우르는 하나님의 구속 활동의 엄청난 역사를 기억합니다. 그다음에는 사람들이 어떻게 하나님의 구속 활동에 편입되고 그 활동에 함께하는 일부가 되었는지를 되돌아보고, 이 모든 일이 '그리스도와 함께 다시 살리심을 받았다'는 말로 요약되어 있음을 떠올립니다.

바울의 말이 옳다면(그의 말은 보통 옳습니다!), 이 질문은 기독교의 진리를 어떤 식으로든 논의할 때는 항상 하나님 및 우리 안에서 행하시는 그분의 사역을 먼저 다루어야 한다는 사실을 상기시킵니다. 이 우선순위를 지키지 못하면 모든 것이 절망적으로 왜곡되고 엉망이 됩니다. 그리고 바울은 우선순위를 정하는 데 실패한 적이 없습니다. 그는 로마의 그리스도인들에게 쓴 편지에서 열한 장을 할애해 하나님의 활동에 대해 적은 다음, 넉 장에서 인간의 행동을 다룹니다. 갈라디아서에서는 1-4장은 하나님의 계획에, 5-6장은 인간의 반응에 초점을 맞춥니다. 에베소서에서는 정확히 반으로 나누어 1-3장은 하나님의 목적을, 4-6장은 하나님의 목적 안에서 인간이 맡는 역할을 설명합니다. 이 서신들은 바울의 우선순위를 명확히 보여주지만, (그만큼 둘의 구분이 깔끔하지 않은 다른 서신에서도) 그는 이 우선순위를 한 번도 어긴 적이 없습니다.

그러므로 행실에 대한 이야기에서 출발하여 그리스도인의 삶에 대한 논의로 나아가는 것은 불가능합니다. 그것은 배의 청사진도 나오기 전에 신형 범선의 성능을 이야기하는 것과 같습니다. 달의 존재를 확신하기도 전에 달에 가는 일에 대해 이야기하는 꼴이지요. 아는 중국어 단어가 하나도 없는 상태에서 중국어로 멋진 신작 소설을 쓸 계획부터 세우는 것과 같을 것입니다.

바울의 질문은 우리가 위대한 구원의 사건에 참여했다는 사실, 즉 그리스도와 함께 부활했다는 사실을 상기시킵니다. 하나님의 모든 구원 활동이 우리에게 집중되었다는 것, 우리의 삶이 근본적으로 변화되고 새로운 의미로 충전되어 우리는 더 이상 단순한 피조물이 아니라 그리스도 안에 있는 새로운 피조물이 되었다는 사실을 상기시킵니다. 그리스도인의 삶을 논의할 때는 우리가 이만큼 진전된 단계에 와 있다는 사실을 깨달아야만 비로소 행실에 대해 안전하게 이야기할 수 있습니다. 이 사실을 깨달았다면, 그리고 이 단계에서도 우리의 주된 관심사는 그리스도임을 깨달았다면, 이제 질문("그리스도와 함께 다시 살리심을 받았습니까?")에서 한 걸음 나아가 이어지는 세 가지 명령에 귀를 기울일 필요가 있습니다.

첫 번째 명령은 이것입니다. "그렇다면 위의 영역을 추구하십시오. 거기는 그리스도께서 하나님 오른쪽에 앉아 계십니다." 이 명령은 우리의 야망과 목표와 관련이 있습니다. 우리가 꿈꾸는 것들, 우리 삶에 대해 품는 장기적 소망과 관련된 명령입니다.

그러나 이 명령에서 더 고결한 삶을 향한 힘 있는 부름, 더 나은 것들을 향한 이상주의적 도전만을 본다면 크게 헛다리 짚은 것이 분명합니다. 우리가 갈망해야 할 영역은 그리스도께서 하나님의 오른쪽에 앉아 계신 곳으로, 구체적으로 정의됩니다. 그곳은 그리스도께서 통치와 권위를 행사하시는 곳, 구원의 영향력이 커져 가는 곳, 사랑의 능력이 작용하는 곳, 어려운 사람들에게 은혜가 나뉘는 곳, 하나님과 사람 사이에 중보가 이루어지는 곳입니다. 다시 말해, 우리의 열망이 향해야 하는 지점은 일반화된 천상의 고결한 영역이 아니라, 우리 삶에서 통치하시는 그리스도입니다.

우리가 이 명령에 순종한다면 우리의 행실이 크게 영향을 받을 수밖에 없습니다. 이 명령에 순종하면, 통치하시는 그리스도께서 우리의 목표와 목적 안에서 활발히 움직이셔서 우리의 행실에 필연적으로 영향을 미치실 것이기 때문입니다. 우리의 행실 안에 그분이 계실 것입니다.

우리는 이 일이 거의 모든 수준에서 일어나는 것을 볼 수 있습니다. 한 청년이 여자친구를 만나기 위해 시내를 가로질러 3킬로미터를 걷는다고 상상해 보십시오. 여자친구를 만나 함께 저녁 시간을 보내는 것이 산책의 목적이자 목표입니다. 그녀는 청년의 상상 속에 아주 생생하게 살아 있고, 그의 마음에서 떠날 줄 모릅니다. 이런 상태로 청년이 3킬로미터를 가는 동안 어떤 일이 벌어질까요? 제과점 앞을 지나가다 아가씨가 좋아하는 사탕을 떠올리고 한 상자를 삽니다. 꽃집을 지나면서는 아가씨의 어깨를 꽃으로 장식하면 아주 사랑스럽겠다는 생각이 떠올라 코르사주를 삽니다. 오랜 지인 여럿이 지나갔지만 그들은 눈에 들어오지도 않습니다. 어느 교회를 지날 때, 청년은 그곳을 유난히 오래 바라봅니다. 그곳에서 결혼하고 싶다던 그녀의 말을 들은 적이 있기 때문입니다. 그녀의 집에 가까워지니 상점 진열창 유리에 비친 자신의 모습을 바라보며 넥타이를 손보고 모자의 각을 바로잡습니다. 청년이 여자친구의 집 정문 앞에 도착할 무렵이면, 우리는 그가 3킬로미터를 걷는 동안 상상 속 소녀를 생각하며 했던 구체적 행동을 적어도 열두 가지는 나열할 수 있을 것입니다. 그녀는 청년의 행동 안에 있었습니다.

우리 앞에 놓인 것은 통치하시는 그리스도의 이미지입니다. 바울은 '그리스도께서 하나님 오른쪽에 앉아 계시는 위의 영역을 추구하라'고 했습니다. 이 통치하시는 그리스도께서 우리의 갈망과 꿈속에 살아 계시면, 우리는 이전에 꿈도 꾸지 못했던 일들을 하게 될 것이고, 이전에는 생각도 못 했던 일들에 돈을 쓰게 될 것입니다. 이전에는 한 번도 보지 못했던 것들이 보이고, 늘 보던 다른 것들은 보이지 않을 것입니다. 우리의 개인적 태도와 행동이 무의식적으로 달라질 것입니다. 그리스도께서 우리의 행실 안에 계실 것입니다. 그분이 우리의 상상력, 우리의 목적, 우리의 목표 안에 계시기 때문입니다.

두 번째 계명은 첫 번째에 비하면 섬뜩할 정도입니다. "여러분 안에서 땅에 속한 부분들을 죽이십시오." 조지 맥도널드는 첫 번째 명령에서 이 두 번째 명령으로 넘어가는 논리를 잘 밝힌 바 있습니다.

> 우리는 너무나 비루한 그리스도인들이며 여전히 그 상태에 머물러 있습니다. 그리스도가 아니라 우리 자신을 바라보기 때문이고, 우리 자신의 흙투성이 발이 남긴 자국들과 더러워진 옷의 자취를 응시하기 때문입니다.…각 사람이 주인의 발자국을 짓밟아 지워 버리고는, 그 자리에 생겨난 자기 발자국을 주님의 것이라 말하면서 이웃의 발자국이 그것과 얼마나 일치하는지 살피고 나섭니다. 구질구질한 피조물만이 저지를 수 있는 구질구질한 잘못을 범한 후, 그것 때문에 자신이 더럽혀졌다고 수치스러워하며 친구와 자녀와 하인들 앞에서 탄식합니다. 그러나 그래서는 안 됩니다. 우리가 잘못을 범한 동료들에게 그 잘못에 합당한 고백과 배상을 지체 없이 행한 뒤 자신의 하찮은 자아와 그것이 자초한 수치를 잊고 눈을 들어 하나님의 영광을 바라봐야 합니다. 그 영광만이 우리 안에 있는 참사람을 소생시키고 우리가 '자아'라는 대단히 잘못된 이름으로 부르는 시시한 피조물을 죽일 수 있기 때문입니다.[41]

눈을 들어…그 '시시한 피조물을 죽이십시오.' 바울은 상상력을 그리스도의 통치에 맞추는 것은 영혼이 일차적으로 갖춰야 할 요소이지만, 때로는 그리스도인의 삶을 통째로 방해할 수 있는 것들을 이렇게 가차 없이 처리하기도 해야 한다고 말합니다. 우리의 행동을 엉터리 공연과 웃음거리 위장극으로 만들 수 있는 요소를 뿌리 뽑아야 합니다.

4세기 이집트 사막 은둔자 성 안토니우스는 이 명령을 최대한 문자 그대로 받아들여 "땅에 속한 부분들을 죽인" 교회사의 인물들 가운데서 가장 유명한 사례입니다. 젊은 시절 꽤 부유한 농부였던 그는, 어느 날 교회에 앉아 있다가 그곳에서 낭독되는 복음서 말씀을 들었습니다. "네 소유를 팔아 가난한 자들에게 주라.…그리고 와서 나를 따르라"마 19:21. 그는 그 구절을 하나님이 자신에게 직접 하시는 말씀으로 받고, 가진 모든 것을 팔아 가난한 사람들에게 나눠 주고는 사막으로 들어갔습니다. 중간에 잠시 도시로 돌아온 네 번의 경우를 빼면, 그는 이후 백 년 동안을 사막에 머물렀습니다. 마귀 및 귀신들과 벌인 격렬한 조우전, 그가 받았던 생생한 유혹, 자기를 부인하려는 극도의 노력, 일편단심으로 하나님을 추구한 삶으로써 그는 가장 위대한 사막 교부의 자리에 올랐습니다.[42] 그는 땅에 속한 것들을 최대한 문자 그대로, 가능한 한 완전히 죽였습니다. 그의 유일한 동반자는 사막을 배회하는 자칼과 무너진 무덤에서 그와 동거한 전갈이었습니다. 그의 생전에 이미 많은 사람들이 그를 따랐으며, 105세의 나이로 마침내 그가 죽었을 때 사막에는 돗자리와 바구니를 짜면서 안토니우스의 고행과 경건을 모방하는 은둔자들로 넘쳐 났습니다.

안토니우스는 이 명령에 순종하려고 노력한 성도들 가운데 가장 두드러진 인물입니다. 그러나 그리스도의 부르심을 진지하게 받아들인 모든 그리스도인은 이 부정적인 명령과 씨름해야 했습니다. 조지 메러디스*는 (청교도가 아니었지만) "영이 살려면 육신에 낙인을 찍어야 한다"[43]라고 말했습니다. 1,500년 전에 테베 사람 도로테우스는 "나는 내 몸을 죽인다. 몸이 나를 죽이기 때문이다!"[44]라고 더욱 직설적으로 표현했습니다.

사마의 교부들 사이에는 내중의 관심을 의식한 금욕주의, 자기

* George Meredith, 1828-1909. 영국의 소설가, 시인.

부정에 대한 자부심 같은 것이 많았는데, 이런 모습은 기독교의 핵심을 완전히 놓친 태도였을 수 있습니다. 그래서 우리는 예수 그리스도를 통역자로 삼아 이 명령을 이해해야 합니다. 그래야 여기에 잘 순종할 수 있습니다. 그분 안에서는 부정을 위한 부정, 남의 눈에 띄려고 세상을 거부하는 모습, 금욕주의의 흔적을 볼 수 없습니다. 다만 하나님을 섬기는 일에 집중하지 못하게 하거나 지장이 되는 것들을 모두 제거하는 모습이 보일 뿐입니다. 순종에 방해가 될 만한 모든 것을 완전히 죽이는 모습, 다른 사람을 위해 목숨을 버리는 것에 걸림이 될 만한 모든 관심사를 단호하게 거부하는 면모를 볼 수 있습니다. 다시 말해, 그리스도 안에서 우리는 자기를 죽이고, 자기중심성을 없애고, 자아를 십자가에 못 박는 것을 봅니다. 우리가 죽여야 하는 것은 바로 이런 것들입니다.

세 번째 명령은 이것입니다. "하나님이 선택하신 사람들에게 어울리는 옷들을 입으십시오." 이것은 우리가 내면적으로 어떤 사람인지 공개적으로 드러내는 옷을 입으라는 적극적인 명령입니다.

인간은 상징으로 사는 존재입니다. 기호(記號)를 기반으로 모든 관계를 정리합니다. 우리 중 누구도 다른 사람의 내면을 들여다볼 수 없고, 그의 뇌에서 이루어지는 생각의 전개나 마음속에서 펼쳐지는 감정의 변화와 움직임을 분별할 수 없습니다. 하지만 그렇다고 해서 무지에 머물 수밖에 없는 것은 아닙니다. 내면에 무엇이 있는지 알아낼 방법이 있습니다. 얼굴 표정, 입에서 나오는 말, 걸음걸이, 복장 선택, 몸짓 등 사람은 내면의 상태를 수많은 방법으로 보여줍니다. '옷을 입음으로써', 즉 내면에 있는 것에 대한 외적 증거인 기호를 드러냄으로써 그렇게 합니다.

그런데 바울은 앞서 우리의 생명이 "그리스도와 함께 하나님 안에 감추어졌다"고 했습니다골 3:3. 아무도 그것을 볼 수 없습니다. 그리스도 안에 있는 사람과 그리스도 밖에 있는 사람은 정확히 똑같아 보입니다. 심박동 기록기로는 그리스도인의 심장 박동에서 어떤 차이도 구별해 낼 수 없고, 지능검사로 그리스도인의 두뇌와 비그리스도인의 두뇌를 구분할 수 없으며, 여권 사진을 검사하는 세관검사관도 성도와 죄인을 가려낼 수 없을 것입니다. 우리의 생명은 "그리스도와 함께 하나님 안에 감추어" 있습니다.

그렇다고 해서 우리가 눈먼 채로 지낼 신세라는 뜻은 아닙니다. 내면의 실체가 무엇인지 보여주기 위해 신자가 '입을' 수 있는 것들이 많습니다. "하나님이 선택하신 사람들에게 어울리는 옷"을 입을 수 있지요. 바울은 "긍휼과 자비와 겸손과 온유와 오래 참음"골 3:12을 제안합니다. 말, 행동, 태도, 사람들에게 다가가는 방식, 목소리의 어조로 우리 안에 계신 그리스도를 드러낼 수 있다는 것입니다. 이런 것들을 의도적으로 잘 선택하여 우리 삶의 중심이 되는 실체를 나타내는 기호와 상징으로 삼을 수 있습니다. 여자가 특별한 날을 위해 특정한 모자를 선택하고 남자가 특별한 면접을 위해 특정한 정장을 신중하게 고르는 것처럼, 그리스도인은 하나님의 선택받은 자라는 새로운 지위에 맞는 의복을 입을 수 있습니다.

그런데 이것은 그리스도를 본받는 것 그 자체를 위한 행위가 아니라, 우리 안에 계신 그분의 실체를 알리는 기호와 상징을 제시하려는 시도입니다. 이런 옷을 입는 것은 은혜를 언급하는 일이며, 우리 자신의 선함에 대한 증거가 아니라(이런 옷은 주어진 상황에 대한 우리 자신의 감정을 전혀 반영하지 않는 경우가 많기 때문입니다), 우리 안에 계신 그리스도, 곧 감추어진 실체의 증거입니다.

그리스도와 함께 다시 살리심을 받은 우리는 세 가지 명령을 받았습니다. '그리스도가 통치하는 위의 영역을 갈망하라.' '우리 안에서 땅에 속한 부분들을 죽이라.' '하나님이 선택하신 백성에게 어울리는 옷을 입으라.' 이 세 가지 명령을 따를 때 우리의 행동에서는 그리스도가 명백히 드러날 것입니다. 이 세 가지는 그리스도께서 우리의 외적 삶에서 활동하시게 합니다.

제가 바울을 제대로 읽었다면, 오늘 본문에는 그리스도인이 해내는 일 자체에 대한 관심은 거의 또는 전혀 보이지 않습니다. 그는 우리가 그리스도인의 행동을 수행하며 성과를 올리는 데 관심이 없습니다. 기독교는 값싼 율법주의가 아니고 하나님의 규칙을 엄숙히 지키는 수호자도 아닙니다. 바울은 우리가 그리스도께서 우리 자신 안에 사시도록 맡겨 우리의 행동까지도 그분의 생명에 대한 증거가 되게 하고, 우리의 일상생활에서도 은혜의 움직임에 따라오는 온전한 자유를 누리게 되기를 원합니다.

우리의 행실에 나타나시는 그리스도께 관심을 두는 모든 경건서 중에서 가장 위대한 책인 『그리스도를 본받아』에서 토마스 아 켐피스는 이렇게 권면합니다.

> 많은 사람들이 영적 성장이 막히고 자신의 여러 결점에 제대로 대처하지 못하는 이유는 단 하나의 잘못 때문입니다. 어려움에서 도망치기 때문입니다. 우리는 드잡이를 좋아하지 않습니다.…마귀는 잠들지 않고 우리 육신은 아직 죽지 않았습니다. 그러니 싸울 태세를 멈추지 마십시오.…우리 좌우에 적들이 있고 그자들은 항상 우리를 노리고 있습니다.…주님, 제 본성으로는 도저히 감당할 수 없을 것 같은 이 일이 주의 은혜로 가능해지게 하소서.[45]

아멘.

너희도 거룩한 자가 되라

그러므로 너희 마음의 허리를 동이고 근신하여 예수 그리스도께서 나타나실 때에 너희에게 가져다주실 은혜를 온전히 바랄지어다. 너희가 순종하는 자식처럼 전에 알지 못할 때에 따르던 너희 사욕을 본받지 말고 오직 너희를 부르신 거룩한 이처럼 너희도 모든 행실에 거룩한 자가 되라. 베드로전서 1:13-15

*

기독교회의 가장 위대한 찬송작사가 아이작 와츠는 찬송가 「거룩함과 은혜」Holiness and Grace의 가사를 썼습니다. 첫 번째 연은 다음과 같습니다.

우리의 입술과 삶이 우리가 고백하는
거룩한 복음을 드러내게 하소서
우리의 선행과 덕이 빛나서
모든 신성한 교리를 증명하게 하소서[46]

예수 그리스도의 복음을 "입술과 삶"으로 드러내는 일에 대한 관심은 그리스도인의 삶에서 필수적입니다. 신학자들은 이 관심을 '성화'(聖化)라는 항목으로 다룹니다. 경건서적 저술가들은 이것을 '거룩한 삶'이라고 말하며 권장합니다. 물론 이것을 '청교도주의'와 '하찮은 도덕주의'라고 부르며 경멸하고 무시하는 이들도 많습니다.

사도 베드로가 '거룩한 삶'에 대해 쓴 내용에 귀를 기울이되, '거룩한', '성결', '거룩', '고결한 척하는' 같은 표현들을 접할 때 연상되는 여러 이미지를 떨쳐 내려고 노력해 봅시다. 거룩함의 의미를 처음부터 새롭게 이해해 보는 겁니다. 사도 베드로를 우리의 선생님으로 삼아 봅시다. 우리가 그에게 조금이라도 배울 기회를 갖는다면, 거룩해진다는 말의 의미를 활기차고 삶을 긍정하며 도전적인 것으로 이해하게 될 것입니다. 후광을 두른 성인, 검은 옷의 수도사, 헐렁한 원피스와 꽉 끼는 보닛을 입은 고대 여성들은 거룩함이라는 단어에 대한 이미지를 오랫동안 지배해 왔습니다. 이 단어를 제대로 쓸 줄 알았던 사도 베드로에게 이제 이 단어를 돌려줍시다. 그리고 그의 손에서 다시 받아 우리도 이 단어를 즐겁게 경험하도록 합시다.

오늘 본문이 포함된 단락의 첫 번째 단어는 "그러므로"벧전 1:13입니다. 이 단어는 그 이전까지의 내용을 되짚어 보게 합니다. 그때까지 서술된 내용을 바탕으로 이후의 내용이 진행된다는 의미이지요. 앞부분의 내용은 무엇이었습니까? 첫째, 베드로는 복음을 서술했습니다. 그는 놀라울 만큼 간결한 도입부에서 전체 복음을 압축적으로 제시했습니다. 우리가 선택의 자유, 적극적인 삶, 그리스도 안에서 주어지는 용서를 누릴 수 있도록 하나님이 제공하시는, 삼위일체적 균형을 갖춘 진리가 베드로를 통해 집약적으로 구현되었습니다. 그는 새 이름을 받고 새로운 일을 맡고 새 주인을 모시게 된 사람이었습니다.

둘째, 회심을 서술했습니다. '거듭나는 사건'벧전 1:3 말입니다. 우리는 신생new birth의 가능성이 교회에서 이루어지는 모든 일에 소망을 품게 한다는 것을 보았습니다. 이 새출발의 기적이 우리를 세례로 이끌었고, 주님의 식탁에 모이게 했고, 선포되는 말씀에 주목하고 충실하게 만들었습니다.

셋째, 구원을 서술했습니다. 수 세기에 걸친 은혜의 정교한 작용으로 구원의 역사가 펼쳐졌고, 결과적으로 예수 그리스도 안에서 각 사람이 하나님의 은혜와 인격적이고 대단히 친밀한 방식으로 대면하게 되었습니다. 그로 인해 우리는 구원 역사에 개별적으로, 정성스럽게 접붙임을 받게 되었습니다. 구원은 역사적이고 살아 있는 드라마로 서술됩니다. 이 드라마 안에서 하나님의 은혜가 우리 각자에게 영향을 미칩니다. 이 드라마는 너무나 흥미진진하고 다양한 액션으로 채워지며 플롯마저 참으로 독창적이어서 천사들도 이것을 보려고 천국의 난간 너머로 얼굴을 내빌 정도입니다.

이것들이 "그러므로" 앞에 나오는 내용입니다. 그리고 이 내용들을 바탕으로 우리는 거룩한 삶에 대해 분명하게 말할 수 있습니다. 거룩한 삶은 은혜의 위대한 작용에 근거한다는 것이지요.

베드로는 거룩한 삶에 대해 이야기할 때 그 이전에 진행된 일들과 무관한 완전히 새로운 주제를 꺼내는 것처럼 말하지 않습니다. 거룩한 삶이라는 새 주제는 이전에 진행된 일을 바탕으로 하고 있습니다. 복음과 회심과 구원 덕분에 거룩한 삶이 가능한 것입니다. 이 순서를 뒤집어 거룩한 삶을 앞세우는 것은 있을 수 없는 일입니다. 거룩한 삶은 전부 결과입니다. 강력한 은혜의 행위가 이루어진 후에 나타나는 삶입니다.

이 관계를 강조하는 것이 중요한 이유는 둘의 관계가 끊어지면 재앙이 따라오기 때문입니다. 이것을 보여주는 성경의 전형적인 사례가 베드로가 직접 관여했던 초대교회의 아나니아와 삽비라 사건입니다. 예루살렘의 그리스도인들은 어려운 사람들을 긍휼히 여기는 마음에 사로잡혀, 가진 것을 모두 팔아 공동기금에 넣었고 공동사회를 실제로 만들어 냈습니다. 이곳에서는 모든 사람이 아무것도 소유하지 않았고 모든 것을 공유했고 누가 봐도 그리스도 안에서 하나였습니다. 아나니아와 삽비라는 이 거룩한 삶에 매료되었습니다. 이렇듯 대담하고 새로운 방식으로 살아가는 이들이라면 분명 신나고 매력적인 공동체였을 것입니다. 아나니아와 삽비라는 이 모험에 동참하기 위해 행동을 모방했지만 순서가 잘못되어 있었습니다. 그들은 복음과 회심, 구원에 뿌리내리지 못한 상태였습니다. 그들은 모든 소유를 교회에 바치는 거룩한 삶의 외형을 모방했지만, 복음에 대한 내적 이해가 없었기 때문에 비상시를 대비해 재산을 조금 남겨 두었지요. 그 결과는 죽음이었습니다.

이런 일의 결과는 언제나 죽음입니다. 거룩한 삶을 흉내 내지만 그 안에 생명이 없는 사람의 특징인, 죽음을 떠올리게 하는 파리함을 우리 모두 잘 압니다. 그런 사람은 교회에 헌금을 하되 마지못해서 하고, 하나님을 찬양하되 그 꼴이 구슬프기 그지없습니다. 그는 교회에 충실히 다니지만 그 목적이 오로지 일종의 도덕적 우월감을 유지하는 것이고, 이웃을 사랑한다고 하지만 정작 이웃은 그가 하나님이 시키니 억지로 그렇게 한다는 것을 잘 압니다. 이 모든 경우에 생명줄은 끊어진 상태입니다. '거룩하다'고 할 만한 모양은 있을지 몰라도 생명은 이미 멈추었습니다. 거룩한 삶은 그에 앞선 위대한 은혜의 행위에 항상 확고하게 뿌리내려야 합니다.

사도 베드로는 "그러므로"라는 말에 이어서 거룩한 삶을 위한 구체적인 지침으로 넘어가 네 가지 구체적인 명령을 제시합니다. 첫째, '마음의 허리를 동이라'고 합니다. 이것은 베드로가 예수님께 배운, 이미지적 표현입니다. 누가복음 12장 35절에서 예수님은 제자들에게 허리에 띠를 띠고 등불을 켜서 주인이 혼인 잔치를 마치고 돌아올 때 맞이할 준비를 하라고 권고하셨습니다. '허리에 띠를 띤다'는 것은 행군하거나 경주할 때 걸리적거리지 않도록 길고 넓은 겉옷을 당겨 올려 졸라매는 것을 의미했습니다.[47] 그리스도인들은 여행을 앞두고 있고, 마음을 준비하는 것은 전반적인 여행 준비의 일부입니다. 화려함은 덜하지만 좀 더 현대적으로 표현하면 이렇게 말할 수 있습니다. "정신을 바짝 차리고 머리를 써라." 거룩한 삶을 살려면 지성을 사용해야 합니다.

둘째, '정신을 맑게 하라'고 합니다. 이것도 비유적 표현인데, 이번에는 흥청대는 술꾼의 세계에서 가져왔습니다. 술에 취한 사람은 혼란스러워하고, 경솔하고, 제멋대로 처신합니다. 그가 나름대로 유쾌한 사람일 때도 있고, 동료들은 그렇지 않더라도 본인만은 즐거운 시간을 보내는 것으로 보입니다. 하지만 그는 현실 세계와 완전히 동떨어져 있기 때문에 모든 사람에게 부담이 됩니다. 이런 상황이 이어지다 보면 혼란과 상태 악화, 현실도피가 뚜렷해지다 못해 생활 자체가 위협을 받는 지경이 됩니다. 이와 똑같은 현실도피가 종교생활에서도 나타날 수 있습니다. 심지어 술의 도움 없이도 말입니다. 이렇게 되면 방종이 경솔함으로 이어지고 혼란을 초래합니다. 하나님의 현실과 단절된 열정과 흥분이 여러 모양의 자기방종이 되어 사적인 감정과 개별 자아에 탐닉하게 됩니다. 이런 모습이 거룩해 보일 수도 있지만(우리는 종종 이런 사람들이 '열심'이 있고 '진실하다'고 말합니다), 베드로가 권고하는 거룩한 삶은 아닙니다. 거룩한 삶은 방종에 대한 자제력을 발휘합니다.

셋째, '예수 그리스도께서 다시 오실 그날에 여러분이 받게 될 은혜에 모든 소망을 두라'고 합니다. 은혜에, 오직 은혜에만 소망을 둔다는 것은 다른 어떤 것에도 궁극적인 소망을 두지 않는다는 뜻입니다. 저는 이 부분을 설명하는 것이 매우 어렵게 느껴집니다. 아마도 이에 대한 경험이 적기 때문일 것입니다. 우리는 위대한 것들을 소망하지 않습니다, 그렇지요? 우리는 성경이 말하는 소망의 부스러기만 먹고 삽니다. 우리 삶은 사소하고 비본질적인 것들로 가득 차 있습니다. 누군가 갑자기 우리에게 이렇게 묻는다고 해봅시다. "당신의 가장 큰 소망은 무엇인가요?" 우리는 더듬거리면서 각자가 초조하게 기다리는 것들을 읊을 것입니다. 다음 달 월급, 대출을 다 갚은 집, 실력 발휘를 하게 해줄 승진, '어린 시절의 위험과 청소년기의 유혹'을 무사히 지나 장성한 자녀들. 우리는 이런 작은 것들을 소망하느라 큰 것, 즉 은혜에 모든 소망을 둘 상상력 또는 믿음이 남지 않습니다. 그러나 은혜에만 소망을 두는 것은 거룩한 삶을 위한 필수요소입니다. 거룩한 삶을 위해서는 하나님의 행위라는 관점으로 세상을 아우르는 커다란 상상력이 있어야 합니다. 이런 상상력은 그리스도 안에 계시된 은혜에 소망을 둡니다.

넷째, 바울은 '전에 알지 못할 때에 따르던 너희 사욕을 본받지 말라'고 합니다. '본받다'는 단어가 흥미로운데, 이 단어는 거푸집에 붓는다는 뜻입니다. 재료가 식고 굳으면 거푸집과 똑같은 모습이 됩니다.[48] 은혜의 위대한 작용이 있기 전의 삶에는 모든 사람이 부어지는 몇 가지 표준적인 틀이 있습니다. 진정한 개별성이나 순수한 개성은 존재하지 않습니다. 그러나 이제는 은혜의 작용으로 인해 그런 거푸집이 더 이상 필요하지 않습니다. 진정한 자유가 가능해진 것입니다. 우리는 진짜로 자기 자신이 될 수 있습니다. 세상이 성공이나 정상이라고 정해 놓은 틀에 우리를 맞출 필요가 없는 것이지요. 우리는 은혜의 창조적 영향력 아래서 살 수 있습니다. 거룩한 삶은 세상의 기준과 형식을 거부하고 은혜 아래 자유롭게 사는 것을 선택합니다.

이상이 베드로가 제시하는 거룩한 삶의 네 가지 요소입니다. 베드로는 이 네 요소를 구분한 후에 "너희도 거룩한 자가 되라"라고 말합니다. 이 목록에서 한 가지 눈에 띄는 것은 항목들 간의 비율입니다. 네 항목 중 셋은 긍정적으로, 하나는 부정적으로 서술됩니다. 마음의 허리를 동이라, 정신을 맑게 하라, 소망을 두라. 모두 긍정적입니다. 본받지 마라, 이 하나만 부정적입니다. 이 비율은 거룩한 삶에 대한 두 번째 공식으로 이어집니다. 거룩한 삶은 세 부분의 긍정과 한 부분의 부정으로 이루어집니다.

우리는 이 비율이 반대로 뒤집히는 상황을 얼마나 자주 보는지요. 우리 자신이 이 비율을 뒤집을 때는 또 얼마나 많습니까? 거룩한 삶은 부정하는 것이 많기로 유명합니다. 그러나 그것은 베드로의 탓이 아니며, 우리에게 성경을 다 살펴볼 시간이 있다면 성경 탓도 아니라는 것을 알게 될 것입니다. 사실, 거룩한 삶은 엄청나게 삶을 긍정합니다. 물론 부정할 부분도 있고 피해야 할 것들도 있습니다. 그러나 긍정적 진술의 비율이 3 대 1로 높습니다.

이는 순결에 대한 우리의 평상시 태도에서 잘 드러납니다. 아마도 순결만큼 '하지 말라'는 조언으로 칭칭 둘러싸인 도덕의 다른 측면은 없을 것입니다. G. K. 체스터턴은 성경의 관점을 잘 포착하여 이렇게 말합니다. "순결이 의미하는 것은 성적인 죄를 짓지 않음이 아니라 잔 다르크처럼 불타오르는 어떤 것이다."[42]

끝으로, 베드로는 거룩한 삶의 동기부여 문제를 다룹니다. 이것은 우리가 직면하는 실제적인 문제들 중에서 가장 큰 것일 수 있습니다. 교회가 시작되고 12세기가 될 때까지는 거룩한 삶을 추구하는 야망을 많이 볼 수 있었습니다. 젊은이들은 성인saint이 되겠다는 야망을 품고 자랐습니다. 지금 우리 젊은이들이 프로 운동선수, 화려한 연예인, 우주 과학자가 되겠다는 야망을 품고 자라는 것과 마찬가지입니다. 실제로 야망을 이루는 사람이 많지는 않지만, 그것은 누구나 품는 이상입니다. 오늘날 성인의 수 자체는 천 년 전 못지않을 수도 있습니다만, 성인이 추구하던 삶의 방식에 대한 관심은 시들해졌고 그런 삶을 영웅적인 것으로 떠받들던 분위기도 사라졌습니다. 실용주의적인 미국인은 이렇게 물을 것입니다. "왜 거룩한 삶을 살아야 하지? 나한테 무슨 득이 되는데? 그런다고 뭐가 달라지는데? 거룩한 삶이 내가 성공하는 데 무슨 도움이 될까?"

거룩하게 살고 싶은 마음이 없는 문제를 베드로가 우리 시대의 용어로 접하지는 않았겠지만, 그가 우리와 동일한 문제에 직면했던 것은 분명합니다. 거룩한 삶을 추구할 동기를 부여할 만한 말을 하려고 최선을 다하기 때문입니다. 그의 노력은 이런 식으로 이루어집니다. 그는 하나님 아버지께서 공정한 재판장이시고 그리스도의 보배로운 피로 그들을 대속하셨으며 구원 역사가 그들을 위해 펼쳐졌다는 것을 상기시킵니다.

하나님이 공정한 재판장이시라는 사실을 기억하는 것에 어떤 동기부여적 요소가 있을까요? 그 사실을 기억하면 우리는 평범한 삶의 작은 것 하나까지 영원의 관점에서 보게 됩니다. 우리가 하는 모든 일은 중요하고 하나님의 판단을 받을 것입니다. 인생의 커다란 순간들만 영원을 반영하는 것이 아닙니다. 세례를 받느냐 마느냐, 성찬을 충실히 받느냐 그렇지 않느냐, 설교를 정기적으로 듣느냐 그렇지 않느냐, 교회에서 결혼을 하고 장례를 치르느냐 그렇지 않느냐, 이런 중대국면과 결정적 사건들만이 아니라 매일의 일상적인 일들도 영원을 반영합니다. 재판관이신 하나님은 모든 증거를 들여다보십니다. 정죄할 자료를 찾기 위해서가 아니라, 모든 증거가 하나님이 우리에게 주신 선물의 일부이기 때문에 그렇게 하십니다. 우리가 사소하고 하찮다고 생각하는 것까지도 포함하여 삶의 모든 것이 하나님의 창조물입니다. 우리는 삶의 모든 것에 깃든 신성을 건전하게 존중할 줄 알아야 합니다.

그리스도의 보배로운 피로 이룬 속죄는 거룩한 삶의 동기를 추가로 부여합니다. 생명과 은혜를 제공하기 위해 얼마나 엄청난 대가가 치러졌는지 떠올리게 해주기 때문입니다. 우리가 얻은 자유, 우리가 누리는 용서, 우리가 향유하는 확신은 할인점에서 싸게 살 수 있는 물건들이 아닙니다. 그것을 위해 그리스도께서 십자가 처형을 당하셔야 했습니다. 이 사실을 기억하게 하는 말이나 사건은 거룩한 삶의 동기가 됩니다. 우리의 삶이 엄청나게 값진 것임을 깨닫게 하고 거룩한 삶으로 나아가게 합니다. 부모들은 어린 자녀가 물건의 가치를 깨닫지 못한다고 자주 불평을 합니다. 부모의 돈을 너무 쉽게 부담 없이 쓴다는 거지요. 부모들의 불평은 타당합니다. 저는 비 오는 날 아버지의 공구 상자를 밖에 방치했다가 훗날 공구가 모두 녹슬어 있는 것을 발견한 아버지에게 한소리를 들었던 기억이 있습니다. 너는 도대체 물건의 가치를 모른다, 돈 귀한 줄을 몰라, 네가 돈을 벌어서 이 공구들을 사야 했다면 이렇게 함부로 방치하지는 않았을 것이다, 이런 말씀이었습니다. 지당한 말씀이지요. 그런데 우리 모두는 하나님 앞에서 이와 비슷한 처지에 있습니다. 이생에서의 삶은 우리가 통째로 거저 받은 것이기 때문입니다. 그래서 우리는 자칫 삶이라는 위대한 선물을 냉소적이고 시큰둥하게 대하면서 인생을 대충 때우듯이 흘려보낼 수 있습니다. 그런 일이 없으려면 우리 삶이 얼마나 큰 대가를 치르고 주어진 것인지 기억해야 합니다. 우리에게 생명을 주신 주님의 희생을 알고 감사할 때 거룩하게 살고 싶은 의욕이 솟아납니다.

베드로는 거룩한 삶에 대한 우리의 열정을 불러일으킨다고 해서 값싼 술수에 의지하지 않습니다. 그는 우리의 이기심에 호소하지 않고, 우리의 두려움을 이용하지 않습니다. 그는 정직합니다. 그의 동기부여 원리는 거룩하게 살겠다는 우리의 헌신이 흔들릴 때 안정되고 확실한 원동력이 되어 줄 것입니다.

"너희도 모든 행실에 거룩한 자가 되라." 거룩한 삶은 베드로가 우리에게 제시하는 추가적 선택사항이 아니라, 은혜에 직접 따라오는 결과입니다. 스스로를 '종교적 유형'이라고 생각하든 아니든, 우리는 이 말씀을 진지하게 받아들여야 합니다.

하지만 우울해하지는 마십시오. 체스터턴의 표현을 빌리자면 거룩한 삶은 "불타오르는" 것이기 때문입니다. 우리는 거룩한 삶이라는 표현 주위에 거미줄처럼 들러붙어 거룩한 삶 하면 자꾸만 떠오르는 우울한 이미지들을 버리고, 베드로처럼 활기차고 패기 있게, 자유로운 모험의 열정을 갖고 거룩한 삶을 받아들일 수 있습니다.

아멘.

좋은 것들의 제사장

그러나 그리스도께서는 이미 일어난 좋은 일을 주관하시는 대제사장으로 오셔서…단 한 번에 지성소에 들어가셨습니다. 그는…자기의 피로써, 우리에게 영원한 구원을 이루셨습니다.

히브리서 9:11–12, 새번역

*

어떤 사람들은 히브리서가 신약성경 전체에서 가장 읽기 어려운 책이라고 생각합니다. 논증과 모호한 내용이 뒤얽혀 있기 때문입니다. 하지만 그 한복판에 있는 한 구절은 뜻이 명확하고 눈에 확 들어옵니다. 이 구절은 설명이 필요 없고 주목만 하면 됩니다. 이것은 태양에다 비춰 보기만 하면 빛을 모으고 반사하는 것을 볼 수 있는 그런 구절입니다. 이 문구는 예수 그리스도를 이렇게 묘사합니다. "좋은 것들의 제사장"히 9:11, 역자 사역.

"좋은 것들"의 의미를 이해하기란 어렵지 않습니다. 창조물 중 최고, 최상의 것들을 가리킵니다. 인간이 가질 수 있는 최고, 최상, 최선의 고귀한 것들인 지식, 사랑, 도덕적 목적과 관련이 있으며, 하나님의 사랑과 구원 행위와도 관련이 있습니다.

인간들이 좋은 것들을 행할 수 있다는 사실을 의심하는 사람은 거의 없습니다. 다들 산만해지고 곁길로 빠지긴 하지만, 막상 결정을 앞둔 상황에서는 올바른 선택을 할 가능성이 꽤 높습니다. 아기를 새 차와 맞바꿀 사람은 없을 것입니다. 결혼생활과 회사 대표직을 맞바꿀 사람이 있을 것 같지도 않습니다. 건강한 70년과 폭식 및 방종의 40년을 의식적으로 맞바꿀 사람이 있을까요? 일요일 아침에 예배에 참석하여 하나님과의 관계를 명확히 하는 것보다 냉철한 숙고 끝에 혼자만의 시간을 갖기로 결정할 사람은 없을 것입니다.

이런 맞바꿈을 하는 사람이 실제로 없다는 뜻은 아닙니다. 하지만 의식적으로 그렇게 하는 경우는 많지 않다고 저는 생각합니다. 이런 거래가 성사되는 것은 사람들이 그 내용을 검토하지 않고, 뭔가 중요한 맞교환이 이루어지고 있다는 사실을 부정하고, 조건이 정해지고 맞교환이 돌이킬 수 없는 것이 되기 전까지는 깊이 생각하지 않기 때문입니다.

"좋은 것들"은 창조, 인간, 하나님과 관련된 것들입니다. 여기에 동의하는 것은 그리 어렵지 않습니다. 흥미롭게도, 좋은 것들은 거의 언제나 연결성, 즉 그들과 우리 사이에 설정된 관계의 관점에서 언급됩니다. '즐거움', '칭찬', '용서', '사랑', '평화', '만족', '성취' 같은 것들 말입니다. 좋은 것들은 우리가 공유할 수 있는 것들, 즉 관계를 맺게 하는 힘을 가진 것들입니다. 그리고 관계가 깊어질수록 "좋은 것들"의 좋음이 더 많이 실현됩니다.

어릴 때 저는 친구 무리와 함께 비밀 '모임 장소'였던 동굴로 피신하곤 했습니다. 한 장면이 머릿속에 생생히 남아 있습니다. 우리 무리 중 네 명 정도가 깜빡거리는 촛불을 켜놓고 동굴에 모였습니다. 우리는 날카로운 칼을 들고 엄숙한 의식에 따라 차례대로 손가락을 벤 다음 절개 부위에 서로의 피를 묻혔습니다. 그렇게 하면서 서로와 일종의 언약을 맺고 약속을 했습니다. 그때부터 죽 우리는 피를 나눈 형제였습니다. 생명의 가장 분명한 표시인 피를 주고받은 사이였습니다.

어린 시절의 이 경험은 기본적인 교환의 원리를 잘 보여줍니다. 저에게는 제가 가진 가장 좋은 것을 다른 사람과 나누고 싶은 기본적 욕구가 있습니다. 다른 사람이 가진 최고의 것을 제 안으로 받아들이고 싶은 욕구도 있지요. 이런 교환이 이루어질 때 저는 가장 생기 있고, 가장 충만히 채워지며, 있는 그대로의 세상 및 창조된 제 본모습과 가장 긴밀히 이어집니다.

하지만 이와 전혀 다른 경험도 있습니다. 우리는 피를 나누는 것, 즉 "좋은 것들"을 교환하는 것과는 극명하게 대조되는 일에 일상적으로 참여합니다. 다른 사람들에게 잘못된 의견, 제대로 이해하지 못한 정보, 미성숙한 감정적 반응 같은 아주 못난 면들을 내보일 때가 적지 않습니다. 저는 다른 사람들에게 자신을 내어 주는 대신에 그런 것들을 집어던집니다. 그 결과, 그들은 사람 사이의 교환에서 사기를 당한 것입니다. 제가 그들에게 열등한 상품을 건넸으니까요. 하나님은 저를 사랑하고 생각하고 용서하고 칭찬하고 드높이는 존재로 창조하셨는데, 저는 다른 사람과 맞닥뜨릴 때 그런 진품들 대신에 위조품을 슬쩍 끼워 넣습니다. 정직한 칭찬 대신에 억지 미소를 띠고, 진솔한 감정 대신 냉랭한 무관심을 보이고, 정신력을 합리적으로 써서 내린 결론 대신에 급조된 편견을 내놓습니다. 제가 한 일은 피를 준 것도 받은 것도 아닙니다. 상대방을 기계적인 스크린으로 취급하고 저의 두려움, 제가 싫어하는 것들, 저의 환상을 투사한 것이지요.

다른 사람들도 저에게 그렇게 하는 것을 봅니다. 제 서재를 방문한 사람과 이야기를 나누다 보면 가끔 이렇게 말하고 싶을 때가 있습니다. "이보세요, 지금 나한테 말하는 게 아니잖아요. 당신은 지금 내 어깨 너머에 있는 누군가에게 말하고 있어요. 당신 아버지나 어머니, 경쟁자에게 말이에요. 나를 보세요. 진짜 나하고 얘기하자고요. 나는 당신 마음대로 아무거나 채울 수 있는 빈 공간이 아니에요. 나만의 내용이 있어요. 개성이 있습니다. 나를 바라보고 내 속에 있는 진짜 사람에게 말하세요."

우리는 모두 인간 이하의 존재, 하나님이 창조하시고 구원하신 고유한 인격체가 아닌 존재로 취급받는 것에 기본적으로 분개하고 저항합니다. 우리는 취향과 교양 따위라고는 없는 만만한 고객 취급받는 것을 좋아하지 않습니다. 감정과 열망도 없이 일만 하는 존재로 보는 시선을 좋아하지 않습니다. 다른 사람의 '대역'으로 취급되는 것을 좋아하지 않습니다.

시인이나 성인이 아니어도 인생에 좋은 것들이 가득함을 알 수 있습니다. 그러나 좋은 것들이 우리에게 도착할 무렵이면 나쁜 것들로 바뀝니다. 산산이 부서져 흩어집니다. 좋은 것들이 있다는 것을 모르지는 않지만, 좋은 것들과 어떻게 지속적이고 온전한 관계를 맺을 것인지가 문제입니다. 좋은 것들과 나 사이에 피를 나눈 관계를 수립하는 것이 문제입니다.

매일 많은 사람들이 우리에게 서로 삶을 나누자고 초대합니다. 피를 섞자고 합니다. 하지만 그런 일은 일어나지 않거나 충분히 일어나지 않는다는 느낌이 듭니다. 그리고 이런 상황에 대해 뭔가를 하려 드는 사람이 많습니다. 그중 한 사람이 히브리서를 썼습니다.

행간을 조금 읽어 보면 이 편지를 받은 그리스도인들의 상황을 재구성할 수 있습니다. 그 상황은 한마디로 어지러웠습니다. 전통이

헝클어졌습니다. 그들의 삶에는 하나님, 천사, 제사장, 의식, 믿음의 영웅들에 대한 기억 등 좋은 것들이 가득했지만 박해, 시련, 믿었던 사람들의 배교 등 혼란스러운 요소들이 전면에 등장했습니다. 거기에 의심, 피로, 우울증, 교만, 증오, 무기력함까지 더해졌습니다.

이런 소용돌이 속에서 사람들은 큰 혼란을 느꼈습니다. 이런 상황에서 사람은 어떻게 삶의 의미를 파악할 수 있을까요? 어떻게 중심을 찾을 수 있을까요? 어떻게 조금이라도 가치 있는 부분들과 살아 있는 관계를 맺고 그 작업을 일관성 있게 이어 갈까요?

해답은? 제사장입니다. 제사장은 연결시키는 사람입니다. 사람들이 의미와 단절되지 않도록 둘 사이에 살아 있는 관계를 수립하는 존재입니다. 제사장은 사람을 위해 세상과 인류와 하나님과 관련된 것들을 한데 묶어 줍니다. 제사장은 관계의 수리공 같은 역할을 합니다. 접속이 엉망이 되고 회로가 합선되고 연결부위가 잘 맞지 않을 때, 그는 모든 것을 다시 맞추고 연결하려고 노력합니다.

어디든 사람들이 공동체를 이루고 살았던 곳에는 제사장이 있었습니다. 제사장은 가장 오래된 직업입니다. 관계를 경험하는 곳이라면 어디든 결과적으로 관계의 단절이 일어났고, 단절된 관계를 치유하고 아주 깊이 있게 삶을 나누는 일을 회복하려는 시도가 있었습니다. 제사장은 이러한 시도에서 단연 두드러지는 인물입니다. 관계를 다시 수립하는 것, 좋은 것들의 흐름을 회복하는 것을 가리키는 데 자주 쓰는 상징이 '피'입니다. 피는 삶의 가장 내밀한 부분을 나타내고, 이것이 흘러나와 우리의 문제, 소망, 욕망과 생생하게 접촉합니다.

하지만 제사장들이 그들의 업무 중 한 가지에만 전문가가 되면 일이 아주 어려워집니다. 그렇게 되면 어떤 제사장은 인간과 하나님의 관계가 가장 중요하다고 말할 것입니다. "당신은 하나님께 죄를 지었습니다. 하나님과 화해하는 법을 알려 드리겠습니다. 이런저런 제물을 바치고 이런저런 행동을 하면 모든 것이 괜찮아질 겁니다." 다른 제사장은 다른 사람들과의 관계가 중요하다고 말할 것입니다. "몇 가지 도덕적 교훈을 알려 드리고 몇 가지 윤리적 행동을 훈련할 수 있게 도와드리겠습니다. 다른 사람들과 관계를 맺는 법을 배우면 괜찮아질 겁니다."

그러나 한 인간으로서 저는 그런 식의 양자택일을 해야 한다는 데 기본적으로 반대합니다. 어느 쪽을 선택하든 제 삶의 절반이 배제되니까요. 저와 하나님의 관계에 문제가 많다는 것을 부인하지 않지만, 제 삶에는 그것 말고도 고쳐야 할 부분이 아주 많습니다. 그리고 다른 사람들과의 관계에 신경 쓸 부분이 꽤 있다는 것을 알지만, 궁극적이고 지극히 개인적인 하나님과의 관계에서도 뭔가 조치가 필요합니다. 만약 하나님과 사람 중 하나만 선택해야 한다면, 저는 그야말로 난감한 상황에 놓이게 됩니다.

그런 선택을 내린 사람들을 살펴보면 상황이 해결되기는커녕 더욱 난감해진다는 것을 알 수 있습니다. 그들 중에는 우선, 하나님과의 관계 전문가가 있습니다. 하나님에 대해 많이 알고, 기도도 많이 하고, 하나님을 기쁘시게 할 법한 경건한 삶에 충실합니다. 하지만 그들과 함께 사는 일은 그리 즐겁지가 않습니다. 그들은 사람들을 불쾌하게 만드는 데 탁월한 재능이 있는 것 같습니다. 그리고 바로 코앞에 있는 해야 할 일들을 무시하는 환상적인 능력도 가지고 있습니다.

그런가 하면 인간관계에 능숙한 사람들도 있지요. 이들은 다른 사람들에게 많은 관심을 갖는 것처럼 보입니다. 많은 봉사와 도움의 활동에 참여합니다. 사람들의 필요에 민감하게 반응하고 도울 방안을 적극적으로 찾아냅니다. 그러나 우리는 그들의 삶도 평면적이라는 것을 보게 됩니다. 그들은 삶을 기능과 필요로 축소시킵니다. 그들이 수립한 관계는 그리 많은 것을 담아내지 못합니다. 피가 물 탄 것처럼 희석됩니다.

이 난감한 자리에서 복음이 선포됩니다. 예수님이 좋은 것들의 제사장이시라는 소식입니다. 예수님은 오래된 업무인 제사장 직분을 맡으십니다. 끊어진 것들을 연결하시고 존재의 파편들을 한데 붙이셔서 우리를 소중한 모든 것과 이어져서 살아갈 수 있게 하십니다.

그러나 그리스도는 둘 중 어느 한 가지의 전문가가 아닙니다. 그분은 우리가 하나님과의 관계를 먼저 개선해야 한다고 말씀하시지 않습니다. 사람과의 관계를 먼저 다루어야 한다고도 말씀하시지 않습니다. 그리스도께서는 기본적으로 우리가 신인(神人)이신 그분을 만나야 한다고 말씀하십니다. 그분은 가장 높은 것과 가장 낮은 것, 신적인 것과 인간적인 것, 하늘의 것과 땅의 것을 그분 안에서 하나로 모으십니다. 그분이 제사장이 되실 때는 어떤 것도 왜곡되거나 균형을 잃거나 제거되지 않습니다. 관계를 이루는 삶에 필수적인 모든 요소가 회복되고 치유됩니다.

뉴욕의 헤이든 천체투영관에는 사람들에게 태양계와 화장실이 계단 위쪽이라고 안내하는 표지판이 있었습니다.[50] 예수님의 제사장 직분이 그와 같은 안내를 맡아 줍니다. 그분은 가장 평범하고 일상적이고 예사롭게 보이는 모든 것의 중심이시자, 멀리 떨어져 있고 고귀하며 열망에 불타고 이상적으로 보이는 모든 것의 중심이시기도 합니다. 이 두 '모든 것'의 표지판은 위쪽, 즉 그리스도를 가리킵니다.

히브리서는 그리스도께서 모든 것을 연결하여 살아 있는 관계를 이루게 하신다는 것을 정교하게 보여줍니다. 인간 공동체의 삶에서 서로 분리되었던 모든 것을 다시 하나로 모으는 복잡한 논증을 제시하지요. 예수 그리스도는 좋은 것들의 제사장이십니다. 그분은 자신의 피와 우리의 피를 섞으십니다. 십자가에 달리신 그분의 몸에서 쏟아진 피는 믿음으로 인한 생명의 교환을 이루어지게 하고 모든 좋은 것과 우리를 관계 맺게 합니다.

이 진리는 즉각적으로 확장됩니다. 그리스도는 그리스도인 안에 살아 계십니다. 바울은 이것을 "너희 안에 계신 그리스도"라고 표현합니다. 그리스도의 제사장직은 그분의 주 되심을 고백하는 사람 안에서 재현됩니다. 종교개혁에서는 이것을 "모든 신자의 제사장직"이라는 문구로 설명했습니다. 이 문구는 '만인이 자신의 제사장'이라는 의미가 아니라 '만인이 다른 만인의 제사장'이라는 의미입니다.

다른 사람을 여러분의 제사장, 즉 그리스도께서 그 안에 살아 계신 제사장으로 바라본 지가 얼마나 되었습니까? 우리가 다른 그리스도인의 삶을 어떻게 평가하든 그는 제사장직을 충분히 감당할 수 있습니다. 하나님은 우리가 완전해지기를 기다리시지 않고 우리 안에서 일하기 시작하십니다. 하나님이 우리의 완전함을 기다리시지 않는다면, 우리도 그렇게 하는 것이 나을 것입니다. 하나님이 다른 사람을 우리의 제사장으로 선택하셨으니 우리는 그를 제사장으로 받아들여야 합니다. 우리가 평소에 그가 일을 잘 못한다고 비판했다는 사실은 이 문제에 거의 영향을 주지 못합니다. 이 문제에 대한 우리의 호불호는 그다지 중요하지 않습니다. 그리스도께서는 이런 방식으로, 즉 그분의 이름을 고백하는 사람들을 통해 그분의 제사장직을 나누기로 선택하셨습니다. 다른 사람들이 수행하는 이런 제사장 활동을 받아들여야만 우리는 하나님의 생명과 인간의 생명이 뒤섞여 새로운 하나가 되는 복잡한 관계 안에 다시 합류할 수 있을 것입니다.

여러분도 아시겠지만 저는 다른 사람들의 제사장이 되라고 촉구하는 것이 아닙니다. 이것은 촉구할 가치가 있고 분명히 복음의 일부이지만, 저는 지금 그 말을 하는 것이 아닙니다. 저는 이것의 이면을 명확하게 전달하려고 하고 있습니다. 다른 사람들이 여러분에게 그리스도의 제사장 역할을 하는 것을 허락해야 한다는 말입니다. 여러분은 그들의 사역을 받아야 합니다. 그리스도께서 여러분을 위해 그들에게 주신 것을 그들이 건네도록 허용해야 합니다.

우리는 다음과 같이 말하는 오만함에 빠져서는 안 됩니다. "나는 그리스도를 나의 좋은 것들의 제사장으로 받아들이지만 그분의 사자들한테서는 아무것도 받지 않겠어요. 그 사람들은 나의 언어로 말하지 않아요. 나를 이해하지 못해요. 피부색과 헤어스타일이 틀려먹었어요."

우리는 돕고 전도하고 치유하는 활동에 지나치게 몰두하고 있습니다(이것은 히브리서를 토대로 우리의 영적 상태를 진단한 내용입니다). 우리는 받아들이고 수용하고 치유받고 응원받고 복을 받는 더 심오한 능력을 키워야 합니다. 관계는 언제나 상호적이고, 나눔은 항상 호혜적입니다. 그리스도께서는 모든 관계의 중심에 서서 자신의 생명을 주시고 우리의 생명을 받으십니다. 그분은 좋은 것들의 제사장이십니다. 그리고 그분은 모든 그리스도인 안에 계셔서 이 강력한 제사장적 행위를 각자의 방식으로 구체화하고 경험할 수 있도록 기회를 주십니다. 이 일은 우리의 수준으로 내려와 우리가 아는 사람들 사이에서 전개됩니다. 우리는 이 일을 피해 갈 수 없습니다. 외면할 수도 없습니다. 거부하든지 받아들이든지 선택해야 합니다.

아멘.

변하다

그리고 엿새 뒤에 예수께서 베드로와 야고보와 요한만을 데리고… 그들이 보는 앞에서, 그의 모습이 변하였다. 그 옷은… 빛났다. 마가복음 9:2-3, 새번역

*

여러분에게 그리스도인의 삶은 무엇입니까?

힘써 절제하며 책임을 다하는 것입니까? '해야' 하는 일을 하는 것입니까? 아니면 근심걱정 없이 자유를 누리며 사랑과 생명을 축하하는 것입니까? 둘 중 어느 한쪽에 자리를 잡았습니까? 그렇다면 여러분은 도로에서 벗어난 것입니다. 왜냐하면 둘 다, 그러니까 율법주의와 자유지상주의 모두 도랑이기 때문입니다. 어느 쪽도 기독교적인 길이 아닙니다. 하지만 둘 중 어느 한쪽에 빠지기가 쉽지요. 때로는 연달아 둘 모두에 빠지기도 합니다.

우리는 이렇게 말하기 쉽습니다. "자, 하나님이 계명을 주셨어. 하나님이 내게 행하라고 이 모든 계명을 주셨으니 당연히 다 지켜야지. 난 좋은 사람이 되고 싶어." 그래서 아침에 일어나서 하나님이 원하시는 일을 하고 그분의 뜻에 순종하기로 결심합니다. 이것은 힘든

일입니다.

그런데 정반대로 할 수도 있습니다. 이렇게 말하는 거지요. "자, 하나님은 해야 할 일을 다 하셨어. 하나님이 우주를 운행하시고 나를 내 죄에서 구원하셨으니 이제 아무 근심걱정 없어! 나는 아무것도 할 필요가 없어. 하나님이 다 하시니까." 이 무한한 자유 속에서 우리는 경쾌한 발걸음으로 인생길을 아주 무책임하게 걸어갈 수 있습니다. 일이 잘못되면 모든 책임을 하나님께 돌리고, 일이 잘되면 모든 영광을 하나님께 돌리면서 말이지요.

두 가지 방식 모두 나름의 매력이 있습니다. 때로 우리는 책임감을 느낍니다. 이 세상에 정말 무엇인가를 기여해야 한다고 느끼며 이것저것 잔뜩 결심합니다. 하지만 그와 동시에 우리는 삶에 그것보다 훨씬 많은 것이 있다는 사실도 압니다. 인간으로 존재하는 것 자체에 생명력이 있지요. 그래서 우리는 온갖 다른 것을 향한 열망을 주체하지 못하고 이렇게 말합니다. "난 그냥 한 마리 나비가 되어 아름다움을 즐기면서 살고 사랑할 거야."

그리스도인의 삶의 이런 양상은 기독교회 전체에서도 볼 수 있습니다. 2천 년의 교회사를 되돌아보면, 그리스도인들이 도덕적 책임의 길을 요리조리 헤쳐 온 모습은 술 취한 운전자가 도로에서 이리저리 방향을 바꾸는 모습과 비슷했습니다. 처음에는 '이쪽' 도랑으로 돌진해 들어갔다가 방향을 바꿔 '저쪽' 도랑에 빠집니다. 다시 저 도랑으로 들어갔다가 한동안 도로 중앙에 머무는가 싶더니 어느 한 차선을 타기는커녕 포장도로 자체에 오래 있지 못하고 바로 도로를 벗어납니다. 그러다 보니 아니나 다를까, 자동차 펜더가 찌그러지고 타이어가 펑크 나며 가끔은 사람을 불러 차를 끌어내어 수리하고 다시 출발할 수 있게 도움을 받아야 합니다. 우리 삶도 종종 어느 정도는 이런 식으로 도랑과 도랑을 전전하지 않나 우려가 됩니다.

그리스도 안에서 성장한다는 것은 도로 한가운데로 들어가 거기서 죽 달리는 것과 같습니다. 책임과 자유 사이에서 균형을 잡고, 하나님이 모든 것을 하셨다는 것과 우리도 해야 할 일이 있다는 것을 균형감 있게 이해하는 것입니다. 그리스도인으로서의 삶은 오락가락하기를 멈추고, 종교적이고 영적인 사람들을 유혹하는 양쪽 도랑을 피해 가는 것을 의미합니다. 두 도랑 어느 쪽에도 처박히지 않고 그 사이로 죽 뻗은 고속도로를 달려가는 것을 말합니다.

마가복음에 나오는 오늘 성경 교훈의 좀 더 넓은 맥락으로 돌아가 봅시다. 예수님은 제자들과 함께 계십니다. 가이사랴 빌립보로 걸어가는 중에 예수님이 제자들에게 물으십니다. "사람들이 나를 누구라고 하느냐?"막 8:27 당시는 예수님이 2년 동안 제자들과 함께 지내시면서 가르치고 치유하고 사역하셨던 때입니다. 예수님은 그들과 많은 대화를 나누셨습니다. 제자들은 예수님이 많은 일을, 심지어 선지자적인 일들까지 하시는 것을 지켜보았습니다. "엘리야라고 하는 사람들도 있고, 또 예언자 가운데 한 분이라고 하는 사람들도 있습니다"막 8:28, 새번역. 제자들은 예수님에 대한 사람들의 생각을 말하기 시작합니다. 하지만 예수님은 그 말을 듣고 싶으신 것이 아닙니다. 그분이 물으십니다. "너희는 나를 누구라 하느냐?" 그러자 베드로는 놀랍게도(이렇게 표현하는 것은, 베드로는 그렇게 똑똑한 것 같지 않을 때가 종종 있기 때문입니다) 진실을 말합니다. "주는 그리스도시요 살아 계신 하나님의 아들이시니이다"마 16:16.

그렇습니다. 베드로는 예수님이 하시는 일을 봅니다. 사람들이 메시아의 정체 위에 덮어씌운 온갖 위장막을 헤치고 그 안으로 들어갑니다. 그는 위장막을 꿰뚫어 보고 예수님의 실체가 그리스도이심을 깨닫습니다. '이분이 하나님의 기름 부음을 받은 분이구나. 우리 가운데 계신 하나님이구나.' 그리스도인의 삶의 중심에는 이러한 고백 또는 발견이 있습니다. 이것을 깨닫게 되면 집에 온 것입니다. 하나님이 우리가 알기를 원하시는 것을 우리가 발견한 것입니다. 우리의 삶이 중심을 잡은 것입니다.

그러나 베드로의 고백이 끝나기가 무섭게 예수님은 바로 가르침을 이어 가면서 이전에 다룬 적이 없는 어려운 주제로 넘어가십니다. "인자가 많은 고난을 받고 장로들과 대제사장들과 서기관들에게 버린 바 되어 죽임을 당하고 사흘 만에 살아나야" 한다막 8:31고 말씀하십니다. 이 구절이 예수님의 죽음 예고가 등장하는 복음서의 첫 대목이라는 사실을 기억하십시오. 이전에 제자들은 이런 말을 한 번도 들어본 적이 없었습니다. 그들에게는 '사흘 만에 살아난다'는 마지막 구절을 담아낼 범주 자체가 없었을 것입니다. 고난과 핍박, 십자가 처형에 대한 이 갑작스러운 말씀에 그들은 완전히 질리고 경악했습니다. 그 말씀이 자기들에게 해당할 리는 없었습니다. 메시아에게 해당할 리는 더더욱 없다고 보았겠지요.

얼마나 실망스러웠겠습니까! 이 구절 바로 앞에서 그들은 그리스도를 알아봤습니다. 예수님은 그들이 제대로 알아봤음을 인정하셨습니다. 위대한 일을 하실 수 있는 권능의 하나님이 여기 그들과 함께 계십니다. 그런데 그분이 갑자기 이런 식으로 고난에 대해 이야기하시다니요? 이런 정황을 참작한다면 베드로의 항의는 상당히 절제되어 있습니다. "아니요, 그러지 마십시오." 본래는 이런 의미입니다. "일은 그렇게 하는 것이 아닙니다." 그러자 예수님은 참지 못하고 베드로 쪽으로 휙 돌아서며 말씀하십니다. "사탄아, 내 뒤로 물러가라"막 8:33. 이렇게 해서 우리는 예수님이 그리스도이시라는 사실을 가장 먼저 알아본 베드로가 '그리스도'의 의미를 오해한 첫 번째 사람이 된다는 엄연한 사실 앞에 서게 됩니다.

짧은 말다툼이 끝난 후, 예수님은 말씀을 시작하신 지점으로 참을성 있게 되돌아가 고난의 길, 자기부인의 길을 이야기하십니다. "누구든지 나를 따라오려거든 자기를 부인하고 자기 십자가를 지고 나를 따를 것이니라. 누구든지 자기 목숨을 구원하고자 하면 잃을 것이요"막 8:34-35. 그분은 이 이미지들을 자세히 설명하십니다. 십자가라는 어려운 길의 필요성에 대해 말씀하십니다.

지리적으로 예수님 일행은 한참 북쪽에 있었고 예루살렘은 남쪽에 있습니다. 곧 그들은 남쪽으로 내려가는 여행을 시작하여 예루살렘으로 곧장 나아갈 것입니다. 그곳에서 예수님은 십자가 처형을 당하게 됩니다. 그들은 제자가 되는 법을 알아야 합니다. 책임을 지는 법을 알아야 합니다. 예수 그리스도를 따르는 사람이 감당해야 하는 힘든 일들을 수행하는 법을 배워야 합니다. 이것은 제자들이 예상하지 못한 어려운 길입니다. 그래서 예수님은 예루살렘으로 떠나시기 전에 제자 중 세 명을 데리고 높은 산으로 올라가십니다.

그 산은 아마 헤르몬산일 것입니다. 헤르몬산은 레바논 산지에 있는 2,800미터 높이의 산으로 여름에도 보통 눈이 쌓여 있습니다. 예수님은 베드로, 야고보, 요한을 증인으로 데리고 가십니다. 그들은 베드로의 신앙고백이 있고 나서 엿새 뒤에 산을 오릅니다. 그 6일 동안 예수님이 제자들에게 자기부인과 제자도에 대해, 자기 십자가를 지는 것에 대해 말씀하셨을 것으로 짐작할 수 있습니다. 그러고 나서 예수님은 제자들 중에서 뽑은 세 사람과 함께 높은 산의 능선에 이르십니다. 엿새가 지나고 일곱째 날은 안식일입니다. 엿새 동안은 일하고 안식일에는 하나님이 쉬셨던 것처럼 그날은 쉼의 날입니다. 안식

일은 기쁨의 날, 하나님의 일을 묵상하는 날, 과거를 돌아보며 기뻐하는 날, 하나님을 예배하고 그분의 임재를 누리는 날입니다.

북쪽의 높은 산에서 제자들은 뭔가 위대한 일에 대한 기대를 품었을 것입니다. 메시아가 오시면 북쪽 산에 그분의 왕국을 세우시리라는 이야기가 유대인들 사이에 퍼져 있었기 때문입니다. 그래서 지난 엿새 동안 자기를 부인한다는 둥 십자가를 진다는 둥 실망스러운 말씀을 들었음에도 불구하고, 제자들은 일곱째 날이 다가오는 시점에 산을 오르면서 이런 생각을 했을 것입니다. '뭔가 대단한 일이 아직 일어날 수 있어.' 그리고 과연 그렇게 되었습니다.

그들이 산에 도착했을 때 예수님은 제자들 앞에서 변모하셨습니다. 변하셨습니다. 마태복음과 누가복음은 예수님이 어떤 모습이었는지 설명하려고 하지만, 마가복음은 그렇게 하지 않습니다. 마가는 예수님의 옷이 표백제로도 그렇게 희게 만들 수 없을 만큼 새하얗고 눈부시게 빛났다고 말할 뿐입니다. 제자들이 본 것은 왕의 복장이었습니다. 이곳에서 하나님은 예수님이 왕이심을 보이고 왕의 복장을 입히신 것입니다. 구약성경 시편에는 이런 장면을 기대하는 대목이 많습니다. "여호와께서 권위를 입으셨도다.… 능력의 옷을 입으셨다" 시 93:1. "여호와께서… 왕으로 좌정하시도다" 시 29:10. "그가 그의 능력으로 영원히 다스리신다" 시 66:7.

사람들이 오랜 세월 동안 메시아에 관한 시라고 생각했던 유명한 시편이 있습니다.

내가 나의 왕을
내 거룩한 산 시온에 세웠다 시 2:6.

여호와께서 시온에서부터 주의 권능의 규를 내보내시리니
주는 원수들 중에서 다스리소서 시 110:2.

그 세 제자는 예수님이 초자연적으로 입으신 옷, 그분의 왕복을 보고 이런 말씀들을 떠올렸을 것입니다. 예수님이 그리스도이심을 알아본 제자들은 하나님이 이제 그분을 높은 산에서 세상의 통치자로 세우시고 옷 입히신 모습을 보았습니다. 그들은 예수님이 엘리야 및 모세와 함께 계신 것을 보았습니다. 모세는 율법을, 엘리야는 선지자를 대표하지요. 과거를 대표하는 이 두 위인은 예수님 이전에 일어난 모든 일을 아우른다고 말할 수 있습니다.

아시다시피 하나님 나라는 예수님 안에서 시작되고 있지만, 처음부터 다시 시작되는 것은 아닙니다. 과거의 모든 것, 즉 히브리 민족과 함께했던 하나님 나라의 모든 이야기와 모든 경험이 그 안에 그대로 남아 있습니다. 하나님은 그분의 나라를 시작하실 때 그 어떤 것도 배제하지 않으십니다. 처음부터 다시 시작하지 않으십니다. 하나님은 과거의 모든 것을 가져다 새로운 것에 통합하십니다. 오래된 것을 헐어 버리고 불도저로 잔해를 치우지 않으십니다. 하나님은 보수적이십니다. 그분은 어떤 것도 낭비하지 않으십니다. 모세와 엘리야가 하나님 나라를 다스리기에는 부적합했을지 몰라도 쓸모없는 존재는 아니었습니다. 이제 그들은 예수님과 함께 하늘 궁정의 일원이 됩니다.

그러니까 그 제자들은 하나님이 예수님에게 왕복을 입히시는 장면의 증인으로 그 자리에 있는 것입니다. 베드로는 이 모든 이야기에 대해 대표응답자로 말합니다. "랍비여, 우리가 여기 있는 것이 좋사오니 우리가 초막 셋을 짓되 하나는 주를 위하여, 하나는 모세를 위하여, 하나는 엘리야를 위하여 하사이다"막 9:5.

그때 베드로의 마음 한구석에 그가 익숙하게 참여해 왔던 절기의 경험이 떠올랐습니다. 그것은 장막절이었습니다. 유대인들은 매년 가을에 장막절을 지켰는데, 그때 두 가지 일을 했습니다. 천막에 거주하면서 광야를 방랑하던 옛 시절을 떠올리고, 그 시기에 하나님이 어떻게 그들을 보호하고 보살피고 인도하셨는지 기억하는 일이었습니다. 또 장막절은 언약의 말씀을 새롭게 받아들이는 시기이기도 했습니다. 7일 동안 이어지는 이 절기에 유대인들은 율법서를 다시 읽고 율법에 다시 헌신했습니다. 게다가 가을 절기였기 때문에 장막절은 우리의 추수감사절과 비슷한 수확의 절기였습니다.

세월이 흐르면서 이 절기도 성장하고 발전했으며, 예수님 시대에 이르러서는 이미 백 년 가까이 하나님이 모든 것을 거둬들이실 거라는 우주적 기대를 담아낸 절기가 되어 있었습니다. 유대인들은 이 모든 것을 종합하여 마지막 날에 초막절이 최후의 절기가 되고, 그때 하나님이 모든 것을 한데 모으시며, 그분의 백성이 초막을 세워 그 안에서 지내는 것처럼 그때 하나님이 오셔서 그들과 함께 지내시리라고 생각했습니다. 새 성전, 새 거처, 새 장막이 있을 것이었습니다. 베드로는 그 과정을 조금 앞당겨 보려고 이렇게 말했습니다. "주님, 그 일을 하십시다. 때가 왔습니다. 주님은 그리스도이십니다. 이제 저는 주님이 왕이심을 압니다. 제가 장막을 만들겠습니다."

그런데 예수님은 그를 완전히 무시하십니다.

베드로의 오류는 사실 그렇게 심각한 것이 아니었습니다. 그는 당시 일어나고 있는 일의 핵심을 파악했습니다. 예수님이 어떤 일을 하시고 그분께 어떤 일이 일어나는지 알아보았습니다. 베드로의 말은 신앙고백 후 길에서 예수님께 야단을 맞게 만든 항의와는 달랐습니다. 그러나 무슨 일이 일어나고 있는지는 알았지만 그에 대한 대응이 부적절했습니다. 아마 당시에는 달리 적절한 대응 방법이 없었을 것입니다.

그때 실제로 일어난 일은 구름이 예수님과 모세, 엘리야를 감싼 것이었습니다. 빛으로 가득 찬 구름을 상상해 보십시오. 광야에서 하나님의 임재를 상징하며 이스라엘 백성을 인도했던 구름처럼 찬란한 그것을 말이지요. 여러분은 여기에 해당하는 히브리어 '쉐키나'를 들어 보셨을 것입니다. 유대인들은 하나님의 '쉐키나', 즉 눈에 보이는 빛으로 나타나 그분의 백성을 감싸는 하나님의 영광에 대해 말했습니다. 그날, 산에서 바로 그 쉐키나가 나타난 것입니다. 베드로가 나뭇가지와 나뭇잎을 엮어 만들고자 했던 허술하고 작은 장막들 대신에, 하나님의 장막이 내려와서 세 사람을 뒤덮었습니다. 그것은 하나님이 베드로에게 이렇게 응답하신 것과 같습니다. "이 사람들이 거할 장막을 짓고 싶어 하는 네 마음은 알겠다만, 너는 그것을 만들 수 없다. 네가 건축하는 어떤 장막도 이 일에 적합하지 않을 것이다. 내가 직접 짓겠다." 이렇게 해서 예수님은 헤르몬산 능선에서 가시적인 하나님의 임재가 되셔서 백성 가운데 거하셨습니다tabernacle.

사도 요한도 같은 생각을 가지고 있습니다. 요한복음 서두에서 그는 "말씀이 육신이 되어 우리 가운데 거하시매"('tabernacle'과 같은 의미인 'dwelt'가 쓰입니다)라고 말합니다요 1:14. 예수님은 바로 이곳에 그분의 거처를 마련하셨습니다. 요한계시록 말미에 하나의 그림이 같은 단어와 함께 등장하는데, 하나님의 성전이 하늘에서 내려와 땅에 거하는 모습을 보여줍니다. "하나님의 장막이 사람들과 함께 있으매"계 21:3. 하나님의 거처, 하나님의 장막이 사람들과 함께 있는 것이지요. 이 이미지의 핵심이 그리스도의 변화 이야기에 담겨 있습니다.

요한이 길게 설명해야 했던 내용이 여기 이 장면에 한눈에 알아볼 수 있게 담겨 있습니다. 하나님이 임재하십니다. 하나님의 거처가 권세와 영광 가운데 사람들과 함께 있습니다.

제자들은 이것을 알아야 했습니다. 우리도 이것을 알아야 합니다. 구름이 내려온 다음, 하늘에서 이런 음성이 들려옵니다. "이는 내 사랑하는 아들이니 너희는 그의 말을 들으라"막 9:7. 예수님이 세례 받으실 때 들려온 바로 그 말씀, 하나님이 예수님을 자신의 아들로 인정하시는 그 말씀이 나오고 "너희는 그의 말을 들으라"라는 명령이 추가됩니다. "그의 말"은 제자들이 오는 길에 들었던 십자가를 지는 것, 자기부인, 고난에 관한 가르침을 가리키는 것이 틀림없습니다. "그의 말을 진지하게 받아들여라. 그의 말은 진정 참되다. 그 사실을 결코 잊어서는 안 된다." 그다음, 순식간에 상황이 종료되고 그들에게는 예수님 한 분만 보였습니다. 그리고 그들은 산을 내려갑니다.

이 이야기에는 우리가 알아야 할 중요한 두 가지가 담겨 있습니다. 첫째, 그리스도인의 삶에 대한 이야기를 할 때 자기를 부인하고, 십자가를 지고, 고난받고, 책임감 있는 사람이 되는 영역에만 머물러서는 안 됩니다. 우리는 영광스럽게 축하하시고 행복해하시고 통치하시는 이 하나님과 함께해야 합니다. 우리는 아무것도 하지 않고 하나님이 모든 것을 하시는 영역으로 어느 정도 들어가야 합니다. 베드로와 제자들은 산에서 아무것도 할 수 없었습니다. 그들에게는 어떤 일도 허락되지 않았습니다. 하나님이 모든 것을 하셨습니다.

우리는 이것을 '반드시' 배워야 합니다. 이것을 모르면 그리스도인의 삶을 너무 심각하게만 받아들일 수 있기 때문입니다. 그리스도인의 삶에서 다른 것을 다 걷어 내고 이 단순하고 엄중한 책임만 남겨놓을 수야 있겠지만, 그리스도인의 삶이 그런 것일 리 없습니다. 둘째, 그와 동시에 예수님은 제자들을 산에 아주 오래 머물게 두시지 않았습니다. 산에서 그 일이 일어나는 동안 시간이 얼마나 흘렀는지는 모르지만, 아마도 하루가 넘지는 않았을 것입니다. 그리고 그들은 산을 내려가 예루살렘으로 향하는 길에 다시 올랐습니다.

그리스도인의 삶에는 변화산을 중간에 두고 가이사랴 길과 예루살렘 길이 이루는 리듬이 유지되어야 합니다. 저는 그 방법을 말씀드릴 수 있습니다. 그저 매주 이곳에 와서 마음과 목숨과 뜻과 힘을 다해 하나님을 예배하고, 하나님이 여러분에게 말씀하시도록 맡기고, 하나님이 무슨 일을 하시고 어떻게 통치하며 여러분을 어떻게 사랑하고 돌보는지 보여주시도록 맡기면 됩니다. 일주일에 하루는 아무 일도 안 하는 겁니다. 월요일에는 다시 뭔가를 시작하지만, 일요일에는 아무것도 하지 않습니다.

제가 볼 때 이상적인 교회는(저는 이 생각이 성경의 교회관에 근거한다고 생각합니다) 엿새 동안 아무도 교회 근처에 오지 않고 주일에는 모두가 오는 교회입니다. 가장 좋은 교회는 위원회가 없고 조직도 없고, 주일과 주일 사이에 교회에서 아무 일도 일어나지 않는 교회일 것입니다. 교인들이 할 일이 없어서가 아니라 반대로 할 일이 너무 많기 때문에 말입니다. 주중에 우리는 나가서 십자가를 지고, 자기를 부인하고, 예수님을 따르고, 복음을 증거하고, 이웃을 돕고, 하나님을 섬깁니다. 하나님이 우리를 부르신 대로 섬김과 고난의 길을 가는 백성이 되기 위해 책임감 있게 최대한 열심히 일합니다. 우리는 일합니다. 우리는 행합니다.

하지만 "일곱째 날"(그리스도인에게는 첫째 날)이 되면 우리는 이 모든 것을 뒤로하고 이곳에 옵니다. 그리고 하나님이 하시는 모든 일을 누립니다. 우리는 염려에서 벗어납니다. 자유로워집니다. 다시 어린이가 됩니다. 하나님이 다 하시도록 맡기고, 우리는 찬양하고 경배하며 그분의 임재를 인식합니다.

그런데 어떤 교회들은 계속 이것만 하려고 듭니다. 그리고 이렇게 말합니다. "주님, 우리가 초막 세 개를 지을 수 있게 해주십시오. 내일 밤에도 예배를 드립시다. 너무 좋습니다. 찬양도 대단하고 설교자도 너무 훌륭하니 다시 와서 예배를 또 드립시다. 월요일에도 화요일에도 모입시다." 그러다 보면 어느새 가족도 이웃도 길거리의 낯선 사람들도 소홀히 하게 됩니다. 그러나 이런 식으로는 안 됩니다. 베드로의 장막이 안 될 일이었던 것과 같습니다. 리듬이 있어야 합니다. 길 한가운데로 내려가야 합니다.

'부정'의 도랑이든 '축하'의 도랑이든 어느 쪽에도 빠지면 안 됩니다. 도로에 머물러야 합니다. 그러려면 리듬을 지켜야 합니다. 일과 예배 사이, 증언과 경배 사이를 '의도적'으로 오가야 합니다. 하나님의 백성으로 함께 모이고 하나님이 우리를 위해 오롯이 충만해지시도록 맡기는 것과 밖으로 나가 우리가 내놓을 수 있는 최대치의 목숨과 마음과 뜻과 힘을 다하여 그분을 섬기는 것 사이를 왔다 갔다 해야 합니다.

사도 바울은 오늘의 마가복음 말씀에 탁월하게 화답하면서 이렇게 말합니다. "너희는 이 세대를 본받지 말고 오직 마음을 새롭게 함으로 변화를 받아 하나님의 선하시고 기뻐하시고 온전하신 뜻이 무엇인지 분별하도록 하라"롬 12:2. 여기에 예수님이 "변화"transfigure되셨다고 할 때 쓰인 것과 같은 단어가 등장합니다. 또 바울은 고린도후서에서 이렇게 말합니다. "우리가 다 수건을 벗은 얼굴로…주의 영광을 보매 그와 같은 형상으로 변화하여[여기서도 동일한 언어 '변화하여'가 나옵니다] 영광에서 영광에 이르니 곧 주의 영으로 말미암음이니라"고후 3:18.

우리는 바로 이곳, 교회에서 이 일을 하도록 부름 받았습니다. 단순합니다. 우리는 예배 가운데 주님을 바라봅니다. 그리고 점점 더 영광스러운 모습으로 변화합니다.

충실한 예배를 통해 이 일을 반복하면서 우리는 주일과 주일 사이에 하나님이 우리에게 맡기기 원하시는 일을 행할 수 있도록 준비되고, 이곳에 모여 하나님의 하나님 되심을 누리고 큰 기쁨으로 그분을 찬양할 자유를 얻게 됩니다.

아멘.

부활절

EASTER

Lights a Lovely Mile

다시 살리심을 받았나니

너희가 그리스도와 함께 다시 살리심을 받았으면 위의 것을 찾으라. 거기는 그리스도께서 하나님 우편에 앉아 계시느니라. 골로새서 3:1

*

우리는 부활의 삼각형 한 모서리에 서 있습니다. 부활 삼각형의 첫 번째 모서리는 2천 년 전에 일어난 예수 그리스도의 부활입니다. 요한복음 20장은 그 이야기를 들려줍니다. 삼각형의 또 다른 모서리는 미래에 있을 죽은 사람들*의 보편적 부활에 대한 이야기이고, 그에 대한 약속이 요한계시록 20장에 나옵니다. 부활 삼각형의 세 번째 모서리는 지금 우리 안에서 이루어지는 부활입니다. 이것을 알리는 내용이 성경 곳곳에 있지만, 여기서는 골로새서 3장 1절의 '너희가 그리스도와 함께 다시 살리심을 받았다'는 대목에 초점을 맞추고 싶습니다.

부활은 과거의 사실입니다. 아담을 흙으로 지으신 하나님이 예수님을 죽음에서 살리셨습니다. 첫 부활절 아침에 무덤이 비어 있었습니다. 여인들은 당황하고 실망하며 울었습니다. 명석하고 두뇌회전

* 이 설교에서 '죽은 사람들'은 '주 안에서 죽은 사람들', '죽은 신자들'을 말한다.

이 빠른 사도들은 주어진 상황을 따져 본 뒤 분명한 결론을 내릴 수 있었고, 그 결론은 '부활'이었습니다.

부활하신 그리스도는 수많은 사람들에게 나타나셨습니다. 그분 존재의 실재성은 엄격한 시험을 거쳤습니다. 의심과 검증을 통과하여 받아들여졌습니다. 그 증거는 분별 있고 합리적이며 성숙한 사람들을 수 세기 동안 만족시켜 왔습니다. 이 평결은 모든 세대의 배심원단 앞에서 진행된 항소심 법정에서 유지되었습니다. 부활은 서기 33년 예루살렘 외곽에서 하나님이 예수님 안에서 행하신 일입니다.

부활은 미래에 일어날 일이기도 합니다. 그날, 죽은 사람들이 보편적으로 부활할 것입니다. 이것은 첫 번째 부활과 달리 과거의 역사적 사실이 아니라 미래를 향한 합리적인 소망입니다. 그리스도의 부활에 대해서는 증거를 수집할 수 있지만, 미래의 부활에 대해서는 그럴 수가 없습니다. 미래의 부활은 다른 방식, 곧 성경에 나오는 약속과 합당해 보이는 말씀들을 기반으로 한 믿음으로 뒷받침됩니다. 사실, 지금 우리가 사는 시대는 미래에 대해 생각하거나 미래를 준비하는 데 많은 시간을 들이지 않습니다. 사람들은 현재의 일에 훨씬 더 관심이 있습니다. 미래의 부활에 대한 믿음은 과학소설이나 심령 연구로 세속화되었습니다. 지금은 기독교 신앙이 유행하는 때가 아닙니다. 그러나 그렇게 말하자면, 기독교 신앙은 유행이 아닌 때가 많았습니다. 우리는 매년 어떤 신념들이 유행하는지 투표를 해서 그 결과에 따라 우리의 신조를 수정하지 않습니다. 죽은 사람들의 보편적 부활에 대한 믿음은 기독교 신경 안에서 굳게 그 자리를 지키고 있습니다. 생각하는 그리스도인들에게 보편적 부활에 대한 믿음은 하나님과 우리의 관계를 온전히 설명하는 데에 때를 가리지 않고 꼭 필요합니다.

세 번째 부활은 지금 일어나는 현실입니다. 지금 이루어지는 일입니다. 저는 부활 삼각형의 이 모서리에 집중하고 싶습니다. 여러분이 다른 두 모서리를 모르기를 바라는 것은 아니지만, 여러 면에서 이것이 가장 간과되고 연구되지 않은 부분이기 때문에 이 모서리에 초점을 맞추고자 합니다. 우리는 위대한 두 부활 사이에 서 있습니다. 한쪽에는 부활절에 대중의 주목을 받는 그리스도의 부활이 있고, 다른 쪽에는 영원이라는 광활한 화면에 우리 삶의 의미를 비추는 죽은 자들의 보편적 부활이 있습니다. 세 번째 부활은 이만큼 극적이지는 않지만 못지않게 중요합니다. 이 부활은 우리와 관련되어 있고 우리의 동의와 참여를 요구합니다.

바울은 부활 삼각형에 있는 이 측면의 권위자입니다. 요한복음이 첫 번째 부활에 대한 신빙성 있는 증거이고 요한계시록이 최종적 부활을 가리키는 위대한 기념비라면, 바울의 서신들은 현재에 일어나는 부활에 대한 끈질긴 증언입니다. 요한복음 20장과 요한계시록 20장은 큰 산맥들이고, 골로새서 3장은 그 사이에 골짜기처럼 놓여 있습니다. 골로새서 3장은 앞의 두 본문만큼 숨 막히는 절경은 아니지만 실제적인 장소입니다. 여기서 우리는 일상적인 방식으로 걷고 일하고 행동하고 말합니다.

"너희가 그리스도와 함께 다시 살리심을 받았으면"이라는 문장은 우리의 관심을 끕니다. 이 문장은 편지의 수신자들이 자신이 정말 그리스도와 함께 살리심을 받았는지 의구심을 갖게 하는 조건문이 아닙니다. 그 앞부분에서 바울은 그들이 실제로 살리심을 받았다고 분명히 밝혔기 때문입니다. "너희가 세례로 그리스도와 함께 장사되고 또 죽은 자들 가운데서 그를 일으키신 하나님의 역사를 믿음으로 말미암아 그 안에서 함께 일으키심을 받았느니라"골 2:12. 여러분은 그리스도를 믿고 그분의 주 되심을 받아들였습니까? 세례 받을 때 그것을 공개적으로 고백했습니까? 그렇다면 여러분은 살리심을 받았습니다. 부활이 여러분 안에서 일어났습니다. 바울은 그리스도 안에서 경험하는 부활에 대해 모두 알고 있습니다. 그 이야기를 바울보다 더 잘 아는 사람은 없었습니다. 그는 그 이야기를 머릿속에, 가슴속에, 뼛속에 깊이 간직하고 있습니다. 그는 그 이야기를 생각하고 묵상하고, 의미를 이해하기 위해 세세한 부분까지 숙고하고, 단어들을 따지고 행위를 시험했습니다. 바울은 이 부활의 생명에 너무나 몰입하였기에 '내가 그리스도 안에 있고 그리스도가 내 안에 계신다'갈 2:20고 말할 수 있을 정도였습니다. 그는 부활 생명에 관한 것이라면 자잘한 것 하나도 경시하거나 놓치지 않았습니다. 그는 그것을 검토했고 곰곰이 생각했고 그것을 놓고 끈질기게 기도했습니다.

수년 동안 그렇게 하면서 바울은 예수님의 삶을 이룬 모든 세부내용이 그리스도인의 삶에서도 실천가능하다고 확신하게 되었습니다. 그리고 그런 삶의 첫 단계는 부활이었습니다. 언제나 부활이었고 어디서나 부활이었습니다. "그리스도와 함께 다시 살리심을 받았다." 부활은 예수님에게만 일어난 일이 아닙니다. 부활은 죽음 이후의 미래에 일어날 일만이 아닙니다. 부활은 지금 일어납니다. 빈 무덤은 1세기의 역사적 사실일 뿐만 아니라 이 시대의 개인적 경험이기도 합니다.

여기서 중요한 문구는 '함께' 살리심을 받았다는 것입니다. 달리 번역하면 '공동으로' 살리심을 받았다는 것이지요. 그리스도에게 일어난 일이 우리에게도 일어납니다. 그리스도인이 된다는 것은 죽은 자들 가운데서 살리심을 받는다는 의미입니다. 부활을 경험하기 위해 꼭 죽을 때까지 기다릴 필요는 없습니다. 바울은 부활을 다 끝난 과거의 사건으로 내버려두기를 거부했습니다. 부활을 미래의 약속으로 받아들이고 만족하지도 않았습니다. 그는 그리스도의 부활을 증명하는 꼼꼼한 역사가가 아니었고, 다가올 부활에 대한 열정을 자극하는 치어리더도 아니었습니다. 그는 현재의 부활을 다루는 사람이었습니다. 그는 참여를 촉구합니다. 바울은 편지를 쓸 때 그리스도인의 삶에서 중요한 항목과 관련된 단어들 앞에는 전치사 'with'함께나 접두사 'co-'공동의를 붙이는 것을 무척 좋아했습니다. 흠정역은 이 두 단어를 "fellow"동료로 번역합니다. 그래서 'fellow citizen'동료 시민, 엡 2:19, 'fellow heir'동료 상속자, 엡 3:6, 'fellow helper'동료 협력자, 고후 8:23, 'fellow laborer'함께 수고하는 사람, 빌 4:3, 'fellow prisoner'함께 갇힌 자, 몬 1:23, 'fellow servant'동료 종, 골 4:11, 'fellow soldier'동료 군사, 몬 1:2, 'fellow worker'동역자, 골 4:11 같은 말들이 나옵니다. 그리고 오늘 본문에서 함께 살리심을 받고 '공동으로 살리심을 받은' 사람은 부활의 동료가 됩니다.

예수님 안에서 일어난 모든 일은 내 안에서도 일어날 수 있습니다.

바울의 전체 사역은 그 일이 일어나는 방식을 탐구하고 다른 사람들도 그 탐구에 참여하게 하는 것이었습니다. 그는 그지없이 실제적인 사람이었습니다. 아마도 어렸을 때는 늘 시계를 분해하여 어떻게 작동하는지 알아보고, 늘 모터를 분해하여 어떤 원리로 돌아가는지 깨닫고자 했을 것입니다. 어른이 된 그는 그리스도의 삶이 어떤 원리로 이루어졌는지 알아내기 위해 그분의 삶을 샅샅이 뒤졌고, 마침내 그것을 알아낸 후에는 이 도시 저 도시, 이 교회 저 교회를 다니면서 기독교 신앙은 지금 삶에 나타나야 한다는 것을 보여주는 데 일생을 바쳤습니다. 부활은 우리 기억의 대상이 아니었고, 우리가 소망하는 대상도 아니었습니다. 부활은 '그리스도와 함께 다시 살리심을 받은' 우리 삶의 내용이었습니다.

바울은 지금 이 순간이 하나님의 순간임을 사람들이 깨닫게 만드는 데 더없는 천재성이 있습니다. 그는 우리가 과거를 잊고 미래를 망각하고 현재에 집중하게 만들 수 있는 중요한 인물이었습니다. 현재에 집중한다는 것은 현재에 살고, 현재에 그리스도의 생명으로 충만하고, 현재를 깊이 있게 경험하는 것을 말합니다.

부활절과 다음 부활절 사이에 그리스도인들이 하는 일은 많은 부분 바울을 따라 부활 생명을 탐구하는 것입니다. 우리는 부활 생명을 위해 어떤 일은 추구해야 하고, 어떤 일은 생각해야 하고, 어떤 일은 해야 하거나 하지 말아야 하고, 어떤 관계는 발전시켜야 합니다. 바울은 이 문제에서 훌륭한 안내자이자 교사입니다. 우리는 일 년 내내 이 예배 처소에서 그의 가르침을 받고 자주 유익을 얻습니다. 또 주중에는 여러분 스스로 바울의 글을 공부하고 그리스도와 함께 살리심을 받은 사람으로 살아가기 위한 자세한 내용을 배웁니다.

이렇게 사는 사람은 알게 됩니다. 부활은 "우리가 인간이라서 겪는 눈물과 땀과 흙먼지"에서 벗어나고 "평범한 일상의 고단함을 완전히 잊을 수 있는"[51] 낙원에 이르게 하는 일이 아님을 말이지요. 우리는 부활이 그런 것이면 좋겠다고 생각합니다. 다른 사람들에게 그런 일이 일어난다고 생각하기도 하지요. 하지만 그렇지 않습니다. 사람들이 그런 식으로 하는 말은 진실이 아닙니다. 사람들이 그리스도와 함께 살리심을 받고 의심과 고통, 어려운 책임과 힘든 관계에서 벗어난 듯 이야기하는 것은 자신의 환상을 소리 내어 말한 것에 불과합니다. 바울은 결코 그렇게 말하지 않았습니다.

바울이 그리스도와 함께 살리심을 받은 일에 대해 쓸 때 기적에 대해 말하지만, 그 기적은 우리가 인간이기 때문에 생기는 일관성 부재와 혼란, 파편성에서 벗어나는 것이 아닙니다.

기적은 정확히 우리 삶의 평범한 일과와 일상 속에서 발견되는 것이다.

부활은 우리의 지금 모습이 변하지 않는 상태로 일어나고, 부활의 도래는 흔히 조용하고 눈에 띄지 않아서 우리는 그 창조적 힘을 잘 인식하지 못할 수도 있다. 보통은 나중에 가서야 우리가 새 생명으로 살리심을 받았고 영원한 말씀의 음성을 들었음을 깨닫게 된다.[52]

부활은 축제입니다. 우리는 축하의 분위기를 느끼며 이 예배에 참석합니다. 승리의 음악으로 귀를 채우고 백합의 아름다움과 향기로 감각을 채웁니다. 대개는 창조세계도 지각 있게 이 분위기에 동참합니다. 새들이 노래하고 해는 빛나고 눈은 녹고 비는 오지 않습니다. 그리스도께서 부활하셨거든요!

부활은 기대이기도 합니다. 우리는 죽은 사람들, 우리가 사랑했던 사람들, 우리에게 중요한 사람들을 기억합니다. 부활절에는 죽은 사람들의 묘를 찾는 것이 많은 가족의 전통입니다. 천국에서 있을 재회에 대한 소망을 가다듬고 미래의 축복을 음미합니다. 그리고 자연이 우리를 격려합니다. 차갑고 황량한 땅에서 크로커스가 피어나고, 생명을 잃은 것처럼 보였던 나무들이 하룻밤 사이에 새싹으로 가득해집니다.

그리고 부활은 헌신의 행위입니다. 오늘 우리가 예배하는 것은 오늘의 부활 때문입니다. 오늘 그리스도와 함께 살리심을 받기 때문입니다. 부활은 우리가 참여하는 행위입니다. 부활은 우리가 경험할 수 있는 어떤 것입니다. 우리가 파트너로 동참하는 사건입니다. 우리가 매주 이곳에 모여 예배를 드리는 것은 예수님이 살리심을 받으셨기 때문만이 아니라 우리가 그분과 함께 살리심을 받았기 때문입니다. 우리의 관심사가 그리스도의 부활뿐이었다면 우리에게는 교회가 아니라 역사학회와 강의실이 있었을 것입니다. 우리가 미래의 부활에만 관심이 있었다면 교회가 아니라 공동묘지가 있었을 테고, 어쩌면 그 안에 심령연구소가 있었을지도 모릅니다. 그러나 우리는 현재의 부활에 참여하고 있기 때문에 교회가 있습니다. 함께 찬양하고, 함께 믿고, 살아 있는 부활의 언행으로 서로를 격려하기 위해서입니다.

그리스도는 죽은 자들 가운데서 부활하셨습니다. 언젠가 죽은 사람들의 보편적 부활이 있을 것입니다. 우리는 그리스도와 함께 살리심을 받습니다.

오늘 저는 여러분에게 이것을 믿고 살아가라고 말씀드렸습니다. 이번 주 수요일에 누가 여러분에게 오늘, 곧 부활절에 교회에서 무슨 일이 있었느냐고 묻는다면, 여러분이 가장 먼저 부활의 역사나 부활의 교리를 말하는 것이 아니라, 주님이자 구주이신 그리스도를 통해 하나님을 믿게 됨으로써 여러분의 모든 것이 어떻게 새롭게 되었는지 말하게 되기를 바랍니다.

"에픽테토스[그리스 철학자]는 생생하고 가공되지 않은 언어로 이렇게 말했습니다. '양은 목자에게 자기가 얼마나 많이 먹었는지 보여주기 위해 풀을 토해 내지 않는다. 양은 먹은 것을 양털과 젖으로 바꾼다.'"[53]

이것이 부활절 설교의 목표입니다. 여러분이 다른 사람에게 앵무새처럼 되풀이할 수 있는 여러 개념을 여러분의 머릿속에 집어넣는 것이 아니라, 그리스도 안에서 모든 것이 새로워지게 만드는 믿음이 여러분의 마음속에서 시작되게 하는 것 말입니다. 부활은 설명하거나 증명해야 할 내용이 아니라 사용해야 할 위대한 사실입니다. "그리스도를 이런 식으로 우리 삶에 받아들이면, 우리는 부활이 언제 어디서 일어나는지 또는 일어날지 더 이상 묻지 않아도 될 것입니다. 평범한 세상에서 평범한 사람으로 살면서 부활을 직접 경험하게 될 것이기 때문입니다."[54]

브렌던 비언이라는 이름을 기억하십니까? 1900년대 중반의 아일랜드 작가입니다. 그는 십대 시절 IRA에 합류했고 다이너마이트 세 개를 소지한 상태에서 영국 경찰에 체포되어 소년원(소년교도소)에 갇혔습니다. 훗날 정치투사로서의 활동이 중단되자 그는 작가가 되어 『소년원 소년』*Borstal Boy*을 썼습니다. 청소년기에 경험한 수감생활을 다룬 이 위대한 이야기는 유럽과 미국에서 베스트셀러가 되었습니다. 그가 인생 말년에 쓴 한 문장을 저는 평생 잊지 못할 것 같습니다. "인생이 뭔지 모르겠습니다.…나는 큰 혼란에 빠졌습니다. 그러나 나는 부활을 굳게 믿습니다. 매주 죽은 자들에게 부활이 있어야 합니다."[55]

매주 죽은 자들에게 부활이 있습니다.

아멘.

그리스도와 함께 살리심을 받았습니다

그러므로 여러분이 그리스도와 함께 살려 주심을 받았으면, 위에 있는 것들을 추구하십시오. 거기에는, 그리스도께서 하나님의 오른쪽에 앉아 계십니다. 여러분은 땅에 있는 것들을 생각하지 말고, 위에 있는 것들을 생각하십시오. 골로새서 3:1-2, 새번역

*

오늘 사도 바울의 골로새서 본문을 새영어성경New English Bible으로 읽으면, 한 가지 질문으로 시작합니다. "여러분은 그리스도와 함께 다시 살리심을 받지 않았습니까?"골 3:1, 역자 사역. 이것은 수사의문문입니다. '받았다'라는 답변을 전제한 질문이지요. 여기에 의심의 여지는 없습니다. 부활은 모든 그리스도인에게 존재의 뿌리입니다. 다른 어떤 것도 부활과 같은 기초가 되지 못합니다. 부활은 모든 것의 바탕을 이룹니다.

다른 단어, 다른 개념들이 가끔 이 중심으로 밀고 들어오려고 합니다. 이를테면 '이웃을 사랑하라' 같은 것 말입니다. 이것은 기초가 될 만한 말처럼 들립니다. 모든 사람이 이웃을 사랑한다면 세상은 멋진 곳이 되겠지요. 하지만 사랑은 지독히도 이해하기 어렵고, 잘 실천

하기는 더더욱 어렵습니다. 나쁜 이상(理想)은 아닙니다만 새로운 삶의 기초로서는 썩 좋다고 할 수 없습니다. 이웃사랑은 기초보다는 목표가 되는 것이 더 낫습니다. 또 다른 인기 경쟁후보는 "태초에 하나님이 천지를 창조하시니라"창 1:1입니다. 기초가 될 만한 말씀 같습니다. 사물의 기원을 거슬러 올라가면 하나님을 발견하게 됩니다. 무언가를 이해할 수 없을 때 우리는 지식 공백을 메우기 위해 창조주 하나님 개념을 집어 들게 됩니다. 그러나 이 개념은 실제 삶의 근거로 삼기에는 멀게 느껴집니다. 훌륭한 신학적 진리이자 궁극적인 관계를 깊이 생각하도록 돕는 멋진 틀이 분명합니다. 그러나 저는 철학자처럼 생각하는 경우는 많지 않고, 제가 가진 지식의 거대한 공백 때문에 염려하며 밤잠을 설치는 경우도 드뭅니다. '하나님이 창조하셨다'는 진리는 하나의 틀에 가깝습니다.

그리스도인에게 근본 단어는 '부활'이어야 합니다. 하나님은 한 사람을 통해 명확하게 정의되고 역사적으로 입증된 방식으로 행동하셔서 죽음에서 생명을 이끌어 내셨습니다. 십자가 처형에서 구원을, 비극에서 승리를 이끌어 내셨습니다. 부활은 하나님의 고유한 행위입니다. 하나님이 인간과 맺으시는 관계의 핵심을 설명하는 단어이지요. 부활이라는 바로 이 지점에서 인간은 하나님의 행위에 가장 인격적으로, 가장 역동적으로 참여합니다.

그리스도의 부활은 기존 교리들에 추가된, 미래에 관한 새로운 교리 수준이 아닙니다. 그리스도의 부활은 "역사 속 하나님의 목적을 압축적으로 보여줍니다. 이 부활은 죄와 죽음을 정복했고, 내세뿐 아니라 이 세상에도 적용되는 새로운 삶의 원리를 만들었으며, 성경이 제시하는 하나님의 의를 입증했습니다." 사람들이 그리스도의 부활을 믿을 때는 "불멸에 대한 새로운 생각만 받아들이는 것이 아니라,

하나님이 인간을 위해 성취하신…구원을 믿음으로" 받아들이게 됩니다. 부활은 "이생과 내세 모두에서" 인간이 죄와 죽음에서 벗어나 생명으로 들어가고 하나님께 나아가는 수단입니다.[56]

그런데 여기까지 말하고 난 다음 할 말이 더 있을까요? 한껏 과장하고 시인들도 울고 갈 만한 그럴싸한 표현들을 구사했는데 무엇을 더 해야 할까요?

몇몇 목사들이 부활절 설교의 어려움을 이야기하고 있었습니다. 우리는 부활절 설교가 그랜드캐니언 가장자리에 서서 "이거 예쁘지 않나요?" 또는 "오, 이런!" 같은 말을 내뱉는 것과 비슷하다는 데 동의했습니다. 어떤 목사님은, 아내의 분석에 따르면 자신의 부활절 설교가 일 년 중 다른 주일설교와 내용이 똑같되 목소리만 조금 더 컸다고 말했습니다.

조금 더 큰 소리로 말하는 것 말고도 할 일이 있습니다. 바울은 그 일을 합니다. 저는 그를 본받으려고 노력할 것입니다. 그는 자신의 편지를 받을 사람들이 예수님의 부활이 일어났다는 사실을 안다고 가정합니다. 저도 여러분에 대해 똑같은 가정을 하고 있습니다. 바울은 이어서 이렇게 말했습니다. "여러분은 그리스도와 함께 다시 살리심을 받지 않았습니까?" 분명히 바울은 부활을 삶의 현재적 요소로 보여주려고 노력하고 있습니다. 그는 하나님이 예수님 안에서 일하실 때 선택하신 방식이 부활일 뿐 아니라 우리 삶 속에서 일하실 때도 선택하시는 방식임을 깨닫기 원했습니다.

부활은 단순히 하나님의 능력을 전시하듯 보여주는 사건이 아닙니다. 부활은 하나님의 생명이 모든 사람의 삶에 침입하는 일입니다. 부활절 말씀선포의 과제는 우리 안에 있는 부활의 진리를 그리스도 안에 있는 부활의 진리만큼이나 분명하고 두드러지게 만드는 것입니다.

저는 이 자리에서 첫 번째 부활절 아침의 상황을 길게 설명하거나 부활 후 나타나신 그리스도의 모습을 묘사하거나 부활의 타당성을 설득하려 하지 않을 것입니다. 지금은 부활의 현재적 실체에 대한 선포와 인정이 필요합니다. 이 과정의 첫 단계는 그리스도의 부활을 현재적 실체로 볼 수 있는 인식 확보입니다. 복음의 과제는 하나님이 행하신 일뿐만 아니라 지금 하시는 일을 선포하는 것입니다. 이것을 위해서는 인간의 삶 속에서 일하시는 하나님을 볼 수 있는 통찰력이 필요하며, 이 일하심은 믿음의 눈을 가진 사람 외에는 모두에게 감추어져 있습니다.

바울은 골로새서 본문에서 이렇게 말합니다. "여러분의 생명은 그리스도와 함께 하나님 안에 감추어져 있습니다"골 3:3, 새번역. 이 부활 생명은 「타임」지 특집으로 소개되지 않습니다. 소문이 퍼져 동네 사람들이 다 알게 되는 그런 것도 아닙니다. 부활 생명은 '그리스도와 함께 감추어져' 있습니다. 그것을 발견하려면 우리 삶에서 일하시는 하나님을 믿음으로 보아야 합니다.

제가 아주 좋아하는 추리소설 탐정이 있는데, 애거사 크리스티가 창조한 까다로운 벨기에인 탐정 에르퀼 푸아로입니다. 그가 등장하는 전형적인 추리소설은 모호한 세부사항으로 가득 차 있습니다. 많은 인물이 등장하고 이들은 대부분 용의자로 보입니다. 독자는 알아야 할 모든 것을 흔히 알지만 대체로 그 의미를 파악하지 못합니다. 증거가 다 나와 있지만 숨어 있고 모호해서 보이지가 않습니다. 마지막 몇 쪽에서 에르퀼 푸아로는 오래된 시골 저택 큰 방에 등장인물들을 모두 모은 후 문을 잠급니다. 그런 다음, 범죄를 둘러싼 사건들을 설명하기 시작합니다. 그는 자신이 이해한 바를 그 자리에 모인 사람들에게 들려줍니다. 그러고 나서 그가 살인범의 정체를 밝히면 모두가 깜짝 놀랍니다.

그리스도인은 에르퀼 푸아로와 매우 유사한 활동에 참여합니다. 그리스도인은 위대한 궁극적 사건이 일어난 장면 한복판에 있습니다. 그 사건은 살인이 아니라 부활입니다. 상황이 이해되지 않고 모든 사람의 정체는 명확하지 않으며 관계가 모호합니다. 거기서 그리스도인은 부활이 감추어져 있음을 설명하고, 부활이 어디서 일어났고 우리 삶에 어떤 영향을 주는지 선언하는 증언을 합니다. 누가 (알고든 모르고든) 공범인지, 누가 주인공인지, 누가 악당인지 드러냅니다. 부활은 모든 사람의 인생 플롯을 하나로 묶어 내는 사건입니다. 그러나 우리는 보통 그것에 무지합니다. 그래서 부활은 설명되어야 하고, 부활이 우리의 존재에 어떤 영향을 미치는지 알아야 합니다.

제가 아주 똑똑하고 여러분을 한 사람 한 사람 충분히 잘 안다면, 이 공간을 애거사 크리스티 소설의 마지막 장으로 바꾸고 부활 사건을 자세히 설명한 뒤 여러분이 각기 부활과 어떤 연관이 있는지 보여줄 수 있을 것입니다. '부활 탐정' 역할을 할 수 있겠지요. 저는 부활이 우리 인생에서 일어난 가장 중요한 일이라는 사실 하나는 확신합니다. 하지만 여러분 모두가 이 사실을 아시는지, 정확히 어떻게 부활이 여러분에게 중요한지를 아시는지에 대해서는 잘 모르겠습니다. 제가 부활 탐정이 되어 여러분 한 명 한 명에게 제 통찰력과 지식을 사용할 수 있으면 좋겠습니다. 하지만 저는 그리 똑똑하지 않고 충분히 알지 못합니다. 그런 작업이 불가능하다는 뜻은 아닙니다. 제가 할 수 없다는 의미일 뿐입니다. 그러나 여러분이 이 설교에 적극적으로 참여하여 마음과 감정과 지난날을 살피고, 저의 지도를 받아들여 성경 안에서 우리에게 주어진 하나님의 말씀에 다가가고, 오늘날에도 활동하시는 하나님의 임재를 신뢰한다면, 그때는 모종의 인식이 생겨날 것입니다. "여러분은 그리스도와 함께 살리심을 받지 않았습니까?" 제라드 맨리 홉킨스*는 부활을 자기 안에서 일어난 일로 보는 사람에게 문득 찾아오는 인식을 이렇게 표현합니다.

> 일순간에, 요란한 나팔 소리와 함께,
> 나는 갑자기 그리스도와 같아지나니….[57]

인식은 순종하는 즐거운 참여로 이어집니다. 바울은 인식에서 참여로 넘어가는 전환을 "그러므로"로 표현합니다. 그는 골로새서 앞부분에서도 그렇게 한 바 있습니다. "그러므로 여러분이 그리스도 예수를 주님으로 받아들였으니, 그분 안에서 살아가십시오"골 2:6, 새번역. 바울은 그 단어를 다시 말합니다. "그러므로 땅에 속한 부분들을 죽이십시오"골 3:5, 역자 사역. "그러므로"는 바울이 아주 좋아하는 단어입니다. 교리와 경험을 하나로 만드는 접착제입니다.

20세기 초 감리교회의 유명한 설교자였던 새뮤얼 채드윅은 자신의 교인인 한 회심한 강도 이야기를 하곤 했습니다. 어느 날 대화 도중에 전직 강도는 개인 성경공부 시간에 바울 서신을 읽고 있다고 말했습니다. 채드윅은 사도 바울이 펼치는 논증에 다소 어려운 부분들이 있을 텐데 어떠냐고 물었습니다. 그가 말했습니다. "네, 어려워요. 그래도 더듬더듬 계속 가다 보면 '그러므로'가 나와요. 그리고 거기서 복을 누립니다!"[58]

성경에 기록된 두 가지 축이 되는 사건은 창조와 부활입니다. 하나님은 창조로 세상을 만드시고 부활로 세상을 구속하십니다. 이 둘이 인류 역사의 경계를 형성합니다. 다른 모든 것은 그 사이에 놓이는데 유쾌하지 않은 것이 많습니다. 고통, 혼란, 우울, 불행, 괴로움,

* Gerard Manley Hopkins, 1844-1889. 19세기 영국의 시인. 대표작으로 『홉킨스 시집』이 있다.

죽음이 있지요. '그러므로'는 이 모든 재료와 관계를 맺으려 합니다. 우리의 경험에서 의미가 없고, 목적도 없고, 사랑도 없고, 하나님과 동떨어진 상태로 다가오는 존재의 모든 자잘한 것, 그 모두가 바울의 '그러므로'로 인해 부활과 연결됩니다.

바울은 못 말리는 목록 작성자입니다. 그는 이 대목에서 골로새 교인들에게 세 가지 목록을 제시합니다. 부활로 온전해져야 할 것들의 목록입니다. 그는 소망이 깨어지고 삶이 탈진된 현장들을 누비며 참사(慘事) 목록을 나열합니다. 그런 다음 저 위대한 '그러므로'로 그것들을 부활과 연결합니다.

그의 첫 번째 목록에는 다섯 가지 행동이 있습니다. 음행, 더러움, 정욕, 악한 욕망, 탐욕입니다. 두 번째 목록에는 다섯 가지 감정이 나옵니다. 분노, 격분, 악의, 비방, 부끄러운 말입니다. 세 번째 목록에는 다섯 가지 관계가 적혀 있습니다. 그리스인과 유대인, 할례받은 자와 할례받지 않은 자, 야만인과 스구디아인, 노예와 자유인, 그리고 그리스도입니다골 3:5, 8, 11. 바울은 세세한 부분까지 꼼꼼하게 기록합니다. 그는 목록 작성에 뛰어난 사람입니다. 이 목록은 부활로 회복시켜야 할 삶의 여러 항목, 즉 행동 항목과 감정 항목과 관계 항목에 대한 그의 예리한 관찰력을 보여줍니다.

여러분도 자신만의 목록을 만들어 보면 어떨까요? 바울의 방식을 참고하여 여러분도 직접 해보십시오. 인생에 닥친 불행, 실패, 실망, 할 수 있는 일이 없어 보이는 영역, 절망적으로 보이는 상황들을 살펴보십시오. 그런 다음, "그리스도만이 모든 것이며, 모든 것 안에 계시는"골 3:11 부활의 맥락 안에 그것들을 놓아 보십시오.

우리 집에서는 아이들이 때때로 상차림을 돕습니다. 주방에는 균형 잡힌 식사를 위해 단백질과 탄수화물을 적절한 비율로 맞춘 훌륭한 음식이 접시에 담겨 있습니다. 비타민과 영양소를 세심하게 고려했습니다. 몸에 좋을 뿐 아니라 보기에도 좋습니다. 멋지게 차린 음식이 눈을 즐겁게 합니다. 그러나 서빙 테이블과 식탁 사이 어딘가에서 일이 잘못됩니다. 접시가 아이의 손에서 미끄러지더니 바닥에 부딪칩니다. 깨진 사기접시, 으깬 감자와 완두콩이 뒤섞이면서 순식간에 사방으로 흩어집니다. 입맛 떨어지는 광경입니다. 음식은 먹을 수 없게 되었지요. 하지만 개는 입맛을 다시며 달려듭니다. 녀석의 눈에는 잔칫상이 차려진 셈이니까요.

이것은 하나님과의 관계에서 벗어난 삶의 모습을 보여주는 그림입니다. 창조 때에 적절한 비율로 아름답게 조화를 이루던 모든 것이 느닷없이 뒤죽박죽이 되면서 혼란스럽고 볼품없고 형편없는 모습이 됩니다. 그것을 다시 합쳐 놓을 도리는 없어 보입니다. 물론 그 안에서 좋다고 뒹구는 사람들도 있지만, 그들의 반응에는 인간 이하의 무언가가 있습니다. 재난 이전의 상태를 잘 들여다본 사람은 그런 상황을 즐길 수가 없습니다.

부활은 바로 이런 재난을 위한 위대한 사건입니다. 집 안에서 엉망이 된 음식을 되살릴 방법은 없지만, 복음은 부활이 우리의 삶과 세상의 삶에서 모든 것을 가져다 조심조심 사랑을 담아, 강력하게 다시 합쳐 놓는다고, 다시 매력적이고도 아름답게 회복시킨다고 선언합니다. 바울은 우리의 삶에서 작용하는 부활을 하나의 생명으로 묘사합니다. 그 생명 안에서 "여러분은 새 본성을 입었습니다. 새 본성은 자기 창조주의 형상을 따라 끊임없이 새로워지면서 하나님을 아는 지식에 이르게 됩니다"골 3:10, 역자 사역. 부활은 하나님의 방식으로 우리 안에서 삶을 온전히 회복시킵니다.

아멘.

썩지 아니할 씨로

너희가 거듭난 것은 썩어질 씨로 된 것이 아니요 썩지 아니할 씨로 된 것이니 살아 있고 항상 있는 하나님의 말씀으로 되었느니라.

베드로전서 1:23

*

'제1원인' 찾기를 해본 적이 있습니까? 아리스토텔레스는 철학적 수준에서 이 작업을 진행했습니다. 주변 세상에서 관찰 가능한 모든 것의 선행 원인을 추적하고 인과관계의 사슬을 거슬러 올라가 이른바 '부동의 동자', 어떤 것에 의해서도 영향을 받지 않은 채 생명의 운동을 만들어 낸 최초의 원인에 도달했습니다. 다윈은 생물학적 수준에서 같은 작업을 했습니다. 그는 모든 형태의 생명체가 그 이전 형태의 생명체에서 유래했고, 하등생물에서 고등생물로의 발전이 있었던 것처럼 보인다는 사실을 관찰했습니다. 다윈은 생물의 여러 형태를 살피고 그 가장 단순한 형태까지 되짚어 본 끝에, 어떤 '미지의 요인'이 가장 작은 생명체를 만들어 낸 최초의 원인이라고 추측했습니다. 프로이트는 심리학적 수준에서 이 작업을 진행하여 성인 신경증의 기원을 유아기 및 유년기의 두려움, 죄책감, 욕망에서 찾았습니다. 제1원인을 찾는 일은 좀 더 유치한 수준에서도 볼 수 있습니다. 아이들 사이에서 말다툼이나 싸움이 누구 책임인지 따지는 상황 등에서 말입니다. "저 애가 먼저 시작했어요!" "저 애가 먼저 쳤거든요!" 제1원인을 찾는 것은 어떤 식으로든 아주 중요합니다.

아리스토텔레스에게 제1원인은 기계적인 것이고, 다윈에게는 화학적인 것이며, 프로이트에게는 개인적인 것입니다. 이 모든 견해에는 입증 가능한 진실이 많이 들어 있고 우리가 아는 세상에 대해 많은 것을 말해 줍니다. 우리 모두 제1원인에 대한 이런 이론들을 접하며 살아왔고 어느 정도 당연하게 받아들입니다. 이런 생각들이 종교인들에 의해 기독교적으로 해석되어 새로운 단어를 입고 등장하는 모습도 쉽게 찾아볼 수 있습니다. 아리스토텔레스의 기계적 '부동의 동자'는 우주를 움직인 하나님이 되고, 다윈의 '미지의 요인'은 첫 번째 생명체를 창조하고 진화의 과정을 시작한 하나님이 되며, 프로이트가 발견한 무의식의 정신은 인간의 궁극적 소망과 욕망으로 정의된 신으로 이해하는 식이지요.

우리는 이런 사고방식에 상당히 익숙해진 터라 성경을 보면 그런 내용이 하나도 없다는 사실이 상당히 놀랍게 느껴집니다. 그 대신, 성경에는 기계적, 화학적, 심리학적 제1원인이 "하나님의 말씀"이라고 나와 있습니다.

구약과 신약 성경의 일관된 가르침에 따르면, 맨 처음 세상이 시작되게 만든 것은 "하나님의 말씀"입니다. 그것이 제1원인입니다.

창세기 1장 1절에는 "태초에 하나님이 천지를 창조하시니라"라는 구절이 있습니다. 이어지는 절에서 창조의 과정이 묘사되는데, 여기서 우리는 모든 창조가 하나님 말씀의 결과임을 봅니다. "하나님이 말씀하시기를…"은 이것을 묘사하는 데 쓰이는 공식입니다.

이사야서에서 선지자는 극도로 어려운 상황에 처한 하나님의 백성을 위로하라는 명령을 받습니다사 40:1. 그들은 자신들의 신앙적 상징들에서 멀리 떨어진 혹독한 유배지에서 신앙 때문에 핍박을 받고 있었습니다. 유배생활은 한 세대, 어쩌면 두 세대 이상 지속되었고 이스라엘에 대한 모든 기억은 빠르게 희미해졌습니다. 이사야가 이 백성을 위로하기 위해 무엇을 해야 하는지, 어떻게 하면 그토록 열악한 상황에서 새로운 소망을 만들고 위로하고 믿음을 불어넣을 수 있는지 여쭈었을 때, 하나님은 다른 모든 것은 사라지고 시들어 가지만 (안 그래도 이것은 당시 이스라엘에게 명백한 사실이었습니다) "하나님의 말씀은 영원히 서리라"사 40:8 하고 외치라는 대답을 주십니다.

신약성경에서 가장 철학적인 구절로 꼽히는 요한복음의 첫 문장은 이렇습니다. "태초에 말씀이 계시니라. 이 말씀이 하나님과 함께 계셨다"요 1:1.

그런데 성경은 하나님의 말씀을 설교와 동일시합니다. 설교자가 하는 말이 아니라 성경의 입장입니다. 성경을 무시하기 전에는 둘의 밀접한 관계를 부정하거나 축소할 수 없습니다.

설교와 밀접하게 연관되는 것은 하나님 말씀의 본질에 속합니다. 설교 안에 담기는 하나님의 말씀은 참으로 놀랍습니다. 그 말씀은 우리가 아는 사람을 통해, 친숙한 언어로 우리에게 다가옵니다. 눈에 보이는 설교의 모든 요소는 평범하고 세속적이지만, 그것들을 통해 하나님의 말씀이 전달됩니다. 어떻게 이런 일이 일어나는지는 하나님의 기적에 속하나, 그런 일이 일어난다는 것은 교회가 2천 년에 걸쳐 공동적으로 경험하고 증언하는 내용입니다. 그것은 성육신에서 일어난 일과 크게 다르지 않습니다. 하나님이 인간을 선택하여 자신의 충만함을 드러내시는 것이지요. 그래서 우리는 모든 시대를 위한 하나님의 말씀을 이미 다 들었다고 느긋하게 앉아서 말할 수가 없습니다. 선포되는 하나님의 말씀은 언제나 새롭고 놀랍고 신선한 말씀이니까요. 하나님의 말씀은 금판에 새겨 놓고 윤을 내어 바라보는 박물관 소장품이 아닙니다. 하나님의 말씀은 언제나 질그릇에 담기고, 그래서 좋은 뜻으로 떠받드는 대상이 되는 것을 필연적으로 거부합니다.

그런가 하면, 베드로는 하나님의 말씀을 묘사할 때 "살아 있고 항상 있는"벧전 1:23이라는 형용사를 붙입니다. 설교를 통해 우리에게 다가오는 하나님의 말씀에는 놀라운 특성, 즉 늘 새롭고 현대적인 울림이라는 특성 외에 다른 측면이 있습니다. 하나님의 말씀은 변하지 않고 영원하며, 약함과 타락으로 오염되지 않는다는 것입니다.

성례는 교회 안에 살아 있고 항상 있는 하나님 말씀의 표징입니다. 설교가 늘 새롭다면 성례는 늘 같은 모습입니다. 성례는 결코 변하지 않습니다. 오늘날에도 성례는 2천 년 동안 집례된 방식과 다름없이 이루어집니다. 세례에는 항상 물이 쓰이고, 성찬에는 항상 떡과 포도주가 쓰입니다. 세례와 성찬을 집례할 때 항상 같은 문구를 낭송합니다. 혁신 같은 것은 없습니다. 만약 2세기 교회로 돌아갈 수 있다면 지금과는 상당히 다른 설교를 듣겠지만, 세례식과 성찬식을 목격했을 때는 집에 있는 듯한 편안함을 느낄 것입니다. 매주 드리는 우리의 예배는 하나님 말씀의 이 두 측면을 반영합니다.

예배에는 고정되고 변하지 않는 부분이 있습니다. 특정한 기도문들, 시편, 신경, 주기도문, 세례식이 그것입니다. 이런 부분은 살아 있고 항상 있는 하나님의 말씀의 결과로 끊임없이 신실하게 이루어진 교회의 삶이라는 전통과 우리를 연결시킵니다. 그런가 하면 예배에는 신선하고 새로운 부분들도 있습니다. 중보기도, 찬양이 그렇습니다. 예배의 이런 부분은 하나님의 말씀이 언제나 새롭게 전해진다는 사실을 증언합니다. 하나님의 말씀은 매일매일 새로운 능력과 은혜로 우리를 찾아옵니다. 둘 중 어느 쪽이라도 무시한다면 하나님의 말씀을 무시하는 일일 것입니다. 하나님의 말씀은 늘 똑같으면서도 늘 새롭습니다.

바로 이 하나님의 말씀, 즉 선포되는 복음과 살아 있고 항상 있는 말씀이 우리 삶의 배후에서 제1원인으로 작용합니다. 이 말씀 덕분에 우리의 삶이 시작되었습니다. "너희가 거듭난 것은 썩어질 씨로 된 것이 아니요 썩지 아니할 씨로 된 것이니 살아 있고 항상 있는 하나님의 말씀으로 되었느니라"벧전 1:23.

이것은 우리 자신을 이해하기 위해 아리스토텔레스의 '부동의 동자'나 다윈의 생명을 만들어 내는 '미지의 요인'이나 프로이트의 '심리적 무의식'을 먼저 찾아서는 안 된다는 의미입니다. 우리 자신을 진정으로 이해하려면 하나님의 말씀에 귀를 기울여야 합니다. 하나님은 우리가 듣고 이해하도록 말씀하십니다. 우리는 그 말씀에 귀를 기울여야 합니다.

예수님은 그분의 아주 유명한 비유에서 하나님의 말씀은 인간의 마음이라는 땅에 뿌린 씨앗과 같다고 말씀하셨습니다. 뿌린 씨앗은 (받는 자의 상태에 따라) 열매 맺는 삶이라는 결실을 맺습니다. 이 내용에 관한 다양한 사례가 성경 전체에 걸쳐 나오지만, 일반적 진리를 분명히 드러내는 데는 이 비유만으로도 충분할 것입니다. 그 진실의 내용은, 하나님의 말씀이 제1원인으로 작용하여 유배자들(나그네들) 안에 분명한 위로의 말이 주어졌고, 그 위로의 말 속에 예수님 안에서 함께 누리게 된 하나님의 사랑과 열매 맺는 삶이 담겨 있다는 것입니다. 그렇다면 베드로가 자신이 여러 교회와 나누고 있는 새 생명의 제1원인에 대해 쓰면서 그것을 "하나님의 말씀"이라고 지칭한 것은 놀라운 일이 아닙니다.

베드로가 이 하나님의 말씀을 묘사하기 위해 어떤 형용사들을 어떤 문맥에서 썼는지 보면, 그리스도 안에서 살아가는 삶의 밑바탕에 무엇이 있는지 이해하는 데 귀중한 정보를 얻게 됩니다. 이것을 반드시 잘 살펴봐야 하는 이유는, 그렇게 하지 않으면 사람이 어떻게 살고 움직이며 존재하는지를 생각할 때 아리스토텔레스, 다윈, 프로이트의 견해에 완전히 휘둘리기 때문입니다.

베드로가 말하는 한 가지는 "너희에게 전한 복음"이 하나님의 말씀이라는 것입니다벧전 1:25. 이 말을 좀 덜 신학적인 언어로 표현하면 설교가 하나님의 말씀이라는 것입니다. 이 말이 놀랍게 느껴지십니까? 저는 놀랍습니다. 설교가 친숙한 저에게 이것은 설교에 대한 도를 넘는 주장처럼 들립니다. 사실은 거의 선전처럼, 즉 허세 가득한 문구를 통해 설교의 가치를 부풀리는 광고처럼 느껴질 정도입니다.

개인적으로 말하면, 저는 설교 시간에 하나님의 말씀만 아니면 웬만한 어떤 내용이라도 다뤄 보고 싶습니다. 설교자가 아닌 사람의 눈에는 하나님의 말씀처럼 고귀한 것을 그렇게 가까이서 꾸준히 접하다니 멋지지 않느냐고 생각할 수 있지만, 제 경험에 따르면 전혀 그렇지 않습니다. 저는 차라리 중동 고고학 연속 강연을 하고 싶습니다. 이 분야에는 흥미로운 정보가 아주 많기에 컬러 슬라이드를 잔뜩 보여드리면서 흥미롭게 소개할 수 있을 것입니다. 제가 지난주에 읽은 책을 나누는 것도 좋을 듯합니다. 역사가 개인에게 미치는 영향을 탁월하게 파고든 소설이거든요. 현대철학의 발전상도 정말 가르쳐 볼 만할 것 같습니다. 제가 한때 아주 깊이 관심을 가졌던 주제이니까요. 그러나 이 모든 활동에서는 궁극성이나 결정적 중요성을 내세우는 주장을 찾아볼 수 없습니다. 어느 정도의 유능함과 탁월함을 달성한 후 잘 해냈다는 성취감을 느낄 수 있을 뿐입니다. 설교는 그 반대입니다. 설교는 하나님의 말씀이기 때문에 거기에 언제나 궁극성과 결정적 중요성을 내세우는 주장이 담깁니다.

우리는 하나님의 말씀을 집중해서 듣는 훈련을 해야 합니다. 성경, 설교, 성찬을 통해 전해지는 하나님의 말씀은 우리가 누구이며 어디로 가는지 알려 줍니다. 그 말씀을 들을 때, 우리는 그것이 우리 안에서, 우리를 위해, 우리와 함께하시는 하나님의 일하심에 관한 그분의 말씀임을 발견합니다. "그분의 말씀은 침묵하지 않고 큰 소리로 울려 퍼진다.… 하나님의 일에 관한 말씀이 복음이다. 하나님의 선한 일을 선포하는 좋은 말씀이다."[59] 하나님의 말씀은 우리가 존재하기 시작할 때부터 하나님이 우리를 사랑하셨다고 말합니다. 우리가 반역과 무지와 혼란 속에 있을 때도 하나님은 우리를 사랑하시고, 하나님이 우리를 사랑하실 것이므로 미래와 영원이 의미 있다고 말합니다. 우리 삶은 하나님의 사랑이 빚어내고 의도한 것입니다. 이 말이 정확히 무슨 뜻이냐고 묻는다면, 답은 간단합니다. 예수 그리스도께서 우리의 언어로, 우리가 있는 자리에서 하나님의 말씀을 들려주신다는 뜻입니다. 예수 그리스도의 사역과 말씀은 하나님의 말씀입니다. 일반적인 진리나 추상 관념이 아니라 우리에게 오시고, 우리와 함께하시고, 우리를 위하시는 하나님의 말씀입니다.

생각해 볼 문제가 하나 더 있습니다. 이 제1원인에 대한 공적 증거 말입니다. 제1원인이 기계적인 '부동의 동자'라는 아리스토텔레스의 말이 옳다면, 거기서부터 피할 도리 없이 이어지는 인과관계의 사슬에 몸을 맡겨야 지혜로울 것입니다. 그 인과관계는 결정론적이고 기계적인 방식으로 알아서 펼쳐지겠지요. 우리는 그것에 대해 할 수 있는 일이 별로 없을 것입니다. 일어나는 모든 일은 그 이전에 일어난 일의 결과이고, 그 일도 그 이전에 일어난 일의 결과일 테니까요. 만약 다윈의 말이 옳고 제1원인이 진화적으로 진보해 가는 화학적 또는 생물학적 과정이라면, 최고가 되려고 열심히 일하고, 진보에 헌신하고, 필요할 때마다 하등 형태의 생명체를 희생시켜야 삶의 지혜가 될 것입니다. 이런 삶에는 불행한 부작용이 따릅니다. 병자, 장애인, 무지한 사람, 미숙련자가 성가신 존재가 되고 존엄한 대우를 받지 못한다는 것입니다. 만약 프로이트가 옳고 개인적 경험이 제1원인이라면, 최대한 잘 적응하는 것이 삶의 지혜일 테지요. 그러면 불행히도 다른 사람들에게 너무 많은 일을 떠넘기게 됩니다. 가령 내가 잘 적응하고 싶다면 나를 불편하게 하고 불안을 안겨 주고 힘들게 하는 모든 사람, 모든 상황을 피해야 할 테니까요.

그러나 베드로의 말이 옳다면, 하나님의 말씀이 제1원인이고 그 말씀이 우리를 위하여 하나님이 행하신 좋은 일에 관한 좋은 말씀이라면, 다시 말해 우리가 하나님의 사랑을 받고 있다면, 우리는 사랑할 자유를 얻습니다. 베드로는 바로 그 적용의 결과로 이렇게 말합니다. "마음으로 뜨겁게 서로 사랑하라"벧전 1:22. 이것이 가능한 이유는 우리가 하나님의 사랑을 받는 피조물이기 때문입니다. 이것은 삶을 위한 최고의 조언입니다. 사랑으로 잉태된 우리의 본성에 부합하는 내용이니까요. 이것은 지위나 재능과 무관하게 모든 사람이 순종할 수 있는 현실적인 조언입니다.

가장 인간다운 행동은 체념이나 무자비한 행동, 자기중심적인 적응이 아니고 사랑입니다. 사랑에는 진부한 요소가 없습니다. 하나님의 말씀이 성례에서는 항상 같은 방식이되 설교에서는 늘 새롭게 하나님의 사랑을 표현하는 것처럼, 서로를 향한 우리의 사랑도 그 의미는 변하지 않지만 자발성과 적용은 늘 새롭습니다.

그러므로 "진리를 순종함으로 여러분의 영혼을 깨끗하게 하여 거짓이 없이 형제를 사랑하기에 이르렀으니 마음으로 뜨겁게 서로 사랑하십시오. 여러분이 거듭난 것은 썩어질 씨로 된 것이 아니라 썩지 아니할 씨, 곧 살아 있고 항상 있는 하나님의 말씀으로 되었습니다. 여러분에게 전한 복음이 곧 이 말씀입니다"벧전 1:22-23, 25, 역자 사역.

아멘.

새 본성을 입으십시오

여러분은 옛사람을 그 행실과 함께 벗어버리고, 새사람을 입으십시오. 이 새사람은 자기를 창조하신 분의 형상을 따라 끊임없이 새로워져서, 참 지식에 이르게 됩니다. 골로새서 3:9-10, 새번역

*

이 설교의 완벽한 도입부가 될 만한 사건이 오늘 아침 여기 모인 가족 중 적어도 열 가정, 아마도 훨씬 더 많은 가정에서 이미 일어났을 것입니다. 몇 가족만 이 자리에 올라와서 나머지 교인들을 위해 한 시간 전의 일을 재연할 수 있다면, 오늘 설교의 완벽한 도입부가 될 것입니다. 하지만 아무래도 기꺼이 그렇게 하실 분이 없을 것 같으니, 제가 그 사건의 전형적 대화를 추측해 보겠습니다. 제가 맞혔는지, 예배 끝나고 알려 주시면 되겠습니다.

장소: 자녀가 있는 우리 교우의 가정. 시간: 아침 식사 후. 상황: 아침을 먹고 나서 부활주일에 교회에 입고 갈 복장으로 갈아입으러 식구들이 각자 방으로 가는 상황. 20분 정도가 지남. 교회로 떠날 시간. 집을 나서려고 모두 현관 앞에 모였을 때, 부모님이 복장 점검에

들어가면서 이런 대화가 이어집니다.

부모: 그거 입고 교회에 못 가!

아이: 왜 못 가요? 뭐가 문젠데요?

부모: 뭐가 문제냐고! 우리 집에서는 누구도 주일 아침에 청바지 차림으로 교회에 못 간다.

아이: 나는 하나님을 예배하러 갈 거예요. 성경에 어떤 옷을 입어야 한다고 말하는 대목은 본 적이 없어요. 하나님은 내가 뭘 입든 신경 쓰지 않으세요.

부모: 하지만 나는 네가 뭘 입는지 신경 쓴다. 네가 하나님을 예배한다 해도 나랑 같이 앉아 있을 거고, 하나님은 네가 뭘 입는지 신경 쓰지 않으셔도 난 신경이 쓰여. 가서 옷 갈아입어.

아이: 엄마아빠는 사람들이 어떻게 생각하는지만 관심이 있어요. 그저 보여주려고 교회에 가는 거예요.

부모: 네 옷장에는 내가 비싼 돈 들여 사준 옷이 가득해. 이제 가서 옷 갈아입어.

몇 분 후, 청바지는 집에 남고 온 가족이 차에 오르고 교회에 도착합니다. 이곳에 모인 우리 모두 점잖은 차림이군요.

부활주일 옷차림에 신경을 쓰는 것은 전적으로 적절합니다. 이 날을 기념하기 위해 모자, 드레스, 넥타이, 정장을 새로 구입하는 것도 합당합니다. 옷은 우리가 내적으로 어떤 존재인지, 적어도 내적으로 어떤 사람이 되고 싶은지 드러내는 수단입니다. 부활절은 다른 어떤 날보다도 분명하게 우리가 신자들 사이에서 이렇게 선포하는 날입니다. '하나님이 우리 가운데 살아 계시다, 그 어떤 것도 그분의 방식으로 행하시는 일을 이길 수 없다, 그 어떤 것도 그분을 무덤에 가둘 수 없다, 세상은 그분의 기쁨 어린 사랑 앞에서 무력하다.'

그리스도께서 죽은 자들 가운데서 부활하신 일은 실재의 중심에 자리 잡은 사건으로, 그로 인해 역사 전체로 에너지의 파동이 퍼져 나갔고 세상이 그분의 임재라는 현실로 진동하게 되었습니다. 부활은 우리가 더없이 기뻐해야 할 일입니다. 가능한 방법을 다 동원해 기쁨을 표현하십시오. 그 방법이 산뜻한 새 옷 구입이라면, 그렇게 하십시오.

바울은 체온 유지만이 아니라 성격과 개성을 표현하려 옷을 입는 인간의 관습을 잘 알고 있었기에 옷을 입고 벗는다는 용어로 부활을 이야기합니다. "여러분은 옛 본성을 그 행실과 함께 벗어버리고 새 본성을 입었습니다. 새 본성은 자기 창조주의 모습을 따라 지식에서 계속 새로워집니다"골 3:9-10, 역자 사역.

'벗어버리다'put off와 '입다'put on는 바울 시대에 '옷을 벗다'undress와 '옷을 입다'dress라는 의미로 쓰였습니다.[60] 이것을 생각하면 부활절에 옷을 갖춰 입는 일은 모종의 성경적 근거가 있는 듯합니다. 그리고 우리는 옷에 상당한 관심을 기울이기 때문에 벗어버리고 입는다는 은유가 담긴 부활절 복음을 이해하기에 좋은 위치에 있습니다.

옷을 입는 것처럼 아주 평범한 일상을 비범하고 특별한 부활과 연결함으로써 우리는 변화됩니다. 평범한 것이 영원한 것과 연결되고, 영원한 것이 일상으로 내려옵니다.

부활을 이야기할 때 참고할 만한 몇 가지 아주 평범하고 고유한 옷 입기의 특징이 있습니다. 하나는 적절성입니다. 적절한 복장은 우리가 사는 세상에 어울리는 복장입니다. 기온 30도, 습도 90퍼센트가 훌쩍 넘는 8월 중순에는 보온 속옷, 털 안감 파카, 귀마개 등을 걸치지 않습니다. 1월에 집 앞의 눈을 치울 때 수영복을 입지 않습니다.

우리가 입고 벗는 옷은 우리가 사는 세상의 특성과 관련이 있습니다. 어떤 환경에 있느냐에 따라 아침에 입는 옷이 꽤 달라집니다. 우리는 아침에 일어나 옷을 고를 때 무엇이 적절할지 따져 봅니다. 그날 기온은 어떨지, 어떤 사회적 환경일지, 어떤 종류의 일을 할지 같은 여러 현실을 고려하여 적당한 복장을 선택합니다. 부적절한 선택을 하는 사람은 감수성이나 지능이 부족한 경우입니다. 턱시도를 입고 하수구를 파는 사람이나 진흙이 잔뜩 묻은 작업복 차림으로 무도회에 가는 사람 모두 똑같이 의아하게 여겨집니다.

부활은 우리가 사는 세상의 객관적 현실입니다. 부활은 우리가 매일 발을 들여놓는 세상에 대한 압도적 사실입니다. 그리스도는 부활하셨고 하나님은 살아 계십니다. 그러므로 적절하게 옷을 입으십시오. 세상을 지배하는 것은 하나님의 진리와 좋은 소식입니다. 그래서 바울은 이렇게 말합니다. "분노와 격분과 악의와 훼방과 여러분의 입에서 나오는 부끄러운 말을 버리십시오. 서로 거짓말을 하지 마십시오"골 3:8-9, 새번역. 바울이 열거한 것들은 대부분 우리가 말하는 방식, 말하는 내용과 관련이 있습니다. 거짓말과 비방, 험담과 분노는 부적절한 일입니다. 우리는 다른 사람에게 화를 내거나 속임수를 써서 이득을 취할 이유가 없습니다. 왜 그럴까요? 하나님이 우리 편이시기 때문입니다. 그분은 우리 삶의 위대한 실재이십니다. 인간의 악함은 거의 부수적입니다. 중요한 것은 하나님의 선함입니다. 인간의 악은 사소하기 때문에 우리는 그것을 중심으로 삶을 형성할 수 없습니다. 우리는 하나님이 행하시는 장엄한 선으로 삶을 빚어야 합니다. 세상이 실제로 악하다면 속임수, 훼방, 악의의 기술을 배워야 적절할 것입니다. 가장 악한 자가 가장 잘사는 곳에서는 그런 기술이 적자생존법이 될 것입니다. 그러나 부활은 세상이 그런 곳이 아니라는 사실을 극적으로 보여줍니다. 이곳은 그리스도께서 부활하신 세상이고, 악한 자들의 음모가 무참히 패배한 세상입니다. 이런 세상에서 우리가 입을 적절한 옷은 진실하고 자비로운 말, 하나님의 사랑을 밝게 선포하는 말입니다.

옷 입기의 또 다른 특징은 표현성입니다. 적절성이 우리가 살고 있는 세상에 잘 맞는 옷차림을 의미한다면, 표현성은 우리가 어떤 존재이고 무엇을 느끼는지 드러내는 옷차림을 의미합니다. 자기표현을 위해 복장을 사용하는 과정에는 많은 문화적·사회적 제약이 따르지만, 이런 제약 안에서도 우리가 할 수 있는 일은 많습니다. 이곳에서 북쪽으로 한 시간 정도 운전해서 아미시 지역을 방문하면 우리와 아주 다르게 입는 사람들을 볼 수 있습니다. 그들은 복장을 통해 세상에 대한 자신들의 확고한 가치관을 표현합니다. 지금부터 몇 달 후면 전당대회가 열리는데, 참가자들은 개인적인 정치적 신념을 표현하는 것 말고는 실용적 쓸모가 전혀 없는 모자를 쓰고 있을 것입니다. 우리는 뭔가 축하하고 싶은 기분이 들면 흔히 기분을 표현할 옷을 찾으려고 노력합니다. 엄숙하거나 슬픈 기분이 들 때도 옷으로 표현하려는 경우가 많습니다.

부활은 우리 내면의 현실을 만들어 냅니다. 바울은 "너희가 그리스도와 함께 다시 살리심을 받았으면 위의 것을 찾으라. 거기는 그리스도께서 … 계시느니라"골 3:1라고 말합니다. 부활은 외부 세계에서 일어난 일일 뿐만 아니라 하나님의 은혜에 믿음으로 반응하는 그리스도인 안에서 재현되는 일이기도 합니다. 하나님의 사랑에 대한 반응은 모든 사람의 삶의 내적 실체를 규정합니다. 복음에 합당한 반응은 그 사랑에 '예'라고 대답하는 것입니다. 그리고 그런 반응이 우리 내면의 실체라면, 우리는 그에 맞게 옷을 입어야 하고, 내면의 이 개인적 부활을 어느 정도 표현해야 합니다.

바울은 말합니다. "그러므로 땅에 속한 지체의 일들, 곧 음행과 더러움과 정욕과 악한 욕망과 탐욕을 죽이십시오. 탐욕은 우상숭배입니다."골 3:5, 새번역. 이 목록에 있는 모든 것은 사람들 사이의 친밀한 관계, 또는 관계의 파괴와 관련이 있습니다. 만약 내면의 생명이란 것이 없고 부활이 존재하지 않는다면, 친밀함을 나누고 배려하고 사랑할 능력 또한 거의 찾아볼 수 없을 것입니다. 우리 안에 생명이 없다면, 이기적으로 움켜쥐고 수단 방법을 가리지 않고 타인을 이용하고, 다른 사람들을 희생시켜 우리 삶을 구축하기 위해 뭐든지 차지하는 것이 옳을 것입니다. 그러나 '우리가 그리스도와 함께 다시 살리심을 받았고' 하나님께서 우리 안에 새 생명을 창조하셨다면, 우리는 전혀 다른 옷을 입을 수 있습니다. "그러므로 여러분은 하나님의 택하심을 입은 사랑받는 거룩한 사람답게, 동정심과 친절함과 겸손함과 온유함과 오래 참음을 옷 입듯이 입으십시오. 누가 누구에게 불평할 일이 있더라도, 서로 용납하여 주고, 서로 용서하여 주십시오. 주님께서 여러분을 용서하신 것과 같이, 여러분도 서로 용서하십시오. 이 모든 것 위에 사랑을 더하십시오. 사랑은 완전하게 묶는 띠입니다"골 3:12-14, 새번역.

부활은 강렬한 인격적 경험입니다. 그 경험을 통해 사람은 하나님이 자기 안에 새 생명을 창조하셨고 그 생명은 [타인과] 나눌 수 있는 것임을 발견합니다. [부활 생명을] 드러내는 옷은 사랑, 용서, 친절의 선을 따라 재단됩니다.

옷 입기의 또 다른 특성은 반복입니다. 그것은 일상적 행위입니다. 매일 아침 자고 일어나면 옷을 입습니다. 매일 밤 잠자리에 들 때면 옷을 벗습니다. 날마다 옷을 입고 옷을 벗습니다. 이 행위가 거의 습관적이고 일상적으로 이루어지다 보니 매일 끊임없이 선택하고 있다는 사실이 잘 드러나지 않습니다. 아침에 신발을 신을 때 선택해야 합니다. 저는 검은색 구두, 갈색 구두, 낡은 코르도바 가죽 구두, 캔버스 운동화, 이렇게 네 켤레가 있습니다. 선택의 여지가 많지는 않지만 저는 머리를 써야 하고, 어떤 색깔의 옷을 입고 어떤 활동을 하는가에 따라 적절한 선택을 내립니다. 화요일의 선택이 끝나도 수요일에 또 선택해야 합니다. 한 번 내린 선택이 계속 유효하지는 않습니다.

부활은 이런 일상성에 한자리를 차지합니다. 우리는 그리스도와 그분의 부활을 지지하는 선택을 내리고, 그 선택은 우리 삶의 근본적 방향을 정합니다. 그러나 남은 시간 동안 결정이 죽 면제되는 것은 아닙니다. 우리는 아주 다양한 방식으로 부활을 '입을' 수 있습니다. 정신을 차리고 헌신된 사람이 되어야 주어진 순간에 입을 옷의 특정한 스타일을 잘 결정할 수 있습니다. 바울은 우리가 새 본성을 입었고 "새 본성은 자기 창조주의 모습을 따라 지식에서 계속 새로워진다"고 말합니다. 이 부활 생명은 정적이지 않습니다. 한 번 입고 나면 끝이 아닙니다. 이것은 "자기 창조주의 모습을 따라 지식에서 계속 새로워집니다"골 3:10, 역자 사역. 발전, 확장, 스타일의 변화가 있습니다. 일관되게 부활이지만, 여러 결정에 따라 그날그날 달라지는 상황에 맞게 달리 표현됩니다.

앞에서 저는 오늘 설교의 도입부가 될 만한 사건이 두어 시간 전에 여러 가정에서 실제로 있었을 거라고 말했습니다. 이제 여러분이 이 자리를 떠나고 몇 분 내에 설교의 결말부를 실행에 옮긴다고 생각해 봅시다. 그러려면 교회 현관홀narthex에 마법의 거울들이 있다고 상상해야 합니다. 예배당을 나서서 마법 거울이 죽 늘어선 현관 복도를 걸어가면 그 거울들에 여러분의 모습이 비칠 것입니다. 현재 외모가 아니라 부활의 현실이 반영된 모습입니다. 부활의 현실을 반영하여 마법의 거울들에 비친 옷차림은 여러분의 인격에서 감지된 실제 모습 하나하나에 대응할 것입니다.

진한 색 좁은 넥타이를 맨 남자들이 그 거울에서는 광택이 도는 비단을 가슴에 풍성하게 늘어뜨린 모습일 수도 있습니다. 반듯하고 단정한 모자를 쓴 여성들이 자기 머리에 화려한 탑처럼 쌓아 올려진 꽃들을 보고 놀랄지도 모릅니다. 우리는 그리스도에 대한 신앙을 하나님이 살아 계신 이 세상에서 행위로 드러내야 합니다. 그런가 하면, 여기 있는 일부 사람들의 밝고 알록달록한 옷들은 마법의 거울에 녹갈색으로 칙칙하게 비칠 수도 있습니다. 그 옷들은 그들에게 없는 현실을 존재하는 것처럼 내세우는 위장이었던 것입니다.

저는 여러분이 오늘 아침 교회에 나올 때 무엇을 입기로 결정했는지, 지금 무엇을 입고 있는지에는 관심이 없습니다. 제 관심은 여러분이 여기서 나가실 때 무엇을 입는지에 있습니다. 오늘 설교를 시작할 때 이야기했던 그 가족처럼, 교회를 나설 때 우리가 무엇을 입고 있는지 마지막으로 점검합시다. 오늘의 중요한 사실은 예수 그리스도의 부활입니다. 그분은 살아 계시고 우리를 위해 살아 계십니다. 우리 앞에 있는 중대한 결정 사항은 이것입니다. 그분의 사랑의 행위와 승리의 삶을 우리 자신의 것으로 받아들일 것인가. 그분이 우리 안에 사시도록 허락할 것인가. 우리는 올바른 옷을 입고 있습니까? 우리의 말과 행동과 가치관과 목표가 그분의 실체를 드러내고 있습니까?

혹시 잘못된 옷을 입고 있다면 아직 갈아입을 시간이 있습니다. 이 교회를 탈의실로 삼으십시오. 그래서 올바른 부활절 의상을 갖춰 입고 교회 문을 나서도록 하십시오. "여러분은 옛 본성을 그 행실과 함께 벗어버리고 새 본성을 입었습니다. 새 본성은 자기 창조주의 모습을 따라 지식에서 계속 새로워집니다"골 3:9-11, 역자 사역.

아멘.

교회에서 사고팔 수 없는 것

베드로가 이르되 네가 하나님의 선물을 돈 주고 살 줄로 생각하였으니 네 은과 네가 함께 망할지어다. 사도행전 8:20

*

마술사 시몬의 죄, 하나님의 능력을 돈으로 사서 자기 이익을 위해 마음대로 쓰려던 시도는 중세 후기 교회에서 도를 넘는 극단에 이르렀습니다. 마술사 시몬에게 거센 분노를 쏟아 냈던 베드로와 달리, 그의 후계자들은 영적 혜택을 추구하는 구도자들과 우호적인 거래 관계를 맺었고 교회의 직책을 최고 입찰자에게 팔았습니다.

단테의 [『신곡』] '지옥 편'에 나오는 지옥의 제8원에는 교회에서 이런 성직 매매를 일삼았던 시몬의 추종자들이 가득했습니다. 단테는 지옥에서 이들을 보고 다음과 같이 말했습니다.

오 마술사 시몬이여! 그자의 가엾은 졸개들이여,
사랑과 의(義)를 위해 바쳐야 할 하나님의 물건들을
은과 금 때문에 더럽히고 있으니

돈만 밝히는 도둑들아! 너희가
이 불타는 셋째 구덩이에 있을 운명임을 알리는
심판의 나팔이 울려야 마땅하도다![61]

단테는 하나님의 물건들을 더럽힌 이들이 발에 불이 붙은 채 튜브처럼 생긴 구멍에 거꾸로 처박힌 모습을 보았습니다. 이 죄인들이 갇힌 구멍은 북부 이탈리아의 도시에서 흔히 볼 수 있었던 세례반의 저속한 닮은꼴입니다. 이 죄인들이 그 구멍에 갇혀 있는 기간은 한시적입니다. 새로운 죄인들이 도착하면 기존에 처박혀 있던 영혼들은 구멍 바닥에 떨어져 바위 틈새로 영원히 사라지기 때문입니다. 언제나 그렇듯이, 단테의 지옥에서 형벌은 상징적인 보응입니다. 성직을 조롱했던 성직매매자들은 세례반 비슷하게 생긴 튜브에 처박혔습니다. 세례의 성수를 조롱했던 그들은 지옥에서 불세례를 받은 다음, 아래의 틈새에 완전히 잠겨 버렸습니다.

교회의 직책을 사고파는 행태는 이후 죄 용서를 사고파는 영역으로 옮겨 갔습니다. 교회가 면벌부(구매자에게 본인의 죄나 죽은 가족의 죄에 대한 모든 형벌을 면하게 해준다고 보증했던, 교황이 서명한 서류) 발행이라는 관행에 참여하면서 벌어진 일이었습니다. 이 관행은 16세기에 최악에 이르렀습니다. 특히 열정적이었던 교황의 장사꾼 테첼은 독일 전역을 다니면서 오늘날의 인기 광고도 저리가라 할 만한 광고문을 외치며 자신의 상품을 팔았습니다.

금고에 돈이 떨어져 소리가 나면
연옥에 있던 영혼이 날아오른다.[62]

마술사 시몬은 바로 이런 관행의 시조였습니다. 이 관행에 물든 교회는 교회의 영적 실재들을 거래 대상으로 여기게 되었습니다. 여기에는 하나님의 은총을 모아서 나눠 줄 수 있다는 생각과 인간에게도 뭔가 할 수 있는 일(흔히 은총을 얻기 위해 돈을 내는 일)이 있다는 생각이 있었습니다.

그러나 우리의 관심사는 중세의 죄인들을 다시 심판대에 올리고 그들에게 칼을 겨누고 끔찍한 범죄를 성토하는 데 있지 않습니다. 우리는 사도행전과 이후의 교회사를 봄으로써 하나님이 그분의 교회 안에서 어떻게 일하셨고 인간들이 어떻게 반응했는지 숙지하고 있습니다. 하나님은 지금까지 변하지 않으셨습니다. 사람들 또한 변하지 않았습니다. 우리는 오래전에 죽은 사람들의 모습에서 우리 자신을 쉽게 발견할 수 있습니다.

성직매매의 가장 원색적인 방식은 이제 찾아볼 수 없습니다. 누구도 장로나 집사 직분을 돈 주고 사려고 시도하지 않고(적어도 이 교회에서는 아직까지 그런 경우가 없었습니다!), 로마 가톨릭교회에서도 잘못된 면벌부 판매는 대체로 개혁되었습니다. 너무나 수치스러웠던 중세 관행은 상당수 더 이상 존재하지 않습니다. 단테가 오늘날 글을 쓴다면 불타는 지옥에 집어넣을 다른 악당들을 찾아야 할 것입니다. 그러나 마술사 시몬의 죄가 사라졌을까요? 사람이 성숙하고 성장하면서 그런 죄가 제거되었을까요? 의학의 역사에서 수많은 질병이 정복되어 호기심의 대상으로만 남은 것처럼, 시몬의 죄도 교회사에서 호기심의 대상에 불과하게 되었을까요?

저는 그렇게 생각하지 않습니다. 마술사 시몬은 오늘날에도 살아 있고, 주의하지 않으면 우리 안에 살게 될지 모릅니다. 시몬이 처음 저지른 것으로 악명 높은 그 죄는 하나님이 주시는 영적 힘과 은총이 있는 모든 사회에 교묘하게 잠입하기 때문입니다. 그 일은 이런 식으로 이루어집니다.

하나님은 창조주이시고 우리는 피조물입니다. 그분은 우리가 이해하거나 조종하거나 통제할 수 없는 분이며 제대로 정의할 수도 없는 분입니다. 교리문답은 "하나님은 누구신가?"라는 질문에 답하려고 시도하면서 '무한한', '영원한', '불변하는' 같은 단어들을 사용합니다.[63] 하나님은 무한하셔서 모든 공간의 범주를 완전히 뛰어넘으십니다. 하나님은 영원하셔서 시간에 대한 우리의 모든 관념에 들어맞지 않으시고 그 너머에 계십니다. 하나님은 불변하시고, 어떤 역사적 과정으로도 그분을 인식하거나 설명할 수 없습니다. 하나님은 이 모든 것을 초월하시고, 우리는 그분의 피조물입니다. 우리는 그의 백성이요 그가 기르시는 양입니다시 100:3.

그러나 우리는 이러한 하나님 개념에 어떤 식으로든 저항합니다. 하나님을 설명하고 정의하고 마침내 이용하기 위해 기발한 시도를 합니다. 하나님은 자유로우시고 창조주이자 주님이시라는 개념에 저항하는 것은 흔히 교만의 죄로 알려져 있습니다. 그 본질은 우리가 하나님 개념을 수정하여 마침내 하나님과 모종의 협력 관계를 이루고, 삶을 통제하는 데 한몫을 차지하고, 하나님의 일을 일부 수행할 위치에 서는 것입니다. 하나님은 작아지시고 우리는 커집니다. 하나님은 쇠하시고 우리는 흥합니다.

대부분의 신학자들은 이것이 근본적인 죄, 다른 모든 죄의 뿌리에 해당한다고 생각합니다. 아담이 이 죄를 전형적으로 보여줍니다. 그는 에덴동산이 너무 편안하게 느껴졌기 때문에 자기 삶의 창조주이자 주인이신 분의 명령에 약간의 의심과 계몽적 이성("하나님이 말씀하셨나?")으로 대응하는 것이 전혀 터무니없는 일로 느껴지지 않았습니다. 그는 하나님의 선물을 자기 소유물처럼 이용하기 시작했습니다. 물론 문제가 된 것은 열매 하나에 불과했지만, 아담이 그 열매를 사용한 방식은 자신이 피조물임을 인정하는 데서 영적으로 심각하게 이탈했음을 드러냈습니다. 아담이 에덴동산이라는 선물을 자기 마음대로 할 수 있는 자기 소유로 생각 또는 간주한 순간, 즉 그 자신이 동산의 일부인 피조물이 아니라 창조주인 것처럼 동산과 그 내용물을 취급하기 시작한 순간에 재앙이 닥쳤습니다. 그리고 그는 결국 모든 것을 잃었습니다.

아담은 선물로 주어진 열매를 자기 뜻대로 이용, 거래, 구매할 수 있는 물건으로 취급했습니다. 마술사 시몬은 같은 과정을 조금 더 최근에 겪은 사례에 불과합니다. 하나님의 선물을 사려는 시도는 우리에게도 엄연히 가능한 일입니다. 교황의 교권 남용과 면벌부 거래에 대한 기억에 매달리면 이 부분에서 우리 모두에게 있는 영적 가능성을 놓칠 수 있습니다.

우리는 특권과 의무의 관점에서 생각하는 데 익숙합니다. 이런 사고방식은 일상생활에서 잘 작동하기에 우리는 영원한 세계에서도 그래야 한다고 생각합니다. 내가 당신을 위해 뭔가를 하면 당신도 나를 위해 뭔가를 해야 마땅하다는 것이지요. 정치에서 이것은 아주 복잡한 상황을 만들고 때로는 불미스러운 일이 생기기도 합니다. 사업에서는 홍보의 기본 구성요소가 되지요. 그리고 교회에서는…음, 내가 신실하게 살고 시간을 내고 이웃에게 잘하고 헌금을 할 때 뭔가 영적인 혜택을 기대해도 그리 부당하지 않다는 생각으로 나타납니다. 이런 사고는 거액의 장학금을 학교 운동부에 기부한 졸업생의 그것과 비슷한 듯합니다. 팀이 승리하지 못하면, 그는 자신에게 항의할 권리가 있다고 느끼고 흔히 감독에게 큰소리로 항의합니다.

같은 이유로 때로 우리는 교회에서 아무것도 얻을 것이 없어서 교회에 안 나간다는 말을 듣습니다. 아마 교회에 출석하거나 헌금하는 식으로 자기 몫을 다했는데 교회가 그에 상응하는 보답을 하지 않았다는 뜻일 것입니다. 가는 게 있으면 오는 게 있어야 하는데, 그렇지 않았다는 뜻이지요. 그런데 저는 이런 관점에 크게 공감합니다. 이런 불평이 정당할 때가 많습니다. 교회에 대한 많은 기대는 채워져야 마땅합니다. 교회가 깨어 있고 잘 알고 지적이고 절제되고 자비롭고 근면하고 복음에 충실하기를 기대할 권리는 누구에게나 있습니다. 교회와 교회의 사역이 그런 기대에 못 미친다면, 우리는 불평할 권리가 있습니다. 불평할 의무가 있다고 해야 할지도 모르겠습니다.

그러나 교회의 부족함에 대해 불평할 때 (불평해야 하지만) 우리는 위험한 자리에 서게 됩니다. 위험 자체를 피할 수는 없다 해도, 위험에 대해 갑절로 경계해야 합니다. 우리가 교회에서 얻는 것으로 교회를 평가하거나 판단하기 시작하는 순간, 우리는 시몬의 죄와 가까워집니다. 교회생활에는 이러한 평가의 대상이 되고 평가가 필요한 것들이 많습니다. 그러나 그 중심부에서는 하나님이 자유롭고 은혜롭게 일하고 계시는데, 그 부분에서 권리를 내세우거나 비판 내지 평가하는 것은 아담과 마술사 시몬의 죄로 바로 들어가는 일이 됩니다.

교회생활의 핵심은 성령의 활동입니다. 그것은 순수한 은혜입니다. 하나님은 생명을 주시는 분이고 모든 선과 자비의 근원이십니다. 우리가 하나님께 무엇인가를 받는 것은 오로지 하나님이 그분의 피조물에게 관심을 갖고 피조물을 사랑하시기 때문입니다. 교회생활의 중심부에서는 구속, 회복, 교환*이라는 위대한 신비가 일어납니다. 하

* 십자가에서 그리스도가 인간의 죄를 짊어짐으로써 인간이 의롭다 함을 받는, '인간의 죄와 하나님의 의의 교환'을 일컫는다.

나님의 성령은 자비와 은총으로 이곳에서 자유롭게 활동하십니다. 모든 사람은 겸손한 탄원자에 불과하지요. 그 중심부에서 우리가 할 수 있는 일은 각자의 필요를 고백하고 과분한 은혜를 받는 것뿐입니다.

바울은 교회에서 일어나는 일을 가장 완전하고 심오하게 진술한 에베소서에서 이렇게 말합니다. "너희는 그 은혜에 의하여 믿음으로 말미암아 구원을 받았으니 이것은 너희에게서 난 것이 아니요 하나님의 선물이라. 행위에서 난 것이 아니니 이는 누구든지 자랑하지 못하게 함이라"엡 2:8-9.

우리 모두는 하나님의 은혜를 공급하는 위치에 서고 싶은 유혹, 하나님의 사랑을 상품화하고 하나님의 선물을 사고파는, 신과 같은 권위를 찬탈하고 싶은 유혹에 빠지기 쉽습니다. 교회에 기대를 품고 부족한 부분을 불평하는 것은 합당하기 때문에 그런 태도는 하나님이 일하시는 중심부에까지 확장되어 결국 모든 것을 훼손하기가 쉽습니다. 이 부분에서 가장 심각한 유혹을 받는 이들은 목사들일 것입니다. 부모들이 받는 유혹도 만만치 않습니다. 부모는 자녀에게 좋은 것이 무엇인지 너무 잘 알기 때문이지요. 그러나 자녀들은 부모의 자식이기 이전에 하나님의 피조물이고 그들의 삶에서 이루어지는 가장 심오한 반응은 대인 관계가 아닌 [하나님과의] 관계에서 이루어져야 합니다.

성령은 능력이 아니라 인격이십니다. 우리는 우리 명령을 수행하도록 하나님의 영을 부리지 못합니다. 오히려 성령께서 우리의 명령자이십니다. 성령은 안내하실 뿐 아니라 순종도 요구하십니다. 성경이 말하는 가장 오래된 죄(교만)에서 기인한 우리 영혼의 근본적 결함 때문에 우리는, 아주 미묘하게라도 성직매매의 관행에 빠질 수 있습니다. 그리고 모든 죄가 그렇듯이, 이 죄도 더 교묘해지고 감추어질

수록 더 파괴적이고 치명적입니다. 이 죄는 현대에 접어들어 세련되고 점잖게 나타납니다. 그러나 단테가 오늘날 이 죄의 영원한 결과를 관찰한다면, 이 죄를 지은 자들은 역시나 지옥의 제8원에 다시 집어넣어질 것입니다.

교회에서 살 수 있는 것이 많이 있습니다. 우선 아름다움을 살 수 있지요. 돈을 들이면 미적 즐거움을 안겨 주는 사려 깊고 정통한 건축양식을 경험할 수 있습니다. 신체적 편안함도 살 수 있지요. 쿠션이 있는 장의자, 겨울철 난방, 여름철 냉방 모두 돈으로 살 수 있습니다. 관심과 친근함을 보이면 다른 사람들의 호의, 또래들의 존중, 주변 사람들의 존경(대부분 정말 받아 마땅한 것이지요)을 살 수 있습니다. 그리고 과연 교회에는 대개 이 모든 것이 있습니다. 이것은 마땅한 일이고, 여기에는 성직매매 죄의 기미가 전혀 없습니다. 그러나 애초에 교회가 존재하는 이유를 생각해 보면 인간의 공로 및 대가를 지불해서 무언가를 얻을 가능성은 사라집니다. 교회는 하나님을 경배하고 그분의 가르침을 받고 함께 그분을 섬기기 위한 곳이니까요. 교회는 순전히 선물로 받은 곳입니다. 하나님의 영광을 위해 살도록 하는 것은 하나님의 은혜로운 선택이고, 그분은 우리의 삶 속에서 움직이시며 그 일을 이루실 것입니다. 우리는 이미 그분의 피조물, "우리를 지으신 분은 우리들 자신이 아니라 그분"시 100:3, 역자 사역이시기에 그분에게 어떤 대가도 지불할 수 없습니다.

교회에서 팔 수 있는 것도 많습니다.* 한 사람의 삶에 새로운 차원을 추가해야 할 필요성을 받아들이게 만들 수 있습니다. 자녀의 삶에서 기독교 교육이 중요함을 교인들에게 납득시킬 수 있습니다. 신앙

* 영어 단어 'sell'에는 '(대가를 받고) 팔다'는 의미에 더해 '(생각이나 계획을) 받아들이게 하다, 납득시키다'라는 뜻도 있다. 이 문장부터 시작된 여섯 문장의 동사가 모두 sell인데, 그중 가운데 네 개 문장의 sell이 후자의 의미로 쓰였다. sell의 중의적 의미를 활용한 말놀이다.

이 주는 개인적인 유익을 납득시킬 수 있습니다. 이 지역에 새로운 교회가 필요하다는 것을 받아들이게 할 수 있습니다. 그러나 교회생활의 중심에서 이루어지는 일들은 어떤 것도 팔 수 없습니다. 거기서는 모든 것이 거저 주어지기 때문입니다. "하나님이 세상을 이처럼 사랑하사 독생자를 주셨으니"요 3:16. 그 지점에서도 우리가 영업사원의 행태를 고집한다면, 사람들을 하나님에게서 떼어 놓고 그들 앞에서 한심한 대리 신으로 행세한 모든 제사장의 죄에 동참하게 될 것입니다.

교회에서 사고파는 행위는 모두 주변부에서 일어납니다. 교회의 중심부에서는 모든 것이 은혜입니다. 하나님은 우리에게 자신을 거저 주시고 가난한 우리는 그분께 응답합니다. 그리고 이 일은 교회에서 사고팔 수 없습니다.

오래된 복음성가가 있습니다. "내 손에는 아무것도 없네. 오직 십자가만 붙드네."[64] 시몬이 돈뭉치를 내보이는 대신 이 노래를 불렀다면, 하나님의 풍성한 보물창고에 들어가서 우리 주님이 말씀하신 값비싼 진주를 손에 쥐었을 것입니다.

아멘.

사랑 수업:
사랑은 하나님께 속한 것이니

> 사랑하는 자들아, 우리가 서로 사랑하자. 사랑은 하나님께 속한 것이니 사랑하는 자마다 하나님으로부터 나서 하나님을 알고 사랑하지 아니하는 자는 하나님을 알지 못하나니 이는 하나님은 사랑이심이라. 요한일서 4:7-8

*

사랑에는 날씨처럼 다양한 측면이 있습니다. 때로는 사납고 때로는 화창하며 언제나 예측불가입니다. 하지만 날씨와 달리, 사랑에 대해서라면 이러쿵저러쿵 말만 하는 것이 아니라 뭔가를 할 수 있습니다.

저는 사랑에 관심이 없는 사람을 만나 본 적이 없습니다. 사랑은 우리가 먹는 음식과 호흡하는 공기만큼이나 삶의 중요한 일부입니다. 그러나 우리 모두 사랑에 관여하고 있는데도 눈에 띄게 사랑을 잘하지는 못합니다. 사랑이라는 단어의 쓰임에는 혼란스러운 구석이 있고, 사랑을 표현하는 일은 어색합니다. 인류가 타고난 사랑 전문가가 아니라는 것은 입증된 사실입니다.

사랑이라는 주제에 대해 기독교 복음은 꽤 말을 많이 합니다. 그리스도인들은 지금까지 나온 사랑에 관해 최고의 조언을 접할 수 있는 사람들입니다. 우리 모두 이 주제에 관심이 있어도 사랑에 통달했음을 보여주는 전문성은 아직 입증하지 못했으니, 저는 부활절부터 몇 주간에 걸쳐 사랑 수업을 진행하며 사랑의 기본을 설명할 생각입니다.

제 아이 중 하나가 이번 여름에 테니스 수업을 받고 싶다고 했습니다. 그래서 그렇게 하기로 했습니다. 수업을 듣는다고 해서 아이가 선수권대회에 나갈 실력을 쌓을 수는 없을 것입니다. 하지만 그 시간을 통해 몇 가지 기본 타법을 배우고, 몇 가지 흔한 실수를 피하게 되고, 손발이 안 맞는 실수의 뒤범벅 수준에서 벗어나 일정 수준의 실력을 갖추고 테니스를 즐기게 될 것입니다. 이것은 현실적인 기대입니다.

그리고 이것이 제가 '사랑 수업'이라는 제목으로 이 연속 설교를 전하는 목적입니다. 저는 매주 이곳에 모여 예배하는 사람들 안에 사랑에 유능해지고 싶은 기본적인 의욕이 생기기를 기대합니다. 그래서 다른 사람들과의 관계에서 부주의나 무지로 인해 사랑의 기본 규칙을 어기는 일, 피해야 할 일만 골라서 어설프게 저지르는 일을 면하게 되기를 기대합니다. 저는 여러분 중 누군가가 성인(聖人)과 전문가가 되어 흠 없이 사랑하게 되기를 기대하지 않습니다. 하지만 우리 모두 사랑의 숙련도가 높아지고 흔한 실수를 피하고 하나님과 이웃을 사랑하는 일에서 좌절과 실패를 넘어 분명한 즐거움을 누릴 수 있다고 생각합니다.

제가 교과서로 삼을 책은 성경의 요한일서입니다. 이 책은 지금까지 저술된 사랑에 대한 여러 매뉴얼 중 최고입니다. 요한일서는 거듭 거듭 거듭 사용되었고 인상적인 결과를 낳았습니다. 현대의 광고

대행사가 사람들의 관심을 끌어 요한일서를 구매하도록 설득할 광고 문구를 대중매체에 싣는다면, 쉽사리 다음 문구를 상상할 것입니다. "세상에서 가장 사랑할 줄 모르던 내가 요한일서를 읽고 달라졌습니다." "한때 사랑은 내게 그저 두 글자로 된 단어일 뿐이었습니다. 하지만 그건 요한일서를 읽기 전의 이야기입니다."

사랑의 교사인 요한에게 경쟁자들은 있지만 제대로 된 라이벌은 없습니다. 20세기에는 지그문트 프로이트의 사례연구와 휴 헤프너*의 버니걸이 요한 서신보다 더 유명해졌지만, 이들은 영향력 면에서든 지혜롭다는 평판 면에서든 평범한 사람들의 일상생활에 미친 결과 면에서든 요한을 따라가려면 한참 멀었습니다.

사랑의 상담가로서 요한이 갖는 권위는 예수 그리스도와의 관계에서 나옵니다. 그는 요한일서를 시작하면서 자신의 자격조건을 확실히 합니다.

> 늘 존재하셨지만, 실제로 우리가 두 눈으로 보고 귀로 들은 분에 관해 여러분에게 편지를 씁니다. 우리는 그분을 자세히 보았고 손으로 만져 보기까지 했습니다. 그분은 생명의 말씀이었습니다. 우리 앞에 나타난 분은 바로 생명이었습니다. 우리는 생명을 보았습니다. 우리는 생명을 목격한 증인입니다. 그리고 지금 생명에 관해 여러분에게 편지를 쓰고 있지요. 그분은 모든 세대에 존재하시는 생명, 성부와 더불어 늘 존재하셨던 생명이었습니다. 그 생명이 우리 눈앞에 직접 나타나셨습니다. 다시 말하지만, 우리는 실제로 보고 들은 것을 지금 여러분에게 씁니다. 우리는 여러분도 성부 하나님과 성자 그리스도 예수와 교제하기를 바랍니다. 여러분에게 편지로 그 말을 전하는 지금, 우리는 더할 나위 없이 기쁩니다 요일 1:1-4, 필립스성경.

* Hugh Hefner, 1926-2017. 「플레이보이」 창간인.

앞서 요한은 복음서를 한 편 썼습니다. 인간을 향한 하나님의 사랑을 드러내신 예수 그리스도에 대한 기록입니다. 이 요한복음의 주제는 예수님 안에서 우리가 하나님의 본질을 볼 수 있고, 그 본질은 사랑이라는 것입니다. 요한은 여기서 한 걸음 더 나아가 그 사랑이 행동으로 어떻게 드러났는지 보여줍니다. 그래서 요한복음을 읽어 나가면 예수 그리스도께서 다양한 상황에서 말씀하시고 행동하심으로써 하나님의 사랑이 온갖 조건하에서, 온갖 필요에 대하여, 온갖 사람들을 상대로 작동하는 방식을 보여주시는 것을 접하게 됩니다.

이것은 여러분에게 친숙한 이야기이고, 여러분은 이 이야기가 어떻게 끝나는지 압니다. 예수님은 재판을 받으시고 십자가에 못 박혀 죽으시고 마침내 부활하시지요. 부활은 두 가지를 보여줍니다. 하나는 필적할 수 없는 그리스도께서 인간의 죄에 굴하지 않으시고 하나님의 사랑의 행위를 이어 가신다는 것입니다. 다른 하나는 여러분과 저 같은 보통 사람들이 사랑이라는 새로운 삶으로 살기 시작하는 새 시대가 열렸다는 것입니다.

요한의 서신은 이 두 번째 논점을 상세히 설명하고 있습니다. 복음서에서 요한은 하나님이 사랑이시고 그리스도께서 그 사랑을 계시하시는 것을 보여줍니다. 그리고 이 편지에서 그가 하는 말을 제 식으로 풀어 보면 이렇습니다.

> 이 사랑은 여러분이 받아들이고 경험하고 전해 줄 수 있는 사랑입니다. 나는 복음서에서 이 하나님의 사랑이 예수 그리스도 안에서 어떻게 실행되었는지 여러분에게 보여주고자 했습니다. 그것은 부활로 승리한 사랑이었습니다. 이제 내가 이 편지를 쓰는 것은 하나님이 이 사랑의 활동을 여러분 안에서도 되풀이하시도록 맡기라고 권하기 위해서입니다. 하나

님이 그리스도 안에서 사랑으로 일하셨던 것처럼 여러분 안에서도 그러시도록 맡기십시오. 이 사랑이 그리스도 안에서처럼 여러분 안에서도 작용하여 승리하도록 맡기십시오.

요한은 사랑 전문가입니다. 그러나 그는 고대 세계를 두루 다니며 사람들을 만나 대화하고 그들이 사랑을 어떻게 생각하고 어떤 식으로 경험했는지 알아내는 방식으로 사랑에 대한 전문지식을 쌓은 것이 아니었습니다. 사랑이라는 제목으로 상상할 수 있는 온갖 종류의 관계를 실험하고 그 결과를 제시하는 방식으로 전문가가 된 것이 아닙니다. 그는 갤럽 여론조사원이 아니었고 카사노바 같은 바람둥이도 아니었습니다. 그가 사랑 수업을 진행할 자격이 있었던 것은 예수 그리스도 안에서 주어진 사랑의 계시에 참여했기 때문입니다. 요한이 먼저는 복음서를, 그다음에 서신들을 쓴 것은 사랑이 하나님으로부터 나오고, 그리스도 안에서 계시되고, 하나님을 믿고 그리스도를 신뢰할 때 사랑을 실천할 수 있다는 깨달음 때문이었습니다.

요한의 편지 중 한 통에는 그가 쓴 다른 모든 내용의 중심이 되는 문장이 등장합니다. "우리가 하나님을 사랑한 것이 아니라, 그분이 우리를 사랑하셔서 성자를 보내어 우리 죄를 친히 속죄하게 하셨다는 사실에서 참된 사랑을 봅니다"요일 4:10, 필립스성경.

사랑은 하나님에게서 나옵니다. 사랑은 예수님 안에서, 특히 그분의 십자가에서 계시됩니다. 우리가 사랑을 알고자 한다면 하나님을 알아야만 합니다. 우리의 문제는 모두 사랑하기를 원하고 사랑스럽기를 원하면서도 하나님께는 관심 두려 하지 않는다는 것입니다. 그래서 결국 우리 손에 남는 것은 일시적 형태의 사랑뿐입니다. 우리의 사랑은 썩기 쉬운 상품입니다. 이 상품은 매력적이고 구하면 즐겁지만, 오래가지 않습니다. 그리고 이 약점을 보충할 도리가 없습니다.

저는 아삭하고 잘 익은 사과를 베어 무는 것을 좋아합니다. 가끔 펜실베이니아주의 스튜어트타운으로 차를 몰고 가서 쇼 과수원의 거대한 사과밭과 복숭아밭을 구경합니다. 사과나무와 과수원 경작을 애써 잘 배워서 제가 원할 때마다 사과를 맛있게 먹도록 해주는 사람들에게 너무나 감사합니다. 저의 집 뒷마당에 사과나무 두 그루를 심고 제 힘으로 키워 보는 것도 가능하겠지만, 저는 그렇게 하지 않습니다. 저는 다른 사람들이 제공하는 사과를 먹는 것으로 만족합니다.

사랑과 관련해서 많은 이들의 상황이 이와 같습니다. 모두가 사랑의 열매를 먹고 싶어 하지만, 열매를 기르는 데 관심이 있는 경우는 많지 않습니다. 모두가 생산물을 즐기지만, 재배하고 기르는 일에 관여하는 사람은 소수입니다.

그리스도인은 사랑의 농부입니다. 그리스도인이 아니어도 사랑을 경험할 수 있고, 사랑을 누릴 수 있습니다. 그러나 그리스도인이어야만 사랑의 근원에 참여할 수 있습니다. 그리고 사랑의 근원, 곧 그리스도 안에서 계시된 하나님께 참여하면, 그리스도인은 사랑의 과수원 관리자가 됩니다. 우리가 이 근원적 관계에 충실할 때, 사랑이 병들지 않고 꽃피우고 수분하여 그리스도 안에서 구속된 삶의 성숙한 기쁨과 평화를 드러내는 단계에 이를 수 있습니다.

여러분 중에 이렇게 말씀하실 분이 있을지도 모르겠습니다. “좋은 말 같기는 한데, 그것은 다 시(詩)고 은유잖아요. 저는 구체적인 출발점이 필요합니다.” 좋습니다, 제가 모종의 지침과 출발점을 알려 드리겠습니다. 사도 요한이 알려 준 내용을 요약하면 이렇습니다. 예수 그리스도를 믿으십시오. 그분의 생애에 계시된 하나님의 사랑을 받아들이십시오. 하나님께 죄 용서를 받으십시오. 주일마다 예배처소에 충실하게 나아가 여러분이 받아들인 하나님의 사랑을 잘 키우고 그 의미가 더 깊어지게 하십시오. 하나님 백성의 찬양을 배워 부르십시오. 하나님의 말씀인 성경에 익숙해지시고 이곳에서 전해지는 하나님의 말씀을 경청하십시오. 순종하는 마음으로 숙고하면서 그 말씀을 매일 읽으십시오. 하나님을 바라보고 기도하고 자신의 필요를 아뢰고 감사하는 일을 매일매일 하십시오. 가족이나 동네 사람 중에서 친절을 베풀 이웃을 찾으십시오. 마음에 들지 않고 끌리지 않는 원수 같은 사람을 찾아서 하나님이 그 사람에게 무엇을 원하실지 상상해 보고 여러분의 말과 행동으로 그것을 표현해 보십시오.

그러나 여러분은 이렇게 말할 겁니다. "내가 원하는 건 규칙이나 제안들이 아닙니다. 나는 사랑을 원해요. 그런데 목사님은 자꾸 규칙만 늘어놓으십니다." 맞습니다. 하지만 사도 요한은 이 부분에 대해 이렇게 대답합니다. "그의 계명들은 무거운 것이 아니로다"요일 5:3. 계명은 사랑을 만드신 분과 접촉하게 하는 지침이자 사랑의 움직임이 우리에게 제2의 천성이 되기까지 그 움직임을 모방할 방법입니다. 이것을 불평한다면 사과를 얻기 위해서 해야 할 가지치기, 비료주기, 살충제 뿌리기 같은 따분한 일을 불평하는 경우와 같습니다. 이런 작업들은 가을에 나오는 탐스럽게 빨갛고 아삭하고 싱그러운 멋진 사과와 전혀 관계없어 보입니다만, 이 작업들이 있어야 사과가 온전히 열립니다.

우리가 하나님을 피하고 과수원 작업에 참여하기를 거부해도, 사랑을 얻기는 할 것입니다. 그러나 사랑을 얻기 위해 늘 다른 사람에게 의존하게 될 것입니다. 언제나 모종의 간접적인 형태로만 사랑을 경험하게 될 것입니다. 그리스도인이 받는 위대한 부름은 사랑의 근원에 참가하라는 것입니다. 사랑의 근원 안에서 우리는 다른 사람들이 사랑을 누리도록 돕는 일에 참여하고 세상을 이기는 승리에 참여하는 만족을 얻을 것입니다.

아멘.

사랑 수업:
사랑이 통하지 않으면 어떻게 해야 하나?

> 나의 자녀 여러분, 내가 여러분에게 이렇게 쓰는 것은, 여러분으로 하여금 죄를 짓지 않도록 하려는 것입니다. 누가 죄를 짓더라도, 아버지 앞에서 변호해 주시는 분이 우리에게 계시는데, 곧 의로우신 예수 그리스도이십니다. 요한일서 2:1, 새번역

*

사랑을 다루는 이번 주 부활절 연속설교는 한 가지 질문으로 시작하려 합니다. 사랑이 통하지 않으면 어떻게 해야 할까요? 관계가 틀어질 때 어떻게 다시 정을 회복할 수 있을까요? 소통이 끊어지면 사랑을 주고받는 장비를 어떻게 수리해야 할까요?

이 부분에 대한 중요한 진술은 '사랑은 늘 관계와 관련이 있다'입니다. 사랑은 독립적으로 존재하지 않습니다. 사랑은 물건이 아닙니다. 감정이 아닙니다. 사랑은 언제나 두 사람 사이에서 일어나는 일을 서론합니다. 사랑은 대인 관계적입니다.

사랑에 대해 배우거나 이해할 때 가장 어려움을 겪는 두 사람이

있습니다. 독립적인 사람과 이기적인 사람입니다.

독립적인 사람들은 혼자서도 충분하다고 느끼기 때문에 사랑의 본질을 이해하는 데 어려움을 겪습니다. 그들은 누구에게도, 어떤 것에도 의존하지 않습니다. 그들에게는 관계보다 자립이 우선입니다. 그들은 서로 얽히는 동맹을 피하여 살아갑니다. 아무도 책임질 필요가 없고 누구에게도 빚지지 않는 상태를 좋아합니다.

이기적인 사람들은 모든 사람과 모든 상황이 자신의 욕망에 곁딸렸다고 취급하는 습관에 젖어 있기 때문에 사랑의 본질 이해에 어려움을 겪습니다. 그들은 사람이나 사물을 그 자체로 좋다고 보지 않고 자신의 욕망과 관련될 때만 좋다고 봅니다. 그들은 소유하고 싶어하고, 다른 사람을 자신의 계획 안에 두려고 합니다. 물론 그 과정에서 관계는 사라집니다. 관계 안에는 차이가 있고 둘을 나누는 분리가 있고 사랑이 있기 때문입니다.

그런데 사랑은 나와 다른 사람 사이에서 일어나는 일과 관련이 있습니다. 사랑은 사람들이 경험하는 교류의 내용을 설명합니다. 관계를 맺는 활동을 부정하고 최소화하여 이제 관계가 존재하지 않는다고 말하거나 관계를 내 안으로 끌어들여 상대와의 거리를 없애려는 시도는 사랑이 작동하는 데 꼭 필요한 장을 제거하는 일입니다. 사랑은 사람과 상황 사이의 공간에서 작동합니다.

인간과 하나님의 관계를 살펴보면 이런 관계의 본질을 배울 수 있습니다. 인간과 하나님은 별개의 존재입니다. 둘은 동등하지 않지만 상호 존중과 존경이 둘 사이에 흐릅니다. 둘 사이의 공간에서는 애정, 도움, 생각의 공유, 공동 작업, 우호적인 교류가 오갑니다. 서로가 주고 서로가 받습니다. 이런 관계가 잘 이루어지는 것을 사랑이라고 말합니다. 그리고 창세기의 첫 몇 장의 본보기에 이 관계가 가장 분명하게 나타납니다. 하나님과 인간의 관계를 보여주는 본보기 안에서 말입니다.

하지만 우리가 아는 이 사랑의 관계는 대체로 건강하지 않은 모습입니다. 우리는 자신이 원하는 것이 무엇인지 아는 일종의 선천적 지식이 있고, 이 지식은 우리의 창조된 구조에 내장되어 있습니다. 그러나 우리는 만족스럽지 않은 방식으로만 이 사랑의 관계를 경험합니다. 우리의 사랑에는 늘 결함이 있습니다. 그리스도인이 이러한 관계의 결함을 표현하는 데 사용하는 단어가 '죄'입니다. 죄는 관계에 뭔가 문제가 있다, 사랑이 제대로 작동하지 않는다, 소통이 원활하지 않다, 오류가 있다, 잘못을 저지르고 있다는 것을 의미합니다.

사랑을 이해하는 데 가장 어려움을 겪는 두 사람, 독립적인 사람과 이기적인 사람은 죄를 이해하는 데도 똑같이 어려움을 겪습니다. 독립적으로 사는 데 성공한 사람은 죄를 개념적으로 잘 이해하지 못합니다. 스스로 중요하게 여기는 관계가 없다 보니 그런 관계의 결함으로 인해 큰 영향을 받지는 않습니다. 이기적으로 사는 데 성공한 사람도 죄를 개념적으로 잘 이해하지 못합니다. 주변 사람들을 이용해 자신의 욕망을 채우려는 시도가 충분히 성공적이어서 이기적 삶에 뭔가 문제가 있을 가능성에 신경 쓸 일이 없기 때문입니다.

그 중간에 있는 사람들이 죄를 의식합니다. 그들에게는 관계가 중요합니다. 그들은 삶을 나누고 싶어 하고, 주고 싶어 하고, 받고 싶어 합니다. 그들에게는 애정과 신뢰가 중요합니다. 그리고 그들은 종종 사랑의 관계가 이루어지지 않거나, 만족스럽지 않은 방식 또는 궁극적인 목표를 무산시키는 방식으로 이루어진다는 것을 압니다. 사랑하고 사랑받기 원하는 사람에게 중요한 첫 번째 과제는 죄를 어떻게 처리해야 할지 알아내는 것입니다.

어쨌든 요한은 그렇게 생각했습니다. 사랑을 다룬 이 편지, 지금까지 나온 사랑에 대한 여러 조언 중에서 최고의 내용이 담긴 이 편지에서 요한은 죄 문제를 가장 먼저 다룹니다. 요한은 두 가지를 말합니다. 첫째, 내가 죄를 짓는다는 것을 인정해야 한다. 둘째, 하나님이 그분의 방식으로 내 죄를 다루시도록 맡겨야 한다.

물론 죄를 다루는 한 가지 방법은 죄를 부정하는 것입니다. 오늘날처럼 1세기에도 그렇게 하는 사람이 많았습니다. 하지만 요한은 말합니다. "우리가 죄가 없다고 말하면, 우리는 자기를 속이는 것이요, 진리가 우리 속에 없는 것입니다"요일 1:8, 새번역.

죄를 부정하는 것은 사랑의 본질을 오해하면서 비롯됩니다. 죄 부정은 보통 세 가지 방식 중 하나로 이루어집니다. 자주 보는 첫 번째 방법은 비난입니다. 관계에 문제가 있는 이유가 상대방이 뭔가를 잘못해서 그렇다는 것이지요. 상대방을 손가락질하고 탓합니다. 그런데 이 비난은 십중팔구 옳을 것입니다. 상대방이 뭔가를 잘못했을 것입니다. 우리는 행동으로든 생각으로든 매일 너무나 많은 잘못을 저지르기 때문에 길거리에서 아무나 손가락으로 가리켜도 뭔가 잘못한 사람일 가능성이 상당히 높습니다. 그러나 비난은 죄를 부정하는 일입니다. 비난은 관계가 아니라 관계의 한 지점만을 다루기 때문입니다.

죄를 부정하는 또 다른 방법은 모든 책임을 뒤집어쓰는 자기비난입니다. "나는 완전히 틀려먹었어. 제대로 하는 게 하나도 없어"라고 말이지요. 이런 생각을 논리적 극한까지 밀어붙이면 심리학자들이 말하는 '부정적 정체성'이 형성되어 도둑, 거짓말쟁이, 횡령범으로 살게 됩니다. 인생을 부정적으로 살아가면서 주변인이 됩니다. 자신을 향한 비난 어린 다른 증언도 곧이곧대로 믿고 그런 모습으로 삽니다. 그러면서 "나는 죄인입니다"라고 말할 수 있겠지요. 하지만 이것은 이 단어를 올바르게 사용하는 방식이 아닙니다. 죄는 혼자 있는 우리의 모습이 아니라 우리를 사랑하는 다른 사람과의 관계에서 나타나는 우리의 모습을 묘사하기 때문입니다. 죄는 우리의 정체성이 아니라 작동하지 않는 관계입니다.

죄를 부정하는 또 다른 방법은 은폐입니다. 죄가 보기보다 나쁘지 않다고 스스로에게 말하는 것입니다. 미소를 지으며 다툼을 적당히 수습하고 미안하다고 말하고 아무 일도 없었다는 듯이 그냥 살아가면 된다고 말입니다. 특히 우리 사회에서는 이 방법이 통할 때가 많고 그렇게 해서 순조롭게 일이 풀리기도 합니다. 그러나 표면은 잔잔해 보일지 모르나 불행히도 심연은 여전히 요동칩니다. 문제의 뿌리는 전혀 건드려지지 않았습니다. 죄는 우리의 사랑에 문제가 생기는 것이고, 그 죄를 다루지 않으면 사랑을 키울 수 없습니다. 저는 은폐를 '인조 잔디 해결책'이라고 부릅니다. 잔디 관리는 아주 번거롭습니다. 잡초가 자주 섞여 자라 매주 깎아 주어야 하기 때문에, 우리 시대에는 인조 잔디라는 놀라운 대용품이 개발되었습니다. 인조 잔디는 잔디처럼 보이고, 특정 조건(야구장이나 축구장 같은)에서 잔디와 같은 기능을 하지만 잔디가 아닙니다. 향기가 없고 울새가 거기서 벌레를 쪼아 먹을 수도 없으며 아이들이 뒹굴며 푸릇푸릇한 시원함을 즐길 수도 없습니다.

제가 자란 마을에 소타드 씨라는 괴상한 사람이 있었습니다. 저는 그에게 코넷* 레슨을 받았습니다. 그의 자그마한 집은 폭이 3미터에서 4.5미터 정도 되는 잔디밭으로 둘러싸여 있었습니다. 저는 늘 그 사람이 무서웠습니다. 거칠고 까다롭고 실수를 용납하지 않았거든요. 약 1년 동안 일주일에 한 번 찾아가 30분씩 레슨을 받았는데,

* 작은 트럼펫처럼 생긴 금관악기.

그 사람 앞에서는 항상 공포에 떨었습니다. 자전거를 타고 그의 집에 가면 그가 자전거를 세워 둘 장소를 알려 주었습니다. 어느 날 집 안에서 레슨을 마치고 나와 보니 자전거가 넘어져 있었고 손잡이가 그의 잔디밭에 박혀 있었습니다. 그는 격분했지요. 동네 아이들은 아이들답게 그가 얼마나 무시무시하고 사나운 사람인지 알려 주는 이런 저런 이야기를 퍼트렸습니다.

세월이 흐르면서 그는 점점 더 괴팍해졌습니다. 어느 날, 대학 재학 중에 잠깐 집에 온 저는 차를 몰고 그의 집 앞을 지나게 되었는데, 집 주변의 잔디밭이 모두 사라지고 대신에 녹색으로 칠한 콘크리트가 깔려 있는 광경이 눈에 들어왔습니다. 그의 단층집은 콘크리트 바닥 위에 있었습니다. 더 이상 잔디 때문에 신경 쓸 일이 없었고 잔디밭을 밟는 아이들 때문에 골치 아플 일도 없었습니다. 잡초도 사라졌습니다. 그리고 더 이상 인간관계도 없었습니다.

자, 이것이 죄를 다루는 한 가지 방법입니다. 이 방법이 효과가 없다고 말할 수는 없습니다. 효과는 있으니까요. 그러나 이렇게 하면 사랑도 함께 제거됩니다.

사랑에 문제가 생기는 경우는 피할 수 없고 자주 일어나는 일입니다. 그럴 때는 내부에서 치유가 시작되어야 하고, 그것이 하나님이 하시는 일입니다. 그리고 우리는 하나님이 죄를 처리하시는 방법을 먼저 경험함으로써 죄를 다루는 법을 배웁니다. 하나님은 "우리 죄를 위한 화목제물"이자 "온 세상의 죄를 위해" 예수 그리스도를 보내셨습니다 요일 2:2.

하나님은 우리를 사랑하십니다. 하지만 그 사랑이 통하지 않는다면 어떻게 될까요? 하나님은 어떻게 하실까요? 더 열렬히 사랑하시면서 이런 메시지를 보내실까요? "나는 너를 사랑한다. 내가 널 얼마나 사랑하는지 모르겠니? 내가 너를 얼마나 사랑하는지 보여주마." 그래서 집 앞에 장미꽃 다발이 배달되고 카드가 날아오기 시작할까요? 사절들이 찾아와 우리가 무엇을 해야 하는지 알려 줄까요?

아니면 정반대의 일을 하실까요? 상처 입고 못마땅한 마음으로 우리를 떠나 우주 한구석으로 가셔서 다른 존재를 좀 더 성공적으로 사랑해 보려고 하실까요? 아담과 하와의 후손처럼 만족스럽지 못한 종(種)과 사랑에 빠지는 것이 안 좋은 일이라고 판단하시고, 별들의 운행과 동물들이 에덴동산을 훼손하지 못하도록 막고 생물학적으로 새로운 종을 창조하는 데 시간을 보내실까요?

하나님은 둘 중 어느 쪽도 선택하지 않으십니다. 대신에 무엇을 하시는지 아십니까? 하나님은 용서를 준비하십니다. 예수 그리스도께서는 우리를 변호하시는 분, 우리 죄를 위한 대속물이 되셨습니다. 그분은 우리 죄를 심각하게 여기시고 그에 대한 조치를 취하십니다. 그분은 우리의 죄와 그 해결책을 정확하게 파악하십니다. 그분과 우리 사이의 사랑의 관계에서 정말 잘못된 것, 결정적으로 잘못된 것이 무엇인지 아십니다. 그분이 우리를 충분히 열렬히 사랑하지 않으시기 때문이 아닙니다. 우리에게 사랑으로 응답할 능력이 없다는 것도 아닙니다. 뭔가가 그 관계를 방해했습니다. 그래서 그분은 변화를 가져올 수 있는 한 가지 일에 집중하십니다. 관계를 회복하는 방식으로 죄를 다루는 일을 하신 것입니다.

곧 용서입니다. 그 일 전체가 예수 그리스도의 십자가 위에서 우리에게 초점을 맞추고 이루어졌습니다. 그리스도 안에서 하나님은 우리가 겪는 분리의 고통 속으로 들어오십니다. 그분은 거절하고 거절당해 외로운 우리를 이어 주시고 자신을 내어 주십니다. 자신이 냉담한 존재가 아니라는 것과 우리가 사랑할 수 있다는 것을 확신하게 하십니다. 다른 사람들이 우리에 대해 뭐라고 말하든 우리는 사랑을 경험할 수 없을 정도로 나쁘지 않고, 우리가 스스로를 아무리 끔찍하게 여기더라도 하나님은 우리를 그렇게 낮추어 보지 않으십니다. 십자가는 하나님과 우리에 대한 이러한 새로운 관점을 입증하는 아주 특별한 도구입니다. 그러나 십자가는 입증의 도구일 뿐만 아니라 사랑의 표현이기도 합니다. 우리가 그 표현을 받아들이면 사랑이 다시 작동하게 됩니다.

> 자녀들아, 내가 너희에게 쓰는 것은 너희 죄가 그의 이름으로 말미암아 사함을 받았음이요 요일 2:12.

> 이로써 우리가 진리에 속한 줄을 알고 또 우리 마음을 주 앞에서 굳세게 하리니 이는 우리 마음이 혹 우리를 책망할 일이 있어도 하나님은 우리 마음보다 크시고 모든 것을 아시기 때문이라 요일 3:19-20.

아멘.

사랑 수업:

그가 우리에게 명하신 대로 서로 사랑하십시오

> 하나님의 계명은 이것이니, 곧 그 아들 예수 그리스도의 이름을 믿고, 그리스도께서 우리에게 명하신 대로 서로 사랑하라는 것입니다. 요한일서 3:23, 새번역

*

저는 심방차 그 방에 있었습니다. 처음 방문한 집이었고 만나기로 한 젊은 여성과는 모르는 사이였습니다. 저는 자기소개를 하고 잠시 그녀와 어색한 한담을 나누었습니다. 그러고 나서 그녀는 커피를 준비하려고 방을 나갔습니다. 우리 사이의 낯섦을 해소하려는 의도였지요. 그녀가 주방에 있는 동안 저는 방 안을 거닐며 각종 체육대회에서 받은 인상적인 트로피들을 감상했습니다. 그녀가 커피 잔을 들고 돌아오자 제가 말했습니다. "남편분이 운동을 아주 잘하시나 봅니다. 운동하는 데 많은 시간을 쓰시겠네요."

그녀가 말했습니다. "네, 아주 잘해요. 뭐랄까, 운동은 그이의 두

번째 사랑이지요."

"두 번째 사랑이라고요? 그럼 첫 번째 사랑은 뭔가요?"

그녀는 잘 모르는 상대인 저를 똑바로 바라보지 못하고 수줍어 했지만, 그러면서도 확신 있게 대답했습니다. "저예요."

참 멋진 대답이었습니다. 경쟁이 치열한 세상에서 자신이 몇 등인지 아는 사람이 제 앞에 있었습니다. 그녀는 남편의 스포츠 사랑을 알리는 증표들에 둘러싸여 있었지만, 자신이 남편의 사랑에서 가장 높은 순위에 있음을 확신했습니다. 남편의 관심과 참여를 끌어내고자 많은 것들이 끊임없이 경쟁하고 있음에도, 남편에게는 자신이 일 순위임을 그녀는 잠잠히 확신했습니다.

여러분은 자신이 몇 등인지 아십니까? 여러분은 알 수 있습니다. 여러분이 1등이라고 하나님이 분명히 말씀하셨기 때문입니다. 여러분이 첫 순위입니다. 하나님은 트로피도, 운동경기도 사랑하지 않으십니다. 하나님은 사람을 사랑하십니다. 눈부신 경이로움(창조의 트로피)으로 가득 찬 세상, 흥미진진한 경기들(뭇 나라들의 길, 온 인류의 역사)로 복잡한 세상에서 하나님의 우선순위는 명확합니다. 하나님은 우리를 사랑하십니다. 우리가 그분의 첫 번째 사랑입니다. 나머지는 그분의 두 번째 사랑이지요.

이런 현실은 요한일서 1장을 가지고 배우는 사랑 수업의 기초가 됩니다. 첫 번째 사랑 수업에서 우리는 요한을 따라 하나님을 모든 사랑의 기초로 삼았고, 건강한 상태의 사랑이 무엇인지 알고 그 사랑을 최상의 상태로 경험하려면 하나님과 관계를 맺고 있어야 한다는 것을 깨달았습니다. 두 번째 사랑 수업에서는 요한이 사랑에 대해 대단히 실제적으로 생각한다는 것을 보았습니다. 그는 사랑에 빠진다고 해서 모든 문제가 해결되는 것이 아니고, 오히려 그 때문에 문제가 복잡해지는 경우가 더 많다는 것을 알고 있었습니다. 모든 사랑은 불화와 좌절을 겪기 쉽습니다. 사랑이 제대로 작동하지 않는 것은 죄 때문입니다. 죄에 대해 뭔가 손쓸 방법을 찾기 전까지는 사랑하는 일에 나아질 방법이 없습니다. 요한은 이에 대해 좋은 조언을 제시했습니다. 오늘 세 번째 사랑 수업에서는 사랑의 행위에 관한 요한의 기본적인 예비교육에 주목하려 합니다. 그의 예비교육은 우리가 올바른 방향으로 나아가도록 도와주고, 사랑에 숙련되려면 먼저 바로잡아야 하는 두 가지 기본 사항을 명확히 전달합니다. 이것과 관련된 요한의 가르침에서 중심이 되는 구절은 다음과 같습니다.

> 우리는 사랑이 무엇인지 압니다. 그리스도가 우리를 위해 생명을 버리셨기 때문입니다. 우리 역시 형제들을 위해 생명을 내어놓아야 합니다. 부유한 사람이 가난한 형제를 보고도 마음을 닫는다면, 그 마음에 하나님의 사랑이 있다고 누가 믿겠습니까? 자녀 여러분, 사랑을 그저 이론이나 말로 하지 말고 진심으로 실천합시다!
> 우리는 이렇게 우리가 진리의 자녀라는 것을 알고, 하나님 앞에서 안심할 수 있습니다. 죄책감이 들더라도 말입니다. 하나님은 우리의 양심보다 크고, 모든 일을 아시기 때문입니다.
> 사랑하는 여러분, 우리가 더 이상 양심의 가책을 받지 않는다면, 하나님이 함께하신다는 것을 더욱 뚜렷이 확신할 수 있습니다. 우리는 그분의 명령에 순종하고 그분의 뜻을 따르기 때문에 무엇이든 구하는 것을 받습니다. 하나님은 성자 그리스도 예수의 이름을 믿고, 그분이 명령하신 대로 서로 사랑하라고 명령하셨습니다 요일 3:16-23, 필립스성경.

요한은 우리의 감정이 사랑을 항상 드러내지는 않으며, 우리 사랑은 초점이 흔들린다는 것을 압니다. 우리에게만 맡겨 두면 사랑은 감정의 늪에 빠지고 우리를 욕망의 혼란 상태에서 요동치게 합니다. 우리는 감정이나 꿈의 수렁에서 허우적거립니다. 감정의 진흙탕에 발이 묶여 앞으로 나아가지 못하거나, 좌절의 구름을 탄 머리가 붕 떠서 현실과 접촉하지 못하기도 합니다. 요한의 가르침은 우리가 이런 상황에서 벗어나도록 도움을 줍니다. "하나님의 계명은 이것이니, 곧 그 아들 예수 그리스도의 이름을 믿고, 그리스도께서 우리에게 명하신 대로 서로 사랑하라는 것입니다"요일 3:23, 새번역. 처음으로 돌아가서 예수 그리스도 안에서 기반을 확고히 하고, 그분이 말씀하신 대로 행하십시오. 서로 사랑하십시오. 이 말은 아주 간단해 보입니다.

이 계명의 중요성을 두 문장으로 요약해 보겠습니다. 첫째, 사랑은 느낌이 아니라 행동의 문제입니다. 둘째, 사랑의 대상은 사물이 아니라 사람입니다.

사랑은 우리가 느끼는 바가 아니라 행하는 바입니다. R. J. 캠벨 목사의 표현을 빌리면 사랑은 "성격보다는 행동"[65]과 관련이 있습니다. 이런 진술의 근거가 된 관찰 내용이 있습니다. 요한의 이 짧은 서신에 '계명'이라는 단어가 열세 번 등장한다는 것입니다. 이 관찰 내용을 접한 이들은 흔히 깜짝 놀라며 이렇게 묻습니다. "어떻게 계명 같은 차가운 단어가 사랑을 다루는 따뜻한 편지에 들어갈 수 있을까요?" 사랑은 느낌, 뜨거운 감정, 열정의 불입니다. 계명은 차갑고 엄격하지요. 사랑은 섬세하고 인격적인 반면, 계명은 사무적이고 비인격적입니다. 우리는 '그가 우리에게 명하신 대로 서로 사랑하십시오'라는 문장을 읽고 이렇게 되묻습니다. "하지만 어떻게 감정을 명령할 수 있습니까? 어떻게 사람에게 사랑에 빠지라고 명령할 수 있지요?" 대답은 분명합니다. 그럴 수 없습니다. 그러면 왜 요한은 그렇게 말할까요?

사랑에 관한 이 소책자를 쓸 당시 너무 나이가 많아 감정은 다 메마르고 남은 것이라고는 시들어 버린 낡은 계명뿐인 상태였을까요?

하지만 상황을 거꾸로 이해한 쪽은 요한이 아니라 우리일지도 모릅니다. 요한의 조언이 잘못된 것이 아니라 사랑에 대한 우리의 생각에 문제가 있을 수도 있습니다. 사랑은 느낌이 아니라 행동의 문제라는 말이 사실이라면 어떻게 될까요? 그 말이 사실이라면 사랑을 명할 수 있습니다. 사랑을 명령할 수 있고, 명령법으로 사랑을 말할 수 있습니다.

그러나 우리는 사랑을 그런 식으로 배우지 않았습니다. 우리가 사랑을 가장 많이 접한 통로는 상업적인 대중매체였고, 대개는 그것이 우리가 사랑을 배운 유일한 통로였습니다. 그런 대중매체는 항상 자기 목적을 위해 사랑을 이용했습니다. 좌절에 빠진 시인들이 MGM사와 20세기폭스사의 지원을 받아 세계 시장을 겨냥한 '낭만적 사랑'을 창조했습니다. 이들의 사랑 개념은 대개 소년이 소녀를 만나고, 소녀가 소년을 괴롭게 하고(아니면 소년이 소녀를 괴롭게 하고), 소년과 소녀가 헤어지고, 소녀와 소년이 마법 같은 운명적 사건으로 깨달음을 얻고, 소년이 소녀의 마음을 얻고(아니면 소녀가 소년의 마음을 얻고), 오래오래 행복하게 사는 수준에서 딱 머무릅니다. 이 모든 내용이 여러모로 변형되어 나타납니다. 체취 제거제 광고, 로맨틱 코미디, 화장품 회사들이 이 정신 나간 사랑 개념을 강화하는 데 일조하고 있습니다. 그런 광고를 본 사람들은 사랑이 풀밭을 같이 달리는 일, 달빛 아래 해변을 거니는 일, 매일 체취 제거제를 뿌리는 일이라고 확신하게 됩니다. 사랑은 그냥 일어나는 일, 그것도 보통은 첫눈에 일어나는 일이라는 생각을 가집니다. 이렇게 되면 사랑을 위해 열심히 노력할 필요가 없고, 사랑을 가르쳐 줄 사람도 필요 없습니다. 적절한 시간에 적절한 장소에서 적절한 사람과 한자리에 있기만 하면 사랑에 빠질 테니까요.

사랑은 무엇보다 감정이고 우리가 빠져드는 어떤 상태라는 생각은 결과적으로 해악만 끼쳤습니다. 사랑은 우리가 하는 일입니다. 명령에 대한 반응입니다. 하나님이 우리에게 지시하시는 바를 따르는 일입니다. 물론 그런 행위들에서 생겨나는 느낌들, 엄청난 감정들이 있습니다만, 그 감정들이 사랑인 것은 아닙니다. 행위가 사랑이지요.

요한의 두 번째 기본 주장은 사랑의 대상이 사물이 아니라 사람이라는 것입니다. 사랑이 응시하는 유일하게 적절한 초점은 다른 사람입니다. 요한의 조언은 '서로 사랑하라'는 것입니다.

요한의 교인들 중에는 하나님을 사랑한다고 주장하지만 실제로는 주위 사람들을 미워하는 이들이 있었습니다. 그들은 하나님이라는 관념을 사랑했던 것입니다. 그들은 사랑을 추상적인 것으로 만들고 거기에 에너지를 쏟고 있었습니다. 이런 일은 지금도 일어납니다. 그러나 이것은 큰 만족을 주지 못합니다. 관념과 이상은 자기 자리에 있을 때 아주 유용하지만 사랑의 적절한 대상은 아닙니다. 관계에서는 관념과 이상이 제 기능을 못 합니다. 아무리 고상한 관념도 사랑의 초점이 될 수 없습니다. 아름다움, 기쁨, 평화, 심지어 하나님이라는 관념도 그렇습니다. 관념을 사랑해 보았자 어떤 것과도 실질적인 방식으로 연결되지 않습니다.

물론 사람이 아니라 관념을 사랑하는 이유는 쉽게 알 수 있습니다. 사람은 너무나 저속하고 사랑하기 힘든 존재입니다. 사람은 친절하지 않습니다. 사랑처럼 아름다운 것을 왜 인간처럼 마음에 안 차는 피조물에게 바친단 말입니까. 최근에 진화한 형태의 이 유인원들은 너무나 소란스럽고 툭하면 말썽을 일으킵니다. 차라리 삶의 더 고귀한 것들을 사랑하는 편이 훨씬 낫지 않을까요.

요한의 교인들 중에는 사람 사랑에서 물질 사랑 쪽으로 마음을 돌린 이들이 있었습니다. 요한이 "세상에 있는 것들"이라고 부르는 물질적인 것들에는 "육신의 정욕과 안목의 정욕과 이생의 자랑"이 포함됩니다요일 2:15-16. 이 세상에 있는 것들 그 자체로는 아무 문제가 없습니다. 그것들은 하나님의 피조물이고, 우리가 즐기고 감상하고 사용하라고 이곳에 있는 것입니다. 그러나 그것들은 사랑의 합당한 초점이 아닙니다. 사랑하는 관계의 일부가 될 수 없습니다. 모든 물질주의는 불발에 그친 사랑입니다. 모든 욕심과 탐욕은 망가진 사랑입니다. 모든 욕정과 이기심은 사랑의 아름다운 역량을 자기 본위의 성관계와 비인간화된 자아에다 쏟고 있습니다. 하나님이 우리에게 주신 최고의 에너지가 무가치한 목적에 쓰이고 있습니다. 사랑의 영광스러운 역량이 비열하고 천박한 활동에 쓰이고 있습니다.

그렇게 해서는 사랑이 제대로 이루어지지 않습니다. 사람을 사랑하지 않으면서 사랑을 경험할 수는 없습니다. 사랑이 제대로 작동하는 유일한 관계는 인격적 관계입니다. 우리가 인격적인 관계를 넘어 관념적인 관계로 날아오르려 하면, 사랑은 시들어 버립니다. 인격적인 관계를 피하고 세상의 물질들로 그 관계를 대체하면, 사랑은 말라 버립니다.

복음 덕분에 몇 가지가 우리에게 아주 분명해졌습니다.

요한의 사랑 수업이 우리 안에서 효력을 발휘하기 시작하면, 한 가지가 점점 더 분명해질 것입니다. 우리가 하나님께 어떤 존재인지 알게 되지요. 우리는 그분의 일 순위 관심사, 첫 번째 사랑입니다. 우리가 하나님의 방식으로 사랑하는 법을 배우면, 즉 사랑이 감정이기 이전에 행동이고 사랑의 대상은 사물이 아니라 사람이라는 것을 기억하면, 다른 이들도 자신이 하나님께 일 순위임을 느끼게 될 것입니다.

아멘.

성령강림절

PENTECOST

Lights a Lovely Mile

홀연히 소리가 있어

> 오순절 날이 이미 이르매 그들이 다 같이 한곳에 모였더니 홀연히 하늘로부터 급하고 강한 바람 같은 소리가 있어 그들이 앉은 온 집에 가득하며. 사도행전 2:1–2

*

"홀연히 하늘로부터 급하고 강한 바람 같은 소리가 있어 그들이 앉은 온 집에 가득하며." 이 구절은 신약성경의 어느 대목보다 성령 하나님에 대해 많은 내용을 들려주는 위대한 본문의 도입부입니다.

G. K. 체스터턴은 이렇게 쓴 적이 있습니다. "바람은 볼 수 없다. 바람이 있다는 것만 알 수 있을 뿐이다.… 나뭇가지가 움직이기 전, 세상 저 위에 바람이 있다."[66] 우리는 [바람뿐 아니라] 하나님도 볼 수 없습니다. 그러나 하나님이 계시다는 것은 알 수 있습니다. 성경에서 사람들은 성령 하나님에 대해 말함으로써 이것을 설명합니다.

2천 년 전에 몇몇 사람이 모여 있었는데 '홀연히 소리'가 났습니다. 그 소리는 그들 모두에게 동시에 임했고 하나님의 내적 생명을 받는 개인적 경험으로 이어졌습니다. 이 일은 하나님 안에서 시작되어 그들에게 옮겨 갔습니다. 생명이 하나님에게서 나와 그들 안에 생명을 만들어 냈습니다. 존재의 실체는 하나님이었습니다. 그 실체가 사람들 사이에서 움직였고 생명과 구원을 일으켰습니다.

성령강림절 경험의 의미는 하나님이 그분의 생명을 개인적이고도 직접적으로 우리와 나누신다는 것입니다. 바람처럼 보이지 않는 하나님이 참된 생명과 가장 직접적으로 연관된 이 움직임과 행동을 일으키심을 갑작스럽게 알게 되는 것입니다. 바람은 나무를 움직이지만 하나님은 우리를 움직이십니다. 그리스어로 '영'(靈)은 '바람'을 의미합니다.[67] 하나님이 인간에게 이러한 근원적인 일을 행하신다는 것을 깨닫고 그것을 개인적으로 경험한 사람들은 하나님을 '성령'이라고 불렀습니다. 성령은 인간을 사랑과 기쁨으로, 구속받은 새 생명으로 이끄는 하나님의 바람이라는 뜻입니다.

이런 그리스도인의 경험은 '바람이 나무를 움직인다'는 발견에 뿌리가 있습니다. 반대로, 나무가 바람을 움직인다는 생각은 이 발견을 완전히 부정하는 것입니다.[68] 다른 모든 종교의 활동은 특별한 나무를 만들어 내고 그 나무의 격렬한 흔들림으로 바람을 일으키려는 것입니다. 반면에 교회는 보이는 것에 맞서 보이지 않는 것을 믿는 사람들, 모든 일은 하나님이 시작하신다고 믿는 사람들로 구성됩니다. 그리고 하나님이 시작하신 일은 사람들 사이에서 영원한 결과를 만들어 냅니다.

우리는 이것을 믿을지 말지 매일 결정해야 합니다. 어떤 힘을 신뢰할지 결정해야 합니다. 군대들이 충돌하고 나라들이 무기를 비축하고 있습니다. 경찰이 최루탄을 쏘고 학생들이 돌을 던집니다. 폭력이 이이지면서 양쪽이 점점 서로를 닮아 갑니다. 이런 행동들을 종교로 만들면 결국 사람은 우울해지고 낙담하게 됩니다. 이런 길을 따라

가서는 기쁘고 의미 있는 삶을 누릴 가망이 없습니다. 이것은 나무로 바람을 일으키려 하는 종교입니다.

이런 상황에서 스가랴서 말씀이 우리 역사의 스크린에 투영됩니다. "만군의 여호와께서 말씀하시되 이는 힘으로 되지 아니하며 능력으로 되지 아니하고 오직 나의 영으로 되느니라"슥 4:6. 복음의 어떤 기적에 의해, 우리는 하나님이 이곳에 계심을 알리는 소리를 듣습니다. "갑자기 … 소리가 나더니"행 2:2, 새번역. 하나님은 우리 시대에 일하고 계십니다. 그분의 사랑이 임재합니다. 그리고 그분의 임재에는 힘이 있습니다.

우리는 삶의 거대한 방향 전환을 경험한다는 것이 무엇인지 오늘 본문인 사도행전 2장의 이 대목에서 알게 됩니다. 살아 계신 하나님이 존재의 근원이며 그분을 향해 열린 마음으로 살아갈 때 우리 삶이 충만해진다는 것을 깨달을 때의 마음도 알게 됩니다. 어떤 크기의 삶을 선택할 것인가, 이것이 관건입니다. 거대한 실재이신 하나님을 향해 자신을 열고 책임감 있게 살아가면서 모든 존재를 관통하여 광대하게 부는 바람을 느낄 것인가? 아니면 두 팔을 휘젓거나 폐로 공기를 내뿜는 방식으로 동력을 자체 생산하고 사랑과 기쁨과 평화라는 삶의 에너지를 스스로 창조하려고 할 것인가?

사도행전의 이 대목에 대한 이해와 묵상을 돕기 위해, 제가 이 구절에서 발견한 내용을 말씀드리겠습니다.

이 대목을 다시 읽으면서 가장 눈에 띈 것은 하나님이 개인에게 놀라울 정도로 집중하신다는 점이었습니다. 그날 성령강림절 사건이 벌어진 그 방에는 많은 사람이 모여 같은 일을 하고 있었습니다. 기도하고 있었지요. 그러나 그들은 하나님을 경험하면서 군중심리에 흡수된 것이 아니었습니다. 오히려 하나님과 그들의 개인적 관계가 선명해졌습니다. 그들이 무엇을 느꼈는지 통찰력을 안겨 주는 이미지는 이것입니다. "불길처럼 여러 갈래로 나누어진 혀들이 그들에게 보였고, 한 사람 한 사람 위에 내려앉았다"행 2:3, 역자 사역. 불은 하나님의 임재를 상징합니다. 그들은 커다란 모닥불 앞에 모여서 함께 몸을 데운 것이 아니라 하나님이 나눠 주시는 불꽃을 한 사람씩 받는 경험을 했습니다. 하나님의 움직임과 행위의 최종목적은 인격입니다. 각 사람이 하나님의 특별한 관심과 채우심의 대상으로 선정됩니다.

보다시피 그들은 하나님이 대중을 상대하지 않으신다는 것을 발견했습니다. 하나님의 능력은 신문에 발표되거나 우체국 게시판에 게재하는 정부 관보 형태로 공포되지 않습니다. 하나님은 각 사람에게 가십니다. 우리는 특별한 개인입니다. 자신만의 역사와 정서적 삶이 있습니다. 하나님은 있는 그대로의 우리와 맺으시는 친밀한 관계 안에서 행하십니다.

성령강림 직후에 베드로가 전한 설교에서는 이렇듯 개인에게 치열하게 집중하는 하나님의 모습이 범상치 않은 방식으로 부각됩니다. 예루살렘의 군중들은 무슨 일이 벌어지고 있는지 알고 싶어 했고, 베드로는 자리에서 일어나 방금 벌어진 사건을 해석하는 설교를 했습니다. 그의 도입부는 매력적입니다. 이것을 묘사하기에 적절한 단어는 '대담한'일 것입니다.

그는 설교를 시작하면서 요엘의 예언을 인용합니다. 군중이 모두 잘 알았을 내용이었습니다.

> 마지막 날에…너희의 아들들과 너희의 딸들은 예언을 하고, 너희의 젊은이들은 환상을 보고, 너희의 늙은이들은 꿈을 꿀 것이다.…또 나는 위로 하늘에 놀라운 일을 나타내고, 아래로 땅에 징조를 나타낼 것이니, 곧 피

와 불과 자욱한 연기이다.…해는 변해서 어두움이 되고, 달은 변해서 피가 될 것이다. 그러나 주님의 이름을 부르는 사람은 구원을 얻을 것이다 행 2:17, 19-21, 새번역.

놀라운 점은 베드로가 이 성경본문을 인용한 것이 아니라(성경은 자주 인용되었고 인용됩니다), 요엘의 그 예언이 지금 초대 그리스도인들 사이에서 이루어지고 있다고 말한 부분입니다. 참 놀랍고 대담한 발언입니다. 그는 군중에게 이렇게 말하는 듯합니다. "이 사람들이 개인적으로 하나님을 경험하고 있는 것이 보이십니까? 이것은 요엘 선지자가 말한 내용입니다." 그다음 베드로는 극단적인 내적 경험과 격렬한 우주적 이미지 묘사가 가득한 요엘서의 구절들을 인용합니다. "가장 강렬한 내적 경험(꿈, 환상, 예언)과 더없이 사나운 외적 경험(하늘의 이상 현상, 일식, 화산 폭발)이 여러분의 눈앞, 하나님의 충만함을 경험하고 있는 사람들 사이에서 지금 일어나고 있습니다."

어쩌면 하나님에 대한 최악의 불신앙은 하나님의 뜻과 목적이 성취되거나 하나님이 임재하신다는 증거를 늘 다른 어딘가에서 찾는 일일지도 모릅니다. 우리는 하나님이 어딘가에서 강력하게 일하고 계시다는 일말의 희망을 찾아 애타게 신문을 뒤집니다. 하나님이 참으로 치유하시고 위로하시고 기도에 응답하신다는 확신을 갖기 위해 영감 넘치는 책과 잡지를 열심히 읽어 댑니다. 우리의 관심은 언제나 다른 곳에 있습니다. 늘 다른 누군가에게서, 다른 어딘가에서 하나님의 강력한 행하심을 찾습니다.

베드로의 설교는 이런 영적 관광의 행태를 막습니다. 세상에서 가장 찬란한 하나님의 역사, 전능자의 가장 환상적인 업적이 지금 여러분의 눈앞에 일어나고 있습니다. 이것이 바로 하나님께서 힘과 능력으로 행하시는 일입니다. 급작스레 마음을 열어 하나님을 받아들이게 된 이 사람들 안에서 하나님이 일하고 계십니다.

제 말을 오해하지 않도록 주의하십시오. 저는 지금 '여러분이 믿으면 이런 강력한 역사가 일어날 것'이라고 말하는 것이 아닙니다. 제 말의 의미는 이렇습니다. "이러한 강력한 역사가 지금 일어나고 있습니다. 하나님의 말씀이 내면세계와 외부 세계 모두에서 성취되고 있습니다. 당신이 그것을 보지 못한다고 해서 그 일이 일어나지 않은 것은 아닙니다. 그 일은 지금 이루어지고 있습니다. 성령강림이 일어났습니다. 여러분은 성경의 선언을 진지하게 받아들이고 하나님의 임재의 본질이 의미하는 바에 마음을 열어야 합니다."

물론 그때나 지금이나 이런 역사가 모두에게 명백하게 보이지는 않습니다. 성령강림의 그 자리에 신문기자가 있었다면, 그가 당시 상황을 베드로처럼 묘사했을 가능성은 없다고 생각합니다. 그렇기 때문에 우리는 언론인들의 시각으로 삶과 역사를 해석하는 일에 신중해야 합니다.

본문에 나오는 군중의 두 가지 반응은 사람들이 하나님의 임재에 어떻게 반응할 수 있는지에 대해 중요한 교훈을 줍니다. 첫 번째 반응은 비난이었습니다. 군중은 [성령이 임한] 사람들이 새 포도주에 취한 것이라고 비난했습니다. 그들은 기괴한 방식으로 행동하고 있었으니까요. 그들은 예루살렘 군중들의 실용적이고 상업적인 사고로는 도저히 이해할 수 없는 이야기를 하고 있었습니다. 그래서 군중은 상황을 설명해 줄 원인을 만들어 냈습니다. 그들이 술에 취했다는 것이었습니다.

이것은 이해할 수 없거나 직면하고 싶지 않은 경험에 대처하는 편리한 방법입니다. 자녀든 부모든 학생이든 정부든, 남을 깎아내리는 데 몰두하는 것은 그들을 어리석고 쓸모없고 무능하다고 치부하면 책임 있는 관계 맺음을 더 부담 없이 피할 수 있기 때문입니다.

두 번째 반응은 흥미를 느끼고 공개적으로 호기심을 표명하는 것이었습니다. "이 어찌된 일이냐?" 눈앞에 뭔가 새로운 일이 있습니다. 큰 기쁨이 표현되고 있습니다. "우리가 다 우리의 각 언어로 하나님의 큰일을 말함을 듣는도다"행 2:11.

본 적 없던 일이 그들 눈앞에서 일어났습니다. 그들은 외부 세계에서 전문가들이었습니다. 장사의 세계, 제의의 세계, 학문의 세계에서 말입니다. 그러나 여기서 일어난 일은 그와 전혀 다릅니다. 여기 하나님의 큰일이 펼쳐지고 있었습니다. 인류 역사, 그중에서도 특히 현대 미국 사회에 영향을 준 역사의 "가장 두드러진 특징은 외부세계를 통제하려는 욕망이고 내면세계에 대한 거의 완전한 망각입니다."[69] "우리는 재물을 미친 듯이 긁어모으고 집요하게 소유하는 구두쇠처럼 지식을 축적합니다. 반면에 우리는 경이감을 느낄 능력을 상실했습니다.… 살아남을 능력까지 잃었을지도 모릅니다."[70]

그런데 여기 예루살렘의 일부 사람들은 자신들이 통제하고 있던 세상에 연연하지 않고 다른 이들이 하나님으로 충만해졌을 때 일어난 일을 진정 궁금해하며 열정을 품고 물었습니다. 나무가 휘어지고 나뭇잎이 흔들리는 것을 보고 나무에 가해지는 압박의 역학이 아니라 바람에 대해 물은 것입니다.

사도행전에 나오는 이 이야기는 삶의 평범한 일상을 의미와 영광으로 가득 채우는, 하나님과 함께하는 경험을 탐구합니다. 이 이야기의 중심에는 바람이 나무를 움직이게 한다, 그 반대가 아니다, 하나님은 바람, 즉 '영'(靈)이시라는 깨달음이 있습니다. 일상이 기적이 됩니다. 그 자리에서 어떤 사람들은 "이 어찌된 일이냐?"라고 묻고 예수 그리스도의 능력과 임재가 그들의 삶에 침입했다는 베드로의 답변에 주목합니다. 수많은 사람이 그 답변에 반응하여 믿고 세례를 받았습니다.

하나님의 소리, 존재의 나무를 움직이는 바람 소리에 놀라 세상 지향성, 자기 집착, 물질이 지배하는 일상에서 갑자기, 화들짝 빠져나온 적이 없다면 오늘 귀를 기울여 보십시오. 오늘 여러분이 하나님의 소리를 듣기 바랍니다. 그리고 올바른 질문을 하고("이 어찌된 일이냐?") 다음 문장에 요약된 올바른 반응을 하시기를 바랍니다. "그들이 사도의 가르침을 받아 서로 교제하고 떡을 떼며 기도하기를 힘쓰니라"행 2:42.

아멘.

이 어찌된 일이냐?…우리가 어찌할꼬?

다 놀라며 당황하여 서로 이르되 이 어찌된 일이냐 하며…그들이 이 말을 듣고 마음에 찔려 베드로와 다른 사도들에게 물어 이르되 형제들아, 우리가 어찌할꼬 하거늘. 사도행전 2:12, 37

*

주중에 몬태나에 있는 가족의 전화를 받았습니다. 지난주 일요일 아침에 화산이 폭발한 이후의 상황을 들었지요. 제 가족은 화산에서 800킬로미터 떨어진 곳에 살지만 대기가 화산재로 자욱해서 집 안에 머물러야 합니다. 땅을 화산재로 뒤덮은 이 폭발에 다들 경외감을 느끼고 있습니다. 장엄하고 아름답고 평온했던 산이 큰 소리를 내며 연기를 내뿜는 용광로로 바뀌어 수천 제곱킬로미터의 땅을 망가뜨리고 사람들이 다치고 죽게 만들어 한 지역을 통째로 공황상태로 내모는 광경에 넋이 나가고 있습니다.

저는 문제의 세인트헬렌스산을 몇 번이나 감탄하면서 감상한 적이 있습니다. 친한 친구가 그 산에서 멀지 않은 동네에 살아서 종종 바라볼 기회가 있었지요. 당시에도 그 산이 화산활동으로 만들어졌다는 사실을 알고 있었습니다. 그 아름다운 표면 아래 깊숙한 곳에서 맹렬한 불이 타오르고 있다는 사실을 알았습니다. 그러나 저는 염려하지 않았습니다. 그 아래의 힘이 언젠가 바깥으로 드러나리라는 생각이 한 번도 들지 않았기 때문입니다.

저는 세인트헬렌스산 폭발 기사들을 읽으면서 오순절 이야기도 보았는데, 둘 사이의 몇 가지 비슷한 점이 눈에 들어왔습니다. 뉴스에 나오는 이야기들과 성경의 이야기들이 서로를 조명하고 보강해 주는 이런 일은 제게 드문 경험이 아닙니다. 성경과 삶은 서로를 뒷받침합니다.

2천 년 전, 예루살렘에서 모두가 기뻐하고 편안하게 여겼던 익숙한 광경이 비범한 사건으로 바뀌었습니다. 그날 이후 누구도 평소하던 식으로 계속 살아갈 수 없게 되었습니다.

여기서 익숙한 광경이란, 예루살렘에서 매년 봄에 열렸던 중요한 종교축제 오순절을 말합니다. 이 시기에 여러 나라에 흩어져 있던 유대인들이 예루살렘으로 돌아와 하나님의 복을 기억했고, 하나님이 그들에게 그분의 말씀을 계시하신 위대하고 중요하고 엄청난 사건을 기념했습니다. 오순절에 이스라엘 백성은 시내산을 기억했습니다. 시내산에서 하나님은 모세에게 말씀하시고 그분의 율법을 계시하셨지요. 어떤 이들은 그 이후 시내산이 활화산이었다고 믿고 있습니다. 시내산은 자주 불과 연기에 휩싸였습니다. 그곳은 백성이 하나님의 말씀을 받기에 걸맞은 극적인 장소였습니다. 하나님의 말씀은 그들의 삶을 바꿔 놓았고, 이집트에서 탈출한 피난민 무리였던 그들을, 예배하고 증언하는 순례의 사람들로 변화시켰습니다. 하나님의 말씀은 노예 무리를 자유인들의 사회로 바꿔 놓았습니다. 이것이 시내산에서 일어난 일입니다. 그리고 매년 돌아오는 오순절은 그 사건을 기억하고 하나님께 감사드리는 날이었습니다. 오순절은 히브리인들의 삶의 풍경에서 중요한 축이 되는 사건이었습니다.

오순절은 어마어마하고 놀랍고 경이로운 날이었습니다. 그러나 수 세기에 걸쳐 익숙해지다 보니 대수롭지 않게 여기게 되었습니다.

그러다 어느 오순절에 예루살렘에서 뭔가가 다시 폭발했습니다. 폭발한 것은 그곳에서 남쪽으로 수백 킬로미터 떨어진 시내산이 아니라 예배드리고 있던 사람들이었습니다. 시내산에서 일어난 일을 예배 중에 기억하고 있었던 사람들, 그 산에서 선포된 하나님의 말씀으로 형성된 공동체였습니다. 이들 사이에서 뜻밖의 에너지가 폭발했습니다. 이 사건을 묘사하는 은유는 옛날의 그 시내산 사건의 기록을 반영한 것이었습니다. "급하고 강한 바람…불의 혀처럼 갈라지는 것들"행 2:2-3.

하나님이 말씀을 계시하셨던 옛 화산이 활동을 멈췄다고 생각하셨습니까? 눈 덮인 광활하고 아름다운 산, 죽 펼쳐진 지평선 위로 솟아올라 힘과 열망, 견고한 평온과 고요한 안식의 감정을 불러일으키는 장엄한 풍경으로만 생각하셨습니까? 화산활동의 에너지는 죽어 버린 것일까요? 아니요, 그렇지 않습니다. 그것은 여전히 움직이며 살아 있고 무시무시하게 강력합니다. 하나님은 우리 삶의 배경이 아닙니다. 그분의 영원한 임재 주위로 가끔 모여서 축하했다가 다시 그분을 내버려두고 일상적 의무로 돌아가면 된다는 생각은 오해입니다. 하나님은 폭발적인 에너지로 우리 삶에 치고 들어오십니다. 그분은 여기 계십니다. 활동하십니다. 멀리 계시지 않습니다. 그분은 활동을 멈추지 않으셨습니다.

신문과 방송 기자들은 세인트헬렌스산 폭발에 대한 사람들의 반응을 들려주었습니다. 사도행전의 저자 누가는 오순절에 나타난 하나님 능력의 증거를 본 사람들의 반응을 들려줍니다. 그는 두 가지 감정적 반응을 보고하는데, 각 반응은 하나의 질문으로 시작됩니다.

첫 번째는 "다 놀라며 당황"행 2:12한 것입니다. 당연한 반응이었습니다. 온 세상에서 모인 사람들이 "우리의 각 언어로 하나님의 큰 일"에 대해 들었으니까요. 그들은 하나님에 대해 모르는 것이 없다고 생각한 경건한 유대인이었습니다. 하나님이 하신 일 중에서 중요한 것은 다 알고 있다고 생각했습니다. 이 히브리인들은 고대 세계에서 최고의 신학자들이었습니다. 미신적이고 부패하고도 무지한 종교들에 둘러싸여 있었지만, 그들은 잘 배운 랍비들이 전한 순수한 유일신론을 신봉했습니다. 세계를 무대 삼아 두루 다녔고 신학적으로 정교했던 이 사람들은 하나님을 다 파악하고 있다고 생각했습니다. 이들은 종교적 풍경의 주요 특징을 누구에게나 설명할 수 있었습니다. 하나님과 관계를 맺고 사는 일의 의미를 설명해 줄 이야기들을 솜씨 좋게 엮어 냈지요. 아브라함 이야기, 모세 이야기, 다윗 이야기가 그것이었습니다. 탁월한 이야기들이 잘 전해졌습니다.

그러나 이날, 상황이 역전되었습니다. 이날에는 그들이 여행자들에게 이야기를 들려주는 상황이 아니었습니다. 여행자들, 그것도 방금 예루살렘에 도착한 시골뜨기 갈릴리인들이 그들의 언어로 하나님의 큰일을 이야기했습니다. 과거가 아니라 그 순간에 하나님이 하고 계신 일을 말입니다. 그들은 그 하나님이 시내산이 아니라 지금 말씀하시는 내용을 들려주었습니다.

유대인들이 당황한 것은 충분히 이해할 만합니다. 여러 세기에 걸쳐 그들은 하나님과 관련된 문제라면 전문가 역할을 맡아 왔으니까요. 그런 그들이 이제 막 현장에 도착한 사람들에게서 하나님의 새로운 활동에 대한 생생한 보고를 듣고 있었습니다. 오래된 산이 다시 활동하고 있었습니다. 하나님은 그들 가운데 살아 계셨습니다. 성령의 에너지가 그들 사이에서 강력하게 움직이고 있었습니다. 모든 면에서 그들은 놀라고 당황할 만했습니다. 어떤 사람은 이렇게 썼습니다. "사람들은 하나님을 머나먼 곳에, 어딘지 모를 안개 속에 둔다. 나는 그들의 옷자락을 당기며 말한다. 하나님은 '가까이' 계셔. 가까이 안 계신 하나님은 소용이 없어."[71]

이 유대인들은 하나님이 가까운 데가 아니라 머나먼 곳에 계시다고 생각했습니다. 계시의 장엄한 산은 흐릿한 과거 속에 있을 뿐 현재에 부는 강한 바람은 아니라고 생각했지요. 그들은 놀라고 당황하여 물었습니다. "이 어찌된 일이냐?" 베드로는 한 편의 설교로 대답했습니다.

그는 이렇게 말했습니다. 이것은 하나님의 영이 우리 가운데 부어진 사건입니다. 하나님이 친히 그분을 우리에게 나누어 주고 계십니다. 언젠가 일어나리라고 여러분이 늘 믿어 왔던 그 일이 지금 일어난 것입니다. 요엘 선지자의 예언을 기억하십니까? 지금 그 일이 일어나고 있습니다. 여러분은 눈앞에서 그 일이 일어나는 것을 보고 있습니다. 여러분이 존중한다고 말하는 성경말씀을 계속 묵상해 왔다면 그렇게 놀라지 않았을 것입니다. 이 산은 줄곧 화산이었고 여러분은 그 사실을 알았습니다. 그러나 온갖 실제적 이유로 여러분은 그 사실을 잊어버렸습니다. 하나님이 여기 우리 가운데 계십니다. "누구든지 주의 이름을 부르는 자는 구원을 받으리라"행 2:21.

베드로의 말은 이렇게 이어집니다. 하나님의 영이 부어진 것은 우연히 일어난 일이 아닙니다. 이 일은 알려진 한 원인의 결과입니다. 그 원인은 나사렛 예수입니다. 여러분이 십자가에 못 박은 그를 하나님이 살리셨습니다. 예수는 우리 역사 속에 들어오신 하나님입니다. 우리는 그를 통해 하나님의 일하심 및 말씀과 개인적으로 만났습니다. 하나님의 목적과 사랑과 만날 수밖에 없었습니다. 그 만남에서 첫 번째로 일어난 일은 우리가 인격적 차원에서 하나님과 관계하기를 거부한 것이었습니다. 우리는 폭력적이고도 신성모독적으로 대놓고 하나님을 거부했습니다. 예수님을 십자가에 못 박았습니다. 그것으로 상황이 끝난 줄 아셨습니까? 그렇지 않았습니다. 하나님은 그를 다시 살리셨습니다. 이것이 두 번째로 일어난 일입니다. 인간의 손으로 저지른 십자가 처형과 하나님의 뜻으로 이루어진 부활. 이 두 사건은 광대한 로마제국의 외딴 구석에서 일어난 사소한 사건처럼 보였지만, 인간과 하나님이 각각 벌인 두 사건으로 인해 이 새로운 에너지가 폭발했고, 이 폭발 가운데 하나님의 생명이 남자와 여자, 아들과 딸, 젊은이와 노인, 여러분과 저의 삶에 부어지고 있습니다.

여러분은 세인트헬렌스산의 폭발 원인이 무엇인지 아십니까? 정상에 올랐던 일부 등산객이 모닥불을 제대로 끄지 않고 하산했을까요? 불붙은 석탄 조각들이 얼음을 녹이고 크레바스 사이로 떨어져 폭발을 일으켰을까요? 말도 안 되는 소리입니다. 세인트헬렌스산은 단층선 위에 있습니다. 지질학자들은 지난 며칠, 몇 주, 또는 몇 달 중 어느 시점에 지하 깊은 곳에서 지진이 일어나 땅이 움직였을 거라고 추측합니다. 이것이 폭발의 원인입니다.

주변에서 사람들이 사랑하고 복을 빌고 찬양하고 치유하고 베푸는 능력을 받는다면 그 의미를 이해하기 위해 예수 그리스도의 십자가와 부활까지 거슬러 올라가야 합니다. 불꽃의 온도를 측정하거나 바람의 세기를 분석한다 해서 그 의미를 결코 알 수 없습니다. 불이나 바람은 결과의 은유일 뿐입니다. 그 원인은 하나님이 우리 가운데 계시다는 것, 하나님이 우리의 죄를 용서하신다는 것, 우리는 스스로를 구원할 수 없고 믿음으로 살 수 있다는 것을 예수 그리스도께서 계시하셨다는 데 있습니다. 그 원인은 삶의 표면에 있는 어떤 일, 우리가 하거나 하지 않는 어떤 일이 아니라, 그 모든 것의 중심 깊은 곳에서 하나님이 하신 일, 곧 예수 그리스도의 부활입니다. 그것이 우리가 믿음의 공동체 안에서 경험하고 나누는 능력 있는 새 생명의 원인입니다.

설교의 형태로 제시한 베드로의 답변이 끝나자 두 번째 감정적 반응이 나옵니다. "그들이 이 말을 듣고 마음에 찔려." 첫 번째 감정이 전반적인 혼란과 큰 당황스러움이었다면, 두 번째 감정은 단도로 심장을 찌르는 듯한 예리한 고통입니다. '나에게는 책임이 있구나. 나는 하나님을 무심하게 바라보는 구경꾼이 아니구나. 하나님을 멀찍이서 섬기는 사람이 아니야. 감정 없는 하나님 전문가가 아니야. 나는 하나님을 거부하거나 무시할 수도 있고 받아들일 수도 있는 사람이야. 나는 하나님의 임재 앞에 있어. 하나님과 개인적으로 조우하고 있어.' 이런 갑작스러운 깨달음이 마음을 찌르는 통증을 일으킵니다. 결정을 내리고 행동을 형성하는 자리, 내가 누구인지가 의미심장하고 내 결정이 중요함을 인식하는 자리인 존재의 중심에서 고통을 일으킵니다.

이것이 바로 예수 그리스도를 설교할 때 일어나는 일입니다. 이런 설교는 자욱한 안개 속에서 하나님을 끌어내고 인간의 얼굴을 하신 그분을 우리 곁에 모십니다. 우리는 그분을 만나고 조우합니다. 응답의 자리에 섭니다.

이것은 고통스럽지만 우리에게 일어나는 가장 좋은 일입니다. 우리는 자신의 삶과 주변 사람들의 삶을 관리하려고 노력하지요. 우리는 책임지고 싶어 합니다. 중심이 되고 싶어 합니다. 자신의 신이 되고 싶어 합니다. 그렇게 함으로써 얻을 수 있는 자잘한 즐거움들이 있지만, 그런 즐거움은 본질적으로 하찮은 것입니다.

예수 그리스도, 곧 우리 앞에 인격적이고도 능력으로 임재하시는 하나님을 대면하면 우리는 새로운 삶에 대한 도전을 받습니다. 우리는 그분을 없애려고 하지만 그럴 수 없습니다. 하나님이 그분을 다시 살리셨으니까요. 우리는 마음에 찔림을 받습니다. 그러나 그것은 피해야 할 고통이 아니라 새로운 탄생을 알리는 고통입니다. "우리가 바라던 것이 헛수고가 되었을 때 우리는 부활했습니다."[72]

고통과 함께 두 번째 질문이 따라옵니다. "형제들아, 우리가 어찌할꼬?" 베드로가 대답합니다. "너희가 회개하여 각각 예수 그리스도의 이름으로 세례를 받고 죄 사함을 받으라. 그리하면 성령의 선물을 받으리니 이 약속은 너희와 너희 자녀와 모든 먼 데 사람 곧 주 우리 하나님이 얼마든지 부르시는 자들에게 하신 것이라"행 2:37-39. 회개하십시오.… 세례를 받으십시오.… 받아들이십시오. 더 이상 하나님과 멀찍이 거리를 두지 마십시오. 그리스도에 대한 믿음으로 살려는 사람들과 운명을 함께하십시오. 하나님이 여러분에게 쏟아부으시는 생명을 받아들이십시오.

회개한다는 것은 신이 되려는 노력을 그만두는 것입니다. 우리 모두는 자기 뜻대로 하고, 자기 삶을 관리하고, 훌륭해지고, 최선의 일을 해내려는 계획이 있습니다. 이 중에서 그 자체로 끔찍하게 나쁜 것은 하나도 없지만, 자잘한 것들이 쌓이면 하나님께 알맞은 유일한 곳인 우리 삶의 중심에서 그분을 몰아내는 결과를 낳습니다. '회개한다'는 것은 그저 기분 좋게 지내거나 더 가지거나 다른 사람들이 우리를 좋아하게 만들거나 그들을 우리 뜻대로 조종하려는 초라하고 열등한 수준의 생각 또는 실천에 등을 돌린다는 뜻입니다. 회개하십시오.

세례를 받는다는 것은 우리 안에서 이루어져야 할 일을 하나님이 하시도록 맡기는 것입니다. 즉 구원을 성취하시고 우리에 대한 그분의 주권을 회복하시는 것이지요. 세례에서 우리는 수동적 위치에 있습니다. 다른 사람이 우리를 강물에 담그거나 물을 뿌리도록 맡깁니다. 우리는 그 일을 허락합니다. 하나님이 하나님 되시도록 맡깁니다.

세례는 이것을 행위로 나타낸 일종의 상징입니다. 우리 안에서 이루어져야 할 일을 하나님께 맡기는 것은 매우 어렵습니다. 우리는 요람에서 기어 나오는 순간부터 행동하도록 만들어진 존재입니다. 그렇기 때문에 세례라는 성례가 상징하는 상태로 거듭해서 되돌아가야 합니다. 행동하기 전에 영향을 받고, 행위가 아니라 은혜로 구원받고, 우리 자신이 아니라 그리스도에 의해 구원받고, 하나님을 부리는 것이 아니라 하나님을 예배하는 사람으로 우리 자신을 이해해야 합니다.

'받아들인다'는 것은 하나님의 모든 것을 우리 삶에서 어떤 식으로든, 어느 정도라도 경험한다는 뜻입니다. 성령은 우리 삶에 있는 하나님의 생명입니다. 그리스도인의 삶은 우리 안에 있는 하나님의 생명을 경험하는 데에 지속적인 탐구와 기쁨 어린 발전을 보이는 생활 또는 이런 것들이 가능한 상태를 말합니다. 그리스도인 한 사람 한 사람은 에너지가 펼쳐지는 장입니다. 즉 하나님이 구원하시고 복주시는 일을 활발히 행하시는 개인적 사례입니다. 이것은 아름다운 순간을 담은 달력 속 멋진 사진과는 아주 거리가 멉니다. 이 삶을 받아들이십시오.

오늘 본문에 나오는 이 일의 의미는 무엇일까요? 하나님이 이곳에 계시고, 이곳 이 사람들 가운데서 강력하게 활동하신다는 것입니다. 우리는 어찌해야 할까요? 이 일에 동참해야 합니다. 하나님의 활동에 참여하십시오. 그 힘을 받으십시오.

세인트헬렌스산의 화산활동 사례는 이 지점에서 그 효용을 다했습니다. 이 산의 사례는 이제 더 이상 쓸모가 없습니다. 이 사건은 에너지와 힘을 강력하게 보여주었지만, 그것은 파괴의 힘이었기 때문입니다. 사람들이 죽임을 당했고 호기심에 찾아온 이들이 사망했습니다. 힘겨운 정화 작업 과정에서 수백만 명이 불편을 겪었습니다. 그러나 성령강림은 이와 다릅니다. 성령강림에서는 모든 에너지와 힘이 구원을 이룹니다. 여기에 반응하는 사람들은 그 어느 때보다 살아 있게 됩니다. 바깥 공기를 마시기가 두려워 집 안에 웅크리고 있는 모습은 찾아볼 수 없습니다. 성령의 선물인 하나님의 능력은 우리를 특별한 길에 들어서게 합니다. 그 길에서 우리는 일하고 사랑하고 믿고 소망합니다. 커지고 나아지고 복을 누리고 중심을 잡고 온전해지는 느낌을 받으면서 말입니다. 누가는 이렇게 된 사람들이 기쁘고 순전한 마음으로 "하나님을 찬미하며 또 온 백성에게 칭송을 받았다"행 2:47고 설명합니다.

아멘.

성령으로 충만하여

그들이 다 성령의 충만함을 받고 성령이 말하게 하심을 따라 다른 언어들로 말하기를 시작하니라. 사도행전 2:4

*

교회에 대한 여러분의 첫 기억, 첫인상은 어떤 것들입니까? 제 경우는 이렇습니다. 반주를 맡은 헤이즐 숙모는 틈만 나면 화려한 장식음을 넣어 피아노를 쳤지만(저는 훌륭한 솜씨였다고 생각합니다), 교인들과는 박자가 늘 맞지 않았습니다. 양쪽은 각자 자기 역할을 수행하기로 합의한 것 같았습니다. 교인들은 알아서 찬양을 불렀고 숙모는 떠올릴 수 있는 온갖 즉흥적 꾸밈으로 그들의 찬양을 장식했습니다. 대부분 그들은 서로를 무시한 채 그렇게 했습니다. 몸집이 크고 뚱한 표정의 노르웨이 출신 부부 올가와 레노라 스톱도 기억이 납니다. 그들은 상당히 부유해 보이는 농부였습니다. 일요일마다 아들을 태운 휠체어를 밀고 교회에 왔습니다. 아들은 근육위축증을 앓고 있었지요. 아주 어릴 때부터 저는 그들이 아들의 치유를 바라고 교회에 나온다는 것을 알고 있었습니다. 그들은 매주 치유의 기적이 일어나기를 바랐습니다. 거듭해서 꺾인 기대가 쌓이면서 그들은 점점 활기를 잃고 우울해졌습니다.

아버지가 헌금을 받아 들고 교회 밖으로 나가 돈을 세던 모습도 기억이 납니다. 가끔 아버지는 저를 데리고 가서 1센트, 5센트, 10센트짜리 동전 분류를 맡겼습니다. 다른 사람들은 다 교회 안에서 주일에 늘 하는 일을 하는데, 밖에서 돈을 세는 것은 늘 신나는 일이었습니다. 어른이 되고 보니 아버지가 당시 담임목사를 특히 싫어해서 직무를 핑계로 설교를 피한 것이라는 생각이 들었습니다. 그러나 당시에는 그런 생각을 못 했고 단순히 우선순위 문제로 받아들였습니다. 아버지와 함께 돈을 세는 일은 그 무엇보다 중요했습니다.

저는 교회에서 많은 시간을 보냈고 많은 기억이 있습니다. 그 기억을 다 더하면 무엇을 얻게 될까요? 교회에 대한 참된 그림이 만들어질까요? 그럴 것 같지는 않습니다. 제 기억은 교회 근처에서 어쩌다 보니 경험했던 일들에 대한 몇 가지 추억일 것입니다. 우리의 모든 기억도 이와 마찬가지입니다.

교회에 대해 알려면 성경을 보는 것이 더 낫습니다. 성경 중에서도 사도행전 2장이 가장 좋습니다. 그 내용은 교회의 기원을 본보기로 삼는 기억입니다. 교회가 교회를 기억하는 내용, 교회가 된다는 것의 의미에 대한 교회의 첫인상이지요. 사도행전 2장을 읽고 묵상함으로써 우리는 교회의 일부가 되어 무엇을 기대할 수 있는지 알게 됩니다.

물론 사도행전 2장이 우리 교회에서도 그대로 재현될 거라는 뜻은 아닙니다. 교회는 우리 주 성령께서 창조하신 교회의 바른 모습에 부응하지 못할 때가 많습니다. 교회의 원래 모습에 덧붙은 면들이 많고 거기서 제외된 부분도 아주 많습니다. 그래서 본문의 내용은 예측으로 볼 수 없습니다. 시간과 장소를 불문하고 2천 년에 걸쳐 모든 회중 사이에서 계속 구동되는 전산화된 프로그램이 아닙니다.

우리는 이 본문을 예측이 아닌 본보기로 봐야 합니다. 이 이야기는 교회에서 무엇이 중요하고 가능한지 들려줍니다. 이것은 우리가 경험하는 교회를 이해하게 하는 본보기 이야기입니다. 우리의 과거 기억들을 명확히 이해하게 해주고 교회에 무엇을 기대해야 하는지 가르쳐 줄 것입니다.

저는 이 이야기가 '영'을 대단히 강조한다는 점을 첫 번째로 주목합니다. 영은 하나님의 에너지요, 인간사에서 나타나는 하나님의 움직임입니다. 영은 경건한 사람들의 집단적 지성과 마음이 작용한 결과물이 아닙니다. 자신의 동력으로 자기 백성을 움직이시는 하나님의 능력입니다.

프랑스 작가 자크 엘륄은 종교인을 바라보는 두 가지 다른 방식이 있다고 지적합니다. 시계로 보는 방식과 나침반으로 보는 방식입니다.[73] 시계에 해당하는 종교인은 작동장치가 다 내부에 있습니다. 부품들을 정확히 배열하고 적절히 조절만 하면 됩니다. 일단 제대로 조립해서 작동을 시작하면 저절로 결과가 나옵니다(이를테면 정확한 시간을 알려 주지요). 나침반에 해당하는 종교인은 주요 작동장치가 바깥에 있습니다. 창조세계의 자기장이 그것입니다. 구조는 이쪽이 훨씬 더 간단하지요. 이미 바깥에 있는 것에 반응만 하면 되니까요. 바깥에 있는 에너지가 나침반을 작동하게 만들고, 나침반은 바깥의 에너지에 반응함으로써 결과를 만듭니다.

현대에는 시계 모델에 따라 만들어진 종교단체들이 아주 많습니다. 그런 곳에서는 큰일을 할 수 있도록 이것저것 제대로 갖춰 놓습니다. 의미심장한 일을 할 수 있도록 최고의 사람들을 모읍니다. 교회의 기원은 이와 다릅니다. 교회는 나침반에 더 가깝습니다. 교회의 임무는 단순합니다. 바깥에 있는 존재인 하나님께 반응하는 것이지요.

어떤 교회를 보아도 시계와 비슷한 점을 많이 찾을 수 있습니다. 그러나 교회에 대한 교회의 가장 이른 기억을 보면 나침반과 훨씬 더 비슷한 면들을 발견합니다. 그들이 함께 모인 까닭은 하나님이 그들을 부르셨고 그들 가운데서 일하시기 때문입니다. 그들 바깥에 있는 것이 안에 있는 것보다 더 중요합니다. 신학적 차원이 사회학적 차원보다 더 중요합니다.

우리는 이 교회를 건축할 때 이런 생각들을 담으려고 노력했습니다. 공간을 올바른 모양으로 만들고 가구를 제대로 배치하는 데 많은 시간을 쏟았지만, 압도적으로 많은 공간이 비어 있는 상태입니다. 이것으로 우리 교회 공동체는 이렇게 말하는 것입니다. 우리는 예배를 드리기 위해 함께 모이고 그러려면 장의자가 필요하다고, 우리는 주님과 말씀과 성례에 순종하고 반응해야 한다고, 세례반과 성만찬대와 강단이 그 순종과 반응을 위한 물건이라고. 하지만 그 이상의 단계에서 어떤 일이 일어날지는 모른다고. 이곳에서 가장 중요한 것은 하나님의 임재와 그리스도의 주도적 은혜라고 말입니다. 우리는 이 생각을 나타내기 위해 가능한 한 많은 빈 공간을 만들 것입니다. 진공 상태가 아니라 기대감으로 가득 찬 빈 공간입니다. 우리는 하나님이 뭔가 행하실 것을 압니다. 이곳에 거룩한 빈 공간, 기다림, 기대가 있습니다.

교회에 대한 초기의 기억에서 또 하나 분명한 점은 다양성 가운데 나타난 일치의 경험입니다. [당시 예루살렘에는] 쓰는 언어가 다르고 성격이 다르고 다른 나라 출신에다 종교관마저 다른 다양한 사람들이 모여 있었습니다. 그런데 그들은 함께 있었고 같은 일을 경험했습니다. 소리를 들었고, 불이 나뉘어 각 사람의 머리에 임하는 것을 보았고, 하나님의 영광을 이야기했습니다.

그래서 우리는 기대를 품게 됩니다. 우리는 자신이 생각하고 느끼는 모든 것을 지지해 줄 마음 맞는 사람들을 찾아 교회에 오는 것이 아닙니다. 우리는 동질성을 찾는 것이 아닙니다. 오히려 나와는 다른 사람들과 함께할 경험을 기대하고 있습니다. 나와 성장배경이 다르고 느끼는 바가 다르고 목표도 다르지만, 우리 주 성령에 힘입어 서로의 차이점들을 존중하고 조율할 수 있게 된 사람들과 함께하는 경험을 말입니다. 그런 경험을 통해 우리는 서로 믿음 안에서 형제자매임을 깨닫게 됩니다.

종종 교회가 어떤 곳인지 규정하는 핵심요소가 교회의 주인이신 성령이 아니라 사회학이 되기도 합니다. 그런 일이 있을 수 있습니다. 하지만 사도행전의 본보기는 이와 다릅니다. 이 본보기가 사회학적 요소들이 교회를 좌우하지 않을 거라는 보증은 아니지만, 우리를 사회학적 차원 이외의 다른 무언가로 안내하고 인도하는 자료를 제공합니다.

이 본보기의 또 다른 특징은 의사소통의 요소입니다. 우리는 그들이 "성령이 말하게 하심을 따라 다른 언어들로 말하기를 시작"했음에 행 2:4 주목합니다. 그리고 조금 뒷부분에 이렇게 나옵니다. "우리는 저들이 하나님의 큰일들을 방언으로[우리 각자의 말로] 말하는 것을 듣고 있소"행 2:11, 새번역. 오늘날 교회에서 '방언'으로 말하는 것에 대한 관심이 높아졌고, 많은 사람들이 소그룹과 종파에서 방언을 경험하고 있습니다. 이 사도행전의 본보기는 방언이 무엇보다 오해에서 이해가 생겨나는 사례임을 강조합니다. 사람들은 다양한 언어를 사용하고, 세상에는 의사소통의 문제가 있습니다. 그런데 여기, 이 공간에서는 의사소통 문제가 해결됩니다. 모두가 같은 메시지를 듣습니다. 하나님의 큰일에 대해서 듣습니다.

아멘.

불타는 교회

오순절 날이 이미 이르매 그들이 다 같이 한곳에 모였더니 홀연히 하늘로부터 급하고 강한 바람 같은 소리가 있어 그들이 앉은 온 집에 가득하며 마치 불의 혀처럼 갈라지는 것들이 그들에게 보여 각 사람 위에 하나씩 임하여 있더니 그들이 다 성령의 충만함을 받고 성령이 말하게 하심을 따라 다른 언어들로 말하기를 시작하니라. 사도행전 2:1-4

*

이 교회는 대단히 실망스러운 곳입니다. 여러분이 아직 실망하지 않았다면, 실망하게 될 것입니다. 당장은 아니라도 오래 다니다 보면 그렇게 될 것입니다. 어떤 교회든 사람은 그 안에서 대단히 불만스러운 경험을 할 수 있습니다. 실망을 부정하는 이들도 있고 감추는 이들도 있습니다만, 우리가 솔직하다면 조만간 실망을 인정하고 직시해야 할 것입니다. 빠를수록 좋습니다.

저는 이 교회가 여러분에게 실망스러운 곳이 되는 것은 싫습니다. 정말 싫습니다. 저는 이 교회의 담임목사이고 좋은 교회를 만들어야 한다는 책임감을 느낍니다. 이곳에 들어오는 누구도 실망하지 않으면 좋겠습니다.

여러분이 실망하지 않을 교회가 되려면 무엇이 필요한지 저는 압니다. 두 가지가 필요합니다. 여러분이 이곳에 들어올 때 하나님이 절대적으로 분명하게 여기 계시사 삶의 의미와 여러분의 삶을 향한 하나님의 목적에 대한 모든 의심이 사라진다면, 실망하지 않을 것입니다. 여러분이 주일 아침에 이곳으로 걸어 들어오는데 자신이 정말 큰 사랑을 받고 있고 하나님의 은혜로 온전히 구원받은 피조물이라는 깨달음이 바로 임한다면, 저는 한 시간 후에 여러분이 교회를 떠나게 만들기가 어려울 것입니다. 여러분이 여기서 예배를 드릴 때, 세상의 모든 것이 어떤 식으로든 그리스도 안에서 하나님의 통치 아래 있고 구원의 대상이라는 생각이 든다면 어떨까요? 말 그대로 모든 일과 모든 사람, 최근에 벌어진 비극과 정치적 파국, 불화하는 배우자와 반항하는 자녀, 삶에 큰 구멍을 남기는 누군가의 죽음, 편안한 일상을 방해하는 사건사고가 모두 웅장하고 영원한 무언가의 한 부분으로 통합된다고 인식한다면, 여러분은 실망하지 않을 것입니다.

그러나 현실에서 우리는 실망합니다. 우리는 제가 방금 말씀드린 것들을 아주 살짝 엿볼 뿐입니다. 하늘을 가린 구름이 부분적으로 걷혀 하나님이 또렷이 보이는가 싶다가도, 다시 사방이 흐려집니다.

여러분이 이 교회에 실망하지 않을 두 번째 조건은 교인들이 여러분을 있는 그대로 정말 사랑한다는 것을 깨닫는 일입니다. 여러분이 일원으로 있는 이 공동체에서는 아무도 이용당하지 않고 무시당하지 않고 비판하지 않는 모습을 보게 되면, 여러분은 실망하지 않을 것입니다. 우리 모두는 자녀, 부모, 배우자, 친구, 어쩌다 알게 된 지인, 오랜 친구 등 온갖 이들과의 관계에서 실망스러운 경험을 너무 많이 했습니다. 그래서 사랑이 보장되고 사랑이 조건 없이 존재하는 곳이 있다면, 여러분은 이웃뿐 아니라 전혀 모르는 사람까지 그 멋진 곳으로, 사람들이 서로 성숙하고 건강한 사랑의 관계를 이루고 살 줄 아는 그곳으로 끌어들이게 될 것입니다.

그러나 현실에서 우리는 실망합니다. 우리는 서로에게서 이 사랑을 살짝 맛보고 긍휼과 애정과 용납을 정말 경험하지만, 그러다 누군가가 우리 이름을 잊어버리고 우리의 필요에 무심하고 우리를 무시하면 다시 상처 입고 거부당한 느낌을 받습니다.

우리는 눈부시게 선명한 하나님의 실재를 기대하며 이 교회로 옵니다. 그런데 현실은 그렇지 않아서 실망합니다. 만족스러울 만큼 깊고 의지할 만한 우정을 바라며 이 교회로 옵니다. 그러나 교인들과의 우정은 바라는 바와 다르고 우리는 실망합니다.

그러면 우리는 왜 아직도 여기 있을까요? 왜 이 실망스러운 장소로 계속 되돌아올까요?

저는 그 이유를 알 것 같습니다. 누가가 들려주는 이야기는 우리가 오늘 아침 여기 있는 이유를 설명해 줍니다.

이 이야기는 우리가 너무도 잘 아는 두 가지 차원의 실망으로 시작합니다. 하나님에 대한 실망과 사람들에 대한 실망입니다. 이 이야기 속 사람들이 예수님께 끌렸던 까닭은 그분 안에서 하나님이 계시되는 것을 보았다고 생각했기 때문입니다. 그들은 몇 번이나 그 사실을 확신했습니다. 증거가 쌓였습니다. 그들은 예수님이 가르치시는 내용을 들었고, 그분이 치유하시는 것을 지켜보았고, 그분과 함께 기도했습니다. 그러다 그분은 죽임을 당했고 장사되었습니다. 파국이라고 할 만큼 실망스러운 일이었지요. 예수님이 죽은 자들 가운데서 부활하여 살아 계신 예수님으로 그들에게 나타나셨을 때 그들은 어느 정도 회복되었습니다. 그러나 그 확신은 온전하지 않았습니다. 의심의 여지가 있었고, 그들은 의심했습니다. 그러다 예수님이 완전히 사라지셨습니다. 그분의 실질적 임재에 대한 증거가 더 이상 없는 상황이 되었습니다.

그들은 동료였던 한 사람에게도 실망했습니다. 그들은 수많은 일들을 함께 겪어 낸 끈끈한 사이였고 서로를 신뢰할 수 있다고 생각했습니다. 그런데 한 사람이 배신자가 되었습니다. 가룟 유다입니다. 그는 예수님을 배반했고 나머지 동료들을 배반했습니다. 하나님의 임재 앞에서 정직한 사랑의 행위에 헌신하는 동료들의 새 공동체에 속했다는 사실에 전율을 느끼던 그들이었습니다. 모두가 그것을 만끽하고 이게 꿈인가 생시인가 하던 바로 그 순간, 그들은 유다에게 배신을 당했고 믿을 만한 친구라고 생각했던 베드로에게 버림을 받았습니다.

하지만 그들은 이후에도 함께 있었습니다. 지금 우리가 함께 있는 것처럼 말입니다. 상황은 기대하고 바라던 바대로 풀리지 않았지만 그들은 포기하지 않았습니다. 그들은 예루살렘의 한 건물에 모였고 교회가 되어 가고 있었습니다. 거기서 일어난 일이 여기서도 일어나고 있습니다. 거기서 일어난 일에 대한 누가의 이야기가 지금 여기서 일어나는 일을 이해하는 데 도움이 됩니다.

교회에서 일어나는 일은 두 쌍의 행동으로 이루어집니다. 첫 번째 쌍은 '경청하기/응답하기'입니다. 두 번째 쌍은 '받기/주기'입니다. 경청하기/응답하기부터 이야기해 봅시다. 예수님은 그 남녀들에게 말씀하셨습니다. 그분이 말씀하실 때, 그들은 하나님의 음성을 들었습니다. 그들은 경청했고 그 음성에 응답했습니다.

예수님은 제자들과의 마지막 만남에서 성경을 열어 주셨고 자신이 성경에 기록된 모든 것을 어떻게 성취했는지 보여주셨습니다.

예수님은 그분이 이전에 말씀하셨던 모든 것을 그들이 직접 경험할 것을 약속하셨습니다. 그리고 그 일이 일어날 때까지 기도 장소에 머무르라고 말씀하셨습니다. 그들은 그렇게 했습니다. 그들은 그분의 말씀을 다 받아들였고 자신들의 삶에서 권위 있는 하나님의 말씀으로 수용한 이 성경과 그들이 알고 신뢰하게 된 예수라는 이 살아 있는 사람이 연관되어 있음을 이해하였습니다. 그들은 하나님의 말씀에 개인적으로 귀를 기울였습니다.

하나님의 말씀에 개인적으로 귀를 기울이는 것, 이것이 우리가 교회에서 하는 일입니다. 이런 면에서 교회는 강의실이나 교실과는 전혀 다릅니다. 강의실이나 교실에서 우리는 책을 읽거나 강의에 귀를 기울여 우리가 사용할 수 있는 지식과 정보를 습득합니다. 그러나 교회에서는 우리에게 말씀하시는 하나님께 귀를 기울입니다. 그렇게 해서 우리는 참된 자신이 될 수 있습니다.

제자들은 경청하는 행위 가운데 응답하기 시작했습니다. 누가에 따르면, 그들은 성전에서 하나님을 찬양했습니다. 기도는 응답의 말입니다. 하나님은 대화에 능하십니다. 그분은 우리에게 개인적으로 말씀하십니다. 개인적으로 그분께 말하고 응답하라는 것입니다. 우리가 응답하는 일, 그것이 기도입니다. 그것이 우리가 교회에서 하는 일입니다. 하나님의 개인적 말씀에 개인적으로 응답하는 일이지요. 우리는 찬양으로 응답하고 말로 응답합니다. 찬양과 침묵 가운데, 신경으로 신앙을 고백하는 가운데, 주기도문을 낭송하는 가운데 응답합니다.

다음으로 받기/주기를 생각해 봅시다. 경청하기/응답하기를 통해 성령이 그들에게 부어졌고, 그 에너지가 흘러넘쳐 다른 사람들의 삶에까지 들어갔습니다.

이것은 예수님이 약속하신 내용이었습니다. 하나님의 에너지,

하나님의 존재가 그들 안에 있으리라던 히브리 선지자들의 약속이 이루어졌습니다. 제자들은 하나님의 행하심에 참여하는 자들이 될 것입니다. 흠모하는 자리에 머무르지 않을 것입니다.

불은 이것을 이해하는 한 가지 방식입니다. 불은 참여적입니다. 성경 이야기에서 가끔 불은 물과 대조적인 느낌으로 등장합니다. 물에 나뭇조각을 던지면 나무가 물 위에 뜹니다. 나뭇조각을 불에 던지면 다 타버립니다. 물이 외적인 경험이라면 불은 내적인 경험입니다. 물이 우리 위로 쏟아지면 우리 바깥에 머물지만, 불이 우리를 감싸면 안으로 들어와 우리를 태웁니다.

그 태움은 중간에 멈추지 않습니다. 물은 더 많은 물을 만들지 않지만 불은 더 많은 불을 만듭니다. 불은 퍼져 나갑니다. 우리가 불을 받아들이면 다른 이들에게도 불을 전하게 됩니다.

이것이 누가의 이야기에서 벌어지는 일입니다. 그들은 내면에서 하나님을 경험하고 있고, 그것이 넘쳐서 다른 이들에게 흘러가고 있습니다. 그들은 아주 놀라운 말을 하는데, 그 내용은 하나님에 대한 그들의 생각이 아니라 하나님이 그들 안에서 말씀하신 것이었습니다. 구경꾼들은 하나님의 큰일이 그들의 눈앞에서 재연되고 선포되는 것을 보고 귀로 듣습니다.

이것이 우리가 교회에서 하는 일입니다. 우리는 하나님을 받고, 하나님을 내어 줍니다. 이 일은 성만찬, 성찬의 자리에서 가장 두드러집니다. 예수님은 말씀하십니다. "이것은 내 몸이니라.… 이것은 나의… 피니라"막 14:22, 24. 우리 주 예수님은 자신을 우리에게 주시고 우리는 그분을 받아들입니다. 우리는 하나님을 영접합니다.

하지만 우리는 은연중에도 늘 이렇게 하나님을 영접하거나, 영접할 수 있습니다. 그런 영접을 가리키는 말이 '믿음'입니다. 어떤 단어를 많이 쓰면 그 단어의 예리한 의미가 무뎌지기도 합니다. 믿음이 바로 그런 단어입니다. 이 단어의 의미에 다시 날을 세워 봅시다. 믿음은 우리가 하나님을 영접할 때 삶에 내는 구멍입니다. 처음에는 아주 작은 구멍으로도 충분합니다. 하나님은 끊임없이 활동하시고 우리 안에 자신을 쏟아부으십니다. 가끔 조개처럼 우리가 자신을 꼭 닫아 버리면, 그분은 빗물처럼 우리 삶에 쏟아지십니다. 그러다 우리는 하나님의 신비에 긴장을 풉니다. 이곳에 앉아 마음을 가라앉히고 기다리면서 예배를 드립니다. 우리 삶을 불안하게 움켜쥐던 손을 풀고 위를 향해 폅니다. 그러면 하나님의 생명이 우리 내면에 들어와 파고듭니다. 불처럼 말이지요. 우리는 뭔가 큰일의 일부가 된 느낌, 우리보다 큰 무엇이 우리 안에 있는 느낌, 우리가 이곳에 가지고 온 것들보다 더 큰 사랑, 큰 소망, 큰 에너지가 우리 안에 있는 느낌을 경험합니다. 이것은 성령이 하시는 일입니다. 하나님이 은혜로 우리 삶에 들어와 우리 안에서 자신이 되십니다.

어느새 우리는 자신이 받은 것들을 내어 주고 있는 모습을 발견하게 됩니다. 따로 결심하지 않아도 말입니다. 우리는 이 생명을 쥐고만 있지 않습니다. 우리와 함께하는 사람들 사이에서 말과 행동으로 이 생명을 내보냅니다. 불이 퍼집니다. 교회가 불탑니다.

아멘.

삼위일체의 신비

> 하나님의 부유하심은 어찌 그리 크십니까? 하나님의 지혜와 지식은 어찌 그리 깊고 깊으십니까? 그 어느 누가 하나님의 판단을 헤아려 알 수 있으며, 그 어느 누가 하나님의 길을 더듬어 찾아낼 수 있겠습니까? 로마서 11:33, 새번역

*

교회에 오는 이유를 물으면 나오는 답변 중 하나가 이것입니다. "하나님에 대해 배우기 위해서요." 괜찮은 답변 같습니다. 「예수 더 알기 원함은」[74] 같은 찬송이 그런 답변에 힘을 보탭니다. 하지만 교회에서는 정보 전달을 넘어서는 활동인 예배가 있습니다. 하나님의 백성이 드리는 공동의 예배는 경건교육 실습 자리가 아닙니다. 예배는 하나님에 대한 반응이자 그분과 관계 맺는 일입니다. 이 하나님은 보이지 않고, 때로는 모호하기 짝이 없습니다. 한 무리의 사람들이 보이지 않는 존재를 향해, 그런 존재를 위해, 그런 존재 때문에 경건하게 이런 저런 일을 하는 광경은 공감 못하는 외부자의 눈에는 상당히 기이하게 보일 수 있습니다.

교회 안의 기이한 요소들에 공감할 수 없다며 신랄하게 생각을 드러내는 이들이 있습니다. 이들은 교회가 도덕을 가르치고 존재를 합리적으로 설명하는 일에 충실하면 만사가 순조로울 거라고 생각합니다. 그러나 보이지 않는 존재와의 관계에 기초한 기도, 찬송, 경배, 희생과 제자의 삶은 미신과 기이함의 요소가 있다고 말하지요. 이 사람들은 교회에서 혼란밖에 보지 못합니다. 이들이 뭔가를 배우려 교회로 가는 일은 없을 것입니다. 교회가 사람들을 계몽시키기보다 혼란스럽게 만드는 데 더 관심이 있다고 생각하니까요.

오늘은 삼위일체 주일입니다. '삼위일체'라는 단어는, '예정'과 함께 이해가 안 되는 말이라는 교인들의 한숨과 '모든 것이 신비'라는 체념 섞인 말을 자아냅니다. 그 한숨과 체념이 교회에서 쓰는 다른 어떤 단어에 대해서보다 심하지요. 삼위일체의 의미를 설명해 달라고 누군가 요청한다면 우리는 다급히 거절할 가능성이 높습니다. 이 단어를 들으면, 사람들은 얽히고설킨 신학적 횡설수설과 혼란스러운 형이상학, 신비주의와 신비화의 잡탕을 떠올리게 됩니다.

이것은 더할 나위 없이 역설적인 상황입니다. 삼위일체는 바로 이런 상황을 방지하려고 만든 단어이기 때문입니다. 삼위일체론은 하나님의 진리를 이해하기 쉽고 체계적으로 정리하려는 교회의 시도였습니다. 평균적인 지성을 소유한 그리스도인이라면 '하나님'이라는 단어의 의미를 파악할 수 있도록 말이지요. 삼위일체는 지혜를 사칭한 온갖 생각과 사변, 신화와 추측, 무지를 이겼고, 진리를 가장한 거짓을 무찔렀습니다. 기독교 사상가들이 로마 시대의 무질서하고 앞뒤가 안 맞는 종교적 분위기를 지성적으로 파고들어 강력한 승리를 거둔 것입니다. 삼위일체론을 생각해 내고 공식화한 역사는 인간 지성의 탁월함을 보여주는 불후의 기념비 중 하나입니다.

우리는 종교, 성경, 교회의 경험 안에서 인간과 하나님의 정리되지 않은 원초적 접촉을 봅니다. 하나님은 창조하시고 공급하시고 명령하시고 구원하시며, 인간은 하나님의 이 모든 활동에 연루됩니다. 하지만 이 모든 일은 깔끔하고 체계적으로 이루어지지 않습니다. 신학의 기능은 이러한 하나님의 활동과 인간의 반응에 대한 "조직적인 설명을 제시하는 것"[75]입니다.

불타는 떨기나무를 바라보던 모세는 하나님이 하시는 말씀을 들었습니다. 성전에서 기도하던 이사야는 선지자가 되라는 하나님의 명령을 받았습니다. 예레미야는 하나님의 말씀이라는 불이 자기 속에서 타오르는 것을 느꼈습니다. 다윗은 나단 선지자의 중재를 통해 하나님의 말씀을 들었습니다. 사도 바울은 시골길에서 휘황찬란한 빛 가운데 하나님을 만났습니다. 사도 베드로는 (다른 많은 사람들과 함께) 예수라는 팔레스타인의 랍비를 보고 하나님을 발견했습니다. 초대 그리스도인들은 예배 가운데 살아 있는 사랑의 유대를 공동으로 경험했고, 그것이 하나님이 하신 일임을 알았습니다. 하나님은 음성입니까, 사람입니까, 느낌입니까? 이 모든 경험과 묘사 한가운데서 우리는 어떻게 하나님에 대해 분명하게 말할 수 있을까요? 성경과 우리의 경험에 다양하게 나타나는 하나님의 활동을 어떻게 설명할 수 있을까요? 신학자는 이 문제를 연구합니다. 이 문제에서 두루 나타나는 공통의 실마리를 찾습니다. 그런 다음, 교회가 가슴으로 경험한 것을 나머지 사람들이 머리로 이해할 수 있도록 신학적으로 진술합니다. 하나님에 대해서 신학자들은 통일성과 다양성을 발견했고, 그것을 '삼위일체'라는 말로 묘사했습니다.

이 삼위일체 교리는 하나님에 대해 잘 정리된 명료한 방식으로, 그러면서도 정확하고 완전한 방식으로 말하려는 시도입니다. 이 교리의 취지는 혼란이 아니라 명확함이고, 정신을 흐리는 것이 아니라 깨우치려는 것이고, 신비를 조장하는 것이 아니라 이해를 돕기 위함입니다.

삼위일체 교리는 한 분 하나님이라는 확실하고 확고한 토대에서 시작합니다. 유일신론은 삼위일체론의 발전에 중심 역할을 합니다. 그러나 이 한 분 하나님은 사물을 설명하는 것처럼 설명할 수 없습니다. 하나님은 우리가 살펴보거나 그려 낼 수 있는 우주적 사물이 아닙니다. 하나님은 눈에 보이는 것과 보이지 않는 모든 것의 주님이시자, 활동하시고 뜻을 두시고 창조하시는 주님이며, 우리에게 자신을 계시하셨습니다. 어떤 단일한 경험도 하나님이 친히 보여주신 그 분의 면모를 다 담을 수는 없습니다. 어떤 단일한 진술도 하나님이 자신에 대해 말씀하신 모든 것을 말할 수는 없습니다. 그러나 하나님이 우리에게 주님으로 스스로를 알리신 계시 내용을 교회가 형식화하는 데 삼위일체 교리가 유용함이 입증되었습니다.

삼위일체를 말할 때 흔히 쓰이는 용어는 성부 하나님, 성자 하나님, 성령 하나님입니다. 성부 하나님은 만물의 주인으로 우리를 다스리시되 그분의 통치 가운데 아버지로서 우리를 사랑하시는 하나님을 가리킵니다. 하나님과 우리는 친족관계라고 할 수 있고, 그 관계의 특징은 아버지의 사랑입니다. 하나님은 우리에게 자신을 아버지로 알리셨습니다. 우리를 창조하셨고 돌보시며 우리에 대한 목적을 갖고 계신 아버지이십니다. 우리는 하늘 아버지를 둔 자녀들입니다.

성자 하나님은 하나님이 자신을 우리에게 계시하신 방식을 가리킵니다. 예수 그리스도 안에서 사람들은 자기들 사이에서 일하시는 하나님, 행하시고 말씀하시는 하나님을 보았습니다. 보이지 않는 하나님께서는 나사렛 예수의 생애 가운데 창조세계 안에서 눈에 보이는 방식으로 자신을 계시하셨습니다. 그 생애 안에서 사랑, 겸손, 섬김, 긍휼, 나눔의 삶이 가시적 형태로 나타났습니다. 달리 말해, 하나님은 이야깃거리로 삼을 추상적 개념이 아니고, 우리가 더듬어 찾는 영적 힘도 아닙니다. 그분은 예수님 안에서 우리를 만나시고 우리에게 말씀하시는 하나님입니다.

성령 하나님은 하나님이 우리에게 오시고 자신을 계시하신 결과를 가리킵니다. 하나님이 우리 가운데 행하시고 우리에게 말씀하실 때 세상과 사람들 안에서 뭔가가 일어납니다. 우리는 심판받고 회심하고 구원받습니다. 건강하게 회복됩니다. 사랑으로 하나가 됩니다. 모든 사람이 서로 이웃임을 알게 됩니다. 하나님이 우리를 감화시키고 채우십니다. 하나님의 활동, 말씀, 임재의 결과가 성령 하나님입니다.

그렇다면 삼위일체를 부정하면 다스리시고 침입하시고 활동하시는 하나님을 거부하는 일이 됩니다. 그것은 역사 속에 오신 하나님을 인정하지 않으며, 하나님이 뭔가를 행하실 때는 인간의 존재 안에 분명한 결과가 생겨난다는 선언을 거부하는 일입니다. 삼위일체에 대한 거부는 하나님을 저 멀리 하늘에 모셔 두고 우주 공간에 내버려 두려는 시도입니다. 망원경으로 그분을 볼 수는 있지만 가족 관계, 정치, 사업, 학교, 오락과 같은 구체적인 인간 세계에서는 고려할 필요가 없는 곳에 붙잡아 두려는 것이지요.

삼위일체 교리는 "우리와 함께하시는 하나님을 받아들일 것인가?"라는 신앙의 질문을 안깁니다. 이 교리를 거부한다면 '우리와 함께하시는 하나님'을 거부하는 것과 같습니다. 예수님을 거부한 유대인들의 반응으로 한 가지 사실이 충격적으로 분명히 드러났습니다. 겉으로는 가장 깊은 경외심과 가장 열렬한 믿음으로 구약의 하나님을 인정하면서도 그런 경건한 영혼이 인간의 모습으로 나타나신 하나님을 불쾌하게 여기고 분개할 만큼 그분을 철저히 부인할 수 있다는 사실입니다. 이스라엘은 하나님의 이 임재와 행하심을 완강히 거절했습니다.

> 광야의 조상들이 모세를 원망하고 나중에는 선지자들을 돌로 쳤던 것처럼 말입니다. 조상들의 종교심이 부족해서 그런 것이 아닙니다. 그들은 가장 세련되고 진지한 종교심을 발휘해 계시에 저항했습니다. 계시는 경건한 사람을 혼자 내버려두지 않고 말 그대로 하나님과 직면하게 만들기 때문입니다. 그래서 예수 계시는 당시 가장 경건한 사람들의 손에 예수님이 십자가에 달려 처형당하는 것으로 끝납니다. 매일 임마누엘을 입에 달고 살고 마음에 새기던 그들이 이 특별한 임마누엘은 거부했습니다.[76]

교회가 삼위일체 교리의 방식으로 묘사하는 하나님은 성부의 사랑으로 우리에게 말씀하시고 성자로서 우리와 사랑을 나누시며 성령을 통해 우리 안에서 생생한 결과를 만들어 내십니다. 삼위일체론은 성경의 지면을 가득 채우는, 살아 계시고 행동하시고 창조하시고 구속하시는 하나님에 대한 진술입니다.

그러나 삼위일체 교리에 명료화와 분명한 지식만 있지는 않습니다. 그 안에는 진실로 신비가 있습니다. 사람이 하나님에 대해 말하면 어휘가 금세 바닥을 드러냅니다. 유한한 인간이 무한한 신에 대해 감히 이야기할 때는 그 주제를 제대로 다루지도 못한 채 생각이 아주 빠르게 소진되고 맙니다.

논리적 분석과 합리적 이해의 과정이 이렇게 신비를 선언하는 것으로 끝나는 완벽한 사례가 성경에 있습니다. 그 대목은 사도 바울의 로마서에 나옵니다. 로마서 9-11장에서 사도 바울은 신약성경에서 가장 복잡하고 지적인 논증 하나를 펼칩니다. 그는 자신의 모든 지력(바울은 뛰어난 지력의 소유자였습니다)을 사용하여 유대인들에게 하나님의 활동을 명확히 설명하려 합니다. 논증을 엮어 내고 구약 성경을 설명하고 역사적 상황을 분석하고, 밖에서 볼 때 매우 혼란스러운 상황 속에서 하나님의 은혜가 작동하는 방식을 꼼꼼하게 추적합니다. 이 대목은 이해하기가 쉽지 않고 논증이 단순하지도 않지만, 바울은 하나님을 이해하기 위해 지성을 정직하고 일관되며 솜씨 좋게 사용하고 있습니다. 이 대목이 하나님 이해에 인간의 지적 능력을 훌륭하게 적용한 성공적 결과물이라는 데 다들 동의합니다.

하지만 이 대목이 어떤 결론을 내리는지 특별히 주목해 보십시오. 지적 역량을 아주 화려하게 보여주었으니 잊을 수 없는 방식으로 논증을 마무리하는 요약문이 결론으로 나올 법합니다. 너무나 명료하고 논의의 여지없이 주제를 제시했으니 오해했다거나 잊어버렸다는 핑계를 댈 수 없다는 경고가 나올 법도 합니다. 그러나 그런 내용은 보이지 않습니다. 이제껏 지성을 한껏 발휘한 사도 바울은 경외감이 담긴 놀라움과 찬양으로 논의를 마무리합니다. "깊도다. 하나님의 지혜와 지식의 풍성함이여, 그의 판단은 헤아리지 못할 것이며 그의 길은 찾지 못할 것이로다"롬 11:33. J. B. 필립스는 같은 본문을 이렇게 옮깁니다. "솔직히, 나는 헤아릴 수 없이 복잡한 하나님의 지혜와 지식에 놀라 서 있습니다. 사람이 어떻게 그분이 행동하시는 이유를 헤아리고 그분이 일하시는 방식을 설명할 수 있겠습니까!"

교회 역사에서 첫 수백 년의 특징은 삼위일체를 생각한 것이었습니다. 교회는 사방에서 공격을 받고 있었기 때문에, 논쟁을 압도하고 충실한 가르침을 제공하기 위해 교회의 입장을 철저히 생각해 볼 필요가 있었습니다. 그런데 이런 생각의 과정은 곧장 예배로 이어졌습니다. 지금도 마찬가지입니다. 정신이 전력을 다하여 한계점까지 이르면 경이, 경외감, 찬양이 들어섭니다. 하나님은 인간의 지성이 헤아리는 모든 계산을 넘어서는 분입니다(그분에 대해 오래 생각하면 이 사실을 알게 됩니다). 모든 생각이 지나간 후, 우리는 여전히 하나님 안에서 길을 잃은 자신을 발견하고, '예배'를 "중요한 단어로 받아들이게 됩니다. 교회에서 삼위일체를 계속 언급하는 것은 지성을 자극하려는 것이 아니라 예배의 자리로 초청하는 것입니다."[77]

교회생활은 정신활동이지만 그 이상이기도 합니다. 교회생활에는 경험에 대한 지적 분석도 있지만 그 이상이 있습니다. 존재에 대한 도덕주의적 이해를 아우르지만 그 이상이 있습니다. 교회생활은 살아 계신 하나님과 대면하는 일입니다. 그분은 사랑으로 우리를 만나시고, 은혜로 우리를 섬기시고, 우리 삶에서 그분의 목적을 강력하게 이루십니다. 우리의 작은 지성으로 추적할 수 있다면 "그의 행사의 단편"욥 26:14뿐입니다. 그렇게 얻는 약간의 지식은 지식을 뛰어넘는 것, 즉 하나님을 더 깊고 광범위하게 경험하고 싶은 갈망을 불러일으킵니다. 삼위일체론에 대한 지식이 삼위일체 하나님에 대한 갈망으로 이어지지 않는다면, 시간을 낭비한 것입니다.

『그리스도를 본받아』는 지혜롭게 이렇게 말합니다. "삼위일체 교리에 대해 아무리 박식하게 말해도 그 앞에서 겸손하지 않으면 삼위일체 하나님은 전혀 고마워하시지 않을 것입니다. 결국, 사람에게 도움이 되고 그를 성자로 만드는 것은 박식한 말이 아닙니다. 잘 살아 낸 삶만이 하나님의 우정을 얻을 수 있습니다."[78]

기도합시다.

주님, 헛된 말다툼에서 우리를 지켜 주소서. 우리가 진리를 끊임없이 고백하게 하소서. 참되고 순결한 믿음 안에 보존하사, 우리가 성부와 성자와 성령의 이름으로 세례를 받을 때 고백한 것을 항상 굳게 지키게 하시고, 당신을 아버지로 모시고 당신의 아들 안에 거하고 성령의 은혜로운 활동을 알게 하소서. 삼위일체의 강력한 이름으로 기도합니다.[79]

아멘.

천사들도 보고 싶어 하는 것

> 예언자들은 이 구원을 자세히 살피고 연구하였습니다. 그들은 여러분이 받을 은혜를 예언하였습니다.…그 일들은 천사들도 보고 싶어 하는 것입니다. 베드로전서 1:10, 12, 새번역

*

때로는 세부내용 하나가 전체 풍경을 비춰 주기도 합니다. 「손톱을 깎는 노파」라는 렘브란트의 그림이 있습니다. 이 그림에서 밝게 잘 보이는 부분은 노파의 옹이진 손과 그 오래된 손을 다듬는 데 사용하는 칼뿐입니다. 그러나 그림 파악은 이 세부내용만으로 충분하고도 남습니다. 이것 덕분에 전체 그림에서 세월의 무게가 드러나고, 자잘한 소일거리에 허비된 인생, 어쩌면 옹졸한 주인들에게 감금되다시피 살았을지 모르는 인생의 헛됨을 충분히 느낄 수 있습니다.

또 다른 예를 들어 보겠습니다. 파스칼은 클레오파트라의 콧날 길이가 조금만 더 길었더라면 역사는 근본적으로 달라졌을 것이라고 재치 있게 발한 적이 있습니다.[80] 아주 작은 세부내용이 엄청난 변화를 만들 수 있다는 이야기이지요.

사도 베드로는 오늘 본문이 포함된 서신에서 이 같은 세부내용을 한 가지 언급하고 있습니다. 그는 서신 앞부분에서 '구원'을 두 번이나 언급했는데, 이제는 한 발짝 물러나 글 속의 삽입어구처럼 구원을 따로 다룹니다. 회심의 결과, '거듭남'의 결과 중 하나인 이 구원에 대해 주목할 만한 몇 가지를 언급합니다. 그리고 이 언급의 결말에는 많은 분량의 신학적 해설보다 더 많은 내용을 알려 주는 흥미로운 세부내용이 등장합니다. 바로 오늘의 본문입니다. 그러나 이 세부내용을 들여다보기 전에, 사도 베드로가 구원에 대해 말한 내용을 먼저 살펴봅시다.

구원에는 복잡한 역사가 있습니다. "예언자들은 이 구원을 자세히 살피고 연구하였습니다. 그들은 여러분이 받을 은혜를 예언하였습니다"벧전 1:10, 새번역.

연구하고 살피는 예언자들이 언급됨과 동시에 우리의 생각은 그들이 살았던 몇 세기 전으로 거슬러 올라갑니다. 구원은 전례 없이 갑자기 등장하지 않았습니다. 어떤 준비도 없이 폭발한 것이 아닙니다. 구원은 수천 년에 걸쳐 이스라엘의 역사에, 특히 '예언자'라고 불린 사람들의 삶 속에 뿌리를 내렸습니다.

아브라함은 구원 역사의 시조(始祖)였습니다. 구원의 역사 전체가 아브라함에게서 시작되었습니다. 그는 우르에서 하나님의 부르심에 믿음으로 응답하여 낯선 광야를 지나 이국땅에 이르렀고, 잔인하고 부도덕한 신들 한복판에서 도덕적인 신, 한 분 하나님을 알게 되었습니다. 이 모든 것을 가능하게 했던 아브라함의 믿음은 그리스도를 정점으로 하는 거대한 건축물을 이루는 첫 번째 돌이었습니다.

또 다른 예언자 모세가 있습니다. 그는 상당히 다른 방식으로 연구하고 살폈습니다. 그리고 이집트의 부와 풍요에서 벗어나 구원 역사의 중심으로 나아갔습니다. 엄청난 피라미드로 여러 신을 숭배하고 종교생활의 초점이 온통 사후세계에 맞춰져 있던 이집트에서 하나님의 인도를 받아 나온 모세는 광야에서 공동체를 세웠습니다. 이 공동체 전체의 목적은 일상적 사회생활과 제의적 예배 가운데 새로운 율법을 성취하는 것이었습니다.

이사야 시대에 이르러 구원의 의미는 더욱 명확해지고 구체화되었습니다. 이사야는 연구와 탐구 끝에 이스라엘 역사상 구원의 의미를 가장 아름답고 정확하게 예견하게 되었습니다. 이사야서 53장에서 그는 이렇게 말합니다.

> 그는 실로 우리의 질고를 지고 우리의 슬픔을 당하였거늘
> 우리는 생각하기를 그는 징벌을 받아
> 하나님께 맞으며 고난을 당한다 하였노라.
> 그가 찔림은 우리의 허물 때문이요
> 그가 상함은 우리의 죄악 때문이라.
> 그가 징계를 받으므로 우리는 평화를 누리고
> 그가 채찍에 맞으므로 우리는 나음을 받았도다 사 53:4-5.

히브리 민족은 갈대아인의 우르에서 팔레스타인의 여러 마을, 이집트의 거대한 나일강 문명에 이르는 지역, 메소포타미아의 티그리스강과 유프라테스강 유역, 그리고 페르시아에서 스페인까지 죽 펼쳐진 여러 지역에서 수백 년 동안 정교하게 펼쳐진 구원 역사에 사로잡혀 있었습니다. 뛰어난 지도자들이 있었지만, 더 중요한 것은 따로 있습니다. 한 민족이 명맥을 이어 가면서 구원을 연구하고 살핀 기억과 축적된 경험을 간직했고, 그것이 예수 그리스도 안에서 절정을 이루었다는 사실입니다.

이스라엘의 역사는 날짜를 외우거나 지리를 익히는 방식으로 배울 수 없습니다. 이스라엘의 창조적 지성인들이 만들어 낸 사상을 완전히 이해한다고 될 일도 아닙니다. 이스라엘의 역사를 배우려면 그것을 구원의 역사로 이해해야 합니다. 하나님이 부르시고 구원하시고 통치하시는 한 민족의 이야기를 경험시키고 드러내는 역사로 말입니다.

그리고 베드로의 '구원'이라는 단어도 그것을 치밀하고 정교하게 이루어진 이 역사의 산물로 보아야만 비로소 온전히 이해할 수 있습니다.

하지만 구원은 개인과 직접 이어지는 면이 있습니다. 베드로는 "여러분이 받을 은혜"라고 말했습니다.

구원을 죽 이어지는 여러 세기 안팎에서 펼쳐지는 은혜의 거대한 움직임으로만 정의하지 않도록, 베드로는 구원을 모든 사람과 연결시킵니다. 이 단락에서만 인칭대명사 '여러분'이 네 번 등장합니다.

그 인칭대명사는 선지자들만큼이나 중요합니다. 구원은 지난 일을 일반적으로 묘사한 표현이 아니라, 현재 우리 삶의 중심입니다. 우리는 지금 역사의 끝에 서 있습니다. 구원은 우리에게 강한 영향을 미치고, 바로 우리에게 다가옵니다.

구원은 예수 그리스도의 인격 안에서 아주 분명히 드러났습니다. 구원의 계시는 한 사람, 예수 그리스도 안에서 완전하게 알려졌습니다. 1세기에 우리 주님이 팔레스타인 사람들을 만나시면서, 구원은 놀랍도록 개인적인 일, 하나님의 행하심이 직접 영향을 주어 인간의 마음과 몸과 영혼이 회복되는 일이 되었습니다.

예수님의 도움을 받기 위해 네 사람의 손에 들려 와서 지붕을 뚫고 달아 내려진 사람이 있었습니다. 그는 죄를 용서받고 몸의 치유를 받음으로써 구원을 얻었습니다. 예수님이 개인적으로 그에게 얼마나 큰 관심을 보이셨는지 기억해 보십시오.

혈루증으로 오랫동안 고통받던 여인이 있었습니다. 그녀는 군중 사이를 뚫고 소심하게 다가가 예수님의 옷자락을 만졌습니다. 그녀를 바라보신 예수님은 금세 그녀와 친밀하고 개인적인 대화를 나누셨고 그녀가 온전해졌다고 선언하셨습니다.

베드로는 어떻습니까? 예수님은 그의 이름을 부르셨고 깊이 존중하고 배려하셨습니다. 천성적으로 거침이 없었던 베드로를 매우 온유하고 세심하게 대해 주셨습니다. 이 직접적이고 개인적인 예수님의 관심과 사랑을 통해 베드로가 구원을 받았습니다.

구원은 인간에게 일어날 수 있는 가장 개별적인 일입니다. 은혜의 모든 활동 중에서 가장 개인적이고 친밀하며 사적인 것입니다. 구원의 현장에서 하나님은 구속의 능력으로 인간을 만나시고 온전하게 하시고 건강하게 만드십니다.

구원은 역사와 개인, 예언자와 보통 사람들을 모두 포함합니다. 둘 중 어느 한쪽을 다른 쪽보다 중요하게 여길 수 있다는 생각은 오류입니다. 베드로는 하나의 설명에서 이 둘을 뒤섞어 쓰고 있습니다. 어느 쪽도 경시할 수 없습니다. 둘 다 포용해야 합니다.

둘을 분리하면 심각한 신학적 오류가 발생할 뿐만 아니라, 인간적으로 크나큰 비극이 초래됩니다. 구원의 역사적 측면에만 집중하고 개인적 측면을 소홀히 하면 기독교는 재미없고 지루한 종교가 되어 일상생활에 아무런 감흥을 주지 못합니다. 그러면 사람들은 감흥을 느낄 만한 다른 일들을 모색하게 되는데, 그중 어떤 것은 구원이 아니라 파괴를 가져옵니다. 오늘날 다수 미국인들은 여가를 즐길 줄 모릅니다. 그러나 보니 많은 이들이 음주와 마약에 탐닉하고, 결혼생활에 충실하지 못하고, 물질적 소유를 늘려 가면서도 허무감에 시달

럽니다. 이런 현 상황을 신학적으로 보면 구원의 개인적 측면을 다루지 못한 데 원인이 있다고 말할 수 있습니다. 그들은 흔히 교회에 다니며 구원의 역사적 측면을 압니다. 그러나 구원은 한 번도 그들에게 가닿은 적이 없습니다.

반면에, 구원의 역사적 측면을 무시하고 개인적 측면에만 집중하면 인간의 권리를 냉담하게 무시한 채 하나님의 의를 추구하는 원대하고 환상적인 활동을 장려하게 됩니다. 11세기와 12세기 십자군은 그리스도에 대한 엄청난 사랑으로 불타올랐고, 거룩한 임무를 수행하기 위해 초자연적인 용기와 결단력을 발휘했습니다. 그러나 그들은 성전을 치르러 행군해 가는 길에 만난 모든 유대인을 닥치는 대로 죽이면서 이렇게 말했습니다. "우리가 성지에서 목숨을 걸고 싸우는 동안 유대인들이 여기서 부자가 되도록 남겨 둘 이유가 뭐란 말이야?" 그들의 삶은 편협해질 대로 편협해져서 오로지 개인 구원의 측면만 남았습니다. 그들의 삶을 모든 살아 있는 인간과 떼려야 뗄 수 없이 묶어 주었던 정교한 역사를 그들은 어찌된 일인지 완전히 잊었습니다.

진리의 두 부분이 전체 진리를 구성해야 합니다. 구원은 웅장하고 치밀한 역사인 동시에 우리에게 선포된 하나님의 은혜입니다. 구원은 선지자와 보통 사람의 영광스러운 조합입니다.

이제 그 세부사항을 살펴보겠습니다. 베드로는 "천사들도 보고 싶어 하는 것"이라는 문구로 그의 짧은 여담을 마무리합니다.

성경의 자료를 바탕으로 천사에 대한 일관된 이미지를 구축하기는 어렵습니다. 천사는 다른 여느 사람과 구분할 수 없는 인간의 모습으로 나타나기도 합니다. 시편에서 두 번시 18:10, 104:3 천사가 날개 달린 모습으로 나타나지만, 그런 단편적 대목을 근거로 어김없이 날개를 달고 등장하는 천사 이미지를 정당화하기는 어렵습니다. 좀 더 일반적으로 말하자면, 천사들은 어떤 이미지를 가졌다기보다, 영적 에너지가 구체적으로 적용되어 하나님의 뜻을 수행하는 그분의 사자들 같습니다.

그러나 순전한 영적 원리는 어떤 식으로든 그림처럼 시각화시키지 않으면 다루기가 어렵습니다. 우리의 상상력은 시각적 이미지에 고질적으로 의존합니다. 그래서 천사들을 언급하는 오늘 본문에서 우리는 날개 달린 생물을 떠올릴 수밖에 없는 것 같습니다.

그런데 베드로도 여기서 시각화를 활용하는 것처럼 보입니다. 그는 천사들이 '보고 싶어 한다'고 말하는데, 이 단어(파라큅토)의 문자적 의미는 "앞으로 몸을 기울여 들여다보다"입니다.[81] 이 작은 세부 내용 때문에 제 머릿속에는 하나의 풍경이 통째로 만들어집니다. 지상저 위에 펼쳐진 일종의 원형 발코니로 천국을 상상해 보십시오. 발코니 난간 뒤에 천사들이 죽 늘어서서 무슨 일이 벌어지는지 보려고 몸을 앞으로 기울이고 있습니다. 아래에서는 구원이 진행되고 있고, 치밀한 구원 역사는 하나님과의 개인적 만남으로 절정에 이릅니다.

운동 경기나 유명인의 등장이 우리에게 구경하는 재미를 안기듯, 구원 역사는 천사들에게 같은 재미를 선사합니다. 치밀하고 정교한 구원 역사의 진행과 함께 이야기가 끝없이 펼쳐지고 볼거리가 줄기차게 제공됩니다. 구원이 고유한 각 사람 안에서 일어난 하나의 사건이 될 때, 새로운 반응들로 인한 놀라움이 끊이지 않고, 구원의 신선한 개별성이 드러납니다. 천국의 발코니 난간에 기대어 이 구원의 드라마를 지켜보는 것은 천사들이 즐기는 취미입니다.

그러나 우리에게 구원은 관전용 스포츠가 아닙니다. 우리는 그 한복판에 있습니다.

아멘.

그분의 발자취를 따릅시다

> 바로 이것을 위하여 여러분은 부르심을 받았습니다. 그리스도께서는 여러분을 위하여 고난을 당하심으로써 여러분이 자기의 발자취를 따르게 하시려고 여러분에게 본을 남겨 놓으셨습니다.
>
> 베드로전서 2:21, 새번역

*

베드로전서의 이 부분은 '하인'들에게 주어진 메시지입니다. 여기서 하인들은 노예들이었지만, 오늘날 우리가 노예제를 생각할 때 떠올리는 노예와는 의미가 좀 다릅니다. 당시 로마제국에서는 노예노동자들이 노동력의 대다수를 차지했습니다. 그들 사이에서는 많은 동요가 일어났고, 파업도 자주 발생했으며 반란의 불길도 자주 일어났습니다. 1세기에 '하인' 문제는 아주 중요한 내용이었습니다.

그뿐만 아니라, '하인-노예들' 중 많은 이들이 초대교회로 들어왔습니다. 확실히 알 수는 없지만, 첫 반세기 동안 교회의 구성원 중 이 계급의 비율이 높았던 것으로 보입니다. 이렇게 생각하는 여러 근거 중 하나는 사도 바울의 많은 서신과 베드로의 이 서신에서 하인

또는 노예계급 사람들에게 직접 훈계하는 특별한 단락들이 보인다는 점입니다.

베드로가 본문에서 그들에게 말하는 내용(이것은 본질적으로 바울이 가르친 내용이기도 합니다)은 주인에게 복종하라는 것입니다. 고약한 주인이라도 마찬가지입니다. 만약 못되고 오만한 주인에게 고난을 받는다면, 그 고난에서 특별한 의미를 찾아야 합니다. 그리고 그 의미는 예수 그리스도의 생애를 바라봄으로써 찾아야 합니다. 그리스도께서도 고난을 받으셨는데, 그분은 그럴 만한 이유가 전혀 없었습니다. 그분은 이제껏 고난당한 모든 이들 중에서 가장 무고하고 결백한 분이었고, 그분의 생애는 우리를 위한 본입니다. 우리는 그분의 발자취를 따라가야 합니다.

베드로는 자신이 하는 말의 뜻을 드러내기 위해 이사야서 53장을 네 번 인용합니다. 이 위대한 본문에서 메시아는 멸시받고 무고하게 고난을 당하는 특이한 모습으로 그려집니다. 세계적 영웅이 되어 모든 악행과 반란을 보란 듯이 정복하고 승리할 메시아에 대한 모든 소망과 기대와는 정반대 모습입니다. 이사야서 53장의 통찰은 심오합니다. 이 대목은 인간의 실존에서 본질적으로 잘못된 것은 죄이고 가장 절실히 필요한 것은 용서라고 지목합니다. 메시아가 세계적 영웅이자 의를 위해 싸워 이기는 투사로 오셨다면, 세상의 본질적 문제들은 건드리지도 못했을 것입니다. 사실 여러 메시아들이 그런 식으로 왔었고, 그들이 온 이후로 세상은 좋아지기는커녕 오히려 전보다 못한 곳이 되었습니다.

그러나 하나님은 예수님 안에서 인간의 삶에 들어오셨고, 세상 잘못의 핵심을 공격하여 죄의 권세를 이기시고 인간을 죄의 굴레에서 벗어나게 해주셨습니다. 개인적 수준과 사회적 수준 모두에서 우리 주님은 이 일에 필요한 요구조건을 충족시키셨습니다. 그리고 그분이 이루신 일의 아주 중요한 부분에 무고한 고난이 있습니다.

성경은 이 고난을 설명하지 않습니다. 예수님의 고난과 관련된 사실과 그로 인해 생겨난 믿음만 나와 있습니다. 그리스도의 무고한 고난은 십자가 위에서 정점을 이루었습니다. 그분은 아무 죄가 없으셨지만 그 많은 고난을 당하셨습니다. 세상의 무지, 악, 증오, 교만, 이기심이 쏟아져 나와 그분을 표적으로 삼았습니다. 이것이 그분의 고난 사건과 관련된 사실이요, 십자가의 사실입니다.

그로부터 생겨난 믿음의 내용은, 겉보기와 달리 악이 정복되었고 죄 용서가 실제로 이루어졌다는 것입니다. 십자가 위에서 심오한 영적 교환이 이루어졌습니다. 인류의 죄는 치명타를 입었고 죄책의 처리라는 해묵은 문제가 해결되었습니다. 죄는 더 이상 무적의 반(反)영웅이 아니었고, 죄책도 더 이상 비극이 아니었습니다.

이것이 초대교회가 경험한 내용입니다. 그들이 누리는 새 생명의 토대입니다. 사도 베드로가 발견한 사실입니다. 이 사실은 그들을 즐겁고(죄는 더 이상 무적이 아니었으니까요) 자유롭게(죄책이 더 이상 그들을 속박하지 못했으니까요) 만들었습니다. 이 기쁨과 활기, 이 자유와 에너지로 가득했던 그들은 주님의 본을 따라 사회로 뛰어들어 자신들의 길을 정하고 세상을 뒤집어 놓았습니다.

그러나 자주 간과되는 다음 사실들을 주의 깊게 살펴보십시오. 초대 그리스도인들은 대부분 노동자 계급이었습니다. 그 사회에서 하인과 노예였습니다. 즉, 권력 구조의 최하층에 있었습니다. 기독교가 우월하다는 역사적 증거는 아직 없었습니다. 기독교는 불과 수십 년밖에 되지 않았고, 많은 사람들이 기독교를 들어본 적도 없었으며, 언젠가 전 세계적인 종교가 되리라는 사실을 알 도리도 없었습니다.

다시 말해, 이들이 어떤 행동에 나서든 그것을 뒷받침할 만한 거라곤 자신들의 경험과 믿음밖에 없었습니다.

그들은 실제로 정말 고통을 겪었습니다. 그들의 삶은 쉽지 않았습니다. 순교하지 않은 사람들도 아주 힘든 시간을 보냈습니다. (통계적으로 볼 때 순교는 자주 있는 일이 아니었습니다.) 당시 주인들이 노예를 대하는 방식은 우리가 인도적 또는 계몽적이라고 표현할 수준이 아니었습니다. 그런데 이 그리스도인 하인들은 정말로 그리스도의 발자취를 따라 무고하게 고난을 당하면서도 복종했고, 자신의 고난이 죄를 정복하고 용서하는 그리스도의 사역의 일부라는 확신이 있었습니다. 그들은 무고한 고난에 대해 우리보다 나은 설명을 듣지 못했지만 그렇게 했습니다. 다시 말해, 무고한 고난을 전혀 이해하지 못하면서도 그 고난에 의미가 있다고 믿었고 그들이 거둔 승리와 용서의 결과를 주위 사람들의 삶, 그리스도로 인해 기쁨과 자유를 얻은 이들의 삶에서 찾아냈습니다.

베드로의 편지는 설교로서 성공적이었습니다. 그는 초대 그리스도인들에게 보내는 편지에 이런 인기 없는 조언을 쓰면서 의구심을 가졌을지도 모릅니다. 여러분이 이교적 환경에서 불의한 주인에게 잔인한 학대를 받다가 주인에게서 벗어나 탈출하여 자유를 얻을 기회가 생겼다고 합시다. 그런데 그때 담임목사의 편지를 받았는데, 거기에 이렇게 적혀 있었다고 해봅시다. "바로 이것을 위하여 여러분은 부르심을 받았습니다. 그리스도께서는 여러분을 위하여 고난을 당하심으로써 여러분이 자기의 발자취를 따르게 하시려고 여러분에게 본을 남겨 놓으셨습니다"벧전 2:21, 새번역. 고난을 철학적으로 설명하려는 시도도 없고, 고난에 정당한 이유가 있다는 설명도 없습니다. 그저 복종하고 고난당하신 그리스도를 본받으라는 명령만 있습니다. 여러분은 어떻게 하시겠습니까?

그러면 이렇게 말하고 싶은 마음이 들지 않겠습니까? "목사님은 내가 어떤 고난을 당하는지 몰라요. 본인의 아름다운 신학 사상에 사로잡혀 상아탑에서 편지를 써 보내는군요. 목사님은 우리에게 내놓을 것이 없어요. 진지하게 받아들일 만한 조언도 못 해요. 우리는 도움을 받고 싶어요. 구출받고 싶다고요. 안 그래도 충분히 아파요. 구조받고 싶어요."

오늘날 이렇게 말하는 사람들이 있듯, 베드로 시대에도 이렇게 말하는 사람들이 있었을 것입니다. 그러나 이렇게 말하지 않는 사람들이 많았다는 점이 우리가 주목해야 할 더 중요한 부분입니다. 대다수는 베드로의 말을 듣고 순종했습니다. 고난받는 사람들에게 전하는 이 메시지는 그들의 삶에서 진리가 되었습니다. 그것은 '장황한 말에 불과하지' 않았습니다. 그것은 하나님의 영이 그들의 삶에 들어오시는 통로였고, 그로 인해 그들은 죄를 용서받고 세상을 이겼습니다. 그들의 고난은 하나님의 구속 사역의 일부가 되었습니다. 사람들은 베드로의 이 설교를 들었고 설교는 효과가 있었습니다.

하지만 이제 우리에게 문제가 있습니다. 편지의 이 대목은 노예들에게 쓴 것이었습니다. 오늘 아침 이곳에는 노예가 없습니다. 그뿐만 아니라, 여기에는 노예를 소유한 사람도 없습니다! 노예로 가득 찬 교회는 이제 우리와 전혀 관련이 없는 곳입니다. 그렇다면 20세기 전에 베드로가 노예들에게 쓴 글이 우리와 무슨 관련이 있을까요?

성경을 읽을 때는 두 가지를 해야 합니다. 첫째, 본문이 무엇을 말하는지 알아내야 합니다. 이를 위해 언어를 공부하고 역사를 탐구하고 고고학적 증거를 조사하고 문법을 분석합니다. 이것을 '주해'라고 합니다. 둘째, 본문이 우리에게 무엇을 말하는지 알아내야 합니다.

그리고 이것이 주해보다 언제나 더 어렵습니다. 여기에는 말씀을 듣겠다는 인간의 의향이 필요하기 때문입니다.

아이의 성장과정에는 이런 이중의 이해를 볼 수 있는 아주 의미심장한 단계가 있습니다. 모든 아이는 먹어야 합니다. 아이 생애의 첫 단계에서 우리는 아이에게 "저녁 먹어라" 하고 말할 수는 있습니다. 하지만 아이가 이해할 수 없다는 것을 잘 알기에 보통은 아무 말도 하지 않습니다. 아이가 자라고 성장하는 것을 지켜보노라면 우리는 언제쯤 아이가 우리의 말을 정확히 이해할 수 있을지 궁금해집니다. 하지만 아이가 부모 말을 이해할 시점은 분명히 옵니다. 그때가 되면 우리는 아이에게 "저녁 먹어"라고 강조해서 말하고 순종을 기대합니다. 그러나 아이가 우리의 말에 늘 순종하지는 않습니다. 아이가 두 살쯤 되면, 우리는 새로운 문제에 직면하게 됩니다. 언어를 이해하는 문제가 아니라 언어에 반응하는 문제 말이지요. 아이가 부모의 말을 이해하고도 때때로 자신에게 적용하지 않는 상황이 생깁니다. 제가 두 아이가 놀고 있는 옆방에 대고 큰소리로 "장난감 치워라" 하고 말한 후 몇 분 뒤에 들어가 보면 장난감들이 그대로 있는 것을 볼 수 있습니다.

그러면 저는 큰아이에게 말합니다. "캐런, 아빠 말 못 들었어?"

아이가 말합니다. "들었어요."

"아빠 말을 이해를 못했니?"

"이해했어요. 하지만 에릭한테 한 말인 줄 알았어요."

아이들의 이런 회피는 우리 어른들이 성경에 나오는 하나님의 말씀에 직면할 때 보여주는 회피, 갖다 붙이는 합리화, 늘어놓는 변명에 비하면 단순합니다. 성경을 이해한다는 첫 번째 문제를 해결한 후에도 성경말씀을 듣고 순종한다는 더 큰 문제가 아직 남아 있습니다.

첫 번째 과제는 지성의 문제이고, 두 번째 과제는 의지와, 성경적 용어로 말하자면 '마음'과 관련이 있습니다. 두 번째 과제를 감당하려면 전인적인 반응, 삶의 참여, 자기 헌신이 있어야 합니다.

우리는 베드로가 한 말을 이해합니다. 그럼 이제 어떻게 해야 할까요? 이렇게 말할 수도 있습니다. "저런, 나는 사도가 노예들에게 말하는 거라고 생각했어요." "1세기에나 적용되던 말이라고 해도 되겠네요." "현대 세계는 너무나 혁명적이고 이 시대는 아주 복잡해서 그런 단순한 말은 더 이상 충분하지 않다고 봅니다. 충분히 일리 있을지는 모르나, 제가 따라야 할 말은 아닌 것 같아요."

그러나 교회는 모든 성경이 우리를 위한 것이라는 신념을 확고히 견지해 왔습니다. 성경이 원래 누구에게 주어진 말씀이든 상관없이, 그 안에는 우리에게 건네는 메시지가 있습니다. 우리는 지성을 사용하여 성경이 우리에게 들려주는 내용을 이해해야 하고, 그러고 나면 이해한 내용에 순종해야 합니다.

사도 베드로는 이렇게 썼습니다. "바로 이것을 위하여 여러분은 부르심을 받았습니다. 그리스도께서는 여러분을 위하여 고난을 당하심으로써 여러분이 자기의 발자취를 따르게 하시려고 여러분에게 본을 남겨 놓으셨습니다." 우리는 베드로가 노예들에게 어떤 의미로 이 말을 했는지 압니다. 그럼 이 말이 우리에게는 어떤 의미가 있을까요?

이 말은 그리스도인에게 고난은 재앙이 아니라 소명이라는 뜻입니다. "바로 이것을 위하여 여러분은 부르심을 받았습니다." '부름 받다'를 뜻하는 라틴어 'vocare'에서 영어 단어 'vocation'소명, 직업이 나왔습니다.[82] 고난의 지점에 있는 것이 우리가 할 일이라는 뜻입니다. 우리에게 고난은 어떻게든 피해야 하는 일이 아니라 그리스도의 이름으로 수용해야 하는 일입니다.

그 이유는 고난의 지점에서 하나님과 사탄의 싸움이 임계점에 도달하기 때문입니다. 고난 속에서 때로는 옳고 그름이, 의심과 믿음이, 사랑과 증오가, 건강과 질병이 싸움을 벌입니다. 고난은 가장 치열한 전투 현장이므로 최고의 용사가 배치되어야 하고, 그 용사는 바로 그리스도인입니다.

그리스도의 권능을 볼 수 있는 곳은 들의 백합화 사이가 아니라 십자가 위입니다. 십자가는 고난의 자리이며, 고난의 자리는 그리스도인이 부르심을 받는 곳입니다. 그곳이 바로 승리의 장소이기 때문입니다.

이 결정적인 지점에서 죄가 패배하고, 바로 이 지점에서 죄책의 굴레가 끊어집니다. 고난받는 사람들은 [고난의 원인이 될 만한] 죄책을 찾습니다. "내가 무슨 짓을 해서 이런 일을 당한 걸까?" 하고 말합니다. 그리고 그리스도인은 그런 사람에게 용서를 선포할 수 있습니다. 고난은 죄의 책임을 따지는 자리가 아니라 죄 용서를 선포하는 자리이기 때문입니다.

바로 이런 신학이 배후에 있기에 그리스도인은 무지에서 비롯된 고난, 가난에서 비롯된 고난, 인종적 불의에서 비롯된 고난, 질병에서 비롯된 고난에 참여합니다. 악을 비판하거나 폭력을 개탄하거나 죄인을 응징하는 것은 우리의 임무가 아닙니다. 우리는 고난의 현장으로 부르심을 받았고, 그곳에서 우리 안에 살아 계신 그리스도와 함께 죄를 극복하고 용서를 선포하라는 소명을 받았습니다.

이번 주에 한 남성이 제게, 아들이 목사가 되고 싶어 하는데 자신은 아들을 막으려 할 수 있는 모든 조치를 취하고 있다고 말했습니다. 이유가 무엇일까요? 목사는 위선자, 자기중심적인 사람, 배려할 줄 모르는 사람, 나약한 사람 등 최악의 사람들을 상대해야 하기 때문이었습니다. 그는 자신의 이전 담임목사가 그런 사람들과 함께하는 스트레스를 견디지 못하고 신경쇠약에 걸렸다는 이야기를 들려주었습니다. 그는 아들이 그런 사람들과 삶으로 엮이지 않기를 바랐습니다. 저는 아들이 그런 삶으로 부르심을 받았다는 깊은 확신이 있다면, 그보다 더 의미 있게 일할 수 있고 어려움에 처한 이들의 삶의 방향을 바꾸기 위해 더 많은 일을 할 수 있는 직업은 없을 거라고 말해주었습니다. 하지만 그는 제 말을 전혀 받아들이지 않았습니다. 그가 거론한 사람들은 모두 고난 속에 있었습니다. 고난받는 사람들에게는 그들의 고난 속으로 들어오셔서 죄를 이기고 죄책에서 풀어 주실 그리스도가 필요합니다. 목회자들뿐만 아니라 그리스도의 부르심을 들은 우리 모두가 그 역할을 감당하도록 부름을 받았습니다.

오늘날 많은 사람들이 예수님과 동행하는 것을 우리 삶을 개선하는 관점에서만 생각합니다. 예수님의 발자취를 따라 걷는 것이 햇살이 빛나는 오후의 산책과 같다는 듯이 말이지요. 교회와 그리스도인들도 과연 그렇다고 생각할 때가 너무 많았습니다.

그러나 복음서 기자들이 예수님의 발걸음을 얼마나 다르게 묘사하는지 주목해서 보십시오. 그분의 발걸음은 가망 없는 병자, 의심에 시달리는 사람, 고뇌하는 유족, 소외되고 멸시받는 사람들에게로 향했습니다. 그리고 마침내 예루살렘의 격동하는 정치 한복판으로 걸어 들어가신 예수님은 며칠 만에 십자가에 달리셨습니다. 베드로는 예수님이 우리가 "자기의 발자취를 따르게 하시려고 우리에게 본을 남겨 놓으셨습니다"라고 말합니다. 고난받는 사람들에게로 걸어가지 않고는 그분의 발자취를 따라갈 수 없습니다. 교회의 주된 상징은 들의 백합화가 아니라 십자가입니다. 그리고 한때 그 십자가는 우리 대신 죄 없이 자발적으로 고난을 당하시기로 선택하신 분의 피로 흠뻑 젖었습니다. 우리도 그렇게 하도록 부름 받았습니다.

끝으로 베드로에 대해 한마디하겠습니다. 마태에 따르면, 스승을 본받아 바다 위를 걸으려 했던 사람은 베드로뿐이었습니다. 베드로는 주님을 향해 걸어가다가 바람을 보고 겁에 질려 물에 빠져들기 시작했습니다. 그는 "주여, 나를 구원하소서"라고 소리쳤고 주님은 구원해 주셨습니다. 그다음, 주님이 말씀하셨습니다. "믿음이 작은 자여, 왜 의심하였느냐?"마 14:28-31 참조. 베드로가 책망받은 것은 물 위를 걷는 대담한 모험을 해서가 아니라 믿음이 부족했기 때문입니다. 이것은 우리를 위한 비유입니다. 주님의 발자취를 따라가다 보면 실수도 저지를 테고 때로는 물에 빠지기도 하겠지만, 주님은 그 실수와 죄에서 우리를 구원해 주실 것입니다. 위험은 따로 있습니다. 안락, 안정, 안전이라는 배에서 절대 내리지 않으려는 위험입니다. "바로 이것을 위하여 여러분은 부르심을 받았습니다. 그리스도께서는 여러분을 위하여 고난을 당하심으로써 여러분이 자기의 발자취를 따르게 하시려고 여러분에게 본을 남겨 놓으셨습니다."

아멘.

연중 시기

ORDINARY TIME

Lights a Lovely Mile

가장 위험한

그러므로 나는 무엇보다도 먼저, 모든 사람을 위해서 하나님께 간구와 기도와 중보 기도와 감사 기도를 드리라고 그대에게 권합니다. 왕들과 높은 지위에 있는 모든 사람을 위해서도 기도하십시오. 그것은 우리가 경건하고 품위 있게, 조용하고 평화로운 생활을 하기 위함입니다. 디모데전서 2:1-2, 새번역

*

여러분이 저지를 수 있는 가장 위험한 행동이 교회에 나오는 것임을 아십니까? 그것은 그리스도인인 여러분에게 위험합니다. 자신을 향한 하나님의 뜻을 찾는 사람인 여러분에게 위험합니다. 교회에 다니다가 물리적으로 위험에 처할 수 있다는 말씀은 아닙니다. 우리 교회 건물은 크고 튼튼합니다. 잘 지어졌고 안전하게 관리되고 있습니다. 그러나 이곳에 있는 것은 한 인간으로서 여러분에게 위험합니다. 이곳에서는 여러분을 쉽사리 영벌로 이끌 수 있는 죄의 유혹을 받아 그런 죄를 저지르기가 아주 쉽기 때문입니다.

교회 안에서 받는 유혹은 교회 바깥에서의 유혹보다 훨씬 심각

하고 훨씬 큰 결과를 초래합니다. 누군가 교회에 들어와서 찬송가 안에 음란서적을 슬쩍 끼워 넣는다면, 그래서 여러분이 찬송가를 뒤적이다가 하나님께 집중하지 못하게 만드는 글과 그림에 갑자기 노출된다면 틀림없이 분개할 것입니다. 예배 도중에 예배당 구석 또는 장의자 밑에서 한 무리의 아이들이 헌금접시에서 훔친 돈으로 도박을 하는 모습이 문득 눈에 들어온다면 전혀 달갑지 않을 것입니다. 있어서는 안 될 일이라고 생각할 것입니다. 하지만 제가 아주 진지하게 드리고 싶은 말씀이 있습니다. 이 말은 과장이 아닙니다. 현재 상태로 여러분이 이곳에 있다면 제가 방금 언급한 행위들보다 더 위험하다는 말입니다.

우리 주님이 이 땅에 계실 때 말씀하신 내용을 떠올려 보십시오. 주님은 누구에게 화를 내셨습니까? 주님을 가장 힘들게 한 이들은 누구였습니까? 지옥에 떨어질 위험이 가장 커 보였던 사람들은 누구였습니까? 서기관과 바리새인들이었습니다. 요새 식으로 말하면 감리교인과 장로교인이라고 할 수 있을 것 같습니다. 다른 사람들, 그러니까 창녀, 세금징수원, 세리는 어떻냐고요? 예수님은 그들이 괜찮다고 말씀하시지는 않았습니다. 하지만 그들에게 다가가 사역하셨고 좋은 반응을 얻으신 것 같습니다. 예수님이 그들 때문에 좌절하거나 화를 내시는 모습은 찾아볼 수 없습니다. 그런데 주일마다 교회에 나오는 사람들을 상대로는 매우 힘든 시간을 보내신 듯합니다.

영적인 죄가 육체적인 죄보다 훨씬 더 위험하다는 것이 이런 상황의 교훈임이 분명합니다. 도둑질하는 사람은 자신이 남의 물건을 훔친다는 것을 알고, 잡히면 벌을 받는다는 것도 압니다. 하지만 사람이 느끼는 교만을 측정하기는 어렵습니다. 교만한 이를 잡겠다고 모든 사람이 지켜보고 있지 않습니다. 사실 우리 사회는 그를 칭찬하고 상을 주고 승진시킬 가능성이 높습니다. 그래서 우리는 시기하고 교만해지고 질투하고 우쭐해하고 이웃을 냉담하게 대합니다. 우리는 아무도 보지 못하는 가운데 자신의 영혼에서 일어나는 이런 일들을 계속해 나가고, 교회 안에서도 아주 쉽게 제지 없이 살 수 있습니다. 여기 앉아 이렇게 생각하기가 너무나 쉽습니다. '나는 이곳 교회에 앉아 있고 다른 사람들은 교회 밖에 있으니 내가 그 사람들보다 나아. 주님, 제가 여기 있어서 기쁘지 않으세요?'

우리가 거할 수 있는 가장 위험한 장소는 교회입니다. 따라서 교회에 갈 때는 경계해야 합니다. 가장 위험한 죄들에 빠지지 않도록 특별히 조심해야 합니다. 그런 죄들은 소리 없이 내면의 삶을 좀먹을 수 있고 아무도 모르게 하나님의 자비와 은혜에서 우리를 떼어 놓을 수 있는데, 우리는 그 사실을 인식조차 못할 수 있기 때문입니다.

그리고 교회에서 할 수 있는 가장 위험한 일은 기도입니다. 교회라는 가장 위험한 장소에서 할 수 있는 가장 위험한 행위, 그것이 바로 기도입니다. 기도할 때 우리는 하나님께 자신을 인격적으로 여는 가장 친밀한 행위를 결심한 상태이기 때문입니다. 기도와 관련된 것은 다른 사람들과 자신을 속이기 아주 쉽습니다. 속으로는 '난 정말 기도하고 싶지 않아'라고 마음을 정해 놓고도, 어쨌든 기도하는 형식은 갖추어 사람들 눈에는 기도하는 것처럼 보이는 겁니다. 이런 일을 너무 자주하다 보니 기도하고 있다고 생각하지만 실제로는 기도하지 않는 상태, 가장 열렬하고 친밀하고 정직한 신앙행위로 보이는 외양만 갖추었지 오히려 정반대 행동을 하는 상태에 이릅니다. 우리는 하나님이 주시는 아주 개인적인 말씀과 우리 자신을 떼어 놓고 있습니다.

예수님은 바리새인과 세리 이야기를 들려주신 적이 있습니다 눅 18:9-14. 바리새인은 아름다운 기도를 드리지만 세리는 거의 기도하지 않습니다. 세리는 그냥 소리만 지릅니다. 자신이 얼마나 나쁜 인간인지 하나님께 말씀드립니다. 예수님은 그 이야기를 통해 기도가 얼마나 위험한 일인지 보여주셨습니다. 예수님 말씀의 요지는 가서 기도를 더 잘해 보라는 것이 아닙니다. 예수님은 기도할 때는 조심하라고, 기도는 매우 위험하다고 말씀하십니다. 기도를 가볍게 여기다가는 인생을 영원히 망치는 행위와 엮일 수도 있습니다.

제가 앞에서 했던 말들을 다시 한번 반복하고 싶은 마음이 듭니다. 여러분이 그 내용을 잘 알았으면 하니까요. 교회에 있는 것이 위험하고 기도가 위험하다는 사실을 충분히 납득하기를 바랍니다. 오늘 본문 디모데전서 2장 1-2절은 이렇게 말하는 것 같습니다. "무엇보다 먼저 기도하십시오. 그분의 조언을 전하겠습니다. 기도가 어떤 식으로 잘못될 수 있는지 다 알았으면 합니다."

이 상황은 방사능 피폭 위험이 매우 높은 원자력발전소에서 일하는 사람의 처지와 비슷합니다. 원자력발전소는 아주 중요한 시설입니다. 누군가는 반드시 그곳에 있어야 합니다. 하지만 거기서 일하는 사람은 방사능 피폭을 막으려 특별한 조치를 취합니다. 납 차폐물, 특수 피복, 특별한 절차 등이 있지요. 그곳에서의 작업은 위험하니까요. 그런데 기도를 둘러싼 상황이 이와 같습니다. 기도는 반드시 해야 합니다. 기도는 그리스도인의 삶의 핵심을 차지하지만, 바리새인처럼 되어 버리거나 눈덩이처럼 자꾸만 불어나는 독선과 자만심에 빠지지 않으려면 각별히 주의해야 합니다.

바울은 기도의 위험성을 잘 압니다. 그는 기도가 온갖 방식으로 잘못될 수 있음을 알면서도 기도하라고 말합니다. 그가 사람들이 기도하기 원했던 것은 그들이 공허한 말을 하고 의미 없는 일만 하는 종교에 머물지 않게 하려는 것입니다. 바울은 젊은 목사 디모데에게 보낸 편지 서두에서 그의 교회의 어떤 사람들이 사랑과 진실한 믿음에서 벗어나 "쓸데없는 토론에 빠졌습니다. 그들은 율법교사가 되려고 하지만, 사실은 자기들이 무엇을 말하고 있는지 또는 무엇을 주장하고 있는지도 알지 못합니다"딤전 1:6-7, 새번역라고 적었습니다. 종교가 하는 일이 주로 말하고 가르치고 이야기하고 토론하고 주장을 내세우고 논쟁하는 것이 되면, 사람들의 믿음이 파선을 당하고 그로 인해 비생산적이고 무익한 삶이 따릅니다. 이것이 바울이 말하는 기도의 이유입니다. 복음의 중심에 있는 대화는 인간이 아니라 하나님과 나누는 대화입니다.

교회에 오면 무언가를 해야 합니다. 와서 앉아만 있을 수는 없습니다. 무엇을 해야 할까요? 가장 먼저, 기도해야 합니다. 디모데전서 내내 바울은 여러 가지 많은 내용을 말합니다. 교회를 어떻게 이끌어야 하는지 디모데에게 가르치고, 여러 주제를 다룹니다. 여자, 감독, 집사, 늙은 남자, 젊은 남자, 늙은 여자, 젊은 여자, 과부, 거지, 노예, 부자 등 모두 열세 가지 주제를 말합니다. 그러나 기도가 무엇보다 우선입니다. 기도는 우리가 가장 먼저 하는 일입니다. 바울은 기도의 최우선성을 강조하면서 "모든 사람을 위하여" 기도해야 한다고 말하고, '왕들과 높은 지위에 있는 사람들'을 거론합니다딤전 2:1-2.

저는 바울이 왜 그렇게 말했는지 의아했습니다. "모든 사람"이라고 말했으면 그것으로 충분하지 않나요? 모든 사람을 위해 기도하라고 했으니 거기서 그냥 멈출 수 있지 않을까요? 바울은 왜 한발 더 나아가 왕들과 높은 지위에 있는 사람들을 위해 기도하라고 할까요? 글쎄요, 제가 생각할 때 그 이유는 분명합니다. 누군가에게 지시를 내릴 때 지시사항에 포함되는 한 가지를 따로 거론한다면, 그가 그것을 빠뜨릴 가능성이 가장 높기 때문일 것입니다. 제가 생각할 때 1세기 그리스도인들의 기도에서 배제될 가능성이 가장 높은 대상은 왕과 높은 지위에 있는 사람들입니다. 당시에는 그들이 나쁜 사람들이었기 때문입니다. 그들은 네로처럼 그리스도인들을 박해했습니다. 재판관, 지방 총독, 본디오 빌라도 같은 사람들이었습니다. 그리스도인들의 삶을 어렵게 만들었고, 스스로를 신이라고 불렀고, 영적 통치자로 자처했습니다. 반면에 그리스도인들은 소규모로, 때로는 은밀하게 모이고 있었지요. 그들이 모든 사람을 위해 기도할 때, 왕이나 황제, 높은 지위에 있는 사람들을 빠뜨리기가 매우 쉬웠을 것입니다. 그래서 바울은 "모든 사람"이라는 말이 새겨지도록 기도의 대상 중에서 둘을 거론합니다. 정말 "모든" 사람을 위해 기도하라는 뜻임을 알려 주기 위해서 말이지요.

이 메시지를 삶에 적용할 때, "모든 사람" 밑에 여러분이 잊어버릴 가능성이 높은 이름을 적어 보십시오. 저는 기도할 때 가족, 친구, 아픈 사람들, 관심이 가는 사람들을 잊어버릴 가능성은 낮습니다. 하지만 제 기도에서 쉽사리 배제될 수 있는 사람들이 있습니다. 그래서 저는 저만의 메모를 해야 하고, 여러분도 그렇게 하셔야 합니다. 바울은 먼저 모든 사람을 위해 기도하라고 촉구합니다. 그리스도인으로서의 삶을 시작하는 방법은 하나님과 이야기하고 하나님께 말하고 하나님께 우리 자신을 여는 것입니다. 그다음에는 다른 모든 일에 앞서 하나님께 건네는 그 말이 우리 삶의 모든 것을 포함하도록 발전시켜야 합니다.

가끔 사람들은 이렇게 말합니다. "우리가 할 수 있는 것은 다 했으니 이제 기도하는 일만 남았어요." 저도 그렇게 말한 적이 있습니다. 하지만 제가 그런 말을 다시는 하지 않기를 바랍니다. 이 성경구절을 읽고 이 말씀이 제 삶에 어떤 의미가 있을지 숙고하다 보니 기도를 마지막에 두는 것은 순서가 잘못되었다는 생각이 들었습니다. 기도가 효과적이려면 첫 번째 순서여야 합니다. 기도는 맨 먼저 하는 일이지 마지막에 하는 일이 아닙니다. 무슨 일이든 기도로 시작해야 다른 모든 활동의 방향이 올바르게 잡힐 수 있습니다. 기도가 모든 문제를 해결해 주지는 않습니다만, 하나님을 향해 방향을 잡아 줍니다. 그렇게 되면 하나님이 우리를 통해 문제를 해결하실 수 있습니다. 우리가 기도할 때, 바로 이런 자리에 있게 되고 제대로 방향을 잡게 되고 필요한 감각을 갖추게 될 것입니다. 여러분은 하나님의 에너지와 접촉하게 될 테고, 그 에너지는 여러분이 [문제 해결을 위해] 힘을 보태고 움직이고 기여하도록 여러분을 준비시킬 것입니다.

무엇보다 먼저 기도하십시오. 그다음 그 기도가 퍼져 나가게 두십시오. 여러분의 삶에 들어오는 모든 것을 잘 살피십시오. 모든 사람에게 관심을 기울여 왕들, 여러분이 좋아하지 않는 사람들, 여러분을 반대하는 것 같은 사람들, 여러분이 예수 그리스도 안에서 나누려고 하는 사랑에 적대적인 삶의 영역들까지 기도의 대상으로 삼으십시오. 지금 당장은 여러분에게 이 한 가지만 요청하겠습니다.

저도 압니다. 지금 저는 여러분이 자신 없어 하는 일을 말하고 있습니다. 하지만 저를 거부하지 마십시오. 기도를 가르치는 성경의 내용은 정말 놀라울 정도로 적습니다. 예수님은 우리에게 다가와 이렇게 말씀하시지 않습니다. "기도가 부족해. 내가 기도하는 법을 보여주겠다. 내가 알려 주는 기술로 너는 기도를 잘하게 될 거다." 이것은 예수님의 방식이 아닙니다. 예수님은 딱 한 번 기도의 모범을 보여주셨습니다. 나머지 대목에서는 어떻게 하셨는지 아십니까? 이야기를 들려주시고, 하나님이 우리 기도에 응답하신다는 말씀을 하셨습니다. 기도에서 중요한 것은 우리가 기도를 하는 것이 아니라 하나님이 우리 기도에 응답하신다는 사실입니다. 우리 앞에 놓인 큰 과제는 기도 방법을 배우는 데 있지 않고, 하나님이 우리 같은 사람들의 기도에 응답하신다는 사실을 단순하게 믿는 데 있습니다. 더듬거리며 어쩌다 한 번씩, 때로는 건성으로 가끔 하는 우리의 기도에 말입니다.

하나님은 우리 같은 사람들, 기도를 썩 잘하지 못하는 사람들을 잘 다루십니다. 그분은 우리의 말에 귀 기울일 줄 아십니다. 우리에게 어떻게 반응해야 하는지 아십니다. 그분은 우리를 도울 방법을 아십니다. 이 말은 사실이니 여기서 시작하십시오. 하나님은 우리가 바로 여기서 시작하기를 원하십니다. 그래야 그분이 우리와 함께 시작하실 수 있으니까요. 무엇보다 먼저, 기도하십시오.

아멘.

낙타의 코와 바늘귀

"부자가 하나님의 나라에 들어가는 것보다 낙타가 바늘귀로 지나가는 것이 더 쉽다." 제자들은 더욱 놀라서 "그렇다면, 누가 구원을 받을 수 있겠는가?" 하고 서로 말하였다. 예수께서 그들을 눈여겨보시고, 말씀하셨다. "사람에게는 불가능하나, 하나님께는 그렇지 않다. 하나님께는 모든 일이 가능하다." 마가복음 10:25-27, 새번역

*

한 번도 웃음을 터뜨리지 않고 성경 전체를 읽을 수 있다면 그것은 우리가 죄인이라는 표시입니다. 솔로몬의 잠언 중 하나는 "즐거운 마음이라는 좋은 약"잠 17:22, 역자 사역을 처방하지만, 우리는 그 대신 경건한 우울함을 끌어안고 아스피린을 복용합니다. 성경에는 유머러스한 이야기, 속담, 비유들이 있지만, 종교와 유머가 섞이는 것을 상상할 수 없는 우리는 성경을 끈질기게 잘못 읽습니다. 그 결과, 우리가 떠올리는 예수님의 모습에는 경쾌함, 웃음, 농담, 즐거움이 철저히 빠져 있습니다. 예수님이 잔치에 자주 참석하시고 떠들썩하게 노는 자리에 함께하시고 유머러스한 문구를 고안하는 데 능숙하셨다는 증거가 복

음서에 두루 있어도, 우리는 예수님을 근엄하고 진지한 분위기의 인물로 일관되게 생각합니다. 만약 어떤 대담한 화가가 활짝 웃는 주님의 초상화를 그린다면, 우리는 본능적으로 신성모독이라는 딱지를 붙입니다. 그러나 잘못된 것은 우리의 본능일 것입니다.

오늘 본문에서 예수님은 이렇게 말씀하십니다. "부자가 하나님의 나라에 들어가는 것보다 낙타가 바늘귀로 지나가는 것이 더 쉽다" 막 10:25, 새번역. 아주 재미있는 말씀입니다. 낙타는 아주 크고 볼품없고 서투른 동물입니다. 녀석의 어설픈 행동은 중동에서 농담 소재로 많이 쓰입니다. 바늘귀는 정말 작은 구멍이고, 바늘에 실을 꿰려면 날카로운 눈, 안정된 손, 가느다란 실이 필요합니다. 거대하고 못생긴 낙타와 정교하게 세공된 작은 바늘이 함께 등장하는 비유를 듣고 제자들은 폭소까지는 아니더라도 미소 정도는 지었을 것입니다.

2세기에 이 이야기를 처음 해석한 어떤 사람들은 여기에 담긴 유머를 놓쳤습니다. 그리스어로 낙타를 뜻하는 단어(카멜로스)는 밧줄을 뜻하는 단어(카밀로스)와 거의 동일합니다. 그들은 예수님이 "부자가 하나님 나라에 들어가는 것보다 밧줄이 바늘귀로 지나가는 것이 더 쉽다"라고 말씀하셨다며 해석을 내놓았습니다. 요지는 동일합니다. 불가능한 일이라는 것이지요. 하지만 이런 해석은 더 이상 웃기지 않습니다. 15세기에 이르러 유머감각이 없는 또 다른 해석이 등장했습니다. 이번에는 팔레스타인 도시에 두 개의 성문이 나란히 있었다는 이야기(이 이야기는 사실입니다)가 출발점이었습니다. 하나는 주간의 정기적 통행에 쓰이는 큰 성문이었고, 다른 하나는 보호하고 지키기 쉬운 야간 출입용 아주 작은 성문이었습니다. 두 번째 성문은 사람 하나가 겨우 지나갈 정도로 작았던 터라 당연히 낙타는 통과할 수 없었습니다. 그래서 이 성문은 '바늘귀'라고 불리기도 했습니다.

15세기 학자들은 이런 상황을 고려하여 이 구절을 이렇게 읽었습니다. "부자가 하나님의 나라에 들어가는 것보다 낙타가 '바늘귀'라는 작은 문을 지나가는 것이 더 쉽다." 다시 말하지만, 요지는 동일합니다. 불가능하다는 것이지요. 그리고 다시 말하지만, 이렇게 읽으면 재미가 사라집니다.

유머감각 없는 학자들의 해석으로 예수님 말씀의 진실성이 없어지지는 않지만, 그분의 말씀에 있는 정신은 사라집니다. 활기와 즐거움, 열정 넘치는 예수님의 모습과 태도로 만들어진 분위기가 랍비 전승의 칙칙한 학술대회로 바뀌었습니다. 예수님의 진정한 사역 분위기를 느껴 보려면 그분의 말씀에 담긴 거친 부조화, 그분이 구사하는 이미지들에 등장하는 떠들썩한 유머, 수 세기에 걸쳐 굳어진 사고방식을 불경한 농담으로 뒤집으며 그분이 느꼈던 순수한 기쁨을 어느 정도 알아보아야 합니다.

오늘 우리가 다룰 사건은 예수님이 여행을 떠나시는 장면으로 시작됩니다. 예수님이 길을 나서자마자 한 사람이 숨을 헐떡이며 달려와 무릎을 꿇고 질문을 합니다. 이 남자와 예수님의 만남에는 긴박함이 있습니다. 길거리에서 우연히 만난 것이 아닙니다. 이 사람에게는 많은 사람들이 종교적인 문제를 대할 때 보여주는, 느긋하게 미루는 태도가 전혀 없습니다.

예수님께 다가온 이 사람은 상당한 활력과 더불어 지성적 면모까지 보여줍니다. 그는 제대로 된 질문을 합니다. "선한 선생님이여, 내가 무엇을 하여야 영생을 얻으리이까?"막 10:17. 뒷부분에서 이 사람에 대해 어떤 결론을 내리든, "적어도 그가 정말 중요한 질문을 한다"[83]는 사실은 기억해야 합니다. "천국에는 어떤 가구가 있고 지옥은 얼마나 뜨거운지"[84]에 대한 호기심 어린 질문은 없습니다. 그의 질문은 삶의 의미의 핵심을 파고듭니다. 유대인에게 '영생'은 영속적인 삶, 가치 있는 삶, 이 땅에서도 하나님이 관여하시는 삶, 죽음의 바람에 겨처럼 날려 가지 않는 삶을 의미했습니다. 다시 말해, 좋은 삶이었습니다. 물질로 가득 찬 삶이 아니라 하나님의 좋은 세상에서 그분과 함께하는 삶이었습니다.

복음을 제시하기에 이보다 더 좋은 환경은 없을 것입니다. 예수님이 좋은 소식을 전할 무대가 마련된 것입니다. 모든 것이 완벽합니다. 이 사람은 알고 싶은 마음이 있고 이해할 수 있는 지성도 갖추었습니다. 의욕이 넘치고, 똑똑하고, 올바른 장소에 왔습니다. 이상적인 제자 후보자로 보이는 이 사람에게 예수님이 어떤 말씀을 하실지 기다리는 동안 우리의 기대는 더욱 부풀어 오릅니다.

그러나 예수님은 질문에 답하시기 전에 먼저 그의 말을 바로잡으십니다. 이 사람은 예수님을 "선한 선생님"이라고 불렀고, 예수님은 이렇게 반박하셨습니다. "어찌하여 너는 나를 선하다고 하느냐? 하나님 한 분밖에는 선한 분이 없다"막 10:18, 새번역. '선하다'라는 단어를 쓴 것을 문제 삼으신 이유는 예수님이 자신의 선함을 부정하기 위해서가 아니라, 본인을 선한 사람으로 여기는 그의 사고에 의문을 제기하기 위해서였습니다. 이 사람이 그렇듯 입심 좋게 예수님이 '선하다'고 쉽사리 말할 수 있었던 이유는 자신을 선한 사람으로 생각했기 때문입니다. 그는 '선하다'라는 단어를 윤리적·종교적으로 뛰어난 성과를 묘사하는 용도로 썼을 뿐(그가 이 부분에서 크게 성공한 사람이었음이 나중에 드러납니다) 하나님에 대해서는 전혀 생각하지 않았습니다. 그가 어떤 식으로 질문을 하는지 주목해 보십시오. "내가 무엇을 하여야…." 이 사람의 세계에서는 자신이 주연배우입니다. 그는 이런 저런 일을 하고 그 일들을 잘하고 그래서 선합니다. 그는 종교인이지만, 그의 종교는 곧 그가 하는 일입니다. 그의 종교에는 활동하시는 하나님이 없습니다. 하나님은 그의 공연을 지켜보는 관객이고, 중심이 되는 자리에는 그가 있습니다.

그는 대단한 사람임이 분명합니다. 다른 복음서들을 보면 마가복음에 없는 내용이 더 나와 있는데 그가 부자일 뿐만 아니라 젊고 유대인들의 최고 의결기관에 속한 관원임을 알려 줍니다. 부와 젊음, 권력을 다 가졌음에도 그는 만족하지 못했습니다. 뭔가 부족한 것을 느꼈습니다. 그래서 예수님을 찾아왔습니다. 그는 예수님이 자신과 같은 '선한 사람'이라고 생각했습니다. 하지만 그것은 오해였습니다. 예수님은 이렇게 말씀하십니다. "선하게 사는 것에 대한 이야기는 그만하고 하나님에 대한 이야기를 시작하자. 그대의 문제는 삶에 하나님이 들어설 여지가 없다는 것이다."

예수님은 이어서 이렇게 말씀하십니다. "너는 계명을 알고 있을 것이다"막 10:19, 새번역. 물론, 그는 계명을 알았습니다. 우리는 십계명을 그리스도인의 삶의 기초로 여기는데, 당시에는 십계명을 지금보다 훨씬 더 귀하게 여겼습니다. 그는 계명을 꼼꼼하게 알았을 것입니다. 십계명은 이름과 주소만큼이나 그 사람의 일부였을 것입니다.

이 사실을 알고 나면 다음 내용이 놀랍게 다가옵니다. 예수님이 이 남자에게 계명을 읊으시는데 그 과정에서 세 가지 흥미로운 실수를 저지르십니다. 예수님은 이렇게 말씀하십니다. "살인하지 말라, 간음하지 말라, 도둑질하지 말라, 거짓 증언 하지 말라, 속여 빼앗지 말라, 네 부모를 공경하라"막 10:19.

제가 여러분에게 계명을 읊어 보라고 요청했는데 결과가 이랬다면, 저는 여러분이 기억을 잘 못했구나 생각할 것입니다. 그러나 예수님이 이렇게 하셨다면 의도적인 일이라고 봐야 합니다. 사소한 실언이 아니었습니다. 그것은 눈에 확 띄는, 명백하고 의심의 여지없이 의도적인 일이었습니다.

첫 번째 실수는 십계명을 처음부터 읊지 않았다는 것입니다. 예수님은 첫 네 계명, 곧 하나님에 관한 계명들을 완전히 생략하셨습니다. 하나님을 계속 기억하게 만들고 하나님과의 중요한 관계를 유지시키는 계명들을 생략하신 것입니다. 즉, 예수님은 이 사람이 삶에서 이 계명들을 생략했다고 말씀하신 것이었습니다. "네가 계명을 아나니"라고 말씀하신 후 첫 네 계명을 생략하심으로써, 예수님은 그 사람이 첫 네 계명을 알지도 못함을 암시하셨습니다. 그는 자신의 삶에서 하나님을 배제해 버렸고 행위와 관련된 계명만 알고 있었습니다. 살아 계신 하나님과의 살아 있는 관계에서 솟아나는 삶의 깊이, 존재의 의미, 영의 창조성, 이 모든 것이 진공 상태입니다. 그에게 "한 가지 부족한 것은 지극히 중요한 것, 즉 하나님을 향한 일편단심의 헌신, 십계명의 첫 번째 계명에 대한 순종입니다."[85]

두 번째 실수는 잘못된 인용입니다. 열 번째 계명은 "탐내지 말라"인데, 예수님은 "속여 빼앗지 말라"라고 하셨습니다. 의미를 강조하려 의도적으로 바꾸신 것입니다. 탐심은 내면의 은밀한 죄입니다. 어떤 사람이 탐내는지 탐내지 않는지는 아무도 모릅니다. 살인, 간음, 도둑질, 위증죄로 사람을 법정에 세울 수는 있지만, 탐심으로 재판을 받은 경우는 없습니다. 예수님은 이 부자 안에 깊게 밴 탐심, 맹렬한 소유욕, 채울 수 없는 물질욕을 보셨습니다. 그는 탐심에 사로잡혀 살면서 원하는 것은 기어이 차지하고야 말았고, 그 과정에서 불운한 사람들을 희생시키고 부를 축적했습니다. 그 일들은 모두 합법적으로 이루어졌지만, 여전히 매우 잘못된 일이었습니다. 그는 점점 부유해졌고 이웃들은 점점 가난해졌으며, 그 과정에서 그는 열 번째 계명 "탐내지 말라"를 제외하고는 단 하나의 율법도 어기지 않았습니다. 그러나 예수님은 그의 도덕적 가식을 간파하시고, 윤리적 선함이라는 연막을 꿰뚫어 보셨으며, 굳어진 탐심을 알아보셨고, '탐내다'를 '속여 빼앗다'로 바꿈으로써 그 탐심을 훤히 드러내셨습니다. 예수님이 바꿔 쓴 표현을 이 사람이 알아차리지 못했을 리가 없습니다.

예수님이 계명을 읊으시면서 저지른 세 번째 실수는 순서대로 나열하지 않은 것입니다. 예수님은 제6계명 "살인하지 말라"로 시작하여 7계명, 8계명, 9계명, 10계명을 거쳐 제5계명 "네 부모를 공경하라"로 마무리하셨습니다. 왜 제5계명을 통상적인 순서에서 빼서 마지막에 넣으셨을까요? 아마도 강조하기 위해서였을 것입니다. 바리새인들 사이에서는 (마가복음 7장 10-13절에서 예수님이 지적하신 것처럼) 부모에게 마땅히 드려야 할 것을 가져다가 하나님께 특별 예물로 드리는 것이 일반적인 관행이었고, 하나님이 부모보다 중요하다고 생각해서 이런 방식으로 부모에 대한 의무에서 벗어나려고 했습니다. 이것은 모든 면에서 매우 합법적이었고 일부 랍비들이 옹호하기도 했지만, 제5계명의 정신을 명확하게 부정하는 처사였습니다. 이 사람도 이렇게 해왔을 거라고 보는 것은 합리적인 가정입니다. 어쩌면 이렇게 했기 때문에 그토록 젊은 나이에 부자가 되었는지도 모릅니다.

예수님의 폭로가 이렇듯 노련하고 능숙하게, 상대를 배려하는 친절한 방식으로 이루어졌음에도, 그는 화답하지 않습니다. 오히려 자신만만하게 주장합니다. "선생님, 나는 이 모든 것을 어려서부터 다 지켰습니다"막 10:20, 새번역. 물론 그는 다 지켰습니다. 그러나 그가 그렇게 말할 수 있는 이유는 마땅히 지켜 왔어야 할 십계명의 절반, 곧 나머지 모든 계명보다 먼저 지켰어야 할 계명들을 예수님이 생략해

주셨기 때문인데 그는 이것을 알지 못합니다. 그는 자신의 선함에 감명을 받은 나머지 하나님의 은혜와 이웃의 필요라는 온 우주를 보지 못합니다. 살아 계신 하나님을 자신의 삶에서 너무나 오랫동안 배제한 탓에 그런 생략이 더 이상 신경 쓰이지 않습니다. 그는 율법의 문자에 숙달했지만, 다시 말해 율법의 문구는 온전히 이해했지만, 아직 율법의 저자이신 하나님께 굴복하지 않았습니다. 어떻게 해야 이 사람에게 이 사실을 이해시킬 수 있을까요?

이 시점까지 예수님은 약을 처방하는 위대한 의사이셨습니다. 그런데 이제는 외과 수술에 더 가까운 작업에 나서서 이렇게 말씀하십니다. "너에게는 한 가지 부족한 것이 있다. 가서, 네가 가진 것을 다 팔아서, 가난한 사람들에게 주어라. 그리하면, 네가 하늘에서 보화를 차지하게 될 것이다. 그리고, 와서, 나를 따라라"막 10:21, 새번역. 이 사람은 재물 때문에 삶이 지나치게 협소해진 나머지, 눈에 보이지 않고 물질적 가치가 없는 것을 언급하면 이해를 못 했습니다. 사회에서 판단하는 척도로 볼 때는 모든 면에서 큰 사람이었지만 "걸리버처럼, 해변에서 깨어났을 때…수많은 작은 줄로 땅에 묶여" 있었습니다.[86] 부자 청년은 잠에서 깨어났고 뭔가 잘못되었다는 것을 알았습니다. 예수님을 찾아온 것을 보면 이 사실을 알 수 있지요. 하지만 그는 문제의 근원이 무엇인지는 거의 깨닫지 못했습니다. 예수님은 단 두 구절로 이 사람이 얼마나 단단히 묶여 있는지 알아차리고 유일한 해결책을 명령으로 제시하셨습니다. "줄을 끊어라. 재물을 팔아 가난한 자들에게 주고 와서 나를 따르라."

예수님 시대에는 큰 재물이 하나님의 총애favor를 나타내는 특별한 표징이라고 많이들 생각했습니다. 구약성경에는 그렇게 가르치는 듯한 구절이 몇 군데 있고, 어떤 이들은 이런 생각을 확고한 교리로 받아들였습니다. '부유할수록 더 선한 사람이다. 하나님이 돈을 주신 것은 내가 선하기 때문이다. 돈은 선함의 증표다. 큰 부자는 천국 문 앞에 서 있다.' 이렇게 생각하던 사람이 예수님의 이 명령을 듣고 얼마나 충격을 받았을지 상상해 보십시오. 하나님의 축복의 증표를 포기해야 한다니. 자신이 선한 사람임을 알리는 증거들을 버려야 한다니. 그는 자신의 재물과 자신의 선함을 너무나 철저히 동일시한 탓에 재물을 포기하면 선함도 잃는다는 생각을 떨칠 수가 없었습니다. 그래서 예수님의 명령을 거부하고 떠났습니다. 조지 버트릭*의 말이 이 슬픈 상황을 잘 포착합니다. "이보다 더 손해 보는 거래를 한 사람은 없을 것이다. 사도직과 복음에 비하면 많은 재물도 반짝이 장식에 불과하다."[87]

예수님을 떠난 이 사람은 자신이 좋아하는 여섯 개의 계명을 지키고 재물을 쌓으며 남은 평생을 살았습니다. 그 모든 것은 자신은 이미 영생을 상속했으니 하나님이 필요하지 않다는 것을 보이려는 강박적 시도였습니다. 그가 스스로 신이 될 터였습니다.

제자들은 이 사람이 떠나가는 모습을 보면서 울적하고 우울한 기분이 들었을 것입니다. 예수님을 거부한 그의 선택에는 영웅적이고 비극적인 무언가가 있었습니다. 제자들은 그 사람이 자신들의 무리에 합류하기를 바랐습니다. 그의 재물 덕에 늘 쪼들리던 형편이 나아질 수 있고, 그의 젊음과 명성이 더해지면 자신들의 자존감도 높아질 터였습니다. 그들은 큰 자산이 될 수 있는 제자 후보를 잃은 셈이었습니다.

바로 이 시점에 예수님은 그 유명한 말씀을 하셨습니다. "부자가 하나님의 나라에 들어가는 것보다 낙타가 바늘귀로 지나가는 것

* George Arthur Buttrick, 1892 – 1980. 학자이자 설교자로서 여러 저서를 남겼다.

이 더 쉽다." 유머는 거만한 자기도취를 꺾고 가식적인 허세를 폭로하는 탁월한 장치입니다. 제자들은 예수님을 거부한 부자의 반응을 고귀한 비극으로 볼 위험에 처했습니다. 그래서 예수님이 그를 살짝 놀리셨습니다. 그가 하려는 일이 거대한 코부터 바늘귀를 통과하려는 낙타와 같다고, 성공할 확률이 없다고 하신 것입니다. 여섯 가지 계명과 두둑한 은행계좌로 영생을 얻으려는 사람이라니, 우스꽝스러운 모습이 분명합니다.

그러나 제자들은 우습다고 생각하지 않았습니다. 그들도 하나님이 복을 주신 징표가 재물이라고 생각했기 때문입니다. 그들은 예수님의 태평한 말씀에 '매우 놀랐습니다'막 10:26. 그리고 자연스럽게 떠오르는 질문을 했습니다. "저 부자가 구원받을 수 없다면 누가 구원받을 수 있습니까? 저렇게 선하고 성공한 사람, 계명에 순종하고 누가 봐도 하나님의 복을 받은 사람이 구원을 받을 수 없다면, 우리는 어떻게 구원을 받겠습니까?"

예수님이 말씀하셨습니다. "사람에게는 불가능하나, 하나님께는 그렇지 않다. 하나님께는 모든 일이 가능하다"막 10:27, 새번역. 그리스도인의 삶은 인간의 모든 잠재력을 성취하는 것이 아니라 하나님의 활동에 삶을 활짝 여는 것입니다. 영생은 우리의 가능성이 성취되는 삶이 아닌 하나님의 은혜가 침입하는 삶입니다. 행위를 통해 도덕적·윤리적 인간이 되고 부자가 될 수 있을지 몰라도 신이 될 수는 없습니다. 그러나 하나님은 사람이 되실 수 있습니다. 하나님은 예수님 안에서 사람이 되셨고, 은혜의 삶을 사는 그리스도인 안에서 계속 사람이 되십니다. 하나님은 말씀과 성례로 우리 삶에 침입하여 진정한 사랑과 합당한 의미, 영원한 운명을 선사하십니다.

우리 집에서 어김없이 웃음이 터져 나오는 경우는 아이들이 어른 옷을 걸칠 때입니다. 아이들이 세 치수나 큰 모자를 쓰고 본인 키만큼 긴 신발을 신고 나타나면 얼마나 재미있는지 모릅니다. 예수님은 부자 청년이 그와 같다고 보셨습니다. 신의 옷을 입고 허세를 부리며 돌아다니는 꼴이라는 것이지요. 그는 전혀 신처럼 보이지 않았습니다! 그보다는 코부터 시작해서 바늘귀로 지나가려고 애쓰는 낙타의 모습에 더 가까웠습니다.

우리가 스스로 신이 된 듯 우스꽝스러운 시도를 할 때마다 그런 자신을 비웃을 수 있다면, 하나님을 의지하고 하나님의 은혜를 기대하는 마음을 회복하는 데 참회의 기도보다 더 도움이 될 것입니다. 그런 시각을 되찾는다면, 그리스도께서 크게 보신 것이 우리에게도 크게 보이고 그리스도께서 작게 여기신 것은 우리 역시 작게 여길 것입니다. 그리스도께서 우리 안에 사시기에 우리의 불가능성은 일상의 가능성으로 변할 것입니다.

아멘.

주는 그리스도시니이다

또 물으시되 너희는 나를 누구라 하느냐. 베드로가 대답하여 이르되 주는 그리스도시니이다 하매. 마가복음 8:29

*

"너희는 나를 누구라 하느냐?" "주는 그리스도시니이다." 이 질문과 이 대답은 생명의 노른자위를 이룹니다. 이 질문과 이 대답으로 우리는 세상의 핵심에 서게 됩니다. 일곱 단어의 질문, 네 단어의 답변, 총 열한 개 단어.* 생명의 근계(根系).

예수님이 질문하셨습니다. 베드로는 답변을 했습니다. 예수님은 1세기에 사셨던 분입니다. 몇몇 사람들이 자신들도 이해할 수 없는 과정을 거쳐, 그러나 합리적 결정을 내릴 만한 충분한 근거에 의거하여, 예수님이 인간의 몸을 입으신 하나님이라고 믿게 되었습니다. 예수님이 말씀하시고 행하셨을 때, 그들은 하나님이 말씀하시는 것을 듣고 하나님이 행하시는 것을 보았습니다. 예수님이 십자가에 못 박혀 죽으셨나가 다시 살아나셨을 때, 그들은 하나님이 죄와 죽음을 처리하시고

* "Who do you say that I am?" "You are the Christ."

그로부터 용서와 영생을 만들어 내시는 것을 목격했습니다.

베드로도 1세기 사람입니다. 그는 예수님과 가까이 어울렸던 소그룹의 지도자였습니다. 그들은 예수님의 모든 언행을 주의 깊게 경청했고 똑바로 지켜보고 철저히 검증하였습니다. 십자가 처형과 부활에 이르는 과정에서 그들은 부정과 의심과 논증과 믿음과 순종과 제자의 길을 거쳤습니다. 베드로는 그 무리의 대변인이었습니다.

정리하자면, 우리는 예수님 안에서 우리에게 말씀하시는 하나님을 봅니다. 베드로의 모습에서는 우리를 대표해서 말하는 사람을 봅니다. 예수님과 베드로의 대화는 하나님과 인간, 하나님과 우리가 나누는 대화의 역사적 사례입니다. 이 대화는 열한 단어에 지나지 않지만 시편 기자가 노래한 나무의 뿌리입니다.

> 시냇가에 심은 나무는
> 철을 따라 열매를 맺으며
> 그 잎사귀가 마르지 아니하니
> 그가 하는 모든 일이 다 형통하리로다 시 1:3, 역자 사역.

"너희는 나를 누구라 하느냐?" "주는 그리스도시니이다." 하나님이 물으십니다. 우리는 대답합니다. 세상의 중심으로 들어가면, 하나님이 질문하시고 우리는 답변한다는 것을 알게 됩니다. 하나님이 물으시고, 우리는 대답합니다.

모든 복음서 기자, 모든 기독교 신앙 전문가, 건강한 제자도의 모든 사례가 이것을 주장합니다. 하나님이 책임지십니다. 하나님이 주도권을 쥐십니다. 하나님이 다스리십니다. 이 명제는 삶의 모든 세부내용에서 확립되고 주장됩니다.

하지만 우리는 "그리스도가 해답이다"라는 말을 얼마나 많이 들었습니까? 그것은 틀린 말입니다. 그리스도는 질문자이십니다. 그리스도가 해답이라고 하면 악의 없는 부정확한 말처럼 보이지만, 사실은 엄청난 오류입니다. 이 말은 인생에서 중요한 것은 자신의 질문에 답을 얻는 것이며, 질문에 답을 얻으면 만사가 괜찮을 거라고 사람들의 생각을 유도합니다. 그들은 그리스도를 공항터미널 안내소처럼 대합니다. 숨 가쁘게 달려가 질문하고는 다음 항공편이나 약속 장소로 달려갑니다.

하나님은 우리의 이 모든 상황을 아십니다. 그리고 하나님은 그런 우리를 오래 참으십니다. 하나님은 우리가 질문을 하게 두십니다. 재잘거리게 두십니다. 이런저런 질문을 하고 돌아다니게 두십니다. 끝까지 기다리십니다. 그리고 어느 날, 우리가 질문을 마칠 때, 그 주제로 하고 싶은 말이 끝날 때, 군중들의 소란과 자기 마음속의 아우성에서 떨어진 어느 길에서 우리는 답변이 아니라 질문을 듣습니다. "너희는 나를 누구라 하느냐?" 긴 침묵이 이어집니다. 서서히 깨달음이 찾아옵니다. 그것이 경배로 이어집니다. "주는 그리스도시니이다."

이제 우리는 생명의 한가운데 있습니다. 하나님이 나에게 물으시고 나는 대답합니다. 하나님이 내 마음을 살피시고 나는 하나님께 마음을 엽니다. 하나님의 질문은 내 속에서 최고의 것을 끌어냅니다. 창피를 주려고 질문하시는 것이 아닙니다. 내 무지를 폭로하려고 질문하시는 것이 아닙니다. 죄책감에 몸부림치라는 질문이 아닙니다. 그분의 질문이 두껍고 둔감하고 교만으로 굳어진 내 피부를 뚫고 들어오면 나는 깨닫습니다. '그래, 하나님이 먼저 말씀하시고, 나는 그 다음에 말하는 거구나.' 하나님이 창조주이시고 나는 피조물입니다. 나는 그분의 존엄을 인식하고 그분 앞에 무릎을 꿇고 나의 존귀함을 경험합니다.

하나님이 말씀하십니다. 우리는 대답합니다.

우리의 대답은 경배의 행위입니다. 우리는 하나님 앞에서 기다리고, 하나님 앞에서 가만히 있으며, 하나님의 말씀에 응답하고, 하나님의 광대하심에 잠깁니다. "주는 그리스도시니이다." 우리는 하나님께 어떤 질문을 해야 할지 모릅니다. 충분한 지식도 없고 현실을 제대로 파악하지도 못합니다. 그러나 하나님은 우리를 아십니다. 하나님은 우리 성격을 조목조목 파악하십니다. 우리의 갈망과 만족, 약점과 강점까지 다 아십니다. 하나님은 무엇을 물어야 하는지 아십니다. 그분의 질문은 우리에게서 진실을 이끌어 냅니다. 온전함을 추구하는 우리의 가장 깊은 본능을 일깨우고 하나님과의 관계로 이끕니다.

일단 그 질문을 듣고 거기에 대답하고 나면 우리는 더 이상 허겁지겁 뛰어다니지 않습니다. 세상이 어떻게 돌아가는지, 어떻게 하면 행복해질 수 있는지, 어떻게 하면 앞설 수 있는지 알려 줄 정보 조각들을 주워 보겠다고 분주하지 않을 것입니다. 설명을 하거나 꼬리표를 붙인다고 생명의 본질을 포착할 수는 없으니까요. 다름 아닌 하나님의 임재 앞에 있는 것이 생명입니다. 살아 계신 인격적 하나님은 우리 삶에 존재하는 유일하고도 위대한 실재이십니다. 하나님께 인격적으로 반응할 때 우리는 가장 살아 있고 가장 자기다운 존재가 됩니다. 우리는 하나님을 조종할 수 없습니다. 하나님께 명령할 수 없습니다. 그분을 못 본 척할 수 없습니다. 그분은 저기 계십니다. 거대하시고 위엄이 넘치시고 영원하시고 변하지 않으시고, 찬란하게 거룩하시고, 사랑과 긍휼이 넘치시고, 은혜와 진리가 충만하십니다. 그분은 그리스도이십니다.

저는 여러분이 이것을 단번에 모두 알기를 기대하지 않습니다.

여러분이 이것을 계속 간직할 것이라 기대하지 않습니다. 베드로는 그렇지 못했습니다. 베드로는 예수님과 함께 몇 달을 보내고 또 몇 달을 보낸 후에야 질문을 멈추고 대답하기 시작했습니다. 하나님을 지배하려 들기를 멈추고 그분의 지배를 받아들였고, 하나님을 마음대로 하려는 시도를 멈추고 가만히 무릎을 꿇고 이렇게 경배했습니다. "주는 그리스도시니이다." 이렇게 해서 그의 삶은, 찾으시고 사랑이 가득하며 중심이 되는 하나님의 질문에 대한 답변이 됩니다.

"너희는 나를 누구라 하느냐?" "주는 그리스도시니이다." 하나님은 계시하십니다. 우리는 알아봅니다. 그리스도 안에 계시는 하나님이 몇 달 동안, 어쩌면 몇 년 동안 베드로와 함께하셨습니다. 그분은 말씀하시고 행하셨습니다. 치유하시고 가르치셨습니다. 베드로의 고기잡이를 도우셨고 풍랑을 잠잠케 하셨고 배고픈 자들에게 먹을 것을 주셨고 귀신 들린 사람들을 구원하셨습니다. 그 시간 내내 베드로는 하나님을 찾고 있었습니다. 그러다 어느 순간에 줄곧 자기 눈앞에 있었던 사실을 알아보았습니다. "주는 그리스도시니이다."

세계의 종교를 다룬, BBC의 훌륭한 방송 시리즈가 있었습니다. 그 시리즈는 모든 면에서 탁월했지만 "오랜 탐구"The Long Search라는 제목만은 아쉬웠습니다. 그 제목은 잘못되었습니다. 우리는 하나님을 찾아 온 우주를 뒤지지 않습니다. 하나님을 찾고자 도서관에서 밤을 지새우며 책을 뒤적이지 않습니다. 하나님을 찾고자 망원경으로 하늘을 뚫어져라 바라보지 않습니다. 페테르 더프리스*의 소설에는 이런 장면이 나옵니다. 어떤 사람이 길모퉁이에서 다른 사람에게 다가가 말했습니다. "예수님을 발견하셨나요?"

상대방이 대답했습니다. "잃어버린 줄 몰랐습니다."

* Peter De Vries, 1910-1993. 풍자적인 재치로 유명한 미국의 편집자이자 소설가.

하나님은 자신을 계시하십니다. 우리는 그분을 알아봅니다. 주는 '그리스도'이십니다. 하나님은 우리와 숨바꼭질하지 않으시고 자신을 계시하십니다. 참을성 있게 계속해서 강력하게 드러내십니다. 그러면 우리는 어느 날 그분을 알아봅니다. 모색해서가 아니고, 추론해서가 아니고, 우연에 의해서도 아닙니다. 믿음으로 알아봅니다. 거기 있는 것을 우리가 봅니다. 그분이 '계십니다.' 우리는 하나님이 멀리 떨어져 있으며 가깝지 않게 숨어 계신다고 생각합니다. 누군가는 이렇게 썼습니다. "사람들은 하나님을 머나먼 곳에, 어딘지 모를 안개 속에 둔다. 나는 그들의 옷자락을 당기며 말한다. 하나님은 '가까이' 계셔. 가까이 안 계신 하나님은 소용이 없어."[88]

마가는 우리가 이것을 보도록 돕고자 예수님과 베드로 사이의 질문과 대답 이전에 벳새다의 눈먼 사람 치유 이야기를 소개합니다. 예수님은 그의 눈에 침을 뱉으시고 이렇게 말씀하셨습니다. "무엇이 보이느냐?" 그 사람이 대답했습니다. "사람들이 보입니다. 나무 같은 것들이 걸어 다니는 것 같습니다." 흐릿합니다. 초점이 맞지 않습니다. 그는 희미한 형체를 볼 수 있을 뿐 자세한 모습은 보지 못합니다. 움직임은 보지만 그것이 무엇인지는 알아보지 못합니다. 예수님이 그의 눈을 다시 만지셨습니다. 이렇게 두 번째 만지셨을 때 그 사람은 모든 것을 또렷하게 보았습니다막 8:23-25.

그다음에 질문과 대답 이야기가 나오는데, 이번에도 두 부분으로 구성됩니다. 첫 부분의 질문은 이렇습니다. "사람들이 나를 누구라고 하느냐?" 제자들이 애매하게 대답합니다. "세례 요한이라 하고 더러는 엘리야, 더러는 선지자 중의 하나라 하나이다." 예수님이 사람들을 하나님께 이끌고자 하나님이 선택하신 분이라는 일반적인 생각을 소개한 것입니다. 그러나 그것은 사람들의 모습을 걸어 다니는 나무처럼 보는 어렴풋한 생각이었습니다. 그다음 두 번째 부분이 이어집니다. 그러면 "너희는 나를 누구라 하느냐?" 분명하고 정확한 대답이 나옵니다. "주는 그리스도시니이다"막 8:27-29 참조. 첫 번째 대답은 다른 사람들의 말을 전한 것이었습니다. 두 번째 대답은 개인적인 인정이었습니다. 우리가 하나님이 세상에서 활동하신다고 일반적으로 인식하는 첫 번째 단계가 있습니다. 그런 다음, 두 번째 단계, 즉 두 번째 만짐, 두 번째 질문이 있습니다. 이때 우리는 하나님이 계시하신 것을 명확하게 인식하고 당면한 현재에 집중하여 개인적으로 응답합니다. 주는 그리스도이십니다.

"너희는 나를 누구라 하느냐?" "주는 그리스도시니이다." 하나님은 구원하십니다. 우리는 받습니다. 하나님은 여러 절망적이고 막막하고 불행한 조건에서 우리를 구해 내십니다. 그분이 우리를 찾으십니다. 우리는 그분의 구원을 받습니다.

그리스도는 인명이 아니라 호칭이고, 부여된 과업, 곧 구원의 과업에 대한 서술입니다. 히브리어로 '메시아', 그리스어로 '크리스토스', 영어로 '크라이스트'입니다. 그리스도는 하나님이 이 역사, 이 인류, 이 수고 속으로 들어오심과 이에 대해 뭔가를 하심을 나타냅니다. 하나님이 구원하십니다. 저는 받습니다.

그런데 우리는 이것을 뒤집지 않습니까? 우리는 자신의 삶을 책임지려 합니다. 스스로 알아서 꾸려 가고 싶어 합니다. 정보와 동기가 제대로 조화를 이루면 성공할 수 있으리라고 생각합니다. 그러면 하나님이 "잘하였도다"라고 말씀하시리라고 생각합니다. 하나님이 우리에게 천국을 상으로 주실 것이라고, 건강과 재물을 주실 것이라고 생각합니다. 혹은, 우리가 자신의 삶과 어려움, 죄, 부족함과 문제와 의심을 제대로 다루지 못하면, 하나님이 우리를 쳐다보지도 않으실 거라고 여깁니다. 인간의 한심한 핑계에 넌더리를 내며 떠나 버리실 것이라고 여깁니다.

어느 쪽이든 완전히 잘못 아는 것입니다. 하나님은 제가 스스로 할 수 없는 일을 저를 위해 하십니다. 제게 생명과 호흡을 주시고 저의 죄를 자비롭게 용서하시고 저를 은혜롭게 대하십니다. 하나님은 구원의 일을 베푸시고, 저는 감사함으로 받습니다. 저는 제대로 움직이고 찬양하고 뜻을 세우고 창조하고 일하고 놀 수 있습니다.

마가는 이것을 아주 분명히 밝히고 있지만, 우리는 얼마나 완고하고도 무반응으로 대처하는지 모릅니다. 하나님이 우리 가운데 계시는 이 이야기를 읽을 때, 여러분의 눈에는 무엇이 들어옵니까? 우리가 행동하는 방식을 보면, 의인을 뽑으려고 마을마다 다니시며 예수님이 여는 오디션으로 이 이야기를 짐작하기 십상입니다. 의를 실천해 온 사람들이 예수님 앞에서 공연을 합니다. 여러 해 동안 겸손을 훈련해 온 사람이 무대에 나와서 겸손한 자세를 취하고 아주 오랫동안 그 자세를 유지합니다. 그의 얼굴이 집중 조명을 받고 드럼 소리와 함께 점점 긴장이 고조되다가 절정에 이르면 모두가 박수갈채를 보냅니다.

그다음에는 60년 동안 순결을 훈련해 온 여성이 등장합니다. 그녀는 자신의 순수성을 영광스럽게 보여주는 티 없는 흰색 가운을 입고 열린 광장을 행진합니다. 아름다운 치마와 스카프, 화려한 보석. 미덕이 특별히 돋보이도록 디자인된 옷을 입은 모습이 우아하고 고상합니다. 모두가 부러움에 사로잡힙니다.

그때 긍휼의 거장이 등장합니다. 가슴을 찢는 긍휼의 노래를 부르고 눈부신 친절의 춤사위를 펼칩니다. 기가 막히게 아름답습니다. 숨죽이며 지켜보는 군중은 감동과 기쁨을 맛봅니다. 이런 공연이 마을마다 이어지고, 예수님은 공연자 중 최고를 뽑아 예루살렘으로 데려가 성자(聖者) 전시회를 성대하게 여십니다.

그러나 이런 일은 본 적이 없을 것입니다. 우리 가운데 계시는 하나님이신 예수님은 이 마을 저 마을, 이 사람 저 사람을 찾아가시고, 일상의 사람들 사이에서 그들의 언행에 영향을 주십니다. 예수님은 구원하시고 그들은 받습니다. 자신은 가치 없고 하나님을 기쁘시게 할 수 없다고 믿는 사람들, 말하자면 낙오자들과 거부당한 이들 사이로 예수님은 다니시며 말씀과 행위와 표정과 눈빛으로 구원을 건네시고 그들의 죄를 공략하십니다. 그중 많은 이들이 그분을 영접합니다. 반면에, 자신은 어떤 도움 없이도 하나님께 갈 수 있다고 확신하는 이들이 있습니다. 예수님은 그 공허한 허세와 그들이 자랑하는 미덕의 가망 없는 불충분함을 폭로하십니다. 그리고 그들 중 상당수는 그 사실을 인지하고 예수님이 주시는 것을 받아들여 구원받습니다. 언제나, 하나님이 구원하시고 사람들은 받습니다. 하나님은 우리를 온전하게 회복시키는 방식으로 행하시고 말씀하십니다.

"너희는 나를 누구라 하느냐?" "주는 그리스도시니이다." 하나님이 물으시고 우리는 대답합니다.

"너희는 나를 누구라 하느냐?" "주는 그리스도시니이다." 하나님이 계시하시고 우리는 깨닫습니다.

"너희는 나를 누구라 하느냐?" "주는 그리스도시니이다." 하나님은 구원하시고 우리는 받습니다. 하나님의 질문을 듣고 거기에 응답하는 사람들은 이 내용이 좋은 소식이라고 말합니다. 이것은 우리가 들었던 그 어떤 소식보다도 좋습니다. 가장 좋은 소식입니다.

아멘.

이런 헛된 일을 버리고

우리도 여러분과 같은 성정을 가진 사람이라. 여러분에게 복음을 전하는 것은 이런 헛된 일을 버리고 천지와 바다와 그 가운데 만물을 지으시고 살아 계신 하나님께로 돌아오게 함이라. 사도행전 14:15

*

예수 그리스도의 복음은 우리 죄가 갈라놓은 두 세계를 합쳐 놓습니다. 복음은 원래의 통일성을 회복시키고 이전과는 전혀 다른 모습으로 만듭니다.

손잡이와 날이 만나는 지점에서 부러진 사냥칼을 상상해 보십시오. 부러진 손잡이와 날이 멀리 떨어진 두 사람의 손에 각각 들어갔는데, 두 사람은 서로의 존재도 모르고 서로가 가진 칼의 부분도 모릅니다. 손잡이를 가진 사람은 그 물건을 손에 편안히 쥘 수 있기는 해도 별 쓸모는 없다고 생각할 것입니다. 무엇에 쓰는 물건인지 궁금해하면서 여러 해 동안 그저 갖고 있다고 해봅시다. 가끔씩 그는 그 물건을 쥐어 보고 한 손에 편안히 들어오는 느낌을 즐깁니다. 그러나 그것을 가지고 하는 일은 없습니다. 무엇을 할 수 있을까요? 아무 쓸모없는 흔한 물건입니다.

다른 한 사람은 날카롭고 번득이는 칼날을 갖고 있습니다. 누가 봐도 장인의 솜씨가 돋보이는 훌륭한 물건이고 아주 사악한 무기가 될 것도 같습니다. 그러나 그것을 쓸 수는 없습니다. 손잡이가 없으니까요. 날이 전부이고 그것도 아주 날카롭습니다. 손가락 끝으로 조심스럽게 들어 올릴 수 있지만 사용할 수는 없습니다. 다른 사람을 벤다면 자신도 날에 베일 것입니다. 감탄하며 바라보고 자랑할 수도 있겠지만, 칼날은 볼거리, 이야깃거리, 감탄거리에 불과할 것입니다. 물론 그는 이런저런 손잡이를 봤지만, 그것을 날에 붙인다는 생각은 전혀 하지 못합니다.

이제 더 나아가 이 두 사람이 각기 공동체의 지도자가 된다고 상상해 봅시다. 한 집단의 사람들에게는 손잡이가 있을 테고, 다른 집단에게는 날이 있을 것입니다. 손잡이 사람들은 주머니에 손잡이를 넣고 다닙니다. 손잡이는 그들 사회에서 아주 흔한 물건이라고 말할 것입니다. 더욱이 그것은 더없이 안전한 물건입니다. 손에 쥐면 기분이 좋습니다. 편안하고 안전한 느낌을 선사합니다.

반면에 칼날 사람들은 철로 만든 날카로운 날을 제작합니다. 하지만 가지고 다니지는 않겠지요. 안전하지 않을 테니까요. 칼날을 벽난로 선반에 세워 놓고 장식물로 삼을 것입니다. 날의 날카로움을 자랑하고, 철의 담금질을 박식하게 이야기하고, 날을 면도날처럼 날카롭게 벼릴 수 있는 솜씨를 선보이기도 합니다.

그런데 어떤 사람이 세상을 돌아다니다가 첫 번째 집단을 만나 함께 시간을 보내고 두 번째 집단과도 시간을 보낸다고 합시다. 그는 한 집단에서 손잡이를 알게 되고 나중에 다른 집단에서는 날을 알게 됩니다. 그리고 어느 날, 두 물건이 한 짝이라는 것과 둘이 합쳐지기 전에는 아무 쓸모가 없다는 사실을 깨닫습니다. 그는 전도사 비슷한 존재가 될 것입니다. 한 집단에게 먼저 달려가서 이렇게 말하겠지요. "나는 저 날을 실용적인 용도로 바꿀 손잡이가 있는 곳을 압니다." 다른 집단에 가서는 이렇게 말할 겁니다. "저 손잡이에 끼울 칼날을 어디서 구할 수 있는지 알려 드리지요. 그러면 손잡이만으로는 쉽게 할 수 없는 일들을 하게 될 것입니다."

어떤 반응이 있을지 상상할 수 있습니다. 손잡이 사람들 중 일부는 분명 이렇게 말할 것입니다. "우린 이 손잡이를 가지고 평생 잘 살아왔소. 칼날을 손잡이에 끼우려고 애쓰지 마시오. 그것 때문에 일이 어떻게 잘못될지 아무도 모르지 않소." 그리고 칼날 사람들은 자신들의 칼날이 일상의 평범한 일들로 더럽혀지고, 선반에서 칼날을 꺼내어 실제로 뭔가를 자르면서 날이 무뎌지는 상황을 반대할 것입니다.

하지만 기뻐하는 사람들도 양쪽 집단에 모두 있을 것입니다. "손잡이와 칼날에는 결국 의미가 있었어!" 손잡이의 안전한 세계는 칼날의 놀랍고 위험한 세계와 결합하여 완전히 안전하지도 위험천만하게 충격적이지도 않은, 책임 있고 유용한 행동을 낳을 수 있습니다.

인류 역사에서 인간은 두 공동체 중 하나에 속했습니다. 한쪽에서는 하나님을 평범한 삶의 일부, 손잡이로 여겼습니다. 세상에 늘 있었던 편안하고 안전한 면모입니다. 자연적 과정의 일부입니다. 해가 뜨고 지고 비가 곡식을 적시고 꾸준히 누군가가 태어나고 죽습니다. 하나님은 이 모든 일 배후에 계시고, 언제나 있던 세상의 존재방식에 그분이 담겨 있습니다. 여기에는 사실, 흥분할 거리가 없습니다. 하나님은 여기에 계시고, "무엇 때문에?"라고 물으면 대수롭지 않다는 듯 이런 대답이 돌아옵니다. "그냥 계시는 거지, 그게 전부야." 하나님은 우리가 당연하게 전제하고 받아들이는 일들 중 하나입니다.

그런데 길을 건너면 하나님이 눈부시게 드러난 광경을 보게 됩니다. 날카롭게 번뜩이는 칼날 같다고 할까요. 그분은 경이롭게 바라볼 대상이고 다른 무엇보다도 높임을 받으십니다. 흔하고 평범한 모든 것과 분리되십니다. 하나님을 위해 박물관들을 세운 사람들이 있고, 그분이 나타내는 능력을 보기 위해 많은 사람들이 입장료를 지불합니다.

하나님을 이용해 대단한 볼거리를 만드는 이들도 있습니다. 기적과 놀라운 일 말입니다. 그러나 그들에게 이 모든 볼거리의 의미가 무엇이냐고 물으면, 그들은 대뜸 자신들의 삶과는 아무 상관이 없다고 말할 것입니다. 하나님은 우리와 다르고, 우리가 경외하고 두려워해야 할 대상이라는 뜻입니다. 그리고 이렇게 가끔씩 하나님의 능력이 드러나지 않는다면 인생은 지속할 만한 가치가 없다고 덧붙일 것입니다.

이 두 집단 사이에는 서로에 대한 사랑이나 존중이 거의 없습니다. 자연적 신을 믿는 사람들은 기적의 신을 믿는 길 건너 사람들을 바라보며 그들의 미성숙함과 무책임에 고개를 절레절레 흔듭니다. 저 길 건너 집단은 종교에서 오락성만 찾는다고 비난하지요. 잔치를 벌일 또 다른 구실을 만들려고 교회에 가는 것이 당신의 속셈 아니냐고 의심합니다. 자연적 신을 믿는 사람들은 놀라운 일을 강조하거나, 초자연적 현상에 호소하는 것 모두 더 중요한 일에서 시선을 돌리는 행위라고 봅니다. 그들은 상대 집단의 기적적인 종교생활과 직장, 결혼, 가족, 사회 같은 일상적 삶 사이에 연관성이 잘 보이지 않는다고 주장합니다.

기적의 신을 믿는 사람들은 길 건너 자연의 신을 믿는 이들을 바라보며 그들이 더 이상 믿지 않는다고 말합니다. 세상적 일상에 안주했고 자기 영역 너머에 있는 것들은 믿으려는 노력을 아예 포기했다는 것입니다. 그들에게는 지루함, 규칙성, 문화적 관습에 동화된 모습만 남았다고 보았습니다. 대체로 상당히 지루한 것들이지요. 우리가 할 수 없는 일을 행하는 신이 아니라면, 그 신에게 왜 관심을 갖는답니까? 기적의 신을 믿는 사람들은 반대편 사람들이 일상의 좁은 세계에 자신을 가두어 놓고는 신이 어떤 식으로든 그 안에 있다고 말함으로써 거기에 모종의 색채와 낭만을 부여하려 든다고 말합니다.

바울과 바나바는 이 두 진영 중 하나에 속하는 사람들에게 복음을 전했습니다. 사도행전 14장에는 그들이 종교의 이 두 부분을 하나로 묶어 내는 솜씨를 보인 흥미로운 이야기가 나옵니다. 서기 48년의 어느 날, 바울과 바나바는 터키 남부의 고원 지대를 가로질러 남동쪽 방향으로 가고 있었습니다. 그들은 정치와 상업 중심지에서 상당히 벗어난 작은 시골 마을 루스드라에 도착했습니다. 마을에 들어가는데 발을 사용하지 못하는 사람이 길가에 앉아 있었습니다. 바울은 그에게서 치유의 가능성을 보고 말했습니다. "그대의 발로 똑바로 일어서시오"행 14:10, 새번역. 그 사람은 기적적으로 벌떡 일어나 걸었습니다.

당연히 마을에 소동이 일어났습니다. 소문이 신나게 퍼졌습니다. 마을 사람들은 이중언어 사용자들이었습니다. 업무상 그리스어(바울과 바나바의 언어)를 구사할 수 있었고 모국어는 루가오니아 말이었습니다. 마을을 휩쓴 열광의 분위기 속에서, 바울과 바나바는 당연히 이해할 수 없는 루가오니아 말로 어떤 메시지가 전해졌습니다. 메시지의 내용(바울과 바나바가 이해하지 못했던 내용)은 "신들이 사람의 형상으로 우리 가운데 내려오셨다"는 것이었습니다. 그 지역에는 신들이 그와 같은 일을 하는 이야기가 가득했습니다. 제우스, 헤라, 아폴로, 아테나, 포세이돈, 헤르메스 등 수십 신들이 인간으로 변장하여 활약한 이야기는 도서관을 가득 채울 만큼 많았습니다.

그들은 바나바가 진짜 제우스이고 바울은 변장한 헤르메스라고 판단했습니다. 이런 구분은 아마 그들이 관찰한 바에 근거했을 것입니다. 아마도 바나바는 몸집이 크고 덥수룩한 수염에 과묵했을 것입니다. 그 모습은 말없이 신비하게 상황을 지배하는 신들의 왕 제우스를 떠올리게 했을 것입니다. 바울은 몸집이 작고 움직임이 빠르고 기민하며, 두 사람의 대변인 역할을 했을 것입니다. 그 모습에 사람들은 신들의 메신저이자 대변인인 헤르메스를 떠올렸겠지요.

마침 그 도시에 제우스 신전이 있었기 때문에 그들은 무얼 해야 할지 알았습니다. 사제는 행렬을 꾸렸습니다. 그들은 황소 몇 마리를 끌고 와 화려한 화환을 씌우고, 그들을 찾아온 두 신을 기리는 성대한 축하 행렬을 이끌고 온 다음, 분위기가 무르익었을 때 황소들을 제물로 바치고 성대한 연회를 열고자 했습니다. 바울과 바나바가 모르는 언어로 이 모든 일이 진행되었습니다. 그러나 어느 순간 그들은 불현듯 무슨 일인지 알아차리고 사람들 앞으로 달려가 그들을 막으려 했습니다.

바울이 간신히 그들을 막은 방법은 그들에게 '자연종교'를 강하게 제시한 것이었습니다. 그는 "여러분에게 하늘로부터 비를 내리시며 결실기를 주시는 선한 일을 하사 음식과 기쁨으로 여러분의 마음에 만족하게 하신"행 14:17 하나님에 대해 이야기했습니다. 그리고 계절, 날씨, 농작물, 복이 있는 세계, 그리고 하나님이 창조하고 보존하시는 규칙과 섭리의 세계로 사람들을 이끌었습니다.

걷지 못하는 사람을 치유해 놓고 그런 설교를 했으니 그리 매력적으로 들리지는 않았을 것입니다. 루스드라인들은 치유의 기적에 이끌려 바울과 바나바에게 관심을 가진 무리였습니다. 그런데 이제 와서 비를 내리시는 하나님을 이야기하며 두 사람이 잔치를 망쳐 놓았습니다. 시골 마을 전체가 기뻐서 난리가 났는데, 바울과 바나바는 기적에 대해 아무 말도 하지 않았습니다.

바울은 두 세계를 하나로 묶었습니다. 루스드라에서 보낸 며칠, 걷지 못하는 사람을 고친 일, 제우스와 헤르메스 역할을 거부한 일 등은 모두 갈라진 두 세계를 하나로 합치려는 시도였습니다. 그가 전한 복음의 메시지는 틀림없이 이런 내용이었을 것입니다.

> 한 사람이 치유되었다고 여러분 모두 흥분하고 있습니다. 눈앞에서 기적이 일어났으니까요. 그러나 흥분하지 마십시오. 그것은 일상적인 일입니다. 하나님은 우리 가운데 계시며 치유와 구원을 베푸십니다. 그것은 예외적인 경우가 아니고 그리스도인이 매일 경험하는 정상적인 존재 방식의 일부입니다. 그 존재 방식의 또 다른 측면은 우리에게 지루한 일이 되어 버린 비와 농작물과 계절이 선사한 복 등이 모두 하나님에게서 온다는 것입니다. 발을 쓰지 못하는 사람을 치유하신 하나님이 비도 내리십니다. 여러분은 천둥 번개를 동반한 소나기가 쏟아진다고 해서 황소를 제물로 바칩니까? 그렇지 않을 것입니다. 그렇다면, 치유가 일어날 때도 똑같이 행동하십시오. 그러나 그 두 가지 일 모두를 하나님이 예수 그리스도 안에서 여러분 가운데 임재하신다는 생생한 증거로 여기십시오. 하나님이 우리 가운데 오심으로 우리가 전혀 생각도 못했던 방식으로, 말하자면 기적적인 방식으로 하나님이 우리 삶에 임하시는 일이 실현가능해졌습니다. 그런가 하면, 하나님의 임재는 다른 방향, 곧 주중의 자연적이고 평범한 일상사에서도 실현 가능해졌습니다.

복음은 기적을 일상으로 만들고 일상을 기적으로 만듭니다. 그리스도인은 기적적 사건에 지나치게 감탄하지 않습니다. 어쨌든 하나님은 뜻하시는 대로 모든 일을 하실 수 있는 분이니까요. 그러나 그리스도인은 일상에 안주하지도 않습니다. 하나님이 주시는 원동력이 창조세계에서 쏟아져 나오고 있으니까요. 예수 그리스도의 복음은 흔해 빠진 손잡이와 화려한 칼날을 연결하여 칼을 만듭니다. 평범하면서도 놀랍고, 자연적이면서도 초자연적인 온전한 삶을 말입니다.

이것은 우리 삶에서 기적이 항상 가능하다는 의미입니다. 하나님은 우리의 상상력에 제한받지 않으시고, 우리의 일상에 매이지 않으시고, 평범한 삶으로 축소되지 않으십니다. 그분은 놀랍고 예상하지 못한 방식으로 우리 삶에 침투하실 수 있고 실제로 그렇게 하십니다. 그와 동시에, 하나님은 일상에서 결코 배제되지 않으십니다. 하나님은 가장 지루해 보이는 순간에도 그 자리에 계십니다. 평범한 우주에서 찬양과 순종과 높임을 받으시기 위해 그 자리에 계십니다. 기독교 복음은 구획화를 거부하고 파편화를 피하는 총체적인 삶입니다. 바울은 루스드라 사람들에게 했던 말을 지금 여러분에게도 하고 있습니다. "이런 헛된 일을 버리고 살아 계신 하나님께로 돌아오십시오."

아멘.

그러나 여러분은 예수 앞에 나아왔습니다

그러나…여러분은…새 언약의 중재자이신 예수와 그가 뿌리신 피 앞에 나아왔습니다. 그 피는 아벨의 피보다 더 훌륭하게 말해 줍니다.

히브리서 12:22, 24, 새번역

*

저에게는 정말 2백 년 전에 태어났어야 하는 친구가 있습니다. 그는 20세기의 부적응자입니다. 현대의 기술발전이 안겨 준, 이른바 개선이라는 것을 좋게 생각하지 않고 즐기지도 않습니다. 그리고 가끔은 산업화 이전 시대에 의리를 지키려 의도적으로 행동하기도 합니다.

몇 년 전, 그는 전기면도기를 버리고 면도칼을 샀습니다(안전면도기를 사기에는 지나친 타협을 요구했습니다). 그는 매일 면도솔로 비누 거품을 칠하고 우아한 면도칼로 수염을 깎으며 하루를 시작했습니다. 시간이 지나자 날이 무뎌졌습니다. 친구는 날을 세워 보려고 했지만 상황은 점점 나빠졌습니다. 매일 아침 면도는 고대의 피 흘리는 제사의식을 연상시키는 현장이 되어 갔습니다. 결국 친구는 포기하고 면도칼을 단골 이발사에게 가져갔고, 이발사는 그것을 갈고 갈아

다시 예리하게 만들었습니다. 이발사가 머리카락을 하나 뽑아 들고 날의 예리함을 시연해 보였습니다. 면도날 위에 머리카락을 얹자 반으로 잘린 것입니다.

이제 제 친구는 정기적으로 이발사를 찾아가 면도날을 세웁니다. 머리카락이 바로 잘려 나갈 정도의 예리함은 그에게 기능적으로 중요합니다. 머리카락을 자를 수 있는 상태hairsplitting*는 그에게 한가한 관심거리가 아닙니다. 그것은 매일 면도할 때마다 그에게 중요한 결과를 만들 예리함의 증거입니다.

히브리서에는 사소해 보이는 논증과 비유가 많습니다. 그런데 이것은 모두 평범한 그리스도인의 삶에 실제적 결과를 만들어 냅니다.

그리스도인은 정의상 무엇보다 예수 그리스도의 생애와 죽음, 부활과 자신을 동일시하는 사람입니다. 그분의 삶과 죽음, 부활은 2천 년 전의 역사 속에서 이루어졌습니다. 우리의 언어, 취향, 기술, 복장, 문화가 아무리 현대적이어도, 실재와 우리의 본질적 연결고리는 여전히 우리의 세기에서 멀리 떨어져 있는 한 사건입니다.

우리는 제 친구보다 몇 세기나 앞섭니다. 그는 자신의 이상과 모범을 추구하기 위해 고작 2백 년 뒤로 물러났지만, 그리스도인은 2천 년을 거슬러 올라갑니다. 사람이 된다는 의미를 알아내고, 사랑하고 용서받음이 무엇인지 알아내고, 하나님이 우리를 창조하시고 구원하신다는 의미를 알아내기 위해, 그리스도인은 1세기의 역사로 돌아갑니다. 그리스도인은 기본적 지향 면에서는 1세기 사람입니다.

그러나 우리는 20세기를 살아가야 합니다. 우리는 그리스도를 구세주로 모시고 그리스도를 우리에게 주어진 하나님의 계시로 믿습

* 흔히 이 표현은 '사소한 일을 골치 아프게 따짐'을 뜻하지만, 여기서 저자는 이 표현을 문자적으로 쓰고 있다.

니다. 그러나 제자로서 우리 삶은 노동과 놀이, 동네, 거리와 도시가 있는 세상에서 지금 이루어져야 합니다. 매일매일을 살아가다 보면 우리 믿음의 날이 무뎌집니다. 영혼의 칼날이 둔해집니다. 우리 힘으로 날을 세워 보려 하지만 상황은 점점 나빠질 뿐입니다. 결국 우리는 도움을 받으러 갑니다.

우리가 도움을 받으러 가는 곳은 성경입니다. 성경을 다시 읽고 그 의미와 중요성을 숙고합니다. 우리의 믿음을 성경의 가죽에 문질러 날을 세웁니다. 매일 믿음을 사용하는 모든 그리스도인은 이렇게 정기적으로 성경으로 돌아가 꾸준히 날을 갈아야 한다는 것을 깨닫습니다.

이것이 "여러분은… 예수… 앞에 나아왔습니다"히 12:22, 24, 새번역라는 문장이 하는 일입니다. 이 문장은 역사를 상기시킵니다. 우리가 그리스도를 믿을 때 무엇에 헌신한 것인지 복습하는 단기 재교육이랄까요. 믿음의 오래된 사진들을 꺼내서 먼지를 털고 그 정확한 특성을 다시 짚어 보는 작업이랄까요.

히브리서의 최초 수신인이었던 그리스도인 공동체는 회심 이후 몇 년 동안 시련과 박해와 논란에 휩쓸렸고 그 사이에 복음의 분명한 특징들이 약해졌던 것 같습니다. 예수 그리스도 안에서 선명하게 드러났었던 복음이 흐려졌습니다. '종교적인' 모든 것이 하나의 거푸집에 부어진 것 같은 상황이었습니다. 모든 종교 어휘와 제의가 동화되어 서로 바꿔 쓸 수 있을 정도였습니다. 사람들은 "있잖아, 모든 종교는 기본적으로 같아", "무엇을 믿든 크게 달라질 건 없어. 어떻게 사느냐가 중요한 거야"와 같은 말을 했습니다.

10년에서 15년을 이렇게 살다 보니 시내산과 시온산, 광야의 히브리인들과 사막의 그리스도인들, 옛 언약과 새 언약, 아벨의 피와 예수의 피가 어떻게 다른지 구분하기가 매우 어려워졌습니다.

그리고 얼마 후에는 사람들이 결국 기본적으로 같은 것으로 엄청난 소란을 피우는 듯 보였습니다. 길거리의 신학자들은 이후 수 세기 동안 이어질 입장을 제시했습니다. "이것들 모두가 종교입니다. 그리고 종교의 핵심은 신이지요. 신은 오직 한 분뿐이고요. 그러니 종교는 단 하나여야 합니다. 사람들은 사실 같은 것을 이야기하고 있습니다. 사소한 부분에 목매지 맙시다. 말다툼과 논쟁은 그만합시다. 우리는 감리교와 장로교 사이에 큰 차이가 없다는 것을 알았습니다. 불교와 이슬람교, 힌두교와 기독교 사이에도 별 차이가 없을 겁니다. 어차피 모두 모호하기 짝이 없으니, 종교를 믿는 일 자체에 집중합시다." 이런 입장의 결과로 우리와 같은 세대가 등장했습니다. [비행능력의 완성에 모든 것을 거는] 갈매기 조나단 리빙스턴*의 어리석음과 [특정 시기에 지구 최후의 전쟁이 일어나 종말이 온다는 핼 린지의 책] 『대유성 지구의 종말』*Late Great Planet Eart*의 집단적 공포를 동시에 부담 없이 품을 수 있는 세대 말입니다.

히브리서 12장 24절에는 이 상황을 잘 조명하는 구절이 한 쌍 등장합니다. '아벨의 피'와 '예수의 피'입니다. 이 두 구절은 표면적으로 비슷합니다. 아벨은 죽임을 당했고 예수님도 죽임을 당했습니다. 아벨은 선했기 때문에 죽임을 당했습니다. 그는 하나님 앞에서 옳은 일을 했던 사람입니다. 예수님도 선하셨기 때문에 죽임을 당하셨습니다. 순종으로 세상에서 하나님의 뜻을 이루셨던 분입니다. 살인자는 아벨을 미리 꾀하여 죽였습니다. 가인이 범인이었습니다. 예수님을 살해한 이들도 그 일을 미리 꾀했습니다. 유다가 예수님을 배신했고 대제사장들은 공범이었고 로마인들은 사형을 집행했습니다. 아벨의 피는 명석인 결과를 남겼습니다. "네 아우의 핏소리가 땅에서부

* 리처드 바크의 소설 『갈매기의 꿈』의 주인공.

터 내게 호소하느니라"창 4:10. 예수님의 피도 영적인 결과를 남겼습니다. "이것은 많은 사람을 위하여 흘리는 나의 피 곧 언약의 피니라"막 14:24. 인간의 상상력은 이런 식으로 여러 유사점을 포착하고 이것을 모든 종교 안에 있는 모든 피의 희생제사에 적용하여 결국 종교 간의 차이를 알아볼 수 없게 만듭니다.

1세기 그리스도인들 중 적어도 일부는 이런 식으로 교회의 정신을 혼란스럽게 했던 것 같습니다. 그 결과, 신비한 초자연적 세계에 대한 온갖 오래된 미신, 금기, 두려움, 불확실성이 그들의 삶 속으로 슬며시 되돌아왔습니다. 종교는 사람들을 죄에서 해방시키고 세상에서 힘 있고도 자신감 있게 살아가도록 준비시키는 역할을 외면하고, 귀신과 천사의 세계, 사제가 지배하는 제의의 세계에 속한 온갖 위협적이고 신비한 것들을 배출했습니다.

사람들이 신에 대해 말하는 모든 내용이 종교라면, 그들이 신에 대해 느끼고 말하는 모든 험악한 내용이 사실인지 아닌지 어떻게 알 수 있을까요? 신에 대한 정의가 존재하지 않는다면, 신이 잔인하고 예측불가인 데다가 비열한 태도를 보이지 않을 거라고 어떻게 단정할 수 있을까요?

우리가 자주 잊어버리는 것이 있습니다. 기독교 복음 바깥에 있는 종교는 대부분 두려움과 신비를 다룬다는 사실입니다. 예수 그리스도께서 오심으로 두려움의 근거가 되는 모호함, 막연함, 신비의 그림자가 쫓겨나고 하나님과 관련된 확실한 소망, 분명한 사랑, 확신에 찬 기쁨이 그 자리를 대체했습니다.

그러나 그리스도가 많은 신들 중 하나에 불과한 종교적 환경으로 우리가 다시 미끄러지면, 옛날의 반신(半神)들이 몰래 돌아와 사악한 일을 벌입니다. 종교는 모두 신화와 미신으로 납작하게 축소되고, 신화와 미신에서는 이 사람의 의견이나 저 사람의 의견이나 마찬가지입니다. 두려움이 부풀려져 교리가 되고, 죄책감은 신의 목소리로 오인됩니다.

"아벨의 피"라는 문구는 이 모든 것을 상징합니다. 그것은 살해당한 사람의 피입니다. 그 결과는 소외이고 그 세계는 공포입니다. 아벨의 피는 신을 달래고 그 분노를 가라앉힐 희생을 치르는 고단한 수고로 신에게 되돌아가려는 인간의 모든 노력을 상징합니다. 그것은 우리 죄에 대한 하나님의 반응이 알려지기 전, 인간의 기본적인 종교적 경험이었던 공포를 요약한 것입니다.

오늘 본문을 둘러싼 여러 구절에는 아벨의 피에 기초한 종교의 세 가지 결과가 언급되어 있습니다. 그것은 두려움, 부정성, 동요입니다. 먼저, 두려움을 보여주는 사례가 나옵니다. 모세는 "나는 두려워서 떨린다"히 12:21, 새번역라고 말했습니다. 시내산에서 무슨 일이 일어날지 몰라 두려워했던 모세와 달리, 그리스도인은 시온산에서 무슨 일이 있었는지 이미 알기 때문에 두려워하지 않습니다. 예수 그리스도는 "아벨의 피보다 더 은혜롭게 말하는 피"히 12:24, 역자 사역로 인간을 향한 하나님의 사랑을 보여주셨습니다.

이어서 걸핏하면 반대하는 사람을 향한 경고가 나옵니다. "여러분은 말씀하시는 분을 거역하지 않도록 조심하십시오"히 12:25, 새번역. 그리스도가 없는 종교는 부정성이 두드러집니다. 금지와 경고, 금기가 특징적입니다. 그것은 일상생활에까지 이어집니다. 삶의 뿌리에 거부가 자리 잡고 있으면, 거절이 하나님과 인간들의 관계에서 일어나는 모든 것의 특징이 됩니다. 그러나 그리스도는 이와 다릅니다. 그분은 받아 주시는 분이자 우리가 받아들일 만한 분입니다.

그다음에는 동요를 진정시키는 초대가 나옵니다. "그러므로 우리는 흔들리지 않는 나라를 받으니, 감사를 드립시다"히 12:28, 새번역. 하나님이 어떤 존재이고 어떤 일을 하실지 확신할 수 없을 때, 사람은 미끄러운 바닥에 서 있는 것과 같습니다. 하나님이 불가사의한 존재로 느껴질 때, 예상 밖의 일이 벌어지면 동요가 일어납니다. 그러나 그리스도인의 경우는 이와 다릅니다. 히브리서는 처음부터 끝까지 예수 그리스도 안에서 우리에게 다가오시는 하나님의 정확한 윤곽과 특징을 기술합니다. 인생과 역사, 몸과 마음이 흔들려도 그 모든 것의 밑바닥에는 흔들리지 않는 그 무엇이 있습니다. 그러므로 "감사를 드립시다."

"여러분은… 예수 앞에… 나아왔습니다." 여러분은 무서운 소리와 광경이 가득한, 불타오르는 산에 온 것이 아닙니다. 복수나 보복의 장소에 온 것이 아닙니다. 예기치 않은 모퉁이 뒤에 알 수 없는 위협이 도사린 어두운 우주에 온 것이 아닙니다. 여러분은 예수 그리스도께 왔습니다. 증오와 절망과 이어진 종교의 표상, 아벨의 피 앞이 아닙니다. 여러분은 예수님께 나아왔고, 그분의 피는 아벨의 피보다 더 은혜롭게 말합니다. 우리는 자신과 하나님과 세상에 대해 모르는 것이 많습니다만 몇 가지는 분명합니다. 우리가 그것을 아는 것은 예수님께 왔기 때문입니다. 예수님은 하나님이 사랑하시고 치유하시고 용서하신다는 것, 모든 사람을 구원하기 원하신다는 것, 우리를 온전한 사람으로 만들기 위해 적극적으로 일하신다는 것을 입증하십니다. 우리는 그분의 은혜를 누릴 수 없는 시간이나 환경은 없음을 압니다. 어떤 재앙도 (십자가 처형조차도) 그분의 능력을 제한할 수 없음을 압니다. 그분만의 구별되는 행위가 부활임을 압니다. 인간에게는 희망의 여지가 없는 것을 부활은 되살립니다.

아멘.

여러분이 알지 못하고 예배하는 그 대상

그러므로 나는 여러분이 알지 못하고 예배하는 그 대상을 여러분에게 알려 드리겠습니다. 사도행전 17:23, 새번역

*

우편함을 열었는데 여러분에게 온 편지가 있다고 상상해 보십시오. 봉투를 열어 보니 평범한 종이에 이렇게 적혀 있습니다. "당신을 사랑합니다." 서명이 없습니다. 이름이나 주소도 없습니다. 반송 주소도 없습니다. 편지를 쓴 사람이 누구인지, 왜 썼는지 짐작할 만한 단서가 없습니다. 이 말이 전부입니다. "당신을 사랑합니다."

이런 일이 반복됩니다. 며칠 후 같은 일이 또 일어납니다. 한 주 정도 지나서 또 한 통의 편지가 왔는데 내용은 같습니다. 새 편지 없이 한 주가 지나기도 하고, 몇 주가 지나기도 합니다. 그러나 불규칙적이긴 해도 편지는 이따금씩 계속 옵니다.

어떤 기분이 들까요? 분명히 기분이 아주 좋을 겁니다. 누군가에게 사랑받는다는 것은 멋진 일이지요. 어딘가에 나를 사랑하는 사

람이 있다고 생각하면 기분이 좋아지기 마련입니다.

좋은 기분은 점점 호기심으로 바뀝니다. 사랑의 메시지가 어디서 오는지 궁금해집니다. 도대체 누가 편지를 보내는 걸까요? 아는 사람들을 죽 떠올려 봅니다. 그들 중 한 사람일 가능성이 있을까요? 여러분은 만나는 모든 사람을 친절하게 대하기 시작합니다. 누가 사랑의 메시지를 보내는지 알 수 없으니까요. 여러분이 만나는 사람들 중에 사랑을 표현한 장본인이 있을 수 있습니다.

그러다가 문득 이런 생각이 떠오릅니다. '왜 익명이지? 궁금해서 미치게 만들려고? 어쩌면 메시지 뒤에 사악한 의도가 있을지도 몰라. 당신을 사랑한다는 메시지로 나를 방심하게 만들어서 골탕을 먹이려는 사악한 위장이 아닐까.'

이렇게 생각하니 누군가를 만날 때마다 분한 마음이 들기 시작합니다. 그들 중 누구라도 범인일 수 있으니까요. 여러분은 예민해지고 퉁명스러워집니다.

어느 날은 이런 생각이 듭니다. '개인이 아니라 어떤 회사에서 보낸 걸지도 몰라. 컴퓨터로 관리되는 체계의 어느 단계에서 실수가 있었던 거야. 그래서 내 주소가 홍보우편 목록에 추가된 거지. 보나마나 그곳에 내가 누군지 아는 사람은 없어. 난 그저 몇 번의 클릭으로 컴퓨터에서 상대하는 이름일 뿐이고, 이렇게 적당히 구워삶다가 나중에 뭔가를 팔려는 속셈이지. 내가 바보같이 누군가 보냈다고 생각했던 끈질긴 사랑의 메시지는 새로 나온 체취제거제를 파는 데 이용될 거야.' 서서히 여러분은 편지에 담긴 사랑의 메시지를 냉소적으로 무심하게 대하게 됩니다.

바울이 주후 50년에 그리스의 고대 도시 아테네를 처음 방문했을 때 그곳의 정신적 풍토가 바로 이러했습니다. 호기심과 좌절감이라는 복합적 상태에 빠뜨린 존재가 사랑이 아니라 신들이었다는 점만 달랐습니다.

아테네는 신들의 존재를 강렬하게 인식하는 분위기였습니다. 여러 신을 끊임없이 언급하는 토론, 이야기, 어휘가 공중에 가득했습니다. 그러나 동시에, 신들에 대한 당혹스러운 무지도 판을 쳤습니다. 이 무지는 억측과 환상으로 발전했고 이와 관련된 온갖 분위기가 만연하기 시작했습니다. 세상에 신들이 있다는 것을 아는 단순한 기쁨에서 성난 두려움(신들이 어떤 불가사의한 악을 꾸미고 있을지도 모르니까요)이나 뚱한 냉소주의(이 모든 것에서 정교한 사기의 특성들이 보이기 시작했거든요)로 분위기가 전환되고 있었습니다.

이러한 분위기를 완벽하게 보여주는 아테네의 옛이야기가 있습니다. 전염병이 아테네시를 강타했습니다. 많은 사람이 죽어 가고 거의 모든 사람이 병에 걸리는 끔찍하고 황폐한 상황이었습니다. 사람들이 무슨 일을 해도 상황은 나아지지 않았습니다. 그들은 도시를 관할하는 신들의 제단에서 제사를 드렸습니다. 늘 하던 일이었습니다. 물론 여기에는 전염병의 배후에 모종의 신이 있고, 그 신이 화가 났을 테니 달랠 필요가 있다는 생각이 있습니다. 문제는 어떤 신이냐 하는 것이었습니다. 그리고 그 신은 무엇 때문에 화가 났을까요? 그들은 외부인에게 사람을 보내어 조언을 구했습니다. 그는 현명하고 기발한 조언을 해주었습니다. "양 떼를 도시 한가운데 있는 언덕으로 데려가서 풀어 놓으시오. 양이 다니다가 누울 때마다 거기서 그 양을 죽여 제사를 지내시오. 그 자리에 표시를 하고 알 수 없는 신을 위한 제단을 쌓고 그 신에게 양을 제물로 바치시오."[89] 그 조언대로 아테네 시내 곳곳에 미지의 신을 위한 제단이 세워졌습니다. 고대의 여러 여행자가 이 제단을 보았다고 언급했고, '알 수 없는 신들'(복수입니다)에게 바쳐진 제단의 비문들은 알려져 있습니다. 여기에는 "신들 중 누구라도 무시당했다고 분노하는 일이 없어야 하겠다"[90]는 생각이 담겨 있습니다.

이 이야기는 아테네의 분위기를 정확히 포착합니다. 신들의 존재에 대한 광범위한 인식과 신들의 성격 및 본성에 대한 무지하고 불안하고 불확실한 호기심이 공존하고 있습니다.

그런데 저에게는 이것이 모두 매우 현대적으로 보입니다. 아테네와 미국의 분위기에는 뿌리 깊은 유사성이 있습니다. 어휘와 기술(技術)이 다를 뿐, 종교적 분위기는 동일합니다. 미국의 '평화와 사랑'과 그리스의 신들을 바꾸면 두 장소를 구분하기 힘들 것입니다.

'평화와 사랑'은 성경적인 단어입니다. 이 단어들은 4천 년 동안 하나님과 인간 사이의 강렬한 경험을 거치며 그 의미가 발전해 왔고, 우리는 특히 히브리 민족과 기독교회의 역사를 통해 이 단어들을 구체적으로 접하고 쉽게 이해할 수 있었습니다. 이 두 단어는 인간이 나타낼 수 있는 가장 심오한 에너지를 역동적으로 표현합니다. 모두 창의적인 단어입니다. 흩어져 있는 삶의 조각들을 예기치 못한 방식으로 결합하여 이해하게 해줍니다. 또 이 둘은 행운의 단어입니다. 인간 존재의 본질을 기쁨 어린 방식으로 드높여, 인간이 의미와 만족을 부여하고 표현하는 존재가 되게 해줍니다.

우리는 두 단어를 도처에서 보고 듣습니다. 두 단어는 포스터와 범퍼스티커에 적혀 있습니다. 예술가들은 이 단어들을 지금까지 사용된 단어 중에 최고로 보이게 만들었습니다(실제로도 최고의 단어들입니다). 이 단어들은 그 의미와 영향력을 확장하는 색상으로 장식되어 있습니다. 두 단어는 인류 역사의 모든 분야를 아우릅니다. 세상의 참상에서 성공적으로 탈출할 때 평화가 이루어진다거나 두 청소년 사이의 신비한 화학 반응이 사랑이라고 생각하는 사람은 더 이상 없습니다. 두 단어는 오래전에 성경이 부여한 적극적이고 활기찬 특성을 되찾았고, 인류 역사에서 이루어질 최고의 상태를 표현합니다. 이 두 단어는 목표일 뿐 아니라 전략이고, 목적이자 수단입니다. 사랑과 평화는 우리가 거하고 싶어 하는 상태를 묘사하는 단어이고, 그런 상태에 도달하게 하는 구체적 행동을 특징짓습니다. 평화와 사랑.

하지만 이 두 단어가 널리 퍼져 있고 대단히 매력적이고 많은 관심을 받고 있음에도, 두 단어 주위에는 묘한 익명성이 존재합니다. 두 단어는 어디에도 소속되지 않은 채 우리 문화 곳곳을 떠다닙니다. 주어도 목적어도 없습니다. 그래서 저는 이렇게 묻게 됩니다. 누가 누구를 사랑하는가? 누구의 주도로 이 사랑이 지속되고 이 평화가 시작되는가?

1831년 프랑스인 알렉시 드 토크빌은 미국에 도착한 지 얼마 지나지 않아 "미국인은 종교적인 국민"이라는 결론을 내렸습니다. 그는 더 나아가 이렇게 말했습니다. "미국인들은 종교에만 의존하지 않는다.… 그들은 인력의 극한까지 이르기 전에는 종교의 도움을 청하지 않는다."[91]

바울은 어느 도시에 들어섰을 때 알지 못하는 신에게 바치는 제단을 보았습니다.

제가 미국 사회를 거닐다 보면 알지 못하는 사랑과 알지 못하는 평화를 다룬 포스터를 봅니다.

아테네와 미국이라는 두 세계의 유사성을 발견한 저는 이런 생각이 들기 시작합니다. '바울의 설교가 아테네에서처럼 이곳에서도 유효할까?' 저는 그럴 거라고 봅니다.

바울이 아테네에서 가장 먼저 한 일은 그곳 사람들의 종교적 인식 칭찬이었습니다. "내가 보기에, 여러분은 모든 면에서 종교심이 많습니다"행 17:22, 새번역. 바울은 그들의 우상숭배를 빈정대지 않았고 불안이 밴 제단 건축을 조롱하지 않았습니다. 숭배하고 섬겨야 할 신이 있다는 의식에, 신에 대한 그들의 관심이 뿌리를 두었음을 알아보았습니다. 제단이 어떻게 만들어지든, 어떤 이름의 신에게 제사를 드리든, 그 모든 일의 계기가 된 충동은 선합니다. 인간은 신을 위해 만들어졌고, 본능적으로 신을 추구합니다.

제 생각에 바울은 사랑과 평화에 대한 미국의 종교적 열정도 똑같이 수용했을 듯합니다. 사랑과 평화라는 단어는 인간이 할 수 있는 최고의 행동, 인류 역사가 나아갈 수 있는 최고의 목표를 표현하는 통찰력을 담고 있다고 보았을 것입니다. 두 단어가 신과 인간의 관계라는 오랜 역사에 뿌리를 두고 있다고 보고 칭찬했을 것입니다. 제가 예상하는 그의 태도에 저도 동의합니다. 인생에서 긍정할 수 있는 최고의 것들을 긍정하는 사람들이 믿을 수 없을 만큼 많습니다. 인간을 성인 같은 상태로 최대한 끌어올리는 자질들이 열정적으로 선포됩니다.

그러나 아테네의 삶이 종교적이라는 사실에 기뻐하는 바울은 그런 삶을 에워싼 무지에는 불만이 큽니다. 신들이 있다는 것은 좋지만, 그 신들이 알지 못하는 신이라면 나쁜 일입니다. 그래서 바울은 상황 개선에 나섭니다. "그러므로 나는 여러분이 알지 못하고 예배하는 그 대상을 여러분에게 알려 드리겠습니다"행 17:23, 새번역.

바울은 하나님이 살아 계신다고, 즉 만물의 창조주이시라고, 그리고 그분의 존재는 인간의 행동이나 생각에 좌우되지 않는다고 말합니다. 이 하나님은 모든 사람에게 현존하시고, 죽은 자들 가운데서 부활하신 예수 그리스도라는 인간의 모습으로 인류 역사에 결정적으로 들어오셨다고 말합니다.

바울은 하나님의 이름(예수 그리스도)을 밝히고, 그분의 역사(관찰 가능한 창조 행위)를 제시하고, 그분만의 독특한 행위(부활)를 밝힙니다. 그들은 더 이상 하나님에 대한 무지를 변명할 수 없습니다. 하나님의 정체, 그분의 역사, 일하시는 방식을 알게 되었으니까요. 알지 못하는 신은 과거의 일이고, 이제 그들은 하나님의 이름을 알고 그분이 하신 일도 압니다.

저는 알지 못하는 신에게 바치는 아테네의 제단에 해당한다고 할 만한 미국의 두 단어에 대해서도 바울이 같은 가르침을 줄 것 같습니다. 그는 두 단어 '사랑'과 '평화'에 주어를 붙여 줄 것입니다. "하나님이 세상을 이처럼 사랑하사 독생자를 주셨으니 이는 그를 믿는 자마다 멸망하지 않고 영생을 얻게 하려 하심이라"요 3:16.

사랑은 예수 그리스도 안에서 [역사적] 사건이 될 수 있습니다. 사랑은 하나님이 나를 위해 행하신 일을 통해 구체화됩니다. 우리는 복음을 전해 듣고 하나님이 인간에게 행하시는 위대한 일의 중심에 항상 사랑이 있음을 알게 됩니다. 사람은 이웃을 위해 무언가를 행하는 방식으로 그 사랑에 참여합니다.

사랑은 결코 추상적이지 않습니다. 사랑은 사랑의 하나님 또는 그분이 사랑하시는 인간과 결코 분리되지 않습니다. 사랑의 양쪽 끝에는 이름이 있습니다. 사랑에는 역사, 정체성, 성격이 담겨 있습니다. 평화도 이와 마찬가지입니다.

우리는 여러 면에서 매우 영적이고 종교적인 시대에 살고 있습니다. 그리고 이른바 종교의 주요 부분은 '사랑'이라는 단어로 표현됩니다. 사랑의 메시지는 사방에 널려 있습니다. 우리의 우편함에 계속 도착하는 편지가 알려 줍니다. "당신은 사랑받고 있습니다."

그러나 많은 이들이 그것을 확신하지 못하고 사랑이 의미하는 바를 찾겠다며 평생 동안 실험을 합니다. 어떤 사람들은 두려움에 사로잡히기도 합니다. 그들에게 사랑의 힘은 위험하고 모호합니다. 냉소에 빠지는 이들도 있습니다. 사랑을 바라는 이들의 소망은 현실 속 실망과 더럽혀진 경험으로 인해 사라집니다.

이러한 때에 복음이 선포됩니다. 여러분이 알지 못하고 예배하는 그 대상을 제가 알려 드리겠습니다. 하나님은 여러분을 사랑하십니다. 하나님은 예수 그리스도 안에서 이 사랑을 보이고 증명하셨고, 이 사랑을 나누라고 여러분을 부르십니다.

아멘.

이 선제적 사랑

우리가 사랑함은 그가 먼저 우리를 사랑하셨음이라. 요한일서 4:19

*

“하나님은 사랑이심이라”요일 4:8. 사도 요한의 이 말은 별로 대수롭지 않게 들립니다. 우리는 어린 시절부터 이 옳은 말을 아주 많이 듣고 자랐기에, 이제는 이 말이 진부하게 느껴집니다. 이 말이 처음 전해지고 기록되었던 고대 세계에서는 아주 이상하게 들렸을 것이고, 그 내용이 사실이라면 더없이 혁명적인 말 아니냐고 항변해 봐야 부질없을 정도입니다.

당시까지 인간이 아는 신은 모두 폭군이었습니다. 변덕스럽고 제멋대로 구는 무시무시한 폭군이었습니다. 잘해야 자애로운 독재자였고 최악의 경우에는 피에 굶주린 야수였습니다. 그리스와 로마의 신들은 대부분 사춘기 청소년 행태를 보였고, 동양의 신들은 음탕하고 복수심에 불타는 셈족 왕과 비슷했습니다. 이 그림에 딱 들어맞지 않는 유일한 경우가 이스라엘 민족이었지만(그들은 정의롭고 의로우신 하나님에 대한 지식을 갖고 있었으니까요), 그들이 대중 종교에 지나치게 몰두하는 바람에 모세에게 주어진 최초의 계시는 꿈결처럼 희미해져 버렸습니다.

신을 둘러싼 당시 분위기가 너무 심각했기 때문에 감수성과 통찰력을 지닌 사람이라면 모든 신을 버리고 무신론적 도덕을 선포하는 것이 최선의 길이었습니다. 그래서 소크라테스는 신들을 대놓고 비판하지는 않았지만 아주 효과적으로 조롱한 나머지, 그의 영향력을 우려한 자들에 의해 유죄선고를 받고 처형되었습니다. 그는 선한 삶을 살고자 하면 신들을 무시하고 자신을 알라고 했습니다. 그리고 이후에, 세계의 다른 지역에서는 부처가 모든 신의 존재를 명시적으로 거부함으로써 종교문화를 개혁했습니다. 그는 어떤 신, 어떤 신들도 존재하지 않는다고 봤습니다. 만약 신들이 있다면 전부 너무 못됐다고 볼 수밖에 없기에 예민한 영혼은 단 하나의 신도 진지하게 받아들일 수 없다고 여겼습니다. 그리고 거기서 더 나아가 자신의 종교적·윤리적 체계를 구축했습니다. 이것이 우리와 동떨어진 먼 이야기처럼 보일지 모르지만, 신이 사랑하셨다는 명제를 진지하게 내세운 사람은 고대 세계에 없었던 것이 분명합니다. 신의 사랑을 짐작하게 하는 몇 가지 암시가 있기는 했으나, 분명한 선언은 없었습니다.

그러다가 그리스도께서 오셔서 하나님이 사랑하신다는 것을 증명하셨고, 새로운 종류의 사랑까지 보여주셨습니다. 그것은 인간의 삶에 새로운 사건이었고, 초대교회는 그들 삶의 결정적 사건으로 보았습니다. 그들은 하나님이 먼저 그들을 사랑하셨음을 드러내신 때를 기준으로 모든 것을 바라보았습니다. 하나님은 사랑하셨고 역사는 거기서부터 진보했습니다. 철학자들은 제1원인을 찾는 작업을 하곤 했습니다. 초대교회는 적어도 초기에는 철학에 그다지 관심이 없었지만 그들에게는 제1원인이 명확했습니다. 하나님이 사랑하셨다는 것이지요. 그들은 자신들이 특별한 현상의 일부가 되었음을 발견했고, 그 현상에 대한 모종의 이유, 모종의 설명을 찾아야 했을 때 이렇게 말했습니다. "우리가 사랑함은 그가 먼저 우리를 사랑하셨음이라."

이 말이 처음에 안겨 주었을 감동을 더 잘 이해하려면 당시의 분위기를 조금이나마 다시 느껴 보려는 시도가 도움이 될 것입니다. 고대 그리스인들은 이 부분에서 도움이 될 만한 이야기를 하나 들려주었습니다.

그리스 남부 해안에 있는 크레타섬의 왕 미노스는 아들을 그리스 본토로 보냈는데 그 아들이 살해되었습니다. 분노한 미노스는 그 벌로 매년 본토에서 일곱 명의 청년과 일곱 명의 처녀를 자기에게 보내게 했습니다. 왕은 누구도 빠져나올 수 없는 복잡하고 정교한 미궁을 만들게 했고, 사람 몸에 황소의 머리를 가진 잔인한 미노타우로스를 그 안에 두었습니다. 일곱 청년과 일곱 처녀는 미궁에 갇혀 있다가 미노타우로스에게 발각되어 불운한 최후를 맞이했습니다. 희생자들이 안전한 곳을 찾아 정신없이 통로를 내달리다 마침내 막다른 골목에 이르렀는데, 거기서 흉포한 미노타우로스가 그들을 기다리는 광경을 상상해 보십시오. 이런 일이 해마다 반복되었고, 마침내 그리스 왕의 아들 테세우스가 이 저주받은 연례학살을 끝내기를 바라며 희생자 중 한 명으로 자원하고 나섰습니다. 테세우스는 운명의 날에 크레타섬에 도착했고 미노스 왕의 딸 아리아드네가 그를 보았습니다. 물론 아리아드네는 테세우스를 보자마자 사랑에 빠져 그를 구해낼 방법을 고안했습니다. 아리아드네는 한쪽으로 몰래 그를 데려가 실 뭉치를 건넸습니다. 미궁 속으로 끌려갈 때 실을 풀면서 들어가는 방식으로 빠져나올 길을 알려준 것이었습니다. 테세우스는 그녀의 도움을 받아들여 미궁에 들어가 영웅답게 미노타우로스를 맨손으로 죽였고, 아리아드네의 실 덕분에 그곳에서 무사히 빠져나왔습니다.

인간에 대한 성경의 진술들은 이 이야기에 담긴 통찰을 미리 보여줍니다. 인간은 미궁에 빠져 있습니다. 히브리인 시편 기자들은 이에 따른 고뇌를 누구보다 잘 그려 내고 절절히 표현했습니다.

> 주님께서는 나를 구덩이의 밑바닥,
> 칠흑같이 어두운 곳에 던져 버리셨습니다.
> 주님은 주님의 진노로 나를 짓눌렀으며,
> 주님의 파도로 나를 압도하셨습니다 시 88:6-7, 새번역.

> 발붙일 곳이 없는 깊고 깊은 수렁에 빠졌습니다.
> 물속 깊은 곳으로 빠져 들어갔으니,
> 큰 물결이 나를 휩쓸어 갑니다.
> 목이 타도록 부르짖다가, 이 몸은 지쳤습니다.
> 눈이 빠지도록, 나는 나의 하나님을 기다렸습니다 시 69:2-3, 새번역.

> 나는 탄식만 하다가 지치고 말았습니다.
> 밤마다 짓는 눈물로 침상을 띄우며,
> 내 잠자리를 적십니다.
> 사무친 울화로, 내 눈은 시력까지 흐려지고,
> 대적들 등쌀에 하도 울어서 눈이 침침합니다 시 6:6-7, 새번역.

성경 기자들은 미궁을 알고 있었습니다. 그리고 미궁의 참상을 경험했습니다. 하지만 그들은 구원의 소망도 알았습니다. 성경에는 거의 매 쪽마다 구원의 소망이 굵은 글씨로 적혀 있습니다. 구원의 붉은색 실, 아리아드네의 실은 성경의 태피스트리에 상당히 규칙적으로 짜여져 들어가 있습니다. 고대 그리스인도 히브리인도 미궁을 알았습니다.

그러나 미궁 속에서 그리스인들은 아리아드네의 실을 주의 깊게 찾기 시작했지만 (그들만큼 철저하게 찾아본 이들은 없었습니다) 여기서 성경의 증인들은 놀랄 만큼 다른 입장을 취합니다. 그들은 구조자가 자신들을 발견했다고 선언합니다. 찾는 자였던 그들이 발견되었습니다. 입장이 바뀐 것입니다. 그들은 미궁에서 탈출할 구원의 길을 고되게 찾은 것이 아니라, 미궁 탈출의 주도권이 그들 반대편에 있었다고 증언합니다. 자신들이 길을 잃었다는 사실을 깨닫자마자 하나님이 주도적으로 그들을 찾아 나섰고 발견하셨다는 것입니다. 그들은 찾는 자가 아니라 찾아진 자, 발견한 자가 아니라 발견된 자, 구원자가 아니라 구원받은 자였습니다. 그들은 승리했지만 삶에 대한 비애감에 젖은 테세우스 같은 그리스 영웅이 아니라 '기쁜 소식'Gladness을 들은 죄인들이었습니다. 길 잃고 곤경에 처한 인간을 찾아 구원하시는 하나님의 행위, 이것이 기쁜 소식입니다. 우리는 이 단어를 '복음'Gospel이라고 번역하지만, 기쁜 소식이라고 번역하는 것이 훨씬 낫습니다.

이 기쁜 소식은 오늘 본문의 의미에 명확한 단서를 제공한다고 저는 믿습니다. 무슨 일이 있었을까요? 간단히 말해서, 하나님이 먼저 사랑하셨습니다. 오늘 본문에 따르면, 하나님이 우리를 "먼저" 사랑하셨습니다. 그리고 이 단어는 '무엇보다 먼저'나 '다른 모든 것에 앞서'(프로토스)로 번역해도 적절할 것입니다.[92] 우리에게는 이 말이 뻔하게 들리지만, 처음 들었던 사람들에게는 완전히 뜻밖의 소식이었습니다. 그들은 자신들을 찾아내고 구원하는 하나님의 사랑에 놀랐습니다.

그리고 어떤 의미에서 그것은 언제나 예상 밖의 일입니다. 인간은 자신의 문제와 곤경에 지나치게 집착하고 미궁에서 빠져나갈 길을 알아내고 아리아드네의 실 뭉치를 찾아내는 데 골몰하기 때문에 구세주의 갑작스러운 등장은 언제나 놀라움으로 다가옵니다. 하지만 그것은 너무나 기쁜 놀라움입니다. 신이 주도권을 쥐고 인간을 찾아낸다는 것은 처음 듣는 일이었습니다. 신이 먼저 사랑한다는 것은 신과 인간의 관계에 대해 알려진 모든 내용과 정반대였습니다. 신에게 있는 사랑이야 드물기는 해도 완전히 처음 듣는 내용은 아니었지만, 사랑의 주도권이 신에게 있다는 계시는 예수 그리스도를 통해 [처음] 주어졌습니다.

종교는 다 똑같고 동일한 신념을 가지고 있으며 결국 거기서 거기라는 말이 여러 해 동안 많이 들려왔습니다. 하지만 여러 종교와 기독교의 근본적 차이점이 바로 이것입니다. 인간은 신이 있을 것 같은 곳으로 올라가는 데 익숙합니다. 신이 갑자기 자기에게 다가오는 것은 익숙하지 않습니다. 그들은 하늘로 올라가는 정교하고 천재적인 탑을 쌓아 올리는 데 익숙하지만, 비둘기*가 내려오는 데는 전혀 익숙하지 않습니다. 바벨은 흔한 일이지만 성령강림은 놀라운 사건입니다.

그래서 기쁜 소식입니다. 좋은 소식을 들은 우리는 기대감으로 기뻐합니다. 우리가 미처 부르짖기도 전에 그분은 우리를 구원하셨습니다. 사람을 기쁘게 하는 방법은 많은데, 확실한 것 중 하나는 상대의 필요를 먼저 파악하고 예기치 않은 방식으로 해결해 주는 것입니다. 초기 기독교 공동체의 대표적 특징은 환희에 찬 행복이었습니다. 그들은 주님 안에서 기뻐했습니다. 아시다시피, 기쁜 소식은 하나

* 하나님의 영(靈), 성령을 일컫는다.

님이 먼저 움직이셨다는 증거입니다. 하나님이 먼저 그들을 사랑하셨습니다. 그들은 이 선제적 사랑에 놀랐습니다.

위대한 고전 신학자 성 아우구스티누스는 하나님의 선제적 사랑을 이처럼 갑자기 경험하고 좀 더 지적으로 반응했습니다. 아우구스티누스는 강렬하고 열렬하게 하나님을 추구한 사람이었습니다. 그는 인간에게 천국으로 향하는 길을 약속한 당대의 거대한 종교운동에 참여했는데, 그것은 당시 유행하던 아리아드네의 실이라고 할 수 있겠습니다. 그 종교는 오컬트 점성술, 정화의식, 과도하게 지성적인 철학, 마술이 혼합되어 매우 복잡했습니다. 그것의 가르침대로 사는 것은 고사하고 내용을 이해하는 것만도 아주 힘들었습니다. 하지만 아우구스티누스는 자신의 종교에 진지했습니다. 그래서 그 종교 체계로는 미궁에서 벗어날 수 없다는 사실이 분명해졌을 때 그의 좌절과 실망은 더욱 악화되었습니다. 그의 『고백록』을 보면 현대인의 영혼에 담긴 모든 불안과 좌절을 읽을 수 있습니다. 15년가량의 분투와 실험을 거친 어느 날, 그는 피곤하고 지친 상태로 이탈리아 밀라노의 어느 정원에 앉아 있었습니다. 그곳에서 문득 성경을 집어 들고 읽고 싶다는 충동을 느꼈습니다. 그의 눈에 들어온 것은 로마서의 다음 구절이었습니다. "오직 주 예수 그리스도로 옷 입고 정욕을 위하여 육신의 일을 도모하지 말라"롬 13:14. 그다음에 그는 이렇게 말합니다. "이 구절을 읽자 평온의 빛이 바로 내 마음에 들어와 의심의 모든 어두운 그림자를 몰아냈습니다."[93]

아우구스티누스는 자신 안에 새 생명이 들어오는 것에 놀랐으며, 자기 안에서 일하시는 하나님과 대면했고, 하나님의 은혜에 압도되었습니다. 하나님의 사랑이 그가 그토록 증오하던 심연에서 그를 건져 내고 구출했기 때문입니다. 아우구스티누스는 사람들에게 그것을 설명할 때, 자신보다 앞서 행하시는 하나님을 이야기했습니다. 그가 의롭게 되기 전에 하나님이 그를 사랑하셔서 그의 구원을 계획하셨고 그의 삶에 은혜를 부어 주셨습니다. 하나님은 그보다 앞서 행하셨습니다. 이렇게 해서 그의 가장 유명한 교리인 예정론이 탄생했습니다.

이 교리는 불운을 만났습니다. 예정론이라 하면 우리 머리에는 지옥에 있는 아기, 기분에 따라 사람들을 영벌에 처하거나 구원받도록 선택하는 제멋대로인 하늘의 독재자가 떠오릅니다. 그러나 그것은 이 위대한 학자의 펜에서 처음 흘러나온 행복한 선언을 악의적으로 패러디한 내용임이 분명합니다. 너무나 열심히 애썼던 사람, 인간의 힘으로 미궁에서 벗어나려는 당대의 종교에 마음과 젊음을 바쳐 헌신했지만 쓴맛만 봤던 사람, 이 사람은 하나님이 그를 구원하기 위해 이미 일하고 계셨음을 문득 깨닫고 깜짝 놀랐습니다. 그의 욕망을 미리 아시고 그의 구원을 예정하신 하나님을 알게 된 것입니다. 경험이 먼저 있었고 교리는 그다음에 나왔습니다. 그리고 수많은 이들이 같은 경험을 했기 때문에 이 교리는 보편적인 것이 되었습니다.

유아에게 세례를 주는 것도 같은 이유에서입니다. 우리가 하나님을 알거나 그분께 응답할 수 있기 전부터 이미 하나님이 우리 안에서 우리를 위해 일하고 계신다는 사실을 세상 앞에서 증언하기 위해서입니다. 하나님이 먼저 우리를 사랑하셨기에 우리가 그분을 사랑하는 것입니다. 유아세례는 (무엇보다도) 하나님의 은혜와 사랑이 그분에 대한 우리의 사랑보다 먼저 작용한다는 교회의 간증입니다.

이 선제적 사랑의 증거는 허다합니다. 초대 그리스도인들에게 갑자기 찾아온 기쁜 소식, 많은 악평에도 불구하고 끈질기게 유지되는 예정 교리, 유아에게 베푸는 세례, 요한이 기록한 복음서는 선제적 사랑을 뒷받침하는 방대한 개요라고 할 수 있습니다.

그래서 우리는 사랑합니다. 이 경험과 지식이 없었다면 우리는 결코 사랑할 수 없었으리라 요한은 말합니다. 이 사랑은 이전에 들어본 적 없는 특별하고 새로운 사랑이기 때문입니다. 우리는 가족과 친구, 우리를 사랑하는 이들을 다정하고 친근하게 대하는 법과 그들을 사랑하는 법을 잘 압니다. 그러나 이 새로운 사랑은 우리 마음에 자연적 사랑이 일어나지 않는 사람에 대한 구속적인 사랑입니다. 사랑할 만하지 않고 사랑스럽지 않은 이들을 향한 사랑입니다. 어느 오래된 복음성가에서 "길 잃은 가엾은 죄인"[94]이라고 표현한 이들을 향한 사랑입니다. 구원과 구속의 목표를 가지고 그들을 찾아 나서고 찾아내고 적극적으로 다가가는 사랑입니다. 이 모든 것은 무엇보다도 하나님이 하신 일입니다. 하나님이 먼저 사랑하셨습니다. 이것이 기쁜 소식입니다.

아멘.

교회 안에 계신 그리스도

그리스도의 평화가 여러분의 마음을 지배하게 하십시오. 이 평화를 누리도록 여러분은 부르심을 받아 한 몸이 되었습니다. 또 여러분은 감사하는 사람이 되십시오. 골로새서 3:15, 새번역

*

만약 누군가가 이곳에 서서, 여기 있는 모든 사람이 교회 안에 있다고 단호하게 말한다면, 무난하고 논의의 여지가 없는 주장으로 들릴 것입니다. 유치하고 뻔한 말이라고 생각할 사람도 있습니다. 이곳은 교회이고 우리 모두 분명히 교회 안에 있으니까요. 그러나 좋은 논증을 무엇보다 좋아했던 능숙한 변증가dialectician 사도 바울이 지금 살아 있다면 우리에게 [그 주장에 걸맞은] 논증을 제공했을 것입니다. 그는 우리의 [예배당] 건물이 대단하다고 생각하지 않을 것입니다. 우리가 서로 가까이 앉아 있는 것도 크게 개의치 않을 것입니다. 그는 우리가 이 건물 안에 있는지 없는지에는 관심이 없을 테고, 이 건물 안에 있는 것과 교회 안에 있는 것을 동일시하는 생각이 타당한지 의문을 제기할 것입니다. 바울이 이야기하고 싶어 했던 것은 교회 안에 계신

그리스도였습니다.

교회는 정의상 그리스도가 계시는 곳이자 그리스도인들이 있는 곳, 즉 그리스도와 하나가 된 남자와 여자, 그리스도 안에 있는 남자와 여자입니다. 그리스도 안에 있는 모든 사람은 교회라는 새로운 피조물로 빚어집니다. 바울은 교회가 그리스도의 몸이고골 1:24 그리스도께서 이 몸의 머리라고 말합니다. 교회는 그리스도를 머리로 하는 그리스도인들의 통합체(즉, 유기적으로 기능하는 하나의 몸이 된 그리스도인들)입니다.

바울이 생각하는 교회의 핵심은 그리스도 안에 존재하고 그리스도께서 그 안에 임재하시는 것입니다. 그리스도 안에 있지 않으면 교회는 존재할 수 없습니다. 건물, 사람들, 프로그램, 목표, 평판, 전통, 이 모든 것은 교회와 아무 관련이 없습니다. 그리스도께서 그 안에 계시고 지체들이 그리스도 안에 통합되어 있을 때만 우리는 영적인 실체를 가진 교회에 대해 말할 수 있습니다.

그러나 오늘날에는 교회를 이런 식으로 말하지 않습니다. 지금은 교회에 대한 바울의 생각과 상당히 다른 말과 글이 엄청나게 나오고 있습니다. 그중에는 교회에 대한 새로운 연구, 최종 선언도 있지만, 안팎에서 쏟아지는 교회 비판이 대부분입니다.

교회의 잘잘못에 다들 의견이 있는 것 같고, 대부분의 의견은 결국 어떤 식으로든 활자화됩니다. 이들 외부 비판자들 중 상당수가 바울과는 다른 방식으로 교회를 어떻게 바라보고 있는지 주목해 보십시오. 저는 그들의 대화 몇 가지가 이렇게 펼쳐질 거라고 상상합니다.

사회사업가. 저는 수중에 사회를 변화시키려고 노력합니다. 그런데 제 일을 가장 크게 방해하는 이들이 누군지 아십니까? 여러 교회와 '선량하고 견실한 교인들'입니다. 교회 당회가 슬럼가 철거 사업에 관심을 갖게 하려고 시도해 본 적이 있습니까? 저는 지난주에 해봤습니다. 그런데 당회원의 절반이 슬럼가에 부동산을 보유하고 있었고, 거기서 나오는 수입이 줄어들 만한 사업에는 참여하지 않으려고 했습니다.

진실한 사람: 저는 정직하고 싶습니다. 그래서 교회에 있을 수가 없습니다. 그리스도인들은 주일마다 정색을 한 '종교적인' 얼굴로 일어나 이렇게 찬양합니다. "우리는 분열되지 않고 모두 한 몸입니다." 분열되지 않았다고요? 그리스도인들은 셀 수 없을 만큼 많은 조각으로 나뉘어 있습니다. 그들은 '그리스도 예수 안에서 하나'라는 경건한 문구를 되풀이하지만, 그런 말을 하는 일요일 아침 11시에 미국은 최악의 분열 상태에 있습니다.

세상의 상태에 대해 마음이 불안한 사람: 교회에서 제가 무슨 말을 듣느냐고요? 원수를 사랑하라는 무의미한 말, 진주문 또는 최후의 심판 운운하는 말도 안 되는 소리들을 잔뜩 들어요. 저는 앞으로 10년이 걱정입니다. 우리는 그 안에 세상을 폭파시켜 산산조각 내지 않을까요? 전쟁이 일어나지 않을까요? 교회는 이런 일들에 대해 왜 아무것도 하지 않지요?

지성인: 신경을 읊고 찬송가를 부르고 성경을 읽는 사람들 중에서 자기가 무엇을 하고 있는지 조금이라도 아는 사람은 10퍼센트도 안 될 거라는 것이 분명합니다. "그는 지옥에 내려가셨다.…그는 하늘로 올라가셨다." 이게 무슨 허튼소리입니까? "세 위격으로 계신 하나님, 복되신 삼위일체." 무슨 이런 계산이 있답니까? 그리고 저는 '창세기의 신빙성과 요나가 잡아먹힌 이야기'를 믿을 수 없어요. 저는 과학책을 아주 많이 읽었거든요.[95]

그런데 이런 비판과 평가를 듣는 그리스도인은 그중 많은 내용의 진실성을 부정할 수 없고, 언급되는 대부분의 죄에 자신이 연루되었다는 명백한 사실을 회피할 수도 없습니다. 하지만 그는 이 비판자들이 교회에 관한 참 본질을 집어내지 못하고 있다는 생각을 합니다. 그들은 바울이 말하는 '교회 안에 계신 그리스도'(그들의 경우에는 '교회 안에 계시지 않는 그리스도'가 되겠지요)를 보지 못하고 있습니다. 바울은 교회의 상황을 모르지 않았고, 교회에 대한 그의 비판 중 몇 가지는 우리가 방금 읽은 것보다 훨씬 파괴력이 있습니다. 하지만 그는 여전히 교회를 사랑했습니다. 교회가 아무리 엉망으로 보여도 여전히 그리스도께서 거하시는 곳이었기 때문입니다. 중세의 옛 필사본에서 이런 글이 발견되었습니다. "교회는 노아의 방주와 같다. 바깥의 폭풍우가 아니라면 내부의 악취를 견딜 수 없을 것이다."

바울은 서신에서 교회에 대해 자주 이야기했습니다. 에베소서는 교회의 의미를 아주 자세히 설명합니다. 고린도서는 여러 실제적인 권징 문제를 명쾌하고 분명하게 다루었습니다. 가장 위대한 서신인 로마서는 하나님의 목적 안에서 교회를 장기적인 관점으로 보여주었습니다.

그러나 골로새서를 읽으면서 우리는 바울의 주된 관심이 그리스도를 설명하는 것임을 발견했습니다. 설명의 핵심을 간단히 요약하면 "오직 그리스도만이 모든 것이며, 모든 것 안에"골 3:11, 새번역 계신다는 것과 그분이 만물의 완성이시라는 것입니다. 그리스도는 중심이자 둘레이시며 그분이 없으면 모든 것이 무너지고 무의미해집니다. 오늘날 수많은 것이 무너지고 무의미해지는 이유는 바로 그분을 모르기 때문입니다.

그러나 다른 주제들을 주로 다루는 골로새서에서도, 그리스도에 대한 설명에서 밝혀진 빛의 일부가 교회를 비춰 줍니다. 그리스도 안에 있으면서 성령의 역사로 새로운 한 몸을 이룬 남녀 집단이 언급되고, 그 언급의 맥락은 적절하고 교훈적입니다.

바울은 그리스도 안에 있는 남녀로서 실천해야 할 우리의 개인적 행동을 이야기한 다음, 집단적 행동으로 넘어갑니다. '한 몸의 지체', 즉 교회로서 어떻게 살아야 하느냐는 이야기입니다. 그리고 그는 두 가지 명령을 제시하는데, 돌이켜보면 이 둘은 마치 참된 교회의 표지처럼 보입니다. 두 명령은 평범하고 소박하게 들리지만, 그 어떤 장황한 말과 조언, 비판에서도 볼 수 없는 단순함과 진정성이 있습니다. 그리고 공동의 삶에 다가와 교회 안에 있는 그리스도의 원리를 중심으로 우리를 개혁할 수 있는 힘을 가지고 있습니다. 두 가지 명령은 이것입니다. "그리스도의 평화가 여러분 마음의 결정권자가 되게 하십시오.… 감사하는 사람이 되십시오"골 3:15, 역자 사역.

"그리스도의 평화가 여러분 마음의 결정권자가 되게 하십시오." 이것이 어떤 그림인지 분명히 파악해 둡시다. 바울은 지금 우리에게 말하고 있습니다. 우리는 그리스도 안에서 공동의 삶을 나누고, 하나의 목표를 받고, 세상과 분리되어 특정한 종류의 삶에 헌신하는 상당히 큰 집단의 사람들입니다. 하지만 우리 모두는 여전히 개인이고 다들 상충되는 의견, 모순되는 감정, 상이한 배경을 가졌으며 다양한 정서적 반응을 보입니다. 이런 상황이 말해 주는 가장 확실한 것은 우리가 조화를 이루지 못하리라는 것입니다. 그래서 우리는 외부의 권위가 필요합니다. 무언가 또는 누군가가 우리를 같은 방향으로 이끌어야 합니다. 우리에게는 "결정권자"가 필요합니다.

여기 나오는 "결정권자"arbiter라는 단어는 바울의 경기용어 중 하나입니다. 좀 더 관용적인 번역어는 '심판'umpire, referee이 되겠습니다.

이 결정권자는 그리스의 체육대회에서 질서를 유지하고, 규칙을 집행하고, 선수들 사이에 의견 차이가 있을 때 결정을 내리고, 상을 수여하는 사람입니다. 경쟁심과 의지가 강한 운동선수들이 모인 곳에는 시비를 가리고 진상을 객관적으로 파악할 심판이 꼭 있어야 합니다. 바울은 우리가 치열한 경쟁을 벌이는 운동선수 집단과 매우 흡사하다는 것을 알고 심판의 이름을 거론합니다. 바로 그리스도의 평화입니다.

바울이 그리스도라고만 하지 않은 것이 이상하지 않습니까? 그러나 그리스도의 평화는 설명하는 바가 더 많은 명칭이고 상황에 꼭 들어맞습니다. 평화는 모든 일이 잘 풀릴 때 우리가 개별적으로 경험하는 영혼의 안정만이 아닙니다. 평화, 곧 그리스도의 평화는 창조된 온 우주가 조화롭게 협력하는 것을 말합니다. 하나님은 우주적 목적을 가지고 일하시고, 우리 개개인의 평화는 이 전체 목적의 일부일 뿐입니다. 우리의 차이를 해결하는 규칙은 주어진 문제에 대한 여러분이나 저의 느낌이 아니라, 전체를 아우르는 이 평화가 되어야 합니다.

저는 가을과 겨울 몇 달 동안 청년회 농구팀 코치를 맡습니다. 토요일 오전마다 교회 청년들과 함께 모여 근처 체육관에서 연습 경기를 합니다. 농구 경기를 할 때는 심판을 세워 경기 질서를 유지하고, 규칙을 집행하고, 양 팀 선수들이 서로 공격하지 못하게 막는 일이 꼭 필요합니다. 하지만 매주 토요일 아침마다 심판을 고용하기에는 비용이 많이 들고, 경기에서 뛰는 특권을 포기하고 심판 역할을 하려는 사람도 없습니다. 그래서 우리는 반칙한 사람이 알아서 파울 선언을 하기로 정했습니다. 모든 선수가 경기 규칙을 알고 있으니 각지 그 규칙을 스스로에게 적용하기로 한 것입니다. 수비 선수가 슛을 시도하는 상대 팀 선수에게 반칙을 하면 자신에게 파울을 선언합니다. 공이 경기장 밖으로 나가면 마지막으로 공을 건드린 사람이 그 사실을 인정합니다. 우리 모두는 알려진 규칙에 따라 같은 경기를 하면서 그 규칙을 지키기로 다들 동의합니다. 농구 규칙이 우리 마음에서 결정권자, 심판이 되게 한다고 말할 수 있겠습니다. (이 방식은 상당히 잘 작동합니다. 청년들은 한결같이 정직합니다. 하지만 농구 규칙집을 읽은 지 꽤 되는 사람들이 때때로 규칙에 둔감해지는 것은 너무나 자연스럽습니다.)

이와 비슷한 맥락에서 바울은 그리스도께서 거하시는 교회인 우리에게 '그리스도의 평화가 여러분 마음속 결정권자가 되게 하라' 고 촉구합니다. 우리는 하나님의 목적, 영원토록 조화로운 하나님의 뜻을 알기에, 자신이 잘못했을 때 각자 파울 선언을 하고 그분의 통치 아래에 우리 삶을 둡니다. 그리하여 모두가 순조롭고 중단 없이 협력할 수 있게 됩니다.

두 번째 명령은 '감사하는 사람이 되라'는 것입니다. 우리는 수가 많지만 그리스도를 머리로 하는 한 몸으로 결합되어 있음을 다시 한 번 기억하십시오. 우리에게 생명의 근원은 하나이지만 그 생명을 표현하는 방법은 다양합니다. 이 새 생명을 구체적인 말과 엄격한 행동으로 표현하도록 낱낱이 지시한다면, 우리의 개성이 파괴될 것입니다. 하지만 바울은 우리 각자가 무슨 일을 하든 [한 몸의] 일관성을 유지하고 일치된 증거를 보여줄 수 있는 방법을 제안합니다. "감사하는 사람이 되십시오." 이 명령에 순종하면 우리의 중심이 그리스도이심을 검열이나 통제 없이 참되고 건강하게 표현할 수 있습니다.

바울은 골로새서 앞부분에서 이렇게 썼습니다. "그러므로 너희가 그리스도 예수를 주로 받았으니 그 안에서 행하되 그 안에 뿌리를 박으며 세움을 받아 교훈을 받은 대로 믿음에 굳게 서서 감사함을 넘치게 하라"골 2:6-7. 뿌리를 박는 일로 시작해서 감사로 끝나는 것에 주목하십시오. 우리 안을 가득 채워야 할 감사의 직접적 원인은 우리가 그리스도 안에 있고 그리스도께서 우리 안에 계시는 것입니다.

T. S. 엘리엇은 교회를 다룬 희곡 『반석』*The Rock*에서 이렇게 썼습니다. "교회는 끊임없이 세워져야 합니다. 교회는 끊임없이 내부에서 썩어 가고 외부로부터 공격을 받기 때문입니다."[96] 우리가 처음에 소개했던 교회에 대한 비판의 소리는 이 부패를 일부 반영하고 공격을 일부 드러냈습니다. 바울은 두 가지 명령을 통해 공격에 대한 강력한 방어책과 부패를 막을 확실한 예방책을 알려 주었습니다.

'그리스도의 평화가 여러분 마음속 결정권자가 되게 하라'는 명령은 외부의 공격에 대한 강력한 방어책입니다. 그리스도의 평화만이 우리가 인정하는 유일한 규칙, 유일한 심판입니다. 그 외의 어떤 목소리, 낯선 권위, 외부 불순분자의 리더십, 괴롭히는 요구, 사사로운 개인의 이기심도 우리의 행동에 영향을 미치지 못합니다.

"감사하는 사람이 되십시오." 이것은 부패를 막을 확실한 예방책입니다. 그리스도 안에 뿌리박을 때 우리는 그분의 사랑과 은혜로 빛납니다. 예수님의 구속 사역에 닻을 내리면 감사로 충만해질 수 있습니다. 그리스도 안에 있기 때문에 우리 삶에 기쁨이 있고, 이 기쁨이 삶의 뿌리에도 꼭대기에도 다 있기 때문에 어떤 부패도 시작될 수 없습니다.

그리스도만이 모든 것이고 모든 것 안에 계십니다. 그리고 그리스도는 교회 안에 계십니다. 그에 따른 결론은 상쾌하고 간결합니다. "그리스도의 평화가 여러분 마음의 결정권자가 되게 하십시오. 이 평화를 누리도록 여러분이 부름을 받아 한 몸 안에 있게 된 것입니다. 여러분은 감사하는 사람이 되십시오"골 3:15, 역자 사역.

아멘.

하나님의 광채, 그분의 의

그러나 이제는 율법과는 상관없이 하나님의 의가 나타났습니다.

그것은 율법과 예언자들이 증언한 것입니다. 로마서 3:21, 새번역

*

전위 연극계에는 길고 음울하고 지루한 연극이 하나 있습니다. 일부 교인들은 이 연극이 하나님 앞에 있는 인간의 자세를 임상적으로 정확하다 할 만큼 잘 묘사한다고 보았습니다. 이 작품은 사무엘 베케트가 쓴 『고도를 기다리며』입니다. 두 부랑자가 두서없는 대화를 나누며 시간을 보내면서 누군가를 하염없이 기다립니다. 무대는 황량합니다. 나무 한 그루, 앉을 수 있는 통나무 하나, 사람 하나 지나갈 만한 길이 전부입니다. 줄거리는 변형이나 변화 없이 단조롭습니다. 두 남자의 대화가 끊이지 않고 길게 이어집니다. 그들은 갈 곳이 없습니다. 인생에 더 나은 무언가가 있을 거라고 생각하지만, 그것이 무엇인지는 실마리조차 찾지 못합니다. 그래서 신이 오기를, 와서 삶의 단조로움과 무의미함을 깨뜨려 주기를 기다립니다. 그런데 그들에게는 더 큰 고민이 있습니다. 신이 왔을 때 못 알아보면 어쩌나 하는 것입

니다. 머리로 온갖 것을 떠올려 보지만, 자기 너머의 일을 생각하고 그에 대해 이야기를 나누는 데는 영 서툽니다. 그들은 신의 부재로 불안하지만, 기대하는 신의 임재 때문에 못지않게 불안합니다. 신을 못 알아볼까 봐 말이지요.

이 연극은 우리 자신과 하나님의 부재에 대한 비유입니다. 우리는 신의 부재에 당혹스러워하고 정작 신이 올 때 신을 놓칠까 봐 불안해하는 부랑자들입니다. 신이 나타나도 나타나지 않아도, 우리는 괴롭습니다. 그러나 신이 나타날 가능성은 불안과 혼란으로 우리를 더 크게 위협합니다. 하나님의 임재와 부재 모두 우리 삶의 깊숙한 곳에 자리 잡은 어려움입니다.

그런데 지금 우리는 브로드웨이가 아니라 로마서Romans에 있고, 마침 바울은 이 문제에 관심을 갖고 하나님 및 그분과 우리의 관계라는 주제를 다루고 있습니다. 바울의 사고와 이해라는 유리함이 우리에게 있으니, '로마에서는 로마서Romans가 하는 대로 하라'*는 격언에 따라 바울과 함께 생각해 봅시다. 가장 중요한 일들과 관련된 이 문제에서 바울의 인도를 받아 보자는 것입니다.

바울은 경구로 말하는 화법에 능하고 총체적 진리를 한 문장에 담아 내는 재주가 있습니다. 그리고 본문에서도 그렇게 합니다. "그러나 이제는 율법과는 상관없이 하나님의 의가 나타났습니다. 그것은 율법과 예언자들이 증언한 것입니다"롬 3:21.

'나타났다'manifested는 하나님이 부재하신다는 우리의 느낌에 답하는 단어입니다. 이 단어와 동일한 그리스어 어근에서 나온 영단어가 'phenomenon'입니다. 나타난다, 어떤 현상이 일어난다는 것은 보

* '로마에서는 로마인이 하는 대로 하라'는 격언에서 'Romans'(로마인, 로마서)의 중의적 의미를 활용한 말놀이.

여 줌, 드러냄, 전시가 있다는 뜻입니다. 다시 말해, 하나님은 자신의 어떤 것을 우리에게 보여주셨습니다. 그분은 부재하시지 않고 여기 계십니다. 우리는 그 증거, 그 현상을 볼 수 있습니다.

성경에는 이런 보여주심, 하나님이 자신을 드러내시는 현상을 가리키는 단어가 있는데, 이 단어는 번역하기가 아주 어렵습니다. 그리스어에서 이 단어는 '독사'*doxa*입니다. 송영Doxology을 부르는 우리에게 친숙한 느낌의 단어입니다. 이 단어는 흔히 '영광'으로 번역되는데, 근래에 학자들은 '광채'splendor라는 단어를 쓰고 있습니다. 찬란함, 번득임, 퍼져 나가는 빛, 희귀한 가치, 눈부신 순수함의 느낌이 전해져야 합니다. 이런 면에서는 광채가 다른 단어보다 나을지 모르지만, 이 단어를 쓰려면 각주가 필요할 것 같습니다. 그 각주에는 광채가 독사만큼 큰 단어는 아니고, 그만큼 폭넓은 암시와 만화경 같은 찬란함, 번득이는 빛을 담아내지는 못한다는 설명이 담겨야 할 것입니다.

그런데 우리가 이 단어에 주목하는 이유는 신중하고 간결하게 쓴 바울의 이 서신에서 개별 단어들이 가진 힘을 이해하기 위해서입니다. 우리는 바울이 속한 전통이 가진 힘을 어느 정도는 이해해야 합니다. 그 안에는 하나님이 자신을 보여주고 나타내신 사례들이 가득 담겨 있습니다. '광채'는 바울의 어휘에서 자주 등장하는 단어입니다. 바울이 하나님에 대해 아는 모든 내용에 광채가 엮여 들어가 있습니다.

성경의 앞부분에 광채의 화려한 사례가 있습니다. 모세는 시내산에 두 번째 올라가서 십계명 돌판을 새로 받았습니다. 모세는 최근 자신의 지도력에 하나님이 만족하시는지 여쭈었고(그렇지 못하다고 생각할 만한 이유가 있었으니까요), 만약 만족하신다면 하나님의 길을 보여 달라고 요청합니다 출 33:13. 그리고 이어서 이렇게 말합니다. "원하건대 주의 영광을 내게 보이소서" 출 33:18. 하나님은 그러겠다고 하시고 이렇게 말씀하십니다. "내 영광이 지나갈 때에 내가 너를 반석 틈에" 출 33:22 두겠다. 하나님은 모세가 바위틈에서 적절히 보호받게 하신 후, 자신을 드러내십니다. 놀랍고 눈부신 광휘 속에서 영광을 나타내시고 광채를 보여주셨습니다.

추가 증언이 시편 80편에 나옵니다. 이 시편은 강력하고 감동적인 기도입니다. 여기서 시인은 하나님께 세 번 외치는데, 그 기세가 흔들림이 없고 갈수록 더 강렬해집니다.

> 하나님, 우리를 회복시켜 주십시오.
> 우리가 구원을 받을 수 있도록,
> 주님의 빛나는 얼굴을 나타내어 주십시오 시 80:3, 새번역.

이 기도는 당시 사람들이 하나님에 대해 잘 알고 있음을, 자신을 나타내시고 빛을 비추시고 광채를 드러내시는 것이 하나님의 특징이라는 것을 알고 있음을 보여줍니다. 하나님이 필요하다고 느낄 때 가장 현실적인 기도는 그분의 영광을 나타내 주시기를 단순하고 직접적으로 구하는 것입니다.

유대인이었던 바울은 이스라엘의 역사를 바라보면서 아브라함부터 에스라에 이르기까지 하나님의 계시 행위, 곧 하나님이 그분을 드러내시는 구원과 심판이 사방에 있었음을 보았습니다. 역사에는 하나님의 활동이 뚜렷이 드러났습니다. 그 활동은 어김없이 하나님에 대해 말하고, 그분을 나타내고, 그분을 계시하는 역할을 했습니다. "비다와 폭풍 가운데 수 운행하시네."[97]

하나님은 우주의 숨겨진 관리자가 아니고, 수수께끼 같은 우주의 힘도 아니며, 자기를 감춘 불가사의한 존재도 아니었습니다. 하나님은 그분의 백성들 사이에서 알려진 신이었습니다. 하나님의 광채는 하나님이 자신을 보여주셨음을 의미합니다.

그러나 바울이 하나님의 광채로 가득한 전통의 계승자라고 해서 그가 살았던 세상도 하나님의 광채로 가득했다는 말은 아닙니다(우리는 흔히 그렇게 말합니다만). 사실 바울이 살았던 로마 세계는 지금 우리 세계와 매우 흡사했습니다. 신은 많았지만 자신을 드러내거나 자신의 뜻을 말하는 신이 아니었습니다. 이 신들의 특징은 부재함이었고, 고대 세계의 특성을 가장 잘 보여주는 종교적 기념물은 '알지 못하는 신에게' 바친 아테네의 제단이었습니다. 신에 대해 끊임없이 이야기하는 [『고도를 기다리며』의] 두 부랑자처럼, 고대 로마 세계는 신들에 대해 이야기하고 신들에 대한 소문을 전하고 끝없는 신학적 잡담에 참여했습니다. 그러나 신들은 분명하게 행동하지도 말하지도 않았습니다. 당시는 지금과 마찬가지로 부재의 시대였습니다.

로마서를 읽을 때는 두 가지를 염두에 두어야 합니다. 로마 세계는 신들에 대한 소문과 전설, 비밀로 가득했다는 것. 그러나 종교적 어둠과 미신과 신비의 세계이기도 했다는 것. 물론 유쾌함이 있었고 창의적 사고와 심오한 철학도 있었지만, 그 배후에는 어두운 그늘과 캄캄한 어둠이 있었습니다. 그리고 이 세계 한복판에 기독교 세계가 있었습니다. 기독교 세계는 이전부터 이어진 긴 빛줄기 끝자락에서 있었는데, 이 빛은 하나님을 보여주는 광채로 가득했습니다. 이 빛 속에는 명료함과 지식이 있었습니다. 사람들은 하나님을 신뢰할 수 있고 알 수 있었습니다. 그분은 강력하고 관찰 가능한 구원의 행위로 자신이 누구인지 드러내셨고, 사람들의 입을 통해 약속과 심판을 말씀하셨습니다.

그러므로 하나님의 의가 나타나고 드러났다는 바울의 말을 들을 때, 우리는 먼저 그가 소문과 징조와 혼란의 어두운 세계를 향해 말하고 있음을 명심해야 합니다(두 부랑자를 빠뜨리면 안 됩니다). 그리고 바울이 하나님의 광채가 빛나는 세계, 하나님이 자신을 나타내시고 장 칼뱅이 "눈부신 극장"[98]이라 부르는 세계에서 말하고 있다는 사실도 기억해야 합니다.

그러나 이런 의문이 듭니다. 하나님이 이렇듯 분명하게 자신을 드러내신다면, 왜 그렇게 많은 사람들이 그분을 보지 못할까요? 똑똑하고 지적이고 정직하고 섬세한 많은 사람들이 하나님이 보이지 않는다고 고백하는 모습은 부인할 수 없는 사실입니다. 누구도 의심할 수 없는 학식을 지닌 버트런드 러셀은 『나는 왜 기독교인이 아닌가』라는 에세이집을 출간했습니다.

우리는 다시 바울에게 도움을 청해 봅니다. 바울은 율법과 선지자들의 증언이 있긴 했지만 율법과는 별개로 하나님의 의가 나타났다고 말합니다. 그리고 그가 성경의 다른 책에서 분명하게 밝히다시피, 하나님의 의는 예수 그리스도를 의미합니다. 다시 말해, 바울은 하나님을 본다는 것은 지성이나 성실, 정직, 감수성의 문제가 아니라 한마디로 정확한 지점, 즉 예수 그리스도를 바라보는 문제라고 말하는 것입니다.

프랑스의 신비가 시몬 베유는 "완전한 주목은 완전한 기도"[99]라고 말했습니다. 미국의 시인 존 치아디John Ciardi는 "무엇에 주목하느냐가 결국 그 사람이 누구인지 말해 준다"라고 했습니다. 사도 바울은 그리스도께 온전히 주목할 때 하나님이 자신을 드러내시는 위대한 일을 보게 될 것이고, 그것에 믿음으로 반응할 때 새로운 피조물이 될 거라고 말합니다. 이후 기독교회는 줄곧 이 말씀을 기독교 신앙의 핵심 진리로 여겼습니다.

믿음이 없는 비그리스도인에게는 하나님이 그리스도 안에서 확실하고 결정적으로 자신을 드러내셨다는 생각이 엄청난 오만으로 보입니다. 하지만 그리스도께 온전히 주목하고 거기서 하나님의 광채를 본 그리스도인은 그런 생각을 평범한 논리에서 나오는 상식적인 사실로 여깁니다. 여기서 한쪽이 믿지 않는 이유와 다른 쪽이 믿는 이유를 이해하려고 하는 것은 본론에서 벗어난 일이 될 것입니다. 자신을 보여주시고 나타내시는 하나님에 대한 바울의 믿음, 기대, 경험이 예수 그리스도의 오심으로 결말과 절정에 이르렀고 결정적으로 선명해졌음을 이해해 보려는 것이 이 자리에는 적절합니다. 바울의 말을 빌리자면 "그[그리스도] 안에는 신성의 모든 충만이 육체로" 거하셨습니다골 2:9.

"하나님의 의"라는 바울의 문구는 그리스도께서 오심으로 정확히 하나님의 무엇이 드러나고 나타나는지 정의합니다. 의는 우리가 흔히 쓰는 단어가 아닙니다. 우리는 하나님의 속성, 즉 하나님이 어떤 분이신가 하는 관점에서 더 자주 이야기할 것입니다. 그러나 그러다 보면 바울이 의미하는 내용을 많은 부분 놓칠 것입니다. 성경의 '의'라는 용어에는 두 가지 측면이 있습니다. 먼저, 의는 최종적이고 궁극적인 옳음을 의미합니다. 이 절대적 진리에 비하면 다른 모든 것은 상대적입니다. 이것은 미국국립표준국Bureau of Standards*에 진공 불변의 상태로 보존된 도량형 원기(原器)**와 같습니다. 의는 옳은 것과 참된 것의 기본적이고 불변하는 기준이며 완전한 옳음입니다.

그러나 하나님의 의에는 또 다른 측면이 있습니다. 옳음의 이 절

* 현재는 미국국립표준기술연구원으로 이름이 바뀌었다.

** 단위 측정의 기준이 되는 기구.

대적 기준은 생명이 없고 수동적인 완벽한 원기 같은 물체가 아니기 때문에 이것과 연결된 움직임이 있습니다. 의는 모든 사람과 모든 것을 자기처럼 옳게 만들려고 시도합니다. 의에는 올바른 행동을 시작하게 하는 능력인 적극적 측면이 있습니다. 의는 자신이 흠잡을 데 없이 옳은 상태를 유지하는 것에 만족하지 않습니다. 의는 창의성을 발휘하여 변화를 추구하는데, 이 활동을 우리는 '하나님의 사랑'이라고 부르고, 이 활동이 성공하면 '구원'이라고 부릅니다.

바로 이 의가 예수 그리스도 안에서 분명하게 나타나고 드러났습니다. 그분은 우리에게 하나님의 본질을 정확하게 계시하시고 보여주셨습니다. 그러나 그리스도는 인간이 감탄하고 측정하고 그림으로 표현하기도 하는 일종의 박물관 작품처럼 하나님을 제시하는 데 그치는 분이 아니었습니다. 그분은 적극적이고 저돌적이고 창의적으로 인간을 하나님과의 긍정적인 관계로 이끌고자 하셨습니다. 말하자면 인간에게 의를 전하고자 하신 것입니다. 그리스도는 하나님이 어떤 분인지 보여주는 정교한 전시물이 아니라, 그분의 의를 사람들의 삶 깊숙이 퍼뜨리고자 움직이는 하나님의 의 자체였습니다. 그분은 진리이셨지만 사랑이기도 하셔서 잃어버린 자들을 구원하고자 하셨습니다. 그리스도를 통해 우리는 하나님이 절대 진리인 동시에 잃어버린 자들을 찾으시는 사랑이시라는 것을 압니다. 진리일 뿐이라면 차갑고 냉정하고 쌀쌀할 것이고, 사랑에 그친다면 감상주의에 불과할 것입니다.

니체는 진리를 지적으로 이해하는 데 머물지 않고 진리대로 산다는 개념을 강조했습니다. 그는 모든 진리는 "그에 따라 살 수 있는가?"라는 질문 앞에 서야 한다고 주장했습니다.[100] 우리는 하나님의 의를 이렇게 보아야 합니다. 추상적 개념으로 여기거나 철학자가 지력을 발휘할 주제로 생각해서는 안 됩니다. 하나님의 의는 그리스도 안에서 살아 움직이며 나타났습니다. 우주의 창조주이자 주권자이신 하나님은 사랑으로 우리에게 자신을 표현하시고, 우리가 그분의 의에 참여하도록 이끄십니다.

이것은 물론 로마서의 주제요, 하나님이 우리를 구원하려 하신다는 좋은 소식입니다. 그리고 예수 그리스도가 그 증거입니다. 바울의 말을 빌리면 "이 복음은 모든 믿는 자에게는 구원을 주시는 하나님의 능력"롬 1:16입니다.

처음에 만났던 두 부랑자에게 돌아가 봅시다. 기억하시겠지만, 그들은 두 가지 문제를 공유하고 있었습니다. 하나님의 부재로 불안해했고, 하나님이 오실 때 그분을 놓칠지 모른다는 생각 때문에 그분의 임재를 기대하면서도 더 불안해했습니다. 부랑자들은 기다리고 있지만 그 기다림에는 평온도 희망도 기쁨도 없습니다. 그들의 모습은 우리에 대한 비유입니다.

하나님은 자신을 보여주십니까? 만약 그렇다면 우리는 그분을 알아볼까요? 바울은 말합니다. "그렇습니다. 하나님은 자신을 보여주십니다. 그리고 예수 그리스도를 볼 때 우리는 하나님을 알아봅니다." 하나님은 분명히 자신을 나타내시고, 그것이 바로 그분의 광채입니다. 그 광채는 우리가 예수 그리스도 안에서 보는 의로 정의됩니다. 바울은 이것이 좋은 소식이라고 말합니다. 하나님의 임재, 그리고 그 임재와 자신의 관계를 깊이 생각해 본 사람이라면 누구에게나 분명히 좋은 소식입니다.

바울이 전한 복음, 이후 기독교의 하나님 가르침의 중심이 된 복음과 우리 삶의 관계는 우선 우리가 그것을 어떤 식으로 주목하느냐에 달려 있을 것입니다. 우리는 복음을 어른답게 주목할 필요가 있고 그래야 마땅합니다.

J. B. 필립스는 바울이 펼치는 생각에 어른답게 제대로 주목해 본 적이 없는 사람들이 엄청나게 많다는 점을 지적합니다.[101] 그들은 주일학교에서 그림 색칠을 그만두면서, 또는 세상을 다 아는 것 같던 대학교 2학년생의 치기로 모든 종교를 프로이트의 쓰레기통에 내다 버리면서 기독교의 주장을 더 이상 생각하지 않습니다.

바울의 글과 기독교의 진리는 그 이상의 주목을 받을 자격이 있습니다. 성숙한 정신의 지속적이고 체계적인 관심을 받을 자격이 있습니다. 하나님이 예수 그리스도 안에서 우리에게 그분의 진리와 사랑을 분명히 보여주셨다는 바울의 증언은 관심을 갖고 경청하는 남녀의 마음과 생활을 매 세기마다 사로잡았습니다. 그 증언은 우리의 마음과 생활도 사로잡고 변화시킬 수 있습니다.

하나님의 의가 그리스도 안에서 나타났습니다.

아멘.

제대로 이해하기, 단순하게 유지하기

이 뒤에 내가 다시 돌아와서, 무너진 다윗의 집을 다시 짓겠으니, 허물어진 곳을 다시 고치고, 그 집을 바로 세우겠다. 그래서 남은 사람이 나 주를 찾고, 내 백성이라는 이름을 받은 모든 이방 사람이 나 주를 찾게 하겠다. 이것은 주님의 말씀이니, 주님은 옛부터, 이 모든 일을 알게 해주시는 분이시다. 사도행전 15:16-18, 새번역

*

그리스도인이 된다는 것은 모든 것을 아우르며 드넓고 드높게 살고, 인간으로서 최선을 다하면서 지나간 우리의 모든 모습과 지금의 모든 면모와 앞으로의 모든 가능성에 두루 대처하는 것입니다. 다람쥐의 삶은 인간의 삶보다 훨씬 쉽습니다. 다람쥐는 기본적으로 먹을 것과 마실 것과 둥지, 그리고 사나운 매의 발톱을 피하는 문제만 대처하면 됩니다. 인간의 삶은 훨씬 복잡합니다. 훨씬 폭넓은 경험에 숙달되고, 폭넓은 관계를 발전시키고, 폭넓은 기술을 습득해야 합니다. 그러나 이 복잡하고 정교한 인간의 삶조차도 그리스도인의 삶에 비하면 단순합니다. 왜냐하면 그리스도인은 만물을 향한 뜻을 품고 계시

는 하나님과의 관계에 자발적으로 참여하고 모든 남녀가 형제자매인 공동체의 일원이 되는 일을 받아들이기 때문입니다. 그리스도인의 삶은 왜 갑자기 훨씬 복잡해질까요? 우리의 기본 환경을 구성하는 물질적·동물적·정치적 세계만도 복잡한데, 그리스도인은 영적 세계, 하나님의 세계 속에 있는 자신을 발견하기 때문입니다. 이 세계가 더해지면서 그리스도인이 다루어야 할 현실의 차원이 크게 증가합니다.

그리스도인이 되는 것보다 좋은 다람쥐가 되는 것이 더 쉽습니다. 그리스도인이 되는 것보다 좋은 미국인이 되는 것이 더 쉽습니다. 그리스도인이 되는 것보다 괜찮은 인간이 되는 것이 더 쉽습니다.

그렇기 때문에 그리스도를 따르기로 결심할 때 우리의 삶은 종종 더 어려워집니다. 그렇기 때문에 기독교회에서의 삶은 라이온스 클럽이나 오듀본 협회*가 회원에게 요구하는 것보다 더 많은 것을 요구합니다. 회비와 의무 같은 외부적 요구사항은 근본적으로 다르지 않지만, 내적인 요구사항은 전혀 다릅니다. 그리스도인에게는 믿음, 소망, 사랑, 즉 보이지 않는 것에 대한 끊임없는 관심, 미래를 향해 용기 있게 나아감, 타인과의 희생적이고 애정 어린 관계가 요구됩니다.

그리스도인 회중의 담임목사인 저는 이러한 현실을 대변하고 해석하고 이 맥락 안에서 사람들의 기대, 환상, 필요에 대처해야 할 책임이 있습니다.

저는 그리스도인의 삶이 멋지다고 생각합니다. 모두가 이 삶에 동참하면 좋겠습니다. 저는 그 누구도 다람쥐처럼 최소한으로 살거나 단순한 인간으로 사는 것을 원하지 않습니다. 때로는 그런 열의가 지나쳐서 광고업체들이 하듯 그리스도인의 삶에서 어려운 부분을 생략하고 말하기도 합니다. 그러다 성경을 읽으면서 믿음의 선조들이

* 미국의 야생동물보호협회.

어떻게 살았는지 다시 확인하고, 하나님에 대한 저의 반응이 얼마나 느리고 믿을 수 없는 것인지 기도 중에 다시 경험하고, 여러분과 대화하면서 여러분이 주님께 반응하는 것을 매일 방해하는 고통과 어려움을 깨닫습니다.

이렇게 정직을 요구하는 상황, 현실로의 복귀가 제게 하루에도 몇 번씩 일어납니다. 제가 사도행전 15장을 읽고 이 설교를 준비하는 동안에도 그랬습니다.

우리는 교회가 이런저런 어려움을 연이어 겪는 일에 익숙해지고 있습니다. 교회의 이야기에는 오롯이 황홀한 순간들이 있습니다. 하나님을 찬양하고, 모든 물건을 함께 나누고, 하나님께서 모든 것을 새롭게 만들고 계신다는 발견 앞에서 놀랄 때입니다. 그러나 그런 순간들은 혼란과 혼돈의 시기와 뒤섞여 있습니다. 차별적 관행과의 싸움, 추악한 탐욕과 사기와 위선, 응답되지 않는 것 같은 기도, 사랑을 이긴 폭력의 승리가 펼쳐집니다.

우리는 이 그리스도인 회중의 흔들림 없는 인내에도 익숙해지고 있습니다. 그리스도인들은 포기하지 않습니다. 자기 연민에 빠져 어찌할 바를 모르지 않습니다. 자신이나 서로를 애처롭게 여기지 않습니다. 맡았던 일을 그만두지 않습니다. 믿음과 사랑으로 계속 일합니다. 마침내 하나님의 뜻이 그들 안에서 이루어질 때까지 어려움을 극복하면서 하나님께 기도하고 서로 대화합니다. 그다음 그들은 다시 길을 떠나 여행의 다음 단계로 들어서고 우리가 그렇듯 순례를 이어 갑니다.

그래서 우리는 사도행전 15장을 펼쳐 교회가 큰 어려움에 처한 것을 보고도 과히 놀라지 않습니다. 교회를 파괴할 듯 보이는 문제가 표면으로 드러났습니다.

이 대목의 사건은 다음과 같습니다. 최초의 회중이었던 예루살렘 교회는 기본적으로 유대인들로 이루어졌습니다. 예수님이 유대인이셨고, 열두 사도도 유대인이었고, 1세대 개종자들이 사실상 전부 유대인이었습니다. 그들은 히브리어 성경을 알았고, 과거 2천 년 동안 이어져 온 히브리인들의 이야기와 관습, 의식(儀式)을 받아들였습니다. 그들은 예수의 삶을 그 과거의 성취로 경험했습니다. 예루살렘의 지도자는 베드로와 야고보였습니다.

예루살렘에서 북쪽으로 5백여 킬로미터 떨어진 곳에 위치한 선교적 회중이었던 안디옥 교회는 대부분 이방인들로 이루어졌습니다. 그리스인과 시리아인, 터키인과 이집트인, 유럽인, 아시아인 등 다양한 이교적 배경을 가진 사람들이 모였습니다. 그들은 예수의 삶을 미신과 폭정에서의 구출로 경험했습니다. 안디옥의 지도자는 바울과 바나바였습니다.

두 교회는 한 가지 사실에 동의했습니다. 예수 그리스도가 주와 구주라는 사실에 말입니다.

기독교의 핵심 메시지와 그것이 진리임을 확증하는 경험이 있습니다. 하나님이 그분의 창조세계, 그분의 백성, 우리 모든 사람을 적극적으로 사랑하신다는 것과 그 사랑을 보이고 실행하시고자 예수 그리스도 안에서 인간의 조건을 수용하고 우리를 구원하신다는 것입니다. 구원은 사상이나 예술이 아닌 살과 피의 영역이고, 인간 조건의 모든 세세한 부분에서 이루어집니다. 하나님의 사랑과 뜻은 먼저 예수님의 몸과 두뇌에서 이루어지고, 그다음 우리 몸과 두뇌에서도 이루어집니다.

그렇습니다. 조금만 인생을 살아보면 인간이란 온전히 혼자 힘만으로 살 수 없는 존재임을 알게 됩니다. 우리는 도움이 필요합니다. 그리스도인은 하나님이 우리의 도움이시고, 하나님이 도우시는 방법을 예수 그리스도 안에서 볼 수 있다는 것을 경험합니다. 예수님 이야기는 우리의 이야기를 명확하게 해줍니다. 그리스도의 경험은 우리의 경험을 치유하고 성취합니다. 모든 것이 연결됩니다. 의미들이 곳곳에서 드러납니다. 우리는 우리의 목적과 운명을 엿보게 됩니다.

바로 이것을 유대인들은 예루살렘에서, 이방인들은 안디옥에서 경험했고, 우리는 벨에어에서 경험합니다.

그런데 그들이 공통적으로 경험했던 영광이 다툼으로 흐려졌습니다. 열렬한 예루살렘 그리스도인들이 자청해서 5백 킬로미터 가까운 여행에 나서서 안디옥으로 갔습니다. 그들은 그곳 이방인 회심자들에게 그리스도를 받아들이는 것만으로는 충분하지 않고 할례, 정결규례에 따른 식사, 선행 같은 유대인의 모든 방식도 받아들여야 한다고 선언했습니다. 다시 말해, 그리스도인이 되려면 먼저 훌륭한 유대인이 되어야 한다는 것이었습니다.

안디옥의 그리스도인들은 이렇게 항의했습니다. "우리는 그렇게 배우지 않았습니다. 바울과 바나바는 우리에게 그렇게 전하지 않았습니다. 그들은 우리에게 예수님이 길이라고, 그것이 전부라고 말했습니다. 하나님은 누구도 편애하지 않으시고, 어떤 전제 조건도 요구하지 않으신다고 들었습니다. 회개하고 믿으면 구원을 받습니다. 아무 조건도 붙지 않습니다."

예루살렘 그리스도인들의 관심사는 이야기를 제대로 이해하는 데 있습니다. 처음부터 시작하지 않으면 어떻게 이야기를 바로 이해할 수 있겠습니까. 한 번의 대화로는 한 사람을 정확하게 이해할 수 없습니다. 그 사람의 혈통, 어린 시절의 경험, 사춘기의 성장 과정, 직장 경력, 가족 간의 관계를 알아야 합니다. 사람을 이해할 때 이렇다면 예수님에 대해서는 얼마나 많은 것을 알아야 하겠습니까? 예수님이 성취하신 구약의 이야기와 실천에 푹 잠기지 않고는 누구도 예수님을 이해할 수 없습니다. 예수님이 꽃이라면 유대교는 줄기와 잎, 근계와 토양입니다.

안디옥 그리스도인들의 관심사는 복음 이야기를 단순하게 유지하는 것입니다. 사진첩을 다 끄집어내어 사람들에게 옛날 사진들을 보여주고 사진 속의 사촌, 할머니, 할아버지, 삼촌, 고모, 마을 사람들이 과거에 무슨 일을 했는지 상세히 말한다면, 어떻게 이야기를 단순하게 유지할 수 있겠습니까? 기독교 복음의 특별함은 예수님이 내가 있는 바로 그 자리에서 나를 받으시고 내 삶의 재료로 새로운 이야기를 창조하신다는 것입니다.

두 가지 관심사는 모두 타당했습니다. 문제는 양측 모두 자신들의 옳은 부분만 볼 수 있었다는 것입니다. 그들은 논쟁했습니다. 토론했습니다. 예루살렘 교회의 지도자인 베드로가 안디옥 측을 대변하는 연설을 하자 상황이 조금 풀리기 시작했습니다. 야고보는 예루살렘 교회와 안디옥 교회가 열정적으로 쏟아 내는 각각의 관심사에 귀를 기울였습니다. 그는 경청하고 숙고하고 기도했습니다. 그러고 나서 그가 찾아낸 해결책은 지금도 우리를 이끌어 줍니다.

야고보가 내린 결정은 바로 이것입니다. '우리는 서로가 필요하다. 하지만 우리는 서로에게 자신의 생각을 강요하지 않을 것이다. 그리스도가 중심이시다. 예루살렘도 중심이 아니고 안디옥도 중심이 아니다. 그리스도가 중심이시다.'

아멘.

우리의 일 가운데 계신 그리스도

무슨 일을 하든지 사람에게 하듯이 하지 말고, 주님께 하듯이 진심으로 하십시오. 여러분은 주님께 유산을 상으로 받는다는 사실을 기억하십시오. 여러분이 섬기는 분은 주 그리스도이십니다.

골로새서 3:23-24, 새번역

*

1666년, 프랑스의 18세 청년이 기독교로 회심했습니다. 그의 이름은 니콜라 에르망입니다. 군인이었던 그는 어느 집의 심부름꾼으로 일했고 "만지는 것마다 다 망가뜨리는 심각한 얼치기"[102]였다고 자평했습니다. 자신의 삶이 뭔가 유용한 일에 쓰이기를 바라면서 수도원으로 들어갔지만 기술도 없고 글도 몰랐기 때문에 수도원에서 가장 천한 일들을 맡게 되었습니다. 결국 그는 수도원의 요리사가 되었고 죽을 때까지 요리사로 일했습니다. 그는 하인의 지위를 벗어나지 못했습니다. 수도원에서는 그를 로렌스 형제라고 불렀습니다.

3백 년이 지난 지금도 우리가 로렌스 형제를 아는 이유는 그가 일의 세계를 예배의 세계로 바꾸는 데 놀랍게 성공했기 때문입니다.

그의 주방은 그에게 대성당이었습니다. 아주 평범한 환경에서, 내세울 만한 재능이 없던 로렌스 형제는 "자신의 일 가운데서" 하나님의 임재를 연습하는 법을 배웠습니다. 그는 "하나님을 사랑하기 때문에, 다른 어떤 것도, 심지어 하나님이 주시는 선물조차 바라지 않고 오직 그분만을 구하면서 바닥에 떨어진 지푸라기 하나를 주울 수 있었을 때 기뻤다"고 했습니다. "내게 일하는 시간은 기도하는 시간과 다르지 않습니다. 시끄럽고 소란스러운 주방에서 여러 사람이 동시에 내게 각기 다른 일들을 요구하며 소리를 높여도, 무릎을 꿇고 복된 성찬을 받을 때처럼 너무나 평온하게 하나님을 소유합니다."[103] 우리는 이 대단히 서툰 사람이 하나님의 영광을 위하여 팬케이크를 뒤집고 자연스러운 경배의 행위로 설거지를 하는 모습을 그려 보게 됩니다.

로렌스 형제는 사도 바울이 골로새서에 제시한 규칙을 자신의 삶에서 실현했습니다. 그 규칙은 다음과 같습니다. 삶의 모든 것이 거룩하다, 일과 예배는 분리될 필요가 없다, 우리가 일하는 시간은 하나님의 시간이다, 우리가 일하는 데 쓰는 인생의 많은 부분은 그리스도를 발견할 전략적 시간이다. "무슨 일을 하든지 사람에게 하듯이 하지 말고, 주님께 하듯이 온 마음을 다하여 하십시오. 여러분의 섬김에 대한 상으로 유산을 주실 주인이 계심을 기억하십시오. 그리스도께서 그 주인이십니다"골 3:23-24, 역자 사역.

이것은 성경 전체의 가르침이 분명합니다. 성경의 위대한 시편 중 하나인 90편은 이렇게 결론을 내립니다. "주 우리 하나님, 우리에게 은총을 베푸셔서, 우리의 손으로 하는 일이 견실하게 하여 주십시오. 우리의 손으로 하는 일이 견실하게 하여 주십시오"시 90:17. 시편 기자는 일에서 구해 달라거나, 일이 불쾌한 무엇이라도 되는 듯 계속 일할 수 있게 은혜와 힘을 달라고 기도하지 않습니다. 자신의 일이 하나님의 복을 받는 좋은 일이 될 수 있도록 승인해 주시고 굳게 세워 주시도록 기도합니다.

예수님은 목수이셨습니다. 말씀을 전하고 치유하고 가르치는 공적 사역보다 목수 일을 하는 데 훨씬 더 많은 세월을 보내셨습니다. 그분의 공적 사역은 길어야 3년이었고, 어쩌면 그보다 짧았을 것입니다. 목수로 일하신 기간은 최소한 18년이고 어쩌면 더 길었을지도 모릅니다. 사도 바울은 장막 만드는 일을 직업으로 삼았고, 우리가 아는 한 평생 그 일을 계속했습니다. 신약성경에 실린 서신들을 쓰는 일보다 장막 만들기에 더 많은 시간을 들였을 것이 분명합니다. 장막 만드는 일이 하나님께 덜 중요하다거나 그 일을 하나님이 덜 기뻐하신다고 생각하고 그 일에 쓰는 시간을 아까워했다는 암시는 전혀 찾아볼 수 없습니다.

그러나 교회가 일에 대한 이 교리를 전혀 이해하지 못한 듯 행동하기도 했다는 것은 인정해야 합니다. 사람들은 종교적 일(교회에서 한 일)과 세속적 일(나머지 모든 일)을 구분했습니다. 그리고 누구도 대놓고 말하지는 않았지만, 하나님의 일은 교회에서 하는 것이라는 분명한 암시가 있었습니다. 하나님의 부르심을 받은 사람은 목회의 길로 갔습니다만, 하나님이 누군가를 엔지니어로 부르신다는 말은 들어 본 적이 있습니까? 교회는 일과 신앙이 별개의 영역이 되도록 허용했습니다. 그 결과, 소위 세속적 일에 종사하는 사람들은 교회 일의 많은 부분이 자신과 무관하고 재미도 없다고 여깁니다. 삶의 10분의 9에 해당하는 영역에 영향을 주지 않는 일이라면 어떻게 흥미를 느끼겠습니까?

도로시 세이어즈는 이렇게 쓴 적이 있습니다.

교회가 지적인 목수에게 전하는 메시지는 흔히 여가 시간에 술 취하거나 방종하지 말고 주일에 교회에 나오라고 권하는 데 한정되어 있다. 그러나 교회가 그에게 '해야 하는' 말이 있다. 그의 종교가 그에게 제시해야 하는 첫 번째 요구는 좋은 식탁을 만들라는 것이다. 그는 예배에 잘 참석하고 점잖게 놀아야 하겠지만, 그의 삶과 직업에서 엉터리 목수노릇으로 하나님을 모욕하고 있다면 그 모든 일이 무슨 소용이겠는가? 감히 단언컨대, 나사렛 목수의 작업실에서는 비뚤어진 식탁 다리나 잘 맞지 않는 서랍 같은 것은 절대 나오지 않았을 것이다. 만약 그런 일이 있었다면, 하늘과 땅을 만든 손이 그것들을 만들었다고는 누구도 믿을 수 없었을 것이다.[104]

프랑스의 예수회 사제이자 세계 최고의 고생물학자가 된 피에르 테야르 드 샤르댕은 하나님과 관련하여 현대인과 그의 일이 가진 이런 문제 전체를 비판했습니다. 제가 볼 때 그는 17세기 로렌스 형제와 가장 가까운 20세기의 인물입니다. 그는 배수로를 파든, 사무실의 통상 업무가 더 효율적으로 이루어지도록 직원들을 조직하든, 회계사로서 숫자를 정리하든, 설교를 하든, 철학자로서 근거를 찾든, 과학자로서 사물의 본성을 탐구하든, 어떤 일을 하는 사람이든 그의 삶을 전적으로 신성하게 만든다는 비전이 있었습니다. 그러나 동시에 우리가 그 비전을 실현하는 것과는 거리가 아주 멀다는 사실도 인식했습니다. 그는 우리의 일에서 그리스도를 주인으로 모시는 데 실패하는 모습을 세 가지 유형으로 분류했습니다. 왜곡된 사람, 넌더리가 난 사람, 분열된 사람입니다.

'왜곡된 사람'은 사물과 일의 세계를 잊어버리려고 합니다. 하나님은 영(靈)이시므로 자신도 영이 되려고 노력합니다. 이 세상에 속하는 것처럼 보이는 모든 것을 억압하고 물리적 세계에 속한 것을 최대한 배제함으로써 순전히 종교적인 대상에만 관심을 집중하도록 자신을 몰아가야 한다고 느낍니다. "천국과 십자가를 믿는 사람이 어떻게 세상 직업이 가치 있다고 계속 진지하게 믿을 수 있습니까?"[105]

'넌더리가 난 사람'은 자신이 해야 한다고 느끼는 일과 세상이 그에게 강요하는 일이 달라서 내적 갈등으로 괴로워하는 사람입니다. 교회는 영적으로 살아야 한다고 조언하지만, 그에게는 물질적이 되어야 할 경제적 필요가 있습니다(가족을 부양해야 하니까요). 그래서 그는 결국 영적인 삶을 건너뛰고 철저히 인간적인 삶을 선택합니다.

가장 흔한 경우인 '분열된 사람'은 이해하려는 일체의 시도를 포기합니다. 그는 전적으로 하나님께 속하지도 않고 전적으로 세상에 속하지도 않습니다. 그가 보는 자신의 모습은 불완전하고 사람들이 보는 그의 모습은 진실하지 않습니다. 그러다 그는 결국 이중적인 삶을 현실로 받아들입니다.

우리의 일 가운데 계신 그리스도라는 바울의 이상은 철학적 공상을 하다가 떠오른 것이 아니라, 장막을 열심히 만드는 과정에서 배웠을 가능성이 훨씬 크다고 확신할 수 있습니다. 그리고 그는 그 이상을 골로새와 벨에어의 왜곡된 사람, 넌더리가 난 사람, 분열된 사람들과 나누고 싶어 합니다.

일에 대한 기독교 교리를 위협한 세력은 이미 골로새 교회에 들어와 모든 것을 혼란스럽게 만들고 복음을 뒤엎을 조짐까지 보이던 종교운동이었습니다. 고대 세계에서는 그 운동을 영지주의라고 불렀습니다. 영지주의는 기대했던 로렌스 형제 같은 사람들이 아닌, 왜곡된 사람, 넌더리가 난 사람, 분열된 사람들을 배출했습니다. 영지주의는 육체적·물질적인 세계는 악하고 지혜와 지식의 영적 세계는 선하다고 가르쳤습니다. 육체적 세계는 악하기 때문에 피해야 하고, 영적인 사람이 되기 위해서는 종교생활의 모든 비밀을 전수받아야 했습니다. 영지주의는 이 모든 주장을 뒷받침하는 복잡한 철학적 근거를 제시했고 교회에 심각한 위협이 되었습니다. 이런 주장의 실제적인 결과는, 육체적 세계는 하나님의 길에 전혀 중요하지 않고 실제로 구제불능이기 때문에 영적인 사람은 그에 대한 책임이 전혀 없다는 생각으로 나타났습니다. 그에게는 어떤 윤리적 규범이나 법규도 적용되지 않았습니다. 영적인 사람은 오로지 임금을 받기 위해 가능한 한 빠르고 얄팍하게 일을 끝낸 다음, 영지주의 교우들과 함께 영적 세계를 논하고 그 세계에 참여하기 위해 자리에서 일어날 것입니다.

이것은 하나님이 피조세계를 구속하기 위해 실제 살과 피를 가진 인간이 되셨다는 기독교의 주요 전제를 전면 부정하는 것이었습니다. 예수님이 이 물리적·물질적 세계에 구체적이고도 명확하게 현현하신 하나님이라는 성육신 교리는 하나님이 이 세상 모든 것을 만지시고 사랑하시고 구속하신다는 약속이자 증거입니다. 모든 창조세계는 그분의 통치 아래 있습니다. 하나님은 창조세계 전체를 구속하실 준비를 마치셨습니다. 복음서 기자들은 예수님이 삶의 모든 단계와 접촉하셨고 모든 자연을 포용하셨다는 점을 상당히 면밀하고 분명하게 밝히고 있습니다. 예수님은 사역을 진행하시면서 어업, 징세, 의술, 법, 군대, 정치, 종교 등 온갖 직군의 사람들과 어울리셨습니다.

그리스도의 메시지는 각 개인이 하루 24시간 살아가는 일상적이고 물질적인 세계에서 하나님의 실재가 구체적으로 실현될 수 있고 실제로 실현되었다는 것이었습니다. 하나님을 경험하기 위해 가입해야 하는 비밀 클럽은 없습니다. 하나님의 일을 하기 위해 가져야 하는 특별한 식법도 없습니다. 하나님은 모든 곳에 계시고 사람과 사물 모두를 통해 자신을 드러내고 나타내기를 원하십니다. 직장에서 자기 일을 하는 것보다 교회 예배위원회 위원장으로 하나님을 더 잘 섬길 수 있다고 말하는 사람이 있다면, 그는 우리 삶을 향한 그리스도의 전체 목적을 부정하는 것입니다. 우리 삶을 향한 그분의 목적은 무엇보다 '우리의 일 가운데 계신 그리스도'로 진술할 수 있습니다.

그러나 일을 열등하게 보는 교리가 전부 나쁜 종교 탓은 아닙니다. 많은 부분은 나쁜 일의 결과입니다. 따분하고 단조롭고 지루하고 무의미한 일을 받아 드는데 어떻게 일을 거룩하게 생각할 수 있겠습니까? 할 만한 가치가 없는 일에 어떻게 '마음을 다할' 수 있겠습니까? "무슨 일을 하든지"라고 했지만 아무 자부심도 느낄 수 없고 수행하는 데 지성이 필요 없고 좋은 목적도 없는 일이 거기에 포함된다면 어떻겠습니까? 현대의 일들이 상당 부분 이런 특성을 지니고 있습니다. 우리는 대기업이나 정부의 고립된 부서에서 일하고, 각자 하는 일과 완성된 결과물 사이에 어떤 관계가 있는지 알아보기 힘듭니다. 연구가 이루어지고 조사가 완료되고 장비가 제작되고 나면 그것을 더 볼 일이 없습니다. 그런 일을 신나게 하기는 어렵습니다. 그래서 현대의 일터에서는 일 자체가 아니라 근무조건, 복리후생, 여가를 그토록 강조하는 것입니다. 일 자체는 신나는 것이 아니기에 주변 영역과 자유 시간에 신나는 요소를 욱여넣으려고 시도합니다.

현대 사회학 및 경제학 문헌에는 이 부분을 다룬 내용이 많습니다. 우리는 이것이 현대의 문제이고 사도 바울이 1세기에 제시한 조언은 상당히 시대에 뒤떨어졌다고 생각하기 쉽습니다. 그러나 일과 관련된 현대의 종교적 상황이 고대와 유사하다고 말하는 것처럼, 일에서의 지루함 문제도 고대와 유사합니다. 바울이 일을 다룬 구절을 더 자세히 살펴보면 노예들에게 써 보내는 내용이라는 것을 알 수 있습니다. 노예가 하는 일만큼 흥미롭지 않고 어떤 경우에는 혐오스럽기까지 한 일이 있을까요. 노예를 두는 것은 순전히 경제적 가치 때문이었고 노예에게 일을 맡기는 목적은 그 일을 완수하라는 것이었습니다. 그의 재능이나 인간으로서의 자질은 고려되지 않았고, 그가 생각하는 일의 가치나 의미에 대한 공감도 없었습니다. 그리스도인이었던 노예에게는 자신의 가치와 삶의 의미를 일과는 완전히 동떨어진 종교에서 찾고 싶은 유혹이 컸을 것입니다. 하나님의 비밀과 하늘의 상급으로 마음이 가득 차 있던 그들은 자신의 일에 마음을 두지 않았을 것입니다. 일을 어설프게 해놓고는, 어차피 일은 악한 것이니 악을 증가시킬 뿐인 악한 과업을 잘 해낼 이유는 없다는 영지주의의 교리를 들먹이며 핑계 대기 쉬웠을 것입니다.

바울은 노예들에게 일은 하나님의 것임을 상기시킵니다. 그리스도께서 주인이시고, 그분의 주된 사역은 성육신, 즉 사람과 사물의 물질적·물리적 세계에 하나님의 영적 사랑을 구현하시는 것입니다. 참으로 불운하게 노예가 된 사람이라도 그리스도인이 되어 노예의 일을 재료 삼아 하나님의 사랑을 구현하고 실천하면 그 곤경조차 구속할 수 있습니다. 바울은 그 일을 "온 마음을 다하여" 하라고 말합니다.

뉴욕시의 장로교 목사인 데이비드 리드 박사는 이렇게 썼습니다.

> 대학 교목으로 있을 때 나는 기독교 복음에 매료된 학생들이 봉사하고 복음을 증거할 수 있는 분야에는 모임을 주선하고 전도 집회를 열고 토론을 홍보하는 일뿐 아니라 '일상적 단계의 의무', 즉 학업도 포함된다고 설득하는 데 어려움을 겪었습니다. 여기 있는 우리 모두는 무릎을 꿇거나 교회에서 함께 모일 때, 또는 복음전도 프로그램을 수행할 때 등 고귀하고 거룩한 순간들뿐만 아니라 생계를 꾸리거나 집을 지키는 일상적 단계의 의무를 통해서도 하나님을 예배하도록 부름 받았습니다. 그리스도

인의 삶은 영감을 받고 영적 모험에 나서는 순간만큼이나 확실하게 타자기, 상점 계산대, 부엌 싱크대에서도 이루어집니다.[106]

짧게 한 가지만 추가하겠습니다. 하나님이 '여러분의 섬김에 대한 상으로 유산을 주실 것'이라는 바울의 말은, 어려운 삶을 오래 견디면 천국을 주시겠다는 약속에 그치지 않습니다. 기독교는 보상의 종교가 아닙니다. 바울의 말은 하나님을 위해 일해야 제대로 일하는 유일한 방법이 된다는 의미입니다. 어떤 일도 그 자체로 사람을 만족시키기에 충분하지 않지만, 모든 일은 하나님의 사랑과 목적을 구체적으로 실현할 기회가 되기 때문입니다. 우리의 일 가운데 계시는 그리스도는 역사 속에서, 우리의 역사 속에서 하나님의 사랑을 증언하십니다. 그리고 이것이 우리가 받을 유산입니다. 이 유산은 봉급이나 업적, 성공 또는 경제적 가치의 증가로 주어지는 보상이 아닙니다. 이것은 하나님의 유산이고, 새 하늘(이것도 약속합니다만)뿐 아니라 새 땅, 즉 모든 사람이 하나님의 사랑을 보고 경험할 수 있도록 물질적이고 육체적인 것의 구속을 약속합니다.

저는 이 본문의 명령에 따르기 쉽다고 말하는 것이 아닙니다. 오히려 우리가 지켜 보려고 할 때 가장 따르기 어려운 명령일 수도 있다고 생각합니다. 그러나 저는 또한 이것이 성경의 다른 어떤 계명보다도 중요하고, 우리 삶에 가장 실질적인 결과와 광범위한 영향을 미칠 수 있다고 생각합니다. '심각한 얼치기'였던 로렌스 형제가 주방에서 그토록 즐겁게 성공적으로 하나님의 임재를 훈련할 수 있었다면, 고생물학자이자 사제였던 테야르 드 샤르댕이 그의 모든 일과 온 세상을 하나님이 거룩하게 하심을 발견할 수 있었다면, 사도 바울이 장막 만드는 사람이자 노예들의 목회자로서 "무슨 일을 하든지 사람에게 하듯이 하지 말고, 주님께 하듯이 온 마음을 다하여 하십시오.…그리스도께서 그 주인이십니다"라고 말할 수 있었다면, 우리도 그리스도께서 우리 일 가운데 계셔서 "우리 가운데 자기가 기뻐하시는 바를 이루시는"히 13:21, 새번역 것을 삶의 목표로 삼기를 주저하지 말아야 할 것입니다.

아멘.

주

1 C. H. Dodd, *The Epistle of Paul to the Romans* (New York: Harper and Brothers, 1932), 209.

2 Malcolm Cowley, *Exile's Return: A Literary Odyssey of the 1920s* (New York: Viking, 1951), 42.

3 Pierre Teilhard de Chardin, *The Divine Milieu: An Essay on the Interior Life* (New York: Harper and Brothers, 1960), 134-135. (『신의 영역』 분도출판사)

4 J. B. Phillips, *Letters to Young Churches: A Translation of the New Testament Epistles* (London: Geoffrey Bles, 1947), xii

5 C. F. D. Moule, *The Epistles of Paul the Apostle to the Colossians and to Philemon* (London: Cambridge University Press, 1957), 58.

6 *The Confession of 1967: Inclusive Language Version* (Louisville, Ky.: Presbyterian Church [USA], 2002), 9.28, www.pcusa.org/site_media/media/uploads/theologyand-worship/pdfs/confess67.pdf.

7 W. B. Yeats, *The Shadowy Waters*, acting ed. (London: A. H. Bullen, 1907), 8.

8 Harry Emerson Fosdick, *A Great Time to Be Alive: Sermons on Christianity in Wartime* (New York: Harper and Brothers, 1944), 209.

9 *Blue Letter Bible, s.v.* "*katoptrizō,*" www.blueletterbible.org/lexicon/g2734/esv/mgnt/0-1/.

10 Charles Wesley, "Love Divine, All Loves Excelling," hymn 560 in *The Hymnal* (Philadelphia: Presbyterian Board of Publication and Sabbath-School Work, 1912), 414.

11 Søren Kierkegaard, *Purity of Heart Is to Will One Thing*, Harper Torchbooks ed., trans. Douglas V. Steere (New York: Harper Torchbooks, 1956), 179.

12 Evelyn Underhill, *Worship* (New York: Harper and Brothers, 1937), 33.

13 "The Directory for the Worship of God," in *The Book of Order* (New York: Presbyterian Church [USA], 1967), 17.01.

14 Underhill, *Worship*, 65.

15 Karl Barth, *The Epistle to the Romans*, 6th ed., trans. Edwyn C. Hoskyns (New York: Oxford University Press, 1968), 431. (『로마서』 복 있는 사람)

16 C. H. Dodd, *The Epistle of Paul to the Romans* (New York: Harper and Brothers, 1932), 192.

17 Underhill, *Worship*, 79.

18 Underhill, *Worship*, 77.

19 Underhill, *Worship*, 59.

20 "The Directory for the Worship of God," 22.03.

21 *The Book of Common Worship* (Philadelphia: Presbyterian Board of Publication and Sabbath-School Work, 1915), 52.

22 *The Book of Common Worship*, 51.

23 *The Book of Common Worship*, 52.

24 "The Directory for the Worship of God," 23.01-02.

25 "The Directory for the Worship of God," 24.01.

26 *Blue Letter Bible, s.v. "stegō,"* www.blueletterbible.org/lexicon/g4722/esv/mgnt/0-1.

27 Archibald Robertson and Alfred Plummer, A *Critical and Exegetical Commentary on the First Epistle of St. Paul to the Corinthians*, 2nd ed., International Critical Commentary (Edinburgh: T & T Clark, 1914), 295.

28 Robertson and Plummer, *Critical and Exegetical Commentary*, 295.

29 Martin Luther King Jr., speech, Illinois Wesleyan University, Bloomington, Ill., February 10, 1966, www.iwu.edu/mlk.

30 Arthur Penrhyn Stanley, *Thoughts That Breathe* (Boston: Lothrop, 1879), 58.

31 *Blue Letter Bible, s.v. "chronos,"* www.blueletterbible.org/lexicon/g5550/esv/mgnt/0-1.

32 *Blue Letter Bible, s.v. "kairos,"* www.blueletterbible.org/lexicon/g2540/esv/mgnt/0-1

33 John S. B. Monsell, "Fight the Good Fight with All Thy Might," in *Hymns of Love and Praise for the Church's Year* (London: Bell and Daldy, 1863), 163.

34 G. K. Chesterton, "The Prehistoric Railway Station," in *Tremendous Trifles* (New York: Dodd, Mead, and Co., 1909), 267.

35 C. H. Spurgeon, *All of Grace* (Springdale, Pa.: Whitaker House, 1983), 119. (『구원의 은혜』 생명의말씀사)

36 Karl Barth, *Church Dogmatics, vol. 3, The Doctrine of Creation*, part 2 (Edinburgh: T&T Clark, 1960), 141. (『교회교의학』 대한기독교서회)

37 Barth, *Church Dogmatics*, 209.

38 *The New Testament*, trans. Ronald Knox (Springfield, Ill.: Templegate, 1945), 208-209.

39 Dorothy L. Sayers, *The Greatest Drama Ever Staged* (London: Hodder and Stoughton, 1938), 6.

40 T. S. Eliot, *Prufrock and Other Observations* (London: The Egoist, 1917), 15.

41 C. S. Lewis, ed., *George MacDonald: An Anthology* (New York: Macmillan, 1947), 16-17. (『조지 맥도널드 선집』 홍성사)

42 Steven Jonathan Rummelsburg, "St. Anthony the Great: Spiritual Hero of the

East," Catholic Exchange, January 17, 2023, https://catholicexchange.com/st-anthony-the-great-spiritual-hero-east.

43 George Meredith, *Diana of the Crossways: A Novel* (Boston: Roberts Brothers, 1893), 11.

44 Helen Waddell, *The Desert Fathers: Translations from the Latin* (Ann Arbor: University of Michigan Press, 1957), 10-11.

45 Thomas à Kempis, *The Imitation of Christ*, trans. Robert Knox (New York: Image, 1955), 57, 74, 112. (『그리스도를 본받아』 CH북스)

46 Isaac Watts, "Holiness and Grace," hymn 132 in *Psalms and Hymns of Isaac Watts*, Christian Classics Ethereal Library, www.ccel.org/ccel/watts/psalmshymns.I.132.html.

47 Albert Barnes, "Luke 12:35," *Notes on the Bible*, Bible Hub, 1834, https://biblehub.com/commentaries/barnes/luke/12.htm.

48 "Interlinear Bible Search: 1 Peter 1:14," Studylight.org Study Desk, www.studylight. org/study-desk/interlinear.html?q1=1%20peter+1:14.

49 G. K. Chesterton, "A Piece of Chalk," in *Tremendous Trifles* (New York: Dodd, Mead and Co., 1909), 14.

50 Richard Nilsen, "Properly Viewed, Everything Is Skewed," *Richard Nilsen* (blog), March 19, 2014, https://richardnilsen.com/tag/hayden-planetarium.

51 H. A. Williams, *True Resurrection* (New York: Holt, Rinehart and Winston, 1972), 10.

52 Williams, *True Resurrection*, 10.

53 William Barclay, *William Barclay: A Spiritual Autobiography* (Grand Rapids, Mich.: Eerdmans, 1977), 42.

54 Williams, *True Resurrection*, 13.

55 Arthur Gelb, "Brendan Behan's Sober Side," *New York Times*, September 18, 1960, in *Brendan Behan: Interviews and Recollections*, vol. 2, ed. E. H. Mikhail (London: Macmillan, 1982), 161.

56 Michael Ramsey, *The Resurrection of Christ: A Study of the Event and Its Meaning for the Christian Faith* (London: Collins, 1961), 24.

57 Gerard Manley Hopkins, "That Nature Is a Heraclitean Fire and of the Comfort of the Resurrection," in *Poems and Prose of Gerard Manley Hopkins,* ed. W. H. Gardner (Harmondsworth, Middlesex, U.K.: Penguin, 1953), 66. (『홉킨스 시선』 지식을 만드는지식)

58 E. K. Simpson and F. F. Bruce, *Commentary on the Epistles to the Ephesians and Colossians* (Grand Rapids, Mich.: Eerdmans, 1957), 264.

59 Karl Barth, *Evangelical Theology: An Introduction* (New York: Holt, Rinehart and Winston, 1963), 19. (『칼 바르트 개신교신학 입문』 복 있는 사람)

60 Christopher Beetham, ed., *The Concise New International Dictionary of New Testament Theology and Exegesis* (Grand Rapids, Mich.: Zondervan Academic, 2021), 291.

61 Dante Alighieri, *The Inferno*, trans. John Ciardi (New York: Signet Classics, 1954), 152-153.

62 Dan Graves, "Luther's Ninety-Five Theses Brought Huge Changes in the Church," Christian History Institute, https://christianhistoryinstitute.org/it-happened-today/10/31.

63 Westminster Shorter Catechism, 1674, Christian Classics Ethereal Library, www.ccel.org/creeds/westminster-shorter-cat.html. (『웨스트민스터 소교리문답』 부흥과 개혁사)

64 Augustus M. Toplady, "Rock of Ages, Cleft for Me," 1776, public domain.

65 R. J. Campbell, *A Faith for Today* (London: James Clarke, 1902), 269.

66 G. K. Chesterton, "Wind and the Trees," in *Tremendous Trifles* (New York: Dodd, Mead and Co., 1909), 91.

67 *Blue Letter Bible*, s.v. "*pneuma*," www.blueletterbible.org/lexicon/g4151/esv/mgnt/0-1.

68 Chesterton, "Wind and the Trees," 92.

69 R. D. Laing, *The Politics of Experience and the Bird of Paradise* (Baltimore, Md.: Penguin, 1967), 115.

70 Theodore Roszak, *The Making of a Counter Culture* (Berkeley: University of California, 1995), 251.

71 Gwendolen Greene, introduction to *Letters from Friedrich von Hügel to a Niece*, by Friedrich von Hügel (London: J. M. Dent & Sons, 1929), xxxi.

72 Marianne Moore, "Elephants," in *The Complete Poems of Marianne Moore* (New York: Macmillan, 1967), 129.

73 Jacques Ellul, *The Presence of the Kingdom*, trans. Olive Wyon (New York: Seabury Press, 1967), 111.

74 Eliza E. Hewitt, "More About Jesus," 1887, public domain.

75 Paul Tillich, *Systematic Theology*, vol. 1 (Chicago: University of Chicago Press, 1951), 15. (『폴 틸리히 조직신학』 새물결플러스)

76 Karl Barth, *Church Dogmatics, 1.1* (London: T&T Clark, 1975), 366.

77 David H. C. Read, *The Christian Faith* (New York: Charles Scribner's Sons, 1956), 130.

78 Thomas à Kempis, *The Imitation of Christ*, trans. Robert Knox (San Francisco: Ignatius Press, 2005).

79 Paraphrase of St. Hilary of Poitiers, "For Perseverance in Faith," Catholic Doors Ministry, www.catholicdoors.com/prayers/english/p00384.htm.

80 Blaise Pascal, *Pensées*, no. 162. (『팡세』 민음사)

81 *Blue Letter Bible*, s.v. "*parakyptō*," www.blueletterbible.org/lexicon/g3879/esv/mgnt/0-1.

82 *Merriam-Webster*, s.v. "vocation," www.merriam-webster.com/dictionary/vocation#word-history.

83 C. E. B. Cranfield, *The Gospel According to St. Mark: An Introduction and Commentary* (Cambridge, U.K.: Cambridge University Press, 1977), 327.

84 Reinhold Niebuhr, *The Nature and Destiny of Man: A Christian Interpretation*, vol. 2, *Human Destiny* (London: Nisbet and Company, 1943), 304. (『인간의 본성과 운명』 종문화사)

85 Cranfield, *The Gospel According to St. Mark*, 330.

86 George Buttrick, *The Interpreter's Bible: General Articles on the New Testament, Matthew, Mark* (Nashville: Abingdon, 1951), 806.

87 George Buttrick, *The Interpreter's Bible: Luke, John* (Nashville: Abingdon Press, 1951), 313.

88 Gwendolen Greene, introduction to *Letters from Friedrich von Hügel to a Niece*, by Friedrich von Hügel (London: J. M. Dent & Sons, 1929), xxxi.

89 돈 리처드슨이 들려준 이야기를 각색한 것이다. Don Richardson, *Eternity in Their Hearts* (Minneapolis: Bethany, 1981), 9-25.

90 Oxford Reference, s.v. "unknown God", www.oxfordreference.com/display/10.1093/oi/authority.20110803114806732.

91 Alexis de Tocqueville, *Democracy in America*, trans. Henry Reeve (London: Oxford University Press, 1946), 464.

92 *Blue Letter Bible*, s.v. "*prōtos*," www.blueletterbible.org/lexicon/g4413/esv/mgnt/0-1.

93 Augustine, *The Confessions of Saint Augustine* (New York: Crown, 1960), 165. (『고백록』 대한기독교서회)

94 Johnson Oatman, "Jesus Took My Burden," public domain.

95 로버트 브라운이 들려준 이야기를 각색한 것이다. Robert McAfee Brown, *Theology in a New Key: Responding to Liberation Themes* (Philadelphia: Westminster, 1978).

96 T. S. Eliot, *The Rock* (New York: Harcourt, 1934), 21.

97 William Cowper, "God Moves in a Mysterious Way," 1774, public domain.

98 John Calvin, *Institutes*, Book 1. (『기독교 강요』 복 있는 사람)

99 Siân Miles, ed., *Simone Weil: An Anthology* (New York: Grove Press, 1986), 212.

100 니체의 철학소설 『차라투스트라는 이렇게 말했다』에 나오는 내용을 요약한 것이다. Friedrich Nietzsche, *Thus Spoke Zarathustra* (Berlin: Contumax, 2015), 114.

101 J. B. Phillips, *New Testament Christianity* (New York: Macmillan, 1956), 6.

102 Brother Lawrence, *The Practice of the Presence of God* (Ada, Mich.: Baker, 1967), 14. (『하나님의 임재 연습』 두란노서원)

103 Lawrence, *The Practice of the Presence of God*, 16, 31.

104 Dorothy Sayers, *Creed or Chaos* (New York: Harcourt, Brace and Company, 1949), 56-57.

105 Pierre Teilhard de Chardin, *The Divine Milieu* (New York: Harper Torchbooks, 1960), 51.

106 David H. C. Read, *I Am Persuaded* (New York: Scribner, 1961), 65-66.